经济学名著译丛

Growth and Development from An Evolutionary Perspective

增长和发展

——演进的观点

〔美〕费景汉 古斯塔夫·拉尼斯 著

洪银兴 郑江淮 等译

Growth and Development
from An Evolutionary Perspective

John C. H. Fei
Gustav Ranis
**GROWTH AND DEVELOPMENT
FROM AN
EVOLUTIONARY PERSPECTIVE**
Copyright © John C. H. Fei and Gustav Ranis, 1997, 1999
Blackwell Publishers Ltd.
本书根据布莱克维尔出版公司 1999 年版译出

译　者　序

在发展经济学界,拉尼斯是非常著名的。他与费景汉合作建立的二元经济发展模型因其补充了刘易斯的劳动力无限供给条件下的经济发展模型而与刘易斯齐名,形成著名的刘费拉二元经济模型。费景汉和拉尼斯在1964年出版的《劳动力剩余经济的发展》一书1989年被译成中文在中国出版(华夏出版社,1989)。2002年我有幸受美国政府的邀请作为富布莱特(Fulbright)杰出学者赴美国讲座。在耶鲁大学的讲座由拉尼斯教授安排、主持。在耶鲁期间,拉尼斯教授将他这本与费景汉教授合作的新著赠送给我,当我表示有意将本书在中国翻译出版时,他非常爽快地应允,并且在较短的时间内办好了他本人及出版社的授权手续。

刘易斯因其对经济发展,尤其是对发展中国家经济问题的研究作出了开创性贡献,而于1979年获得了诺贝尔经济学奖。面对发展中国家存在的二元结构,刘易斯提出了劳动力无限供给条件下的经济发展模型。该模型是这样展开的:传统农业部门存在着无限的劳动供给。一方面相对于资本和土地来说,劳动力有剩余,农业劳动的边际生产率为零或负数;另一方面,农业劳动者的工资仅能维持劳动者最低生活水平。农业劳动者是在接受最低水平工资的条件下提供劳动的。其工资仅能维持劳动者最低生活水平。

而现代工业部门的劳动生产率较高,面对农业部门的低工资水平,工业部门只要提供略高于农业部门的工资便可得到源源不断的劳动力供给。由于工业部门追求利润最大化,注重积累,可以通过利润再投资的积累来扩张规模,从而增强吸收农业剩余劳动力的能力。这样,工业部门由于得到劳动力的供给而不断扩张,农业在剩余劳动力流出后劳动生产率得以提高,农民的收入也因此而提高,整个经济可以进入农业部门停止撤出劳动力的"转折点":农业劳动力减少到一定限度,农业总产出开始下降,农产品供不应求,价格便上涨。再加上剩余劳动力撤出后,农业工人的工资也可能上升。这就迫使工业部门支付的工资提高,其积累能力便达到这个转折点。到了这一点后,现代工业部门若还需要劳动力撤出农业部门,可行的途径只能是推动农业技术进步,提高农业劳动生产率,增加农产品剩余。①

对刘易斯的模型,发展经济学界有肯定的也有否定的。费景汉-拉尼斯模型的贡献在于在推演和发展刘易斯模型的同时进行理论创新,从而弥补了刘易斯模型的几个根本性缺陷。突出表现在以下几个方面:

首先,刘易斯描述农业中劳动力剩余的基本假定是"0边际劳动生产力"。这个假定遭到同时获诺贝尔经济学奖的舒尔茨的批判。费景汉和拉尼斯对劳动力剩余作了新的界定。他们在刘易斯所定义的"0边际劳动生产力"的剩余劳动力以外又提出"隐性失业"的概念。它是指边际劳动生产力大于0小于固定制度工资的

---

① 刘易斯:《二元经济论》,北京经济学院出版社,1989年版。

那一部分劳动力。这样,农业剩余劳动力的转移不仅是指"0 边际劳动生产力"的那一部分劳动力,还包括边际劳动生产力小于固定制度工资的那一部分劳动力。劳动力转移停止的转折点则是工资等于其边际劳动生产力。这时的农业劳动者的工资由竞争性的市场决定。

其次,刘易斯的劳动力无限供给曲线的重要界定是,只要工业部门的最低工资略高于农业部门的实际工资,就可能出现劳动力无限供给。这个结论受到新古典学派的挑战。新古典学派基于贝克尔家庭经济学分析,认为,个人劳动供给对工资无弹性,原因是家庭供给劳动的决策对工资存在收入和闲暇之间的替代,而不是无限供给劳动。费景汉-拉尼斯的分析认为,新古典学派的质疑与刘易斯劳动无限供给模型强调的是不同问题。新古典分析与单个家庭对工资变化的比较静态的反应有关,而刘易斯模型则是在总量水平上找出劳动力供给的动态路径。费景汉-拉尼斯根据实证资料指出,发展过程的早期阶段,大部分人口的生活水平仅限于维持生存,他们还不可能为享受闲暇而放弃任何可能的就业机会。费景汉-拉尼斯还从理论上进一步说明实际工资不是固定不变的,农业劳动力的边际产出也不一定为0,农业实际工资很可能是一个分段生产函数。在刘易斯转折点到来之前存在的趋势是,农业实际工资的增长滞后于农业劳动生产率的增长。这意味着费景汉-拉尼斯对劳动力无限供给的曲线是限定在到达刘易斯转折点以前的。

再次,刘易斯模型将经济发展界定为农业剩余劳动力的流出进入工业部门,并将资本积累看作是工业扩张的唯一源泉,技术进步包含在资本积累中。这样,在刘易斯的视野中,农业部门在经济发展中是被动的,没有对发展作出贡献。费景汉和拉尼斯的研究表明,农业部门不仅提供剩余劳动力,还提供剩余农产品。农业总产出减去农民消费的余数为农业总剩余。它是提供给工业部门消费的。拉尼斯认为,如果没有农业剩余,农业劳动流向工业部门是不可能的。农业剩余对工业部门的扩张和农业劳动的流动具有决定性意义。农业剩余影响工业部门的工资水平,农业剩余减少会导致工业部门工资上涨,并进而影响工业部门的扩张速度和农业劳动流出的速度。农业剩余是实现经济发展的关键,由此他们提出了实现经济发展需要工业和农业平衡发展的观点。一方面,农业生产率必须足够高,才能容许农村劳动力流出;另一方面,工业部门必须足够迅速地扩大其资本存量或促进技术进步为转移过来的劳动力提供就业机会。如果这个过程的任何一个方面失败,则成功的经济转型不会出现。

最后,与刘易斯模型将二元经济的转变过程分为两个阶段不同,费景汉和拉尼斯分为三个阶段。由此引入农业中的技术进步和增加农业剩余问题。在第一阶段,存在着"0 边际劳动生产力"意义上的剩余劳动力。农业平均剩余等于不变制度工资,因而农业剩余劳动流入工业部门不会产生粮食短缺,不影响工业部门的工资水平。到第二阶段,存在隐性失业者。农业平均剩余低于不变制度工资。提供给工业部门消费的粮食不足以按不变制度工资满足工人的需要,于是粮食价格上涨,工人工资提高。第三阶段就是商品化阶段。拉尼斯将第一阶段和第二阶段的交界处称为短缺点。第二、第三阶段的交界处为商业化点。过了此点后工业部门要吸引更多的农业劳动,就必须把工资提高到至少等于农业劳动边际产品的价格。

短缺点可以说是费景汉和拉尼斯的新发现。他们提出警告:在食物短缺点来临后,如果农业劳动力进一步减少,农业总产出就会下降。他们预言:只要忽视农业生产,就会出现食物危机。他们强调,短缺点来临后的农业技术不能是静止不变的。由此就引出持续的农业技术变化和劳动力的释放过程必须同时发生的要求。如果农业劳动力减少到小于短缺点时,农业部门必须发生技术变化,才能以最低消费标准供养全部人口。他们把这种技术进步称作中性技术进步。其含义是:如果在任意一个时间,按人均消费标准计算,农业劳动力生产的食物足以供养全部人口,就发生了中性农业技术变化。不断发生的农业中性技术进步的直接效应是使短缺点向后移,商业化点向前移。最终两点重合成为转折点。

归结起来,在费景汉-拉尼斯补充和修正后的二元经济发展模型,可以表述如下:在经济的商业化(现代)部门和非商业化(传统)部门之间,存在生产和组织方面的初始差异。相对于固定不变的土地来说,农村人口过于丰富,从而传统部门不存在出清的劳动力市场。这就是劳动力过剩经济。二元化是一个动态概念,技术变化和非农资本积累是其重要内容。发展的一个目标是通过劳动力持续再配置消除劳动力过剩。这需要两个部门共同进行投资和革新,才能实现平衡增长。直到挤出农业中全部隐性失业者,商业化完成之时,即工资等于劳动边际产品时。这个过程是长期的、动态的。在欠发达国家转型增长的努力中,该过程可能经过几十年才结束。

特别需要指出的是作者在本书中用严格的数学模型对与发展相关的基本理论作了规范的说明。从中可见作者所阐述的发展理论的各个方面的科学性和规范性。

将费景汉和拉尼斯的这本著作译成中文的意义不仅在于了解他们对发展经济学的理论贡献,更为重要的是寻求指导我国改变二元结构转向一元的现代化结构的理论。本书所提出的发展模型,如作者所说,适用于劳动力普遍过剩的第三世界国家。劳动力过剩二元经济模型主要集中分析农业和非农业部门在宏观层面上的相互作用。就如雷诺兹(Reynolds Lold)所评价的:"当今最有用的发展中国家的经济增长模式是费景汉-拉尼斯模式。"[①]

我国目前正处于经济转型时期,转型的内容很多,有体制的、市场的和增长方式的。与本书相关的是二元结构向一元的现代化结构的转型。就像作者在本书一开始就说的:"本书讨论的是农业社会向现代增长的转型增长进程。"本书所涉及的增长和发展的内容非常丰富。我在序言中特别关注其涉及转折点的分析。原因是我国的农业和农村正面临着向现代化的转型。在这里略举几个对我国当前的经济转型具有重要理论和实践价值的理论观点。

关于发展中国家存在的二元结构的类型

欠发达国家不仅在生产意义上(现代和传统),而且在组织意义上都是二元经济,即商业化的城市部门和传统农村部门并存。

[①] 雷诺兹:《发展经济学的要点》,《美国经济评论》,1969 年第 5 期。

二元经济有劳动力过剩二元经济和土地过剩二元经济两种类型。我国属于劳动力过剩二元经济。

过剩劳动力经济概念形成有三个因素：绝大部分人口在农村从事农业生产；开始转向现代经济增长时通常会遇到人口爆炸；给定土地上持续的人口压力导致劳动力供给极为丰富。劳动力过剩二元经济在边际上感受着人口压力。其增长过程的关键是从农业到非农业的劳动力再配置。这是转向现代增长过程的一个极其重要的结构变化的因素。

现代经济增长的程式化特征包括人均收入的不断增加和与之伴随的要素在部门间配置的结构性变化。对发展中国家来说，发展问题是在两大重要时期（农业和现代增长）之间的转型问题。转型增长发生于时期更迭中的体制转换之时，因此其持续时间不长，尽管这一过程可能需要数十年才得以完成。在转型期间，经济从以农业为主转向以非农为主的体系，同时由于科技的不断进步，资金密集度和人均收入不断得到提高。劳动力从农业不断向工业重新配置是二元经济发展的根本现象。劳动力的重新配置涉及劳动力的释放和吸收，前者是农业部门的作用，后者是工业部门的作用。农业部门和工业部门是不对称的。将劳动力吸收和劳动力释放两个方面结合起来分析，可以反映农业部门和工业部门之间相互作用的一般均衡过程。

关于二元经济转型的转折点（商品化点）

无论是刘易斯还是拉尼斯，都十分重视商品化点（转折点）。

在劳动力剩余二元经济发展中,转折点的到来是一个重要的里程碑。进入商业化点后,农业剩余劳动消失,农业部门进入商业化阶段。二元经济就宣告结束。这个转折点之所以称为商品化点,主要是针对农业和农村说的。在转折点以前,农业劳动力不能按商业化原则取得报酬,经济租金在运行层面上是不重要的。进入这一点后,农村劳动力与家庭间的关系从传统的或分享式转向像城市劳动力那样的商业化关系。经济租金就变成货币化的市场参与率。这种转变使劳动力再配置受非人格化市场力量的指引,现代科学技术的潜力也得到注意。

进入转型的转折点(商品化点)的条件和所需要的时间。与新古典的瞬时调整过程的界定不同,费景汉-拉尼斯认为,无论如何,调整过程不会在瞬时完成,在他们看来,在欠发达国家,这个过程可能经过几十年才结束。因为,来自传统部门的剩余劳动力只能逐渐地再配置于非农业部门,还与非农业部门的增长所形成的劳动力需求相关。刘易斯关注的是工业部门的积累,费景汉-拉尼斯则既关心工业又关心农业。劳动力的释放取决于农业部门的技术进步。劳动力吸收取决于工业部门的积累。工业部门快速的资本积累和较慢的人口增长会导致转折点更早到来。

关于农业现代化的意义

由于费景汉-拉尼斯关注农业剩余对经济转型的重要性,农业现代化就是题中应有之义。农业部门的现代化是一个既重要又困难的问题。其重要性在于:若不持续提高农业劳动生产率,提供农业剩余,农业部门释放的劳动力就不能得到重新配置。其困难在于:农业劳动生产率的提高不仅取决于一些缓慢发生的现代化活动如市场参与,取得现代肥料、知识产权等,还取决于劳动力和土地资产的商业化。因此,农业现代化与工业部门有着密不可分的联系,现代化的劳动力产生于工业部门。原因是农业部门的现代化依赖于两类诱因:现代要素投入和激励性工业消费品。农业中的技术革新程度取决于现代投入的数量。农民放弃自给自足转向购买工业消费品,就可能导向市场,农村可能城市化。

关于市场在农业现代化中的作用

农业现代化的一个证据是,自给自足生产的消失,农村部门彻底市场化和货币化。刘易斯模型集中分析非农部门吸收农业剩余劳动力的作用,而未留意商品、金融和劳动力市场上的城乡相互作用。在费景汉-拉尼斯的模型中,农业的传统性主要因为其经济主体在空间上颇为分散,并远离市场,从而受到现代化力量的冷落。在农业部门,农业生产和家庭生活在家庭农场制下是合二而一的。货币很少作为交换媒介、计算尺度和价值标准。货币的重要性仅限于流入或流出农业家庭和生产部门的总支付。因此,农业部门生产率的提高需要现代投入因素,最为突出的是:更大程度的市场参与和鼓励农民从事贸易所产生的激励效应。市场参与使农民得到现代要素的投入,提供贸易得到纺织品之类的激励性的消费品、得到工业产权,通过收入多样化和资本积累促进传统农业现代化。在开始阶段农村现代消费品的消费预计要比城市部门低得多,随着与工业部门联系的增多,农村可能城市化,特别是其消费方式的城市化。

费景汉-拉尼斯分析了与农业剩余劳动力转移相关的商品、金融、劳动力三个市场之间的关系。在部门间商品市场中,一方是出售剩余食物的农业剩余所有者,另一方是新进入工业的工人,他们以工业品形式获得工资收入,并且渴望与"剩余的"食物进行交换。因此,对于工人来说,部门间商品市场是必不可少的。同时,农业剩余所有者由交易成为部分工业产品所有者而获得货币收入。随着金融市场深度和广度的发展,这些货币收入将会采取银行存款、股票和债券形式,当然也可以采取直接的所有权形式。金融市场必须向各类农业剩余所有者提供可接受的金融资产,能够将其农村储蓄转化为生产性工业投资。显然,这两个市场的有效运行成为一个互相关联的统一体。部门间劳动力市场使低边际生产率的农民被再配置到高边际生产率的工业部门。通过对这三个部门间市场关系的考察,我们发现二元经济转型过程中的均衡关系:一是由农业生产率提高解放出来的农业劳动力数量不能过多地高于由非农业部门创造的就业岗位数量;二是在部门间贸易条件没有重大变化的情况下,农产品和工业产品的部门间市场出清;三是部门间金融市场出清,即农业储蓄和非农业储蓄转化为非农业投资。

进入商品化点以后的农业。就劳动力配置来说,农业人口绝对下降,农业部门人多地少的状况得以扭转。就农业经营来说,利润最大化也成为开放型农业经济的推动力。就农民的市场参与程度来说,劳动力开始通过部门间劳动力市场重新配置,农民参与商品市场和金融市场。就要素市场化来说,农业劳动力头一次得到市场力量所决定的报酬;土地也得到全部的市场价值。以往一直被当作农户财产的土地,如今已作为一种商业化资产进入市场交易,如用于抵押。收入分配的竞争性和商业化原则也出现。

关于技术创新对经济增长的意义

经济增长的绩效指标由一个要素数量效应和一个创新效应组成。前者是指在没有发生技术变迁的情况下的绩效。后者是指由于技术变迁使生产函数发生变化而带来的额外绩效。与此相应,国民收入的增长率可以分解为两个部分:创新强度和由资本贡献项和劳动力贡献项组成的要素数量效应。在这里特别要注意创新强度的概念。根据费-拉的假定,存在劳动力无限供给的二元经济下的成功发展有五个因素:工业资本积累率必须足够大,创新强度必须足够高,劳动力使用倾向的创新必须足够强,工资增长率必须足够小,以及劳动报酬递减律足够弱,以至于它们对工业部门劳动力需求的综合效应才能超过人口增长率。

在外生人口压力给定的情况下,成功的发展主要由两个最主要的因素决定,即资本积累和技术变迁。当一个经济有一个不变的平均储蓄倾向时,创新强度和资本深化率对资本加速度的作用是相反的。资本积累的动力只能靠一个充分强的创新强度来支撑,因为只有后者可以弥补资本深化对资本增长率造成的负面效应。在实际工资不变的假定条件下,工业部门对劳动力的吸纳需要持续一段相当长的时间,因此资本的积累和技术变迁的速度成为决定劳动力吸纳速度的主要因素。

创新的质量与工业企业家面临的激励、政府的活动有关(政府的活动可能改变创新的方向)。其中,有一些因素更容易地通过政策发生作用。例如,资本积累可以通过国内储蓄计划得到提高,即把更大数量的工业利润进行再投资,把更多的农业储蓄转移到工业投资。但是,其他一些因素很难为政策制定者利用。如有关创新强度以及劳动使用倾向创新程度的现有知识不是十分确切。

技术创新类型有个选择问题。如果创新强度高,是选择倾向劳动力使用型技术创新还是选择倾向劳动力节约型技术创新,对存在劳动力剩余的欠发达国家发展的一定阶段意义重大。日本在1888年到第一次世界大战末这一期间通过劳动力使用倾向的创新使其丰富的非技术劳动力得到了最大限度的利用。直到剩余劳动力的情况不存在,实际工资开始大幅度上升时,才出现资本深化。而印度从发展的开始就依赖于劳力节约型创新,在劳动力过剩现象普遍存在的情况下,忽视了充裕的非技术劳动力的使用。结果日本的增长是成功的,印度则失败了。显然,在开放条件下还有对国外技术的选择问题。有的技术可以为欠发达国家直接使用而不需作修改,而有的技术需经过仔细搜寻并加以改造后方能在发展中国家使用。就发展中国家而言,技术引进后对技术的改动就是技术的实际变化。虽然技术选择和对引进技术所作的修改在理论上的区分是很重要的,然而从经验的角度看,它们是难以分开的。但应该清楚的是,我们既要讨论对不同技术或生产过程的选择,也要讨论在一个或另一个方向上改造技术的能力——比如是劳动力使用型的还是劳动力节约型的——从而使最终的生产过程对国内条件的适应程度达到最佳。

所谓"适用"技术,是指在物质生产能力约束下,使生产过程和产品质量能实现社会增长"最大化"和公平的目标。这个定义规定了发展中国家选择技术(技术变迁)的动态性。这里所讲技术"适用"性,并不是指小项目或大项目的技术、劳动力密集型的或是资本密集型的技术,而是指能够适应某个特定的时点上资源禀赋状况,包括有关技术和产品质量两个方面。利用技术的关键就是政府及企业采用能够减少价格扭曲和竞争障碍的战略及政策,使市场功能更加完善,从而促进不断地吸收新技术。

关于开放对农业现代化的作用

考虑到开放经济,欠发达国家的转型增长大部分起源于国外的现代科技在国内城市生产部门以及其后在农村的适应和传播过程。能否成功地利用这种技术推动力是区分停滞的农业经济与充满活力的农业经济的标志。在开放经济中,商业化点的实现同时取决于农业技术变迁的"推动"效应和工业劳动力需求的"拉动"效应,这两种力量都因加入世界经济体系而得以增强。

封闭经济国际化的四个要素——贸易、资本、劳动力流动和技术——在劳动力过剩国家将促进成功的平稳增长和发展。假定贸易发生,那么,将出口劳动力密集型商品、进口资本密集型商品,以加速国内经济的平稳增长和向工业化国家的转型。因为外国资本能增加本国资本积累和技术变迁。

在费-拉看来,欠发达国家的开放有四个阶段。在转型式增长到来之前的开放是土地资源以及初级产品出口。进口替代是转型式增长最初阶级的典型特征,政府可以征收高关税、高估本币官方汇率,或人为地降低国内的市场利率等,以鼓励运用传统出口赚得的外汇发展和补贴本国的进口替代型工业。在国际化背景下的第三个阶段是出口替代,出口主导产品中由劳动力密集型制成品替代了传统出口产品。经济处于进口替代阶段并不能实现充分就业。而在出口替代阶段过剩劳动力可为出口部门所吸纳,从而既有利于经济快速增长又有助于充分就业。在开放的二元经济转型中的最后一个阶段是,变成农产品的净进口国。从农业出口向农业进口型经济的"转变",是经济成功发展中某一阶段必然会出现的现象。

国际贸易是开放的劳动力过剩二元经济中经济增长和发展的重要因素,使该国更容易获得资本品、新技术,也为私人资本和储蓄提供了新的来源。但在费-拉的模型中,国内部分成功实现转型式增长的必要条件,同样必须得到满足。如果忽略了国内经济联系而单靠国际贸易,是无法驱动经济增长的。在二元的欠发达国家,国际贸易只有和成功的国内政策结合,才能促进经济增长。

劳动力吸纳的过程是由四个因素推动的——工业资本积累的速度,技术创新强,创新中劳动力使用的倾向,劳动力的边际收益递减规律。一旦欠发达国家的工业部门能获得外资,工业资本积累的速度就会提高,并加快劳动力吸纳速度和经济成功增长与发展的进程。但是,有一点很重要,即发展中国家需要考虑国际资本流动性的质的方面。资本流入的质的方面——利用外资的方式上——可能使一国的发展努力化为乌有,也可能减轻发展中国家在平稳增长路径中经常会遇到的某些压力。印度的发展战略是在生产中极端地使用资本密集型投资品——多数来自进口——而忽视了对国内的丰富资源即剩余劳动力的使用。这种在质的方面对较高资本存量的滥用的后果是，印度没有实现成功的转型式增长。

费-拉明确指出了开发大量可用于贸易的自然资源对发展中国家的影响，突出在对制造业的"挤出效应"。首先，从国内角度看，从自然资源出口中获得的收入增加产生了收入效应，增加了消费，并使经济偏离了制造业。当经济的比较优势大幅度转向自然资源部门时，对制造业的"挤出效应"就会发生。其次，从国际角度看，可贸易资源的开发导致了汇率的升值，这也对国内的制造业部门起了挤出的作用，并造成经济重心对工业的偏离。这两个影响产生了这样的一个困境，即一旦自然资源耗尽，该经济将只剩一个未发育成熟的工业基础，从而无法保持长期的平稳增长。但是，有外资流入的国家是可以避免这种问题的。如果从可贸易的自然资源出口中获得的不断增加的收入能用于外国资产的积累（如以工业部门中使用的资本品这种形式来积累），经常项目就能有效地"持平"支出，并能长期地补贴工业部门。如果这一切得以发生，就算资源耗尽了，经济也不会陷入困境。从外国资产中获得收入，充满活力的工业部门利用进口外国资本品后制造的产品都能维持经济的平稳增长，尤其是在工业部门选择了倾向劳动力使用技术来吸纳非农业部门的剩余劳动力时，效果就更明显。因而，对资本流入的明智使用就能对国内因素起到积极的影响，并能在质上对成功的长期平稳增长产生巨大的影响。

本书的翻译工作都是由我直接指导的博士生和博士后承担

的。他们是任寿根、司徒功云、范从来、陈宝敏、黄繁华、夏江、吴皆宜、路瑶,除他们之外,孙昭参与了部分内容的翻译。司徒功云和任寿根对部分章节做了校译工作。郑江淮博士承担了全书的校译工作。我的主要工作是对中文译稿作一些文字修改和最后定稿,并写上本序。

感谢本书作者拉尼斯教授专门为本书中文版作序。感谢布莱克维尔出版公司对本书中文版的授权。感谢商务印书馆编辑的辛勤劳动。

洪银兴

2003 年 4 月于南京大学

目　　录

中文版序言 ·· 1

序言 ··· 4

第一篇　导论

第一章　增长与发展：概论 ·· 3
1.1　引言 ·· 3
1.2　跨时代式增长和转型式增长 ······································ 7
1.3　现代经济增长时代 ·· 8
1.4　农业时代 ·· 12
1.5　殖民遗产与类型敏感性 ·· 18
1.6　相关发展理论的演变 ·· 20
1.7　本书导读 ·· 55

第二篇　农业社会与二元经济

第二章　从封闭和开放型农业社会到现代二元经济 ··· 61
2.1　从封闭型农业社会开始的渐进 ································ 61

2.2 从开放型农业社会开始的渐进 …………………… 68
2.3 有 Z-商品的开放型农业经济 …………………… 89
2.4 土地供给充足的开放型农业经济 ………………… 95
附录 …………………………………………………… 104

第三章 封闭型二元经济的发展:总的观察 …………… 106
2.1 引言 ……………………………………………… 106
3.2 二元经济的运行 ………………………………… 107
3.3 二元经济中的基本行为模式 …………………… 121
3.4 劳动力吸收分析 ………………………………… 134
3.5 农业部门的劳动力释放 ………………………… 143
3.6 工农业部门之间的相互作用 …………………… 162
附录:过剩劳动力的微观经济学 …………………… 180

第三篇 增长与发展分析

第四章 新古典生产函数、增长和发展 ………………… 201
4.1 导言 ……………………………………………… 201
4.2 新古典生产函数的特性 ………………………… 207
4.3 静态生产函数的偏弹性 ………………………… 213
4.4 增长等式的推导 ………………………………… 220
4.5 创新强度和增长:应用 ………………………… 225
4.6 创新的要素倾向 ………………………………… 227
4.7 与要素价格和要素贡献份额相关的增长等式 …… 234

第五章 增长系统的一般分析 …………………………… 239
5.1 引言 ……………………………………………… 239

5.2 从哈罗德-多马到索洛 ⋯⋯⋯⋯⋯⋯⋯⋯⋯⋯⋯⋯⋯ 240
5.3 增长的冲突和技术变迁 ⋯⋯⋯⋯⋯⋯⋯⋯⋯⋯⋯ 250
5.4 结构的二元性 ⋯⋯⋯⋯⋯⋯⋯⋯⋯⋯⋯⋯⋯⋯⋯ 266

第六章 现代经济增长的应用 ⋯⋯⋯⋯⋯⋯⋯⋯⋯⋯⋯ 268
6.1 引言 ⋯⋯⋯⋯⋯⋯⋯⋯⋯⋯⋯⋯⋯⋯⋯⋯⋯⋯ 268
6.2 古典学派经济增长理论 ⋯⋯⋯⋯⋯⋯⋯⋯⋯⋯⋯ 269
6.3 马克思主义的增长观 ⋯⋯⋯⋯⋯⋯⋯⋯⋯⋯⋯⋯ 271
6.4 熊彼特的增长理论 ⋯⋯⋯⋯⋯⋯⋯⋯⋯⋯⋯⋯⋯ 277
6.5 哈罗德的"充分就业增长理论" ⋯⋯⋯⋯⋯⋯⋯⋯ 284
6.6 结构二元性 ⋯⋯⋯⋯⋯⋯⋯⋯⋯⋯⋯⋯⋯⋯⋯⋯ 291
6.7 成熟经济中的增长 ⋯⋯⋯⋯⋯⋯⋯⋯⋯⋯⋯⋯⋯ 301

第四篇 在二元经济中对增长和发展的应用

第七章 封闭二元经济的转型式增长 ⋯⋯⋯⋯⋯⋯⋯⋯ 309
7.1 导言 ⋯⋯⋯⋯⋯⋯⋯⋯⋯⋯⋯⋯⋯⋯⋯⋯⋯⋯ 309
7.2 平衡增长与劳动力再配置的必要性 ⋯⋯⋯⋯⋯⋯ 310
7.3 发展成功的基本条件 ⋯⋯⋯⋯⋯⋯⋯⋯⋯⋯⋯⋯ 325
7.4 劳动力再配置过程的历史分析 ⋯⋯⋯⋯⋯⋯⋯⋯ 333
7.5 就业/产出之间的权衡 ⋯⋯⋯⋯⋯⋯⋯⋯⋯⋯⋯⋯ 343

第八章 开放条件下二元经济的转型式增长 ⋯⋯⋯⋯⋯ 349
8.1 引言 ⋯⋯⋯⋯⋯⋯⋯⋯⋯⋯⋯⋯⋯⋯⋯⋯⋯⋯ 349
8.2 劳动力过剩型经济的国际贸易与增长 ⋯⋯⋯⋯⋯ 353
8.3 要素流动性 ⋯⋯⋯⋯⋯⋯⋯⋯⋯⋯⋯⋯⋯⋯⋯⋯ 381
8.4 技术 ⋯⋯⋯⋯⋯⋯⋯⋯⋯⋯⋯⋯⋯⋯⋯⋯⋯⋯ 390

第九章 增长、公平与人类发展 …… 399
9.1 引言 …… 399
9.2 收入分配与经济增长 …… 404
9.3 减少贫困、基本需要及人类发展 …… 432

第五篇 政策性结论

第十章 向现代经济增长转型的政策与政治经济学 …… 463
10.1 引言 …… 463
10.2 演化导向的方法论设计 …… 467
10.3 经历各阶段的演化 …… 477
10.4 转型过程的促进增长政策 …… 502
10.5 政策的政治经济学:演进观点 …… 536

参考书目 …… 540

中文版序言

本书将拥有包括研究者、学生和政策制定者在内的更多的中国读者,我对此感到十分高兴。其主要原因是我相信本书的整个分析框架以及其中的许多具体分析材料特别适合中国的发展模式,对那些有兴趣分析中国经济过去、现在和将来的人能有所帮助。

从总体分析框架可以看出,本书与其他有关研究经济发展的专著或高级教材的区别在于它采用了动态演进的研究方法。例如,它着重分析农业社会通过二元结构实现向现代经济增长的转轨。许多经济增长和发展理论在本质上是与历史无关的,它们假定均衡状况且忽视制度维,而制度维倾向于在不同的经济部门行为中产生对称,本书提出另一种理论,认为市场出清假设在短期可能是不准确的,甚至当存在向新古典单部门均衡移动状况时,从长期来看也可能不是准确的,例如,在实现现代经济增长的情况下。本书坚持认为二元经济中农业部门的劳动力市场运行状况与城市非农业部门的截然不同,而且在后者的行为构成方面也存在重要差别。

我已故的朋友、本书的合著者 C. H. 费景汉始终思考和研究转型经济的发展问题。我不敢称自己为中国经济问题专家,但我多次访问过中国,在北京大学和南开大学任教过,参加了由美国国家科学院和中国教育部合作修订经济学课程的项目,并且一直跟踪和研读有关中国近 25 年经济发展的文献。如果我的理解是正确的话,这充分证明我的观点是正确的,即在人民公社时期和在 1979 年后实行家庭联产承包责任制的时期,大农业部门确保向每一个成员提供"饭碗",而不是遵循"工资等于边际产品"的新古典规则。农业生产率超过工资或收入的变化为中国发展乡镇企业、服务和城市非农业活动提供了动力。中国是一个在转型中劳动力过剩的最好例子,不必把它作为同质的单一部门世界对待,但在这个劳动力过剩的经济中,农业、乡镇非农业、城市商业和城市非商业活动以非常具体和动态变化的方式随时间变化相互影响。如果我们将能够充分分析整个体系的运行,那么需搞清楚生产食物的农业部门和农村副业,合作制企业与私营企业、乡镇企业部门(或混合部门)、国有企业之间相互关系是如何变化的。

另外需要强调的是本书在关注经济增长的同时,非常关注平等,消除贫困和人类发展,这些问题及其政策同样是整个分析的核心。增长是福利分配改进的必要条件,但不是充分条件,它由选择的增长路径的本质决定——而不是其速度,它与技术选择和技术变化方向之间的关联在本书中得到高度重视,而且,我认为,它是当今中国政策制定者关注的重要问题之一。

最后,包括中国在内的发展中国家面对一个日益开放的世界,本书特别强调,尤其是在最后的政策部分,经济发展依旧主要依靠自身力量。虽然,贸易、外国投资、技术引进和人力资本流动对经济发展非常有帮助,但它们不能替代正确的国内经济发展政策和行为。

　　作为 WTO 的成员国以及外国资本和技术的流入与引进表明，更多的机会已经、正在并将会被利用；但是，尤其是像中国这样一个经济大国，成功的经济发展首先依靠的是国内的改革，通过制度创新提高国内各种重要市场的功能。只有那样，源自国际交往的巨大的潜在优势才会实现。

古斯塔夫·拉尼斯
于美国康涅狄格州新港
2001 年 9 月

序　言

　　本书中的研究多年前就已开始。最初是应布莱克韦尔（Blackwell）出版社要求，对1964年出版的《劳动力剩余经济的发展：理论与政策》进行修订。然而，随着时间的推移，最初的想法发生了很大的变化。我们在很多方面对以前的研究作了较大的改进和发展，尽管我们没有放弃原先的二元经济基本模型。

　　最重要的是，本书采取了演进的观点，试图分析从重农主义关注的农业时代最终转向现代经济增长这一"希望的土地"的发展过程。对转型过程、所有的发展时代、渐进式发展和各个发展阶段的模型分析时，我们部分依赖于经济思想史的"工具箱"，部分依赖于从新古典生产函数中演绎出来的增长方程体系。我们还适时地回应了新古典微观经济学对刘易斯和我们所支持的"剩余劳动力"概念的批评。原先的封闭经济现在已经在贸易、要素流动和技术上开放了。在同样的演进观点下，我们也分析了与增长相关的公平、贫困和人类发展等不断出现的关键问题。本书的最后部分，也是一个重要部分，通过对亚洲、拉丁美洲和非洲经验的比较，探讨了我们的发展观的经验、政策和政治经济学含义。

　　感谢《美国经济评论》、《国际经济评论》、《发展经济学杂志》、《经济学季刊》和《世界发展》的编辑允许我们选用我们原先研究中的部分文献。感谢加里·费尔德斯、速水祐次郎、雪莉·郭、加里·萨克森豪斯和弗朗西斯·斯图尔特的评论,提供的文献和相关建议。感谢瑞安·施奈德和米歇尔·王的研究帮助。感谢格伦纳·埃姆斯在图表绘制上的帮助,感谢梅甘·韦勒和洛拉·莱莫希的文字录入和他们的毅力。

令人悲痛的是,在本书最后的编辑阶段,我的好朋友和长期合作伙伴费景汉在1996年突然离开人世。谨以本书的出版表示我对他的怀念。

古斯塔夫·拉尼斯

第一篇

导　　论

第一章 增长与发展:概论

1.1 引言

1.1.1 发展中国家增长意识不断加强的年代

一般认为,第三世界国家努力加入所谓的"成熟工业化国家"行列,是20世纪下半叶主要的社会、经济和政治现象之一。这种向现代增长转型的努力类似于人类征服原子,是这一时期最为重要的事件。随着时间的推移,前殖民地国家的政治独立以及对差强人意的发展状况的责备,使得发展中国家的注意力越来越集中到采取果断行动以尽快加入令人神往的发达国家行列这一需要上来。当这个时期的历史盖棺定论时,石油危机和债务危机很可能仅仅被视为一些短暂的小问题。

通过政治力量来推动增长是这个时期的特征。就富国而言,它们急于"做正确的事情",特别是在战后的最初几年,它们从开明的自利观点出发,日益觉察到第三世界国家为发展而努力的重要性。随着一些穷国突然变成国际经济舞台上的重要力量并赢得新兴工业化国家的美称,南北关系开始成为国际政治及经济关注的前沿问题之一。特别是在全世界从冷战中摆脱出来并避免了核屠杀的时候,这种努力,以及最终对 2/3 的人类来说,它在多大程度上最终会取得成功,将被视为 20 世纪下半叶最重要的事件。

1.1.2 增长理论的复兴

在过去 40 年中,全球政治格局的变化使理论经济学家的注意力逐步集中于经济增长问题,或更广泛的说法是,第三世界国家的发展进程。尽管对此方面的研究在很久以前就有先例可循并且成绩斐然,尤其是重农主义和古典学派的研究,但作为一门独立的专门研究发展问题的学科——发展经济学的复兴还是在第二次世界大战结束之后。

毋庸置疑,在开始重新理解发展过程时,人们遇到一个重大困难,即发展中国家日益呈现出多样化的趋势。部分第三世界国家得到了成功的发展,特别是东亚的新兴工业化国家和地区(中国台湾、韩国、中国香港和新加坡),而其他国家则没有(如拉丁美洲、南亚和撒哈拉以南非洲地区),其原因迄今仍是个谜。令人惊讶的是,很少有人尝试着对战后发展提供的丰富经验进行全面的归纳和总结。第二次世界大战结束早期产生了大量有用的、非常特别的理论观点以及与政策相关的概念(如"大推进","临界最低努力点","起飞","平衡发展"),但是一直缺乏一个普遍为人们接受的宏观理论框架,以在一个比较的框架中来系统地解释作为一个整体的发展现象。

诚然,在战后的早期阶段,数据和经验充足的年限相对较短,我们所有人的研究严重残缺,要么研究局限于跨部门的分析,要么研究局限于对经历过成功转型的发达国家历史长期发展轨迹的考察。这些国家显然包括所谓的"后发国家",即日本和德国,但有时也包括初始禀赋条件相差甚远的英国、美国、加拿大和澳大利亚等。今天的情况和以前截然不同,我们手头上掌握着100多个发展中国家在过去40多年的战后经济发展历史资料,这些资料来自于各国以及如国际货币基金组织、世界银行和联合国相关机构等国际组织。即使这些诸多资料能够支持更全面的探讨,理论经济学家们普遍感觉到,第三世界的发展仍然是一个令人生畏的领域。过大的国别差异、现有的资料严重不足或缺乏质量都限制人们成功地进行一般化的、系统化的解释。与此同时,尤其是在1982年欠发达国家债务危机后,一个日益高涨的主流观点接受了所谓的"华盛顿共识",并提出把发展问题当作应用宏观经济学的另一分支来对待,例如研究成熟工业化国家的增长问题。最后,理论界还有一支日益壮大的队伍将那些广为人们所用的复杂的微观经济学工具用来研究众多发展问题。近年来,发展经济学已成为极端新古典流派(如拉尔)和结构主义流派(如赫希曼)所作大量严肃演讲的主题。

我们认为,简单应用后凯恩斯主义或货币主义宏观经济增长模型,即便是加上微观分析上的所有改进,或者是那些与战后早期发展经济学研究成果相关的、过多的、特别的、特定国家的或制度性的努力,都无法在对发展过程的理解上取得富有成效的进展。一方面,我们不相信那些用于发达国家的新古典分析工具箱可同样能成功地用于解释欠发达国家的宏观经济发展问题,我们知道,这些分析工具所适用的条件在发展中国家发生了很大的变化;另一方面,对于个别"案例研究"以外的一般性研究,我们又不愿意停滞不前(即强调只和某一特定发展中国家在某一特定时间相关的内容),尽管我们充分认识到同为第三世界的许多国家在起始条件、自然资源和制度框架等方面存在着巨大差异。

上文提及的宏观经济学的一般均衡分析框架在整体论观点看来,对与经济事件的相关问题仍能作出强有力的分析,而且正如斯密、马尔萨斯和李嘉图的古典增长理论所展示的那样,这是我们学术传统的根本组成部分。但要取得真正的成果,如此的"新古典体系"必须融入一个更大的概念框架中。这一框架必须具有类型逻辑敏感性(敏感地区分出发展中国家所做的转型式增长努力中存在着不同类型),同时又能从长期历史观中界定出不同的发展阶段(包括时间推移过程中初始条件和发展政策形成的政治过程之间的互动关系)。本书不打算尝试提出这样一个综合的总体发展理论。我们目前也确实不准备这么做。相反,我们将满足于给转型式增长过程所下的定义,以及展示我们发现的可用于分析不同类型的欠发达国家为进入发达工业化国家所做出的努力的有用方法。本章作为导论,旨在介绍上述考察发展问题的方法。这些方法既与不同历史时期的发展经济学家留给我们的工具箱有关,也与战后一些国家实际发展经验有关。

1.2 跨时代式增长和转型式增长

我们认为,对跨时代式增长和转型式增长进行区分是有用的。前者是指具有一致性的一系列基本的增长现实和相对稳定的游戏规则的这样一个长期的增长时代,如在农业社会(agrarianism)和成熟的混合经济规则下所产生的增长。而转型式增长发生于一个时代的体系向另一个时代的体系转变之时,因而由一个时期更短的现象构成,尽管这一过程可能需要数十年才得以完成。英国在1780—1820年之间的工业革命是这一转型式增长过程的先例(见图1.1a)。正是在这一时期,斯密、马尔萨斯和李嘉图的古典增长理论诞生了。第二次世界大战结束后的时期(1950—1990年)表现出另一个转型式增长的例证。在此期间,欠发达国家试图从战前的农业殖民状态中摆脱出来。正是在这一时期,传承下来的发展理论得到了修改并添加了现代的内容。这时的发展理论特别关注转型式增长进程,正如今天的新古典经济学家们倾向于忽视内含的非均衡条件一样。

总的来说,我们认为,把发展视为在两大时代,即农业时代和现代增长时代之间的转型,不仅有助于思考发展问题,而且抓住了发展问题的本质。这种转型是由现在的成熟国家在早期阶段引导,并主要由二战后的欠发达国家来尝试实施的。从历史的角度看,如图1.1所示,这两个转型式增长经验揭示了北方发达国家的现代增长历史和目前南方欠发达国家在晚些时候所做出的仿效努力。

为方便起见,我们首先简要地描述发展中国家所渴望的"希望之乡"轮廓——现代发展时期,然后再考察农业时期。尽管很多欠发达国家目前已经度过了农业时代,但是一些第三世界国家,如非洲,仍部分处于这一阶段。

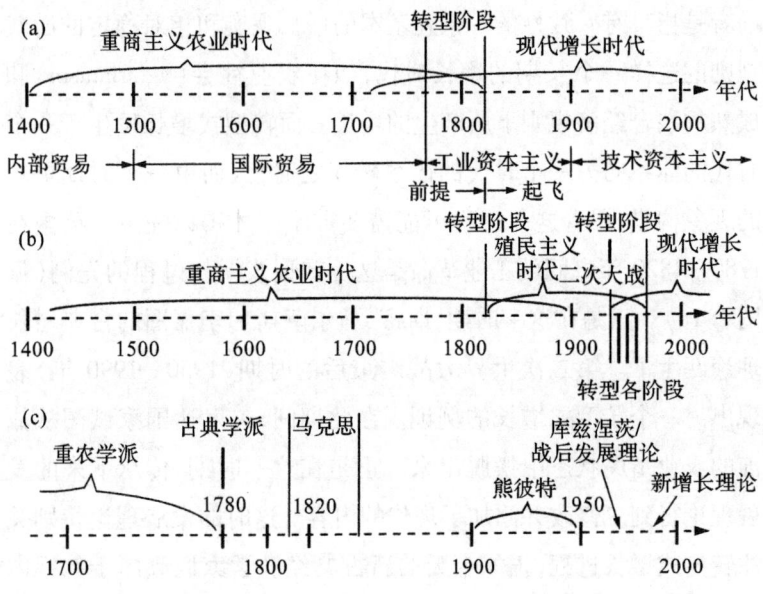

图1.1 (a)北方发达国家发展时序(b)南方发展中国家发展时序
(c)增长理论思想

1.3 现代经济增长时代

没有人像西蒙·库兹涅茨(1966)一样,给我们提供了现代经济增长的程式化事实,即将现代经济增长概括为一系列较为清晰可确认的统计特征。这些程式化事实有六个方面,包括增长速度,结构变迁和跨地区、跨国家间现代增长现象扩散等方面指标。

1.3.1 程式化事实:科学、技术和人口转型

现代增长时代(modern growth epoch)是这样一个时代,即主要的增长促进力量是系统地开拓科技的前沿,并将这些知识系统地应用于产业的生产技术。在科研成果的推动下,储蓄和资金积累首次成为经济努力的核心。因此,现代增长的主要速度指标包括劳动生产率和 GNP 增长的速度。

"速度"的另一个指标是人口转型过程,即初始阶段人口增长率上升,然后再下降。劳动生产率和人均收入的增长部分原因是资本积累增长的速度超过了人口的增长速度,从而引起了长期的资本深化,另一个原因是技术变革。

以人口增长率最终下降为标志的人口转型的完成,意味着社会价值观的根本改变。这是因为,人口增长率下降的条件是科学进步能充分保证人类的生存和人们愿意选择生活质量的可持续改善。在亚当·斯密看来,人口增长是"繁荣"的最可靠指标,而马尔萨斯则把人口众多当作祸根。

1.3.2 程式化的事实:结构变化

另一组与现代增长中心有关的程式化特征是人口内部的结构变迁。其中一个重要类型可以称为二元结构变迁。在漫长的农业时代,农业和非农业活动的并存处于稳定,或者说,对部门之间比

例可以从这样一个事实来观察,即几个世纪中农业人口在人口总数的比例始终保持70%—80%。随着现代增长时代的到来,二元结构变化表现在农业人口持续不断地涌向非农业部门。用附加价值这个术语来描述,如库兹涅茨所说,人口从 A(农业)向 M(制造业)再向 S(服务业)转移。

另一类结构变迁可称为非农业产业快速的新陈代谢(即新产业和产品的诞生,其他产业和产品的死亡)。快速的新陈代谢作为现代增长时代的主要结构特点,可从近期30年的西尔斯(Sears)记载中进行比较得到证实。快速的科技创新和收入增长直接导致了二元结构变迁和非农业产业快速的新陈代谢过程。而且两者的结合不断地扩大了成熟工业社会居民的消费空间。

总的来说,现代经济增长的程式化特征包括人均收入的不断增加和与之伴随的各个部门之间的结构变迁。在转型期间,经济从以农业为主转为以非农业产业为主的体系,同时由于科技的不断进步,资金密集度和人均收入不断得到提高。

1.3.3 程式化的事实:现代增长时代在地域上的扩散

现代增长时代标志着200多年前在英国开始的工业革命所带来的一种新的经济生活方式。这一生活方式势不可挡,在19世纪从英国扩散到欧洲大陆,然后传入那些所谓的"后发国家"。如图1.1所示,英国的转型很可能在1780—1820年之间结束,然后扩散到西欧和北美。德国的现代增长时代在1860年左右开始,而日本的现代增长时代则开始于1880—1920年之间。应该注意到,这一地域上的扩散也有其局限性,没有自然地传播到发展中国家。从长远的历史角度来看,现在的欠发达国家所经历的战后转型式增长无异于现代增长时代在地域上的重新扩散。

对现代增长时代地域扩散的简单描述表明,这不仅作为一种生活方式而不可阻挡(即为越来越多的人所接受和向往),同时也必须克服一些障碍(如在全球某些地区的传播要晚得多)。人们普遍认为,在第三世界,人们对实现同样成功转型的向往也是不可阻挡的,因为现代增长时代会给大多数人带来物质生活的改善。而且在保证人均收入和消费水平持续增长的背后是一种对人类潜能不断挖掘的生活方式。从北方发达国家的历史看,在人类用理性和科学为现代增长铺平道路的同时,这种文化的凡俗化(secularization)几乎完全集中在对无限的人类潜能的开拓上。在现代增长时代,随着个体获得了征服自然和控制自身命运所必需的信心,这一潜能就可通过科技探索得以实现。这也许是现代增长时代不可抗拒的最重要原因。

关于北方发达国家的文化和政治传统,库兹涅茨教授认为,应该强调一些与现代增长时代精神一致的价值观。首先是现世主义,即在这个世界上要实现目标必须付出努力的信念,如艺术、科学和经济福利等目标,而不是实现来世的目标(如中世纪欧洲所提倡的)。另一个价值观是平等主义,即这样一种信念:在人类努力上机会均等,对广大的多数人来说,一份努力,一分收获。这种信念与宪法所规定的民主的出现有关。三是民族主义,即当人们从封建的排他主义和地方主义中走出来,进入一个更大的拥有相同的标准化行为规范的民族社区时,对人类合约的信心更加宽广。

原因是:这些标准化行为规范,如语言、交通、通信、度量衡系统、货币标准、合同形式等,使得实施统一的法律来规范"陌生人"之间的经济交换和劳动分工就变得可行。这些不同的政治和文化价值观导致了一种特定的经济制度模式,即支持现代增长时代的工业资本主义。可以推断出,现代增长时代更容易扩散到那些共享这些价值观并且不受殖民地居民阻碍的地区。

应当注意的是,我们有必要回顾一下古典经济学家(如斯密)所美化的一种特殊的政府—社会关系,即在工业资本主义制度下的自由放任。除了产权保护和合同实施之外,斯密所提倡的政府和促进增长几乎毫无关系。尽管这样说有些过头,但我们必须承认各国政府干预程度有显著的差异,如英国转型式增长过程(1780—1820年)中相对较低的政府干预程度、欧洲大陆(尤其是在那些后发国家)中较强的政府干预程度以及大多数欠发达国家在转型式增长过程(1950年以前)早期阶段存在的明显的全面政治干预。在典型的欠发达国家的市场经济与政府直接控制相混合的"混合经济"中,选择受到特定的殖民传统的影响,使得现代增长时代更早的"自然"扩散滞后,侵蚀了前面提到的政治与文化价值观,以及增长启动时拥有的"初始"禀赋的重要性。

1.4 农业时代

和现代经济增长不到两个世纪的时间相比,农业社会是西欧在工业革命前以及我们在此关注的第三世界大多数国家的经济行为在许多世纪中的中心特征。农业社会大概是从人类社会由游牧狩猎模式转向固定农业上的田园生活时开始的。北方发达国家(1780—1820年)和南方欠发达国家(1950年以后)的转型式增长仅仅是时代较长的农业社会和有望是长期的现代增长时代之间的短暂过渡。

两者的转型式增长都是为了过渡到现代增长时代。但一个重要差别是,当代的欠发达国家一般都被迫从开放的农业社会或殖民主义的传统中起步,而殖民主义的特点是在殖民帝国内的政治统治。英国和马来西亚、荷兰与印度尼西亚、日本与中国台湾之间的关系首先使海外领土嵌入一种特定的农业经济结构中的一部分。这种政治统治以隐蔽的方式出现(如在从未被外国人真正"占领"的泰国或中国大陆),也可以更明显的方式出现(如在印度或埃及)。但两者在本质上都表现出帝国——殖民地经济关系的共同特征。这些关系的根本特征集中体现在殖民地的贸易模式和投资模式上。初级产品从殖民地出口到帝国,换回的是使用现代科技所生产的工业产品(如纺织品)。追逐利润的国际资本则以直接投资的方式出现,也就是母国提供资本、企业家和营销及管理技能。

具体地说,在这种情形下,海外领土的增长满足了北方发达国家的需求,但并不一定能促进南方欠发达国家向现代增长时代过渡的进程。在这个意义上,当代发展中国家,尤其是在二战后的发展中国家转型式增长努力(在拉丁美洲开始得早一些)事实上是通过清除和重组殖民经济和政治关系来试图复制北方发达国家已经完成的转型,并以此重续现代增长时代在地域上的扩散。新生的独立民族国家使用政治力量来促进这种"追赶式"增长,是这种努力的重要手段。在本书中我们将就此进行探讨。

因此,我们可以把工业发达国家看成是先实现现代增长的国家,处于一定程度差异的环境中的殖民主义或开放的农业社会,发展中国家现在正试图实现同样的目标。不是以人力资本和人的聪明才智为基础,而是以特殊的自然资源(如矿物质和经济作物)为基础的初级产品出口经济运行模式是很多发展中国家在二战带来的政治变化发生之前所共有的特征。后发国家(今天的欠发达国家)今天奋力想迎头赶上证明了这一事实,即现代增长时代的实质是实现了人类潜能(人力资本和聪明才智)的充分开发,而这对于我们所处的现代科技敏感年代是至关重要的。

毋庸置疑,寻找殖民地并与海外领土建立起商业关系是北方发达国家现代增长过程的延伸中不可或缺的一部分,毫无疑问,其重要性正如发展中国家战后那些使其获得管理自身事务的政治权力的政治事件一样。因此,它们实现现代增长的努力必须看成是在经济领域上复制政治领域已发生的事情。南方欠发达国家掀起的所谓的"战后非殖民化"的高潮得到迅速发展,过去失去的时间得到了弥补,这一现象将在21世纪长久存在。

1.4.1 封闭的农业社会

我们现在简单描述一下封闭的农业经济的运行方式。在重商主义时期开始之前(即1400年前),欧洲基本上是农业社会,其国际经济关系根本无足轻重。同样,日本在明治维新之前以及中国在鸦片战争之前亦是如此。我们对封闭的农业社会感兴趣主要是因为这种农业经济所具有的结构与地点上的二元特点。

1.4.2 结构二元性

封闭的农业社会的特点是农业和非农业生产的共存,种植农业是其增长的主要动力,而以生产手工艺品、服务和"文化产品"为主的非农业产业常被定义为是"非生产性的"。在这样的社会里,经济生活的中心是将农业产品的一部分以剩余的方式抽取出来。也就是说,在维持农业劳动力生存后,还有一些剩余农业产品留给非农业劳动力,来为上流社会生产文化或其他奢侈品以及提供一些集体消费的服务,如法律与秩序、交通等。

对封闭的农业社会中功能二元性实践观点的描述是法国自然法则论者的一大贡献。魁奈(Quesnay)的《经济表》(参见库钦斯基(Kucynski)和米克(Meek, 1972))首次将250多年前经济体系用解析的、历史的方法进行解释。即便是在今天对继承了二元结构的社会的经济发展进行分析,他所作出的阐述仍然可以作为重要的起点。

1.4.3 空间或地域维度

除了二元结构特征之外,农业社会还有一个重要空间维度。这一点常常在经济学文献中被忽略。图1.2表明了这一空间(或地域)二元性。其特点是集中于城市中心的城市人口和较为分散的、专门从事农业生产或农村手工艺品制作的农村人口并存。这

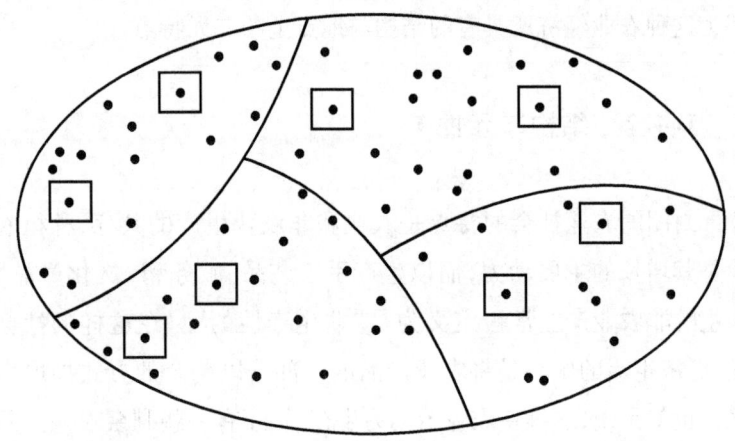

■ 城市中心和人口

● 农村人口

图1.2 空间二元性

一城乡区分除反映了功能专业化分工之外,还反映了空间专业化的重要经济意义,它出现于种植农业的早期,因为人们必须居住在土地旁边来减少日常运输成本。在这种状况下,附近的城镇成了农民为经济、政治和文化目的与他人进行接触的聚点。由于原始交通工具的限制,空间二元性通常以分割开来的形式出现(见图1.2)。也就是说,中心城镇及其周围的农村人口形成了独立的、地方化的"二元社区"。在1500年前的欧洲,由于农业社会二元性的分割特征,这种二元社区成为封建地方主义。

1.4.4 全国统一的空间二元性和转型式增长

在北方发达国家,民族主义兴起的历史根源(1500年之后)可以追溯到封建割据被打破之时。此时,交通网络(公路和河流)的形成将中心城镇联结在一起,促进了人与人之间出于社会、政治和经济目的而进行的交往,从而使得经济总体上呈现一体化趋势。随着要素禀赋的多样化,彼此互不相识的人之间发展出了劳动分工,经济体系因此变得越来越有效率。

这种空间一体化的程度(的缺乏)是当代欠发达国家成功的转型式增长的基本要素(障碍)。用于工业和农业部门(如种子、化肥和农用设备生产厂)的现代科技在城镇生产的产品几乎无一例外地可以通过交通网络改善所增进的人们之间的交往"延伸"到分散的农村人口。正是由于与附近城镇交往增加的可能性,农村经济(包括农业和非农业产业)才有可能以可持续的方式实现现代化。

1.4.5 开放的二元经济中的空间透视

一些城镇(沿海或可由航海船只到达的内陆城市)通过海运和外界联系起来,在工业发达国家尤其是这样。历史上,农业殖民地的一个特征是,经济区域从殖民地土地区域中被割裂开来,并通过贸易和投资与宗主国形成一体化,如图1.3所示。因此,由于殖民主义的作用,欠发达国家的土地呈现出相对现代化的外向型经济区域和巨大的相对落后的内陆地区并存的结构。从空间角度看,欠发达国家的转型式增长可以视为大部分起源于国外的现代科技在国内城市生产部门以及其后在农村生产部门的适应和传播过程。

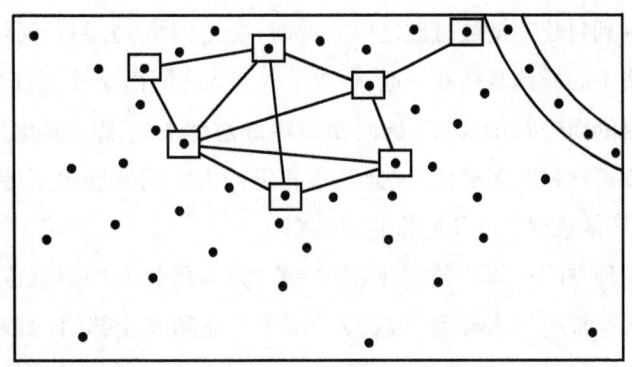

☐ 城市中心和人口
• 农村人口

图1.3 联结着的二元经济与殖民主义

总的来说,一旦封闭的农业经济让位于开放的农业经济,我们从海外看到的,是一种殖民主义。从空间的角度看,这意味着发展中国家大体上分成了两部分:(1)出口导向的生产区域加上必需的辅助服务,通过相对现代的交通网络和发达国家连在一起,其作用主要是满足宗主国对原材料进口的需求;(2)传统的从事粮食生产和面向国内市场的内陆地区,反映了重农主义所描述的相对封闭的农业生产活动。更有甚者,已存在的封闭的农业二元经济本身动态变化的潜力就是有限的,殖民主义的出现又阻碍了它的发展。

1.5 殖民遗产与类型敏感性

开放的农业社会或殖民时代有以下三个特点:(1)在出口和

传统部门技术之间存在显著差距。前者由于集中在港口、银行、交通网络和其他进出口机构等"现代"服务部门因而得到增强,而后者仍然是国内导向的,两者在组织和技术上都十分落后。(2)领地及其增长前景取决于宗主国对特定的原材料和殖民出口市场前景的评价。而市场前景又决定了该领地是否有长期的资本流动。(3)在日常的进出口操作意义上,可以对增长的过程进行划分:进口的技术和正在不断完善的制度,所有这些都会以最低限度渗透到以食物生产为主的内地。

当然,应当指出的是,在殖民体制下出口的商品或商品结构的特性,无论是以大量小厂商生产为主的咖啡或可可,还是以少数大厂商生产为主的铜和石油,在类别和"溢出"或扩散效应的程度上有显著的差异。同样,我们应该记住,殖民关系的本质会因为宗主国的特点和需要的差异而有所不同。殖民背景和出口商品的结构决定了殖民地国家未来发展努力所面临的重要的初始条件,从而影响其成功地转型的可能性。尤其是,未来的独立发展必须在殖民遗产基础上进行。

1.5.1 类型敏感性

在向现代增长方式转型时,人们近年来逐步认识到,殖民地之间的差异可以被视为第三世界不可克服的多样性。对此,我们可以从地理区域之间,如拉丁美洲、南亚、东亚、东南亚和撒哈拉非洲之间的差异来考察,也可以从人均收入水平和广为采用的世界银行关于低收入国家与中等收入国家、石油出口国与非石油出口国等分类法来考察。可供选择的经济发展分类法还可根据每个国家类型所界定的初始条件来确定。比如,劳动力过剩的二元经济的转型式增长肯定不同于土地无限供给的国家;同样,国家规模显然会影响开放经济的增长状况;和自然资源相比,相对过剩的人力资源对经济系统潜力的影响肯定完全不同于政治经济对政策转变的障碍。理想的办法是,根据所有重要的、有显著差异的初始条件对欠发达国家人口进行分类,这些初始条件包括:国家规模、初始的人均收入、人力和自然资源的禀赋状况以及殖民遗产中的组织或制度特征。

需要指出的基本观点是,转型式增长在社会历史上是相对较短的时期,大概30—50年。在这期间,由经济、地理和殖民背景的差异所确定的不同类型的国家存在着巨大的差异。对此,我们在以下两种观点之间采取折衷的态度:一是陈旧的观点,该观点认为"发展中国家就是发展中国家",我们可以用标准的方式来分析它们。另一个观点则经常强调,每个发展中国家都自成一格,我们只能视各国不同情况来分析各自基本的转型现象。不用多说,我们不同意没有"特殊案例"的简单说法,如新古典主义分析方法直接用于分析阿富汗和阿根廷不会有什么不同。相反,我们在本卷里支持这样的观点:要理解的是从农业社会向现代增长的历史性转型这一现象,而且这种转型过程在不同"类型"的发展中国家有所不同。

1.6 相关发展理论的演变

人们有时会指责经济学家将以过去的时代概念化,就像人们指责将军们把"上次战争"概念化一样。不管这种指责是否有道理,但我们必须承认,古典学派、重农主义学派、马克思、熊彼特以及后凯恩斯主义者等遗留下来的"工具箱"对战后发展经济学家来说,都有重要的分析价值,即都能帮助我们分析那两个时代以及两个时代之间的转型。我们希望在这部分能讲清楚这一点。

如图1.1(c)所示,在表示北方经济转型的同一时间轴上,我们可以按历史顺序阐述各种不同的增长理论观点。具体说,在前现代或者说农业经济时代,也就是大约1780年以前,我们看到了法国重农主义著作对较早期封闭的农业二元经济运行方式和结构稳定性的关注。随后的古典经济学家,如斯密、李嘉图、穆勒和马尔萨斯,他们生活在英国从传统农业社会向现代增长转型过程中。但是,他们主要的贡献是建立了有独立的科学研究领域的经济学框架,不仅涉及现代经济学家所说的"微观经济学",而且还涉及"增长理论"的总体性更强的分析。在"微观经济学"中,古典学派强调这样一种概念,即以劳动分工和收入分配原则为特征的市场经济的生产效率。事实上,正是他们的基于"边际主义"这一现代观点,即以边际收益递减为主要内容的收入分配理论,反映了他们对增长前景持悲观态度的实质。同时也反映了他们对即将到来的现代科学时代一无所知。

其后的100多年间(约1830—1950年),就发展理论而言,是一个相对"干涸"的时期。经济学家都把他们的注意力转向了其他两个问题,一是19世纪后期新古典传统的(以效率研究为主的)微观经济学,另一个是两次世界大战期间兴起的针对经济不稳定性的经济学总量分析。干涸时期有两个主要的例外情况:马克思的演化理论和熊彼特对资本主义体系不稳定性和增长的分析。马克思试图确立人类社会长期的演化理论,即人类社会从文明之初到不确定的未来要经过五个阶段:原始共产主义、封建主义、资本主义、社会主义和共产主义。他的研究意义重大,是因为他在生产力必须与生产关系相适应的理念,即"辩证唯物主义"基础上构建了一个统一的分析框架,并以此解释整个社会、政治和经济体制的转型。该分析框架的一个重要理论结论是,资本主义社会最终将不可避免地转变为一个废除私有财产权的社会。相比而言,熊彼特的理论也很有意义,他在完全承认科技重要性的条件下,试图解释资本主义体制内的不确定性。下文我们对这些不同学派与当代发展理论之间相关性作一归纳。

1.6.1 重农主义学派

法国重农主义学派的著作《经济表》,对现代经济学家具有很特殊的吸引力。原因是,该书启发了可运用于现代发展经济学的一般分析方法。尽管就"增长"的含义甚至是"增长"的存在而言,该书和现代发展经济学有一些重大差异,但它们对今天的理论"工具箱"的意义十分重大。他们第一次强调使用数量方法来分析作为一个整体的经济运行,从而也为后来的各种宏观经济分析方法奠定了基础。

如图 1.4 所示,重农主义学派的整体分析是在一个框架内分析所有的主要经济现象。在《经济表》中,他们对"部门"的分类采用了二分法,如图底部,根据农业二元经济,将这些部门划分为农

第一章 增长与发展:概论

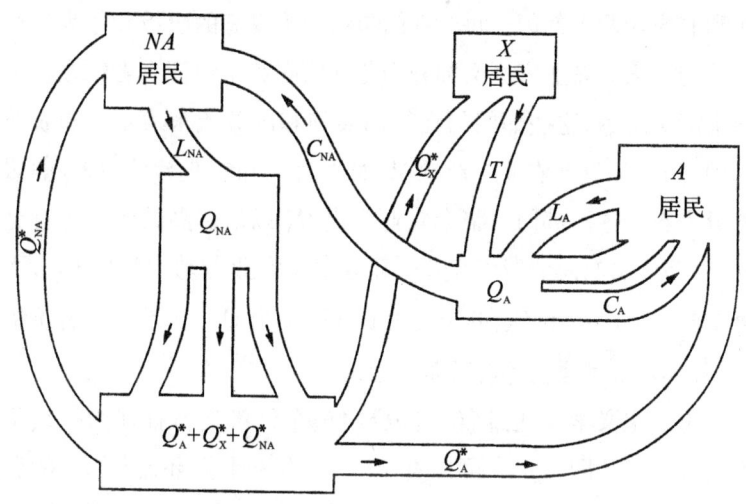

关键点:

A 农业部门居民

L_A 农业劳动力

Q_A 农业产出

C_A 农业劳动力消费的农业产品

NA 非农业部门居民

L_{NA} 非农业劳动力

Q_{NA} 非农业产出

C_{NA} 非农业劳动力消费的农业产品

Q_A^* 农业劳动力消费的非农业产品

Q_X^* 地主消费的非农业产品

Q_{NA}^* 非农业劳动力消费的非农业产品

T 土地

X 地主

图 1.4 重农主义的经济表(实物流)

业和非农业两个部门。每个部门包括作为家庭的决策和作为生产单位的决策。农业家庭又细分为劳动家庭和土地拥有者家庭。如图中箭头所示,这些部门的运行用实物和服务流来表示。非农业劳动力 L_{NA} 流进非农业生产领域,而土地 T 和农业劳动力 L_A 的服务流进农业生产部门。整个农业产出 Q_A 以消费品的形式进行分配,一部分由农民消费 C_A,另一部分由非农业劳动力消费 C_{NA},而整个非农业的产出 Q_{NA} 的消费由农业劳动力 Q_A^*、土地所有者阶级 Q_X^* 和非农业劳动力 Q_{NA}^* 三部分组成。

重农主义学派通过《经济表》将整个经济运行描述为持续不断的过程。从图 1.4 中可以看出,一共有三个循环流程:L_A 的劳动提供给农产品的生产,Q_A 的一部分"返回"农民,C_A 用作消费。另外一部分农业产出 C_{NA} 用来维持非农业劳动力的生活,这部分劳动力反过来又提供一部分服务或货物供农民消费 Q_A^*,土地 T 也作为农业生产投入,农业产出的一部分成为地主阶层的租金收入。然而,租金收入主要花在"非生产性"的非农业产品和服务上 Q_X^*。地主阶层消费的食物比较少,几乎可以忽略不计。在重农主义学派著名的"生产网络"中,农业过剩存在于 C_{NA} 流中。农产品超出养活农民的需要的部分,可以提供给非农业劳动力,也可间接地提供给农业劳动力 Q_A^*、非农业劳动力 Q_{NA}^* 和地主 Q_X^* 对非农业产品的消费。可见,从总体上,重农主义学派理论几乎涉及了发展经济学所有本质现象:生产、消费、收入分配、投入和产出的配置,甚至是在部门之间商品市场上对农产品与非农业产品的交换。所有这些总量流量都是相关的,也就是说,所展示的整体运行观点是十分现代的,原因是它真正为我们现代国民收入统计框架奠定了基础。

在该框架中,"增长"(或没有增长)被看作是相互关联的经济系统持续运行的结果。

如果数量变量 A、NA、L_A、L_{NA}、Q_A、Q_{NA}、X 和 T 给定,那么整体经济绩效在一段特定时期,是可以记录的。重农主义学派对量化的要求十分敏感。他们认为,农业产品的总产出可以粗略地分为三个平等部分:1/3 部分由农业劳动力消费;1/3 部分为地主获得的租金收入,消费在非农业奢侈品上;最后 1/3 部分由非农业劳动力消费。我们现在对增长现象的量化,重农主义学派 250 年前就清楚地预测到了,只不过有一个重要差异,他们主要描绘的本质上是一个循环流或停滞的经济。

事实上,库兹涅茨强调的现代经济增长的程式化事实:人口增长的加剧,人均收入的持续增长,劳动力配置和产出的结构变化,与重农主义学派的描述不相关。因为在重农主义的基本框架中,资产积累的概念不存在,所以,现代意义上的"增长"是不可能的。给定非农业生产的两类资本可以区分为:体现现代经济增长技术特征的固定资本 K_f,和用于表示库存量的变化或贸易所需的食物存量变化的商业或可变资本 K_v,这两者实际上在重农主义体制中是不存在的。只有所谓的 *avances annuells*,主要是提供年度支出,包括工资,即代表"生产网络"或农业剩余的既定的生产资本存量。在《经济表》中分列服务流时,重农主义学派在确定家庭部门时,主要采用当事人或阶级观点。家庭基本上代表了不同的阶级,这种体制的运行目的是为了维持地主阶级的文化生活,其社会目的与当代欠发达国家转轨型增长努力背景下,提高人民物质生活水平的价值观念相比,差异十分显著。

但就我们的宗旨而言，重要的首先是农业生产和农业剩余。重农主义学派将农业以外（比如手工业、贸易和服务业）的生产活动贴上了"非生产"的标签。农业生产与非农业生产的不同之处是前者视土地为必要的投入。他们认为，是土地而不是劳动创造了所有基本的经济价值。农业优先的概念可在以下事实里得到验证：如果社会能确保非农业家庭的存在，如图 1.4 所示，那么农业部门必须生产出农业剩余——通过"部门间交换"流通到非农业部门。

在现代二元增长理论里，分析的焦点在农业与非农业产业之间的互动。农业剩余的存在对许多理论形成来说是一个分析起点，事实上，我们在下文将会看到，在当代，许多不发达国家能否实现农业现代化仍被视为一个基本的发展瓶颈。在抽象模型中，"均衡"的确定，对现代分析经济学而言，是必不可少的。虽然《经济表》的变量和模型结构与这种结构相类似，但重农主义学派将《经济表》作为一种描述工具来分析农业二元经济的运行框架，而不是作为决定性模型的概念性工具。这种分析性的决定因素，包括资本积累和生产函数的引入，留待下文古典流派的引入。

1.6.2 古典学派

古典经济学家既关注侧重于通过改善劳动分工来获得生产效率这一"微观经济学"，也关注侧重于资本积累和增长的"宏观经济学"。他们的著作与英国的转型式增长时期大致相当，尽管他们的分析焦点还是放在农业上。总的来说，他们接受了重农主义学派的整体运行观点,同时也假定一个总体的农业生产部门,并将家庭生产部门分为:土地(T)、劳动(L)和资金(K),以代表三种劳动分工。虽然古典学派认识到了工业活动,并努力描述两部门的农业社会的本质,但他们分析的重点几乎完全是农业。

对现代发展经济学家来说:古典学派的最重要的贡献在于他们在三个层次上来看待家庭生产部门,即对家庭、他们的资产和他们提供的服务这三类概念的定义。由于 T、L 与 K 提供的服务是生产部门的初始要素投入,相应地农业产出 A 可以分为三部分:租金收入 ϕ_T,工资 ϕ_W,利润 ϕ_K。事实上,古典学派的一个主要贡献是他们的功能性收入分配决定理论。如果将 T 和 K 理解为生产资本,那么花费时间积累起来的 K 的引入将使人们对增长过程有一个新认识,而这是重农主义学派还没有完全认识到的。可以说,古典增长理论就是功能性收入分配理论基础加上资本积累过程的分析。

古典经济学家仍然保持了重农主义学派对家庭阶级结构的敏感性。生产性资产 T、L 与 K 的背后是他们的所有者,即地主阶级、资本主义农场主和无地的工人阶级。这种阶级敏感性反映了19世纪英国不同于封建社会的不断变化的农业生产组织模式。现在出现了一个追求利润的新阶级:即租用地主的土地和雇用刚获自由的工人的资本主义农场主。

在这方面,可以说古典学者们实际上分析的是带有商业资本主义组织特征的经济,即以生产资料(T 与 K)私人所有制为特征的,社会关系以自愿签订工资和租赁合同为特征的体制。商业资本主义与其后产生的工业资本主义的不同之处在于,它可以支配大量的流动资本,而后者则是历史上第一次大量使用附有技术含量的固定资本。事实上,在向现代增长时代转型的过程中,特别在非农业产业时期,绝大多数的资本逐渐从"流动"状态转向"固定"状态。

古典学派的贡献主要在于对兴起的商业资本主义规则的分析上。其中,资本主要是指上述的流动资本或存货这一类型,非农业劳动力主要集中在轻工业,特别是贸易和商业。由于所有的贸易和商业活动都是为了克服那些阻碍交换的自然因素,如时间和距离所造成的疏远,所以,食物储存作为缩小生产和消费差距的润滑剂,并使"非农业劳动力处于运作状态"是绝对必要的。随着流动资本的出现,因为将面包运到消费者那里和农民生产出小麦同样重要,所以,重农主义学派关于非农业生产是非生产性的毫无意义的观点就不再存在。

古典储蓄规则认为,资本主义农场主是唯一进行储蓄的阶层,地主和工人阶层都将其全部收入用于消费。既然在资本私有制下,只有储蓄者(资本家)才享有资本所有权的收益,这就意味着不同阶层之间的流动性很弱:工人不可能成为资本家或地主阶层里的一员,原因是,他们没有储蓄。在晚些时候(19世纪),当流动资本让位于含有技术的"固定资本"时,现代增长时代的生产条件就会呈现出如下特点:一是大规模生产的效率,二是出现了对技术复杂的生产任务的专业管理。随着工业资本主义的到来,我们看到的是资本所有权(主要获得利息收入)和企业家职能(承担由技术变化带来的不可保险的风险,并以此获得利润收入)的不断分离。因此,古典学派的收益三分法变成了四分法——工资、租金、利息和利润,就像现代经济学家认可的那样。

现代观点认为,每个有收入的人,只要他们愿意,都可以储蓄,甚至大多数没有管理能力和企业家能力的家庭也可以做到。因此,随着工业资本主义的到来,储蓄的收入基础扩大了,与之相适应,金融安排(如银行、金融机构和股票市场)越来越复杂,从而将所有权从控制权中分离出来。这使得阶级之间流动性增强,从而缓和了重农主义学派和古典学派阶级观的狭隘性。

总而言之,古典学者真正关注的是以商业方式组织起来的农业社会。在此背景下,在阶级之间流动僵化的条件下,一些家庭成为资本家式企业。但是现在,劳动被看作是全部价值的创造者,而不是土地和商业资本。

如果发展理论要使用这些理论工具,我们应该想起在工业革命时期,在英国是世界工厂的时候,许多新兴产业在沿海中心城市涌现,贸易活动十分频繁。因此,古典经济学家考虑的都是工业化的长远发展趋势,尽管他们之间也有不同的声音,但他们都得出一个悲观的结论:这些新的以城市为中心的工业活动是暂时的、过渡的现象,英国迟早会被迫转到重农主义学派所描述的停滞的农业社会。该结论的推理过程是建立在这样的假设条件之上的:一是农业的优先地位将会继续得以维持;二是农业的初始条件与人类行为、收入分配决定论;三是储蓄肯定会出现。他们的预测被证明偏差很大,原因是,他们高估了自己,从而没有认识到他们生活在这样一个转型时期,其中被他们忽视的科技在农业和非农业产业中发挥越来越重要的作用。

不过,在我们看来,古典经济学家的主要贡献是在追求利润行为的假设下,通过对市场运行的分析,形成的功能性收入分配决定理论。其出发点是在 K、L、T 作为联合投入条件下,以土地收益递减规律为约束条件,规范了农业部门的生产条件。资金和劳动作为"联合的"要素投入,在竞争条件下,"两种"要素(资金/劳动和土地)都分别按其边际产出得到回报。土地收益递减规律意味着,在人口对土地的压力下,土地变得相对稀缺,土地租金 ϕ_T 将会上涨。劳动收入 ϕ_W 和资本收入 ϕ_K 则相对下降。但两个"联合"投入要素之间的收入分配是讨价还价的结果,而不是竞争过程的产物。原因是,工资率不能跌至可承受得起的生活水平之下。这种现象称为"工资铁率",相对而言,利润则最终趋向于零。按照古典储蓄规则,储蓄规模和资金积累率相应地也会下降并趋向于零,从而得出长期停滞这一预测。

当代发展经济学家无疑可以从古典学派的基本论断中找出许多漏洞。例如,古典经济学家含糊地接受了马尔萨斯的人口增长论,而忽视技术变化,并且缺乏对农业和非农业之间的互动关系的分析。尽管如此,就他们倡导的农业分析的方法论以及在一个整体的运行框架内强调分析决定论而言,古典的增长理论仍然有重要的意义。

相对而言,亚当·斯密并不苟同于古典悲观主义的理论。他认为,非农业产业的收益递增可能远远超过农业的收益递减。但是只分析农业这一个部门,资本积累耗竭的主要原因是他们没有认识到现代增长时代所启动的无限的技术潜力,将足以克服收益递减规律的限制。对大多数现代学者来说,不管是"老"或"新"增长理论的追随者,技术变化和收益递减规律的结合是增长理论演绎的出发点。

事实上,劳动生产率的增进可以区分为两类,一类是"库兹涅茨类型",该类型是在固定资本含有科技成分条件下,与现代增长时代联系在一起;另一类称为"斯密类型",该类型处于转型时期,在该时期,商业资本由资本主义企业家阶层所有和管理。在劳动分工深化的条件下,劳动生产率的提高由商业资本推动。与劳动分工深化的空间维度相关的是,空间上分散的经济行为者逐渐地形成一个一体化的国民经济体系。

古典经济学家没有意识到生产率增进的库兹涅茨型的重要性,相反,对生产率增进的斯密类型却十分熟悉。事实上,他们十分相信商业性农业的效率,这种农业的特征是,劳动分工深化的收益体现在私有当事人之间的自愿的互动上。因而,他们的政策建议焦点集中在自由放任上,即政府要限制其对经济的直接干预。如果理解正确的话,如下文分析,这些来源于古典模型的政策建议在当今欠发达国家的转型式增长过程中对增长仍较为重要。

1.6.3 马克思

经济学家马克思的增长理论嵌入在更大的政治和社会框架中,对增长理论有多方面的贡献。我们只是讨论其理论中与现代发展理论的发展有关的一小部分。众所周知,马克思借鉴了大量的古典理论,如对劳动价值论的接受、对资本积累前景的悲观态度,尤其是对社会阶级二分法的敏感性,即上文涉及的古典储蓄规则导致阶级间缺乏流动性的直接后果是有产的资产阶级与无产的劳动阶级并存。与古典主义者显著不同的是,马克思关心的是对整个经济制度的预测,他的分析焦点只限于非农业部门。

马克思的理论与古典主义理论还在另一重要方面有差别。古典学派承认商业资本积累(使食品存储或工资基金、流动中的劳动力蓄水池等)的意义,而马克思的理论框架则反映了一个综合的积累理论,因为他试图在一个完整的框架中分析商业资本和固定资本,尽管不是很成功。马克思之后的理论发展在文献上对商业资本的提及逐渐消失了,尤其是熊彼特和所有战后的著作,分析重点放在了有技术含量的固定资本上。

马克思理论的真正意义在于,他是第一位把固定资本的积累看作是现代经济增长的主要现象的经济学家。在固定不变的土地上,劳动和商业资本的"联合"投入不断增长的影响是古典学派的农业停滞理论的关键。在李嘉图主要对非农业产业中,相对于劳动而言的可变固定资本的讨论中,这种影响有所减弱。不过,马克思将资本和劳动这两个主要的生产要素的各种组合作为他动态分析的中心。

本书讨论的是农业社会向现代增长的转型式增长进程,而马克思的理论则是完全不同的理论,其重点是在古典经济学家发明的收益递减定律的基础上,作出成熟的工业经济会长期停滞的预言。在资本家追求资本积累的假定下,马克思指出了成熟的工业资本主义中存在资本深化这一内在趋势,即资本—劳动比率上升,从而使分配不利于资产阶级。所以,除非有"节约劳动力的技术变革",否则,我们就面临着利润率或资本收益率下降的趋势。

马克思的这些观点在现代增长理论家希克斯(Hicks)、哈罗德

第一章 增长与发展:概论

(Harrod)、费尔勒(Fellner)手中得到了严格的规范。其中,资本积累、劳动力增长和技术变革对功能性收入分配所共同产生的影响——对利润和工资率的影响都得到了系统的公式化阐述。我们在后面要讨论现代的功能性收入分配理论,但这里要强调的是,这种对增长过程中工资和利润的系统的阐述与所有的社会阶级分析(如重农主义学派、古典主义者和马克思)无关。所有的生产要素都依据自身对产出的贡献(即边际生产率)获得回报。

然而,在马克思理论中,资本深化和利润率降低趋势导致成熟的资本家面对失业危机的永久威胁,并且还伴随着由工人阶级抗议浪潮而引发的政治动荡。最终可能的唯一结果是,工业资本主义组织的主要特点,即在私有资本产权体系下逐利行为,不得不被抛弃,因为它和现代增长时代的生产现实不再相容。马克思所作的预言是否正确在很大程度上是经验性的,取决于科学和技术的潜力。技术变革可以克服资本积累中由于利润下降所引起的任何衰退。事实上,战后一直持续到1973年的长期繁荣已经令人信服地证明了资本主义社会还远没有到科学和技术潜力已达穷尽的地步。工业资本主义也许确实忍受了创新活动的长期影响(熊彼特中心思想,见下文),但受马克思激发的20世纪30年代的停滞主义论者在今天看来已经被证明是完全错误的。

当然,完整地讨论马克思必须提到政治问题。他关于资本主义不可避免衰退的理论激发了声势浩大的群众运动,深刻地影响了20世纪世界上1/3人口的生活。他的理论最后部分对分配公平的人道主义关注,使得其理论具有感召力。马克思坚定地相信,随着现代增长时代的到来,工业社会进入了一个不同的阶段。在这个阶段中,分配规则的特点是成功的资本积累得到激励。他对于资本积累动力是永不满足的看法基本上符合现实,因为资本积累确实能带来物质富裕、社会地位和(常常有)政治力量。他错误的地方在于,技术变革同时还使劳动力的报酬降低及其坚持的最重要的古典学派对阶级之间不具有流动性的假设。

当代经济学家对资本主义制度下的收入分配原则的"公平性"可能有不同的看法。马克思和古典经济学家认为,古典储蓄规则使社会各阶级之间没有流动性。但这种死板的观点以及"阶级"这一概念此后在经济学文献中不是被摒弃,就是被忽略不提。考虑到储蓄的收入基础在不断变大,也就是说,每个人都成为潜在的储蓄者,衡量社会公平的更有意义的指标不再是功能性收入分配,取而代之的是收入分配规模。

在成熟的资本主义社会,资本积累动力具有高度的"理性"特征,也就是马克思所认识到的对资本回报率的敏感度。然而,这种敏感性在技术复杂的现代增长时代又导致了"资本主义阶层"中各角色进一步分化,如固定资本的所有者与管理者分离,从而产生四部分功能性收入(即利润,利润中又分离出利息、工资和租金)。由于每个人并不需要当管理者才成为储蓄者,所以,储蓄的收入基础进一步扩大。与这种分离趋势相适应,一整套金融中介网络逐渐形成。正是这一制度发展为20世纪初熊彼特提出的长期资本主义不稳定性理论提供了部分背景。

1.6.4 熊彼特

实际上,熊彼特的贡献在于阐述了技术变革对发展过程的影响。尽管有很多关于成熟资本主义的商业周期理论,熊彼特的理论(1942年)仍值得强调,因为他关注的不稳定性可以直接从关键性增长事实中演绎出来,而且这些增长与现代增长时代的一些现象密切相关。

熊彼特指出,科学研究中产生的发明与创新,即这些发明在资本积累所"支撑"的工业生产中的应用,是两个不同的事情。在现代增长时代还远未开始时,世界已经历了两个世纪的启蒙时代。在此期间,科学发现不断涌现,但没有得到普遍的应用。熊彼特认识到了科研活动环境的重要性,但他关注的焦点是创新,即利用新增资本来应用这些科学发明。在他的理论中,固定资本完全取代了商业资本的概念,并且发明和创新能力已制度化并习以为常。在这个意义上,他的增长理论是现代的。

为了强调科学和技术的重要性,熊彼特使用一个"假想"概念来描述以静态技术为特征的增长状态(文献中通常称为"熊彼特状态")。我们可以设想,有多个生产部门$(1,2,\cdots,n)$,其中劳动力投入为$(L_1,L_2,\cdots L_n)$,资本投入为$(K_1,K_2,\cdots K_n)$,得到的产出为$(Q_1,Q_2,\cdots Q_n)$单位的产品。这些变量所占的份额由任意一个时刻的技术条件所决定。

静态技术条件下的增长过程意味着人口增长和投资$(I_1,I_2,\cdots I_n)$推动的资本积累的速度要使K_i,Q_i,和L_i之间的比例基本保持不变。因此,熊彼特状态被描述成一种特定的增长,即经济规模越来越大,但经济的"有机构成"或结构没有改变。根据库兹涅茨所强调的现代增长时代中众所周知的程式化事实,即经济增长伴随着不同类型的结构变化,熊彼特状态几乎完全是虚构的。但这一概念使他很方便地把观察到的结构变化与创新对静态生产结构的冲击联系起来，其中表现出的浪潮般的波动被视为企业家式活动的结果。

"熊彼特状态"尽管是虚构的概念，但它代表了一个重要的观点，使得数理增长模型的公式更加严格（如冯·诺伊曼和索洛模型）。这些模型显示出，在技术不变的条件下，不管"初始的"资本和产出结构如何，长期经济增长将转型为"熊彼特状态"。这一现代理论结论表明，"熊彼特状态"的结构的稳定性反映了技术不变条件下一个可行的模式。

在熊彼特看来，成熟资本主义资本积累的不稳定性主要是由创新"集群"导致的。具体说，即使新的技术思想不断涌现，创新也不会持续或平稳地出现。相反，创新在神秘不定的企业家群体的决定下，倾向于以"集群"或"迸发"形式出现。当创新数量增加导致结构的迅速变迁，破坏"熊彼特均衡"时，经济呈上升趋势。此后，创新步伐减慢，经济结构在更高的人均收入水平上达到一个新的"熊彼特状态"，经济呈下降趋势。

随着社会进入现代增长时代，科学和技术前沿的探索意味着经济增长永远面临着一个不确定且不断变化的未来。尤其是，投资充满了不确定性和风险。在多部门的环境下，由以前创新投资所创立的特定产品（或企业）在长期是否可行，只能通过消费者选择来进行"检验"。从这个角度看，萧条期的存在是完全合理的，因为在萧条期，落后于新技术的产品和企业被清除，从而使不平衡得到纠正。向新的"熊彼特状态"转型起到了"清理房屋"的作用。

熊彼特理论必须面对的关键理论问题是，导致创新投资神秘地"集群"的原因。在储蓄者和投资者分离的工业世界里,这个问题对于他的"融资"概念至关重要。

在现代经济增长时期,投资的资金融通——将储蓄资金通过一定的渠道来满足投资的货币需要——起到重要的作用。尽管在古典或马克思理论中这不是一个根本问题,但对于熊彼特的"集群"命题却是重要的。到20世纪初期,实物资产所有权与管理出现分离,意味着工业资本主义已经相当成熟。相应地,储蓄和投资的决策也出现分离,随着储蓄者和投资者之间提供中介服务的各种金融机构的出现,投资的资金融通采取了新的、复杂的形式。

一种重要的金融中介机构是商业银行,它和所有其他金融机构不同之处在于,商业银行可以创造购买力来满足投资的融资需求。这种人为货币力量创造的任意性干扰了投资者可贷资金需求(I)与储蓄者可贷资金供给(S)相互作用所决定的市场出清利率。由于自愿储蓄 S 不再是财产收入 S_k 与(或)工资收入 S_w 之和,而是由于商业银行为满足总投资 I 而进行的货币扩张(dM/dt)得到增加,而总投资的满足又在商品市场对新增的商品下更多的订单,古典储蓄规则不再适用。

考虑到资本积累内生的不稳定性,对上述金融安排的理解是熊彼特理论的基础。创新常常以"集群"的方式出现,主要是因为企业家群一旦出现,商业银行就会加速贷款的步伐,导致迅速的货币扩张(dM/dt),从而经济进入扩张期。投资者期望获得更多的利润,不仅仅因为 dM/dt 在表面上抑制了潜在的市场出清利率,也因为货币扩张有一种滚雪球式的影响。当部分企业家获得资金购买力时,会吸引其他熊彼特式"追随者"企业家增加投资,从而产生新的购买力。随着商品市场疲软及/或由于追随者企业家的过度投资而带来的通货膨胀,经济衰退出现了,从而达到一个新的熊彼特稳定状态。在现代发展理论中(见下部分),这种发展金融的观点还有其他的长期影响。

1.6.5 战后关于发展的计划学派

在战后的早期阶段,我们可区分两个主要的方法或"思想学派":一个是以丁伯根、马哈朗诺比斯和钱纳里为代表的计划学派,另一个是以西蒙·库兹涅茨和阿瑟·刘易斯为代表的行为学派。所谓的"计划学派"在战后早期变得十分流行。前殖民地的政治独立产生了一种信念,即工业化所带来的快速增长可以通过政府实施政治权力得到提升。尽管市场体制和私有产权至少在非社会主义的欠发达国家中被普遍接受为工具,但政府对市场各方面的干预得到容忍。随之而来的结果是,几乎所有混合型经济的欠发达国家都设立了计划委员会,通过制定五年计划来设计并协调全国的发展。在这一氛围中,详细的旨在促进工业化的微观经济干预体系创建起来了。

计划学派的第一个方法特点是其方法的相对形式化,通常有一个多部门的生产函数,与熊彼特模型十分相似,其中多种投入 K_i、L_i 和产出 Q_i 分配于消费 C_i 和投资 I_i。但由于以下的三个原因,这一涉及多部门结构的计划模型变得更复杂了。首先,由于每一部门总产出的一部分被设为用作其他生产部门的一种现有投入,投入产出表的严重影响是一目了然的。其次,该模型形式上或非形式上是动态的,因为它展望的是连续五年的远景(所有的计划变量如 K_i,L_i 和 Q_i 都标有日期来表明其未来的预测价值)。最后,一些和开放经济有关的变量,如出口,通常都假定为外生的。这样,经济计划可看作是经济运行和增长的全面描绘,其中所有部门都被看成是同一的且"对称"的。

计划学派的第二个方法特点是系统地应用数学模型来前后连贯地决定所有计划变量的大小。这不仅牵涉到生产条件(如投入、产出和进口系数)的假定和外生性变量(如人口增长、出口潜力和可用外资量)的分离,而且还牵涉到在确定变量时数学技术(如动态的投入产出或线性规划模型)的使用。计划方法的形式化使计划学派具有很强的技术专家治国的特性。

计划学派的第三个方法特点是依靠使用数据来制定多年的计划。其中的含义是,一旦这样的计划制定出来,政府就可以下令将其实施。在混合经济中,这意味着通过政府自身的投资行为以及通过一系列影响私有部门行为的政策工具来得到实施。

这种"资源规划"的做法在某种程度上代表了某些幼稚的信仰,认为经济最初建立起来所依赖的政策轨道是合适的。另一方面,这种做法也是对非殖民化时代作出的可理解的政治反应。因为在非殖民化时代,刚获得独立的政府被认为是为公众福利而工作,并在一段时间内满足了人民的心理需求。尽管这一以资源为导向的规划确实起到了为政治行动提供粗略整体指导并吸引外国援助的建设性作用,其现实"全面"规划的有用性在 20 世纪 60 年代迅速衰退。人们越来越怀疑在转型式增长时期针对某一给定的经济结构预测未来资源变化的有用性,因为在这一时期经济结构的变化是转型过程的核心。另外,由于外来冲击不可避免地发生以及随后必然进行的重新评估,提前五年预测并出版以资源为导向的计划无一例外地使政府过早地背上了无法摆脱的政治包袱。尽管欠发达国家政府至今仍沿用宏观经济预测,但这些躺在决策者办公桌抽屉里的预测往往是可变的,预测所提供的主要绩效变量的高、中和低变动幅度仅供公众参考,而计划的真正重点已经明显地转移到为政策变化设计战略来适应转型进程。这一点我们后面会更详细涉及。

1.6.6 战后发展理论

发展理论在战后时期(1950—1990年)重新引起了人们的兴趣。在此之前,除了熊彼特和马克思之外,发展理论几乎在长达一个半世纪的时间里不属于专业经济学的主流领域。战后重新恢复并得到发展的思想可分为两类:起初应用于发达国家的增长理论的转移和专门为欠发达国家构建的发展理论。战后的发达国家对大萧条记忆犹新,起初很担心收入不稳定,即失业和潜在的通货膨胀问题以及相应的解决办法。"凯恩斯主义"所包含的关键信息是,这种不稳定主要是由于需求不足引起的,大量的闲置储蓄没有被吸纳来创造充分就业。凯恩斯学派宏观经济分析的政策含义把重点放在总需求管理上,通过实施货币和财政政策来弥补预期的社会个人需求不足。最近,货币主义占据了支配地位。其核心内容是更加相信经济自身的灵活性,以及克服结构性缺陷不大需要政府干预。事实上,即便是后凯恩斯主义的经济学家现在也接受了这一观念,充分就业(存在某一程度的自然失业率)和价格稳定从长期来看不大可能相互冲突。

尽管宏观经济理论和政策在很大程度上集中于短期的经济稳定问题,发达国家在早期对失业的敏感,直接引起了对不稳定是否在长期也是不可避免或持续存在这一问题的探讨。古典学派的论文重新关注于长期停滞的威胁,熊彼特和马克思的理论以哈罗德-多马增长模型的形式再次流行。但这是由短期不稳定的凯恩斯主义论点直接发展而来的,只是分析的重点现在转移到了资本积累和技术变化对利润率的影响。在资本积累过程中利润率的必然下降是对储蓄过剩的成熟经济中与长期停滞预测相关的理论争论核心。

与此形成对比的是,就战后的欠发达国家而论,它们的问题是不同的,主要是赶上那些已经完成转型过程的国家。为实现这一目标,绝大多数现有的欠发达国家选择了混合经济,通过新独立的主权政府的力量制定了强有力的促进增长政策。

在这样的政治环境下,除以资源和规划为导向的计划学派外,还出现了一个强调经济整体行为的发展理论学派。该学派认为,所有与增长相关的任务(如产出增长、劳动力流动、国际贸易)都要通过市场力量和各种政府干预结合起来进行协调。该学派的政策含义与计划学派所不同之处在于,此处的重点是"为政策变化做计划",而不是对资源进行规划。换句话说,其关注的对象是通过对宏观和微观经济政策变化的高超控制来促进发展。

资源规划和政策变化规划都从充满计量经济工具的抽象经济模型方法进步中获益匪浅。哈罗德-多马经济增长的动态模型及其衍生工具(见下文)仅仅是该方法的一个例证。这些模型和欠发达国家计划学派以及一些主要用于发达国家但调整转用于欠发达国家的行为增长理论都紧密相关。

1.6.7 哈罗德-多马模型

二战后对增长重新产生的兴趣导致了定量的动态模型,其中所有的经济变量都有时间维度。这一动态形式所带来的明显优势是,它使我们得以用逻辑的精确性来考察事件在时间上的先后顺序。然而,这一模型也意味着经济关系中很多不能量化的特征需要弱化,甚至完全被忽略,来求得近似值。其中隐含的方法论冲突在战后早期增长理论中占统治地位的哈罗德-多马模型中得到了很好的诠释。

哈罗德-多马模型接受了一个整体的国民收入核算框架,其中劳动力 L 和资本 K 共同提供给生产部门来生产总产出 Q,而总产出 Q 用于现行消费 C 或导致附加资本积累的投资 I。这五个有时间维度的变量 (K, L, Q, I, C) 通过以下方程联系起来:

$Q = C + I$(产出分配,会计方程) (1.1a)

$I = sQ$(储蓄函数,其中 $0 < s < 1$) (1.1b)

$Q = (1/k)K$(生产函数,其中 $k = K/Q > 0$) (1.1c)

$I = dK/dt$(资本积累,会计方程) (1.1d)

方程 1.1a 是静态的会计方程,解释产出的分配,而 1.1d 是说明在一段时间内资本积累的动态会计方程。1.1b 是储蓄函数,表明 Q 的 s 部分总是被用于投资。1.1c 是简单的生产函数,其中资本—产出比 k 只是资本生产率的倒数。s(储蓄平均倾向)是衡量国民节制消费程度的参数,而参数 k 则表明资本作为投入的有效性。用 $\eta_x = (dx/dt)/x$ 来表示任一有时间维度的变量 x 的增长率,从方程 1.1 可直接导出:

$$\eta_k = s/k \tag{1.2a}$$

意味着

$$\eta_Q = \eta_I = \eta_K = \eta_C = s/k \tag{1.2b}$$

这样,在 s 和 k 为常数的情况下,资本存量以恒定的速度(s/k)增长,增长率与国民储蓄程度(s)成正比,与资本(k)生产率成反比。由于 C,I 和 Q 都与 K 成比例,这些变量也以同等的恒定速度增长(方程 1.2b)。以上方程体系没有涉及劳动力。因此,为了全面地确定该体系,劳动力可假定为一个以恒定速度(r)增长的外生变量:

$$\eta_L = r(\text{恒定的人口增长率}), \tag{1.3a}$$

意味着

$$\eta_c = \eta_C - \eta_L = s/k - r, \text{此处} c = C/L(\text{人均消费增长率}) \tag{1.3b}$$

$$\eta_p = \eta_Q - \eta_L = s/k - r, \text{此处} p = Q/L(\text{人均收入增长率}) \tag{1.3c}$$

人均消费水平(方程 1.3b)增长率和人均收入(方程 1.3c)增长率可看作反映资本增长率 s/k 与人口增长率 r 之间的差别。这样,我们很容易看到,通过逻辑推论得出的有关 Q,L,K,C,I 在时间上存在相互联系的论断是战后增长理论模型化的核心。事实上,起初想解释周期的哈罗德-多马公式为资本主义发达国家和欠发达国家计划学派的长期增长模型都提供了根本基础。

1.6.8 哈罗德-多马模型的扩展

哈罗德-多马模型在战后欠发达国家中占统治地位的计划学派中的应用基于其三个主要的方法特点：预测能力、统计上的可检验性和理论扩展的可行性。其预测力和增长速度的论断相关（如根据资本、GNP 和（或）消费者福利的增长率来预测）。因此，在国民节制消费力度越大（s 值越大）和（或）资本生产率越高（k 值越小）的情况下，Q 和 K 的增长率越高。在人口增长受到控制时（r 值越小），消费水平的上升速度越快。

在参数值 s、k 和 r 通过统计数据进行估算后，这些理论上的预测可以量化。战后早期计划学派的流行主要是因为可以从数据分析的角度给政府提供"有条件的政策意见"。（例如，如果 r = 1.5% 且 k = 5，那么在人均收入增长率的目标定为 2.4% 时，平均储蓄倾向必须在封闭的经济中保持在 GNP 的 19.5%。）

为"规划资源"目的而应用的简单哈罗德-多马（Harrod-Domar）模型在几个方面得到了扩展。其中之一是考虑开放经济，增加了进口 M、出口 E 和支持进出口差的外国资本 $A(A = M - E)$。修改方程 1.1a 以包含出口且进口函数加入后，我们得到：

$$Q = E + C + I \text{（修改方程 1.1a 以包含出口要素 }E\text{）} \quad (1.4a)$$

$$A = M - E \text{（包括使用外国资本 }A\text{ 来弥补贸易差 }M - E\text{）} \quad (1.4b)$$

$$M = mQ \text{（包括带有进口系数 }m\text{ 的进口函数）} \quad (1.4c)$$

把外国资本 A 或出口 E 明确为外生变量动态地决定了整个体系。这样，提供以数据为基础的政策意见可以达到以下效果：如果

出口 E 以某一速度增长,那么国家就需要谈判以获得外国援助以及/或以某一速度流入的私人外国资本。相反,如果外国援助数额在政治上是事先决定的,国家则不得不降低其进口系数 m 并且/或者增加其出口 E 来弥补贸易差。在需要增加资本生产率,从而减少国内储蓄要求或降低人均收入增长目标等方面也可以作出相似的论断。

战后早期计划学派的流行是和欠发达国家计划委员会和五年计划的盛行紧密相连的,而计划委员会和五年计划都是建立在不可靠的基础上。一方面,通过政治力量来促进增长显然是不能得到保证的信念;另一方面,在计量经济学支持下的动态资源导向模型的有用性被夸大了。计划学派的模型和目标在普遍存在的五年计划中得到体现时,只不过说明了政治意图。要实现某些目标,光知道需要以某一百分点提高储蓄率以及/或者出口率是具有欺骗性的,因为如何能完成这一切,同时还需要更具体的政策建议。人们逐渐认识到,关键的问题是需要把经济放在不同的轨道上,而不是在原有的轨道上以更快的速度前进。因此,"资源规划"法的影响逐渐被"政策变化之规划"所取代,我们将在下面看到这一点。

以上简单形式的哈罗德-多马模型还构成了成熟资本主义经济的一个出发点。这主要是因为该模型中体现的概念,即作为生产性投入的固定资本、储蓄推动的资本积累和人口增长,在很大程度上可以描述现代增长时代的增长过程。由于这一原因,修改过的哈罗德-多马模型被应用于分析成熟资本主义社会的长期增长过程。

在认识到劳动力(L)和资本(K)是以可变的比例共同投入于

生产过程后（两者都遵循收益递减定律），哈罗德-多马模型发展出了的一种变体。当方程1.1c的生产函数（其中没有劳动力）被方程1.5c的新古典生产函数所取代时，我们可得到以下的基本索洛模型：

$$Q = C + I \tag{1.5a}$$

$$I = sQ \tag{1.5b}$$

$$Q = f(K, L)（新古典生产函数） \tag{1.5c}$$

$$\eta_L = r \tag{1.5d}$$

这一模型是方程1.1a、1.1b、1.1c和1.3a所定义的哈罗德-多马模型的直接扩展，为我们分析和比较发展中经济或成熟经济可能遵循的可选均衡路径提供了工具。

以上的方程体系(1.5)确定了基本索洛模型的结构，其中技术和人均消费水平处于给定的静止状态。在应用于贫穷的发展中国家案例时，经济发展取决于资本积累速度超过外生的人口增长速度。另一方面，技术变革的持续缺乏会导致另一类困难。在储蓄能力相对于人口增长率太高的情况下，资本收益（即利润率）将最终受到抑制，因为在收益递减定律的支配下，不断提高的资本密集程度会造成利润率下滑。

因此，哈罗德-多马框架最本质的修改要加入技术变革，既可把技术变革作为新古典增长理论中所体现的外生因素，也可作为"新"增长理论中所体现的内生因素。对技术变革的现实模型设计仍存在相当大的概念和实证难度。

索洛自己通过假定具有指数趋势的希克斯中性技术参数(J)来体现技术变革：

$$J(t) = J(0)e^{gt} \qquad (1.5\text{e})$$

其中

$$Q = J^* f(K, L) \qquad (1.5\text{c}')$$

代替了方程 1.5c。这实现了帕累托最优均衡,其中所有的变量随着全要素生产率增长(g)的外生速度增长。从实证上看,美国在 1874 年和 1975 年间产出增长的 50% 以上可归功于此类技术进步,而剩余的增长主要来自资本积累。

技术进步在解释索洛经验研究中,程式化增长事实上的重要性导致了大量文献的产生,这些文献集中于测量和量化技术变革对经济增长的影响。格里利克斯(Griliches)和乔根森(Jorgenson)(1967)最早进行了此类尝试,随后还有丹尼森(Denison,1985)以及亨德里克(Hendrick)和格罗斯曼(Grossman,1980)的著作。他们把主要的投入进行了更细致的分解,这点尤其值得注意。例如,丹尼森发现,美国人均产出增长在很大程度上是由全要素生产率提高而带来的,并且主要是由技术进步(64%)和工人教育程度提高(30%)所组成的。

通过纳入外生性技术进步以及尽可能减少这一"残值",索洛为新古典增长理论提供了一个新的出发点。在 20 世纪 80 年代,增长理论的一个新分支变得流行起来。该分支建立在以前广为接受的一些概念上,试图通过市场客观性的可靠模型使技术变化成为内在因素,从而解释发展中国家和成熟国家经济中与增长相关的特征事实。由罗默、卢卡斯、格罗斯曼和赫尔普曼领导的这一分支分享了索洛把技术进步作为产出增长驱动力的成果,同时还对经济非帕累托最优的非稳定状态均衡道路进行了分析。

例如，罗默（1986）在阿罗（1962）最初使用的"干中学"模型的基础上使内生性增长的概念再度流行。罗默使用索洛第二模型中的动态生产函数，假定在公司层面上，规模收益不变（CRTS），但在经济层面上，规模报酬递增（IRTS）：

$$Y = F(K, L, A) （柯布-道格拉斯生产函数） \tag{1.6a}$$

$$A = 社会资本存量 = X^\lambda \tag{1.6b}$$

此处由个人决定

$$\text{Max} \int_{t=0}^{\infty} e^{-\rho t} \frac{c^{(1-\theta)} - 1}{1 - \theta} \tag{1.6c}$$

取决于

$$dk/dt = k^B X^\lambda - c（此处 y = k^B X^\lambda 是人均产出） \tag{1.6d}$$

其中，个人掌握的社会总资本存量（X）为不变。方程 1.6c 表示不变的替代效用函数之跨时弹性，其中 ρ 为时间偏好率，θ 为消费平滑率。小写字母表示人均变量。

单个公司没有认识到，资本投资（X^λ）的正外部性是总体的规模收益递增（IRTS）之来源，因为资本投资通过增强总资本存量的生产率提高了整体经济的生产率。资本投资的正外部性必须是外在于公司，这样才能保证竞争性价格的存在，以实现均衡。在求解模型的稳定状态值时，罗默表明竞争性均衡不需要处于帕累托最优状态（因为个人并没有意识到私人资本投资所带来的正外部性），内生性增长由无意的资本积累驱动。

卢卡斯（1988）提出了索洛模型的另一种变体，其中技术和内生性增长的模型设计是通过生产过程中规模收益不变（CRTS）的两种不同投入（物质资本 k 和人力资本 h）进行的。由于经济中任何个人生产率的提高是人力资本总存量的递增函数,卢卡斯假定人力资本积累会带来正外部性。卢卡斯(1993)接着证明,正外部性主要采取在职学习的形式。卢卡斯的基本的个人生产函数可表述为:

$$y = F(k, h, l) = Ak^{B}(uhl)^{1-B} \quad (1.7a)$$

其中 h 是人力资本的个人水平,l 是劳动力投入,$0 < u \leqslant 1$ 是投入工作的时间比例,这样 uhl 就是质量调整的劳动力投入。已知人力资本积累的积极社会客观效果,实际的个人生产函数是:

$$Y = Ak^{B}(uhl)^{1-B}H \quad (1.7a')$$

此处 H 为经济中人力资本的总存量。

这一模型暗含两种动态积累的资产在个人层面上的存在:

$$dk/dt = Ak^{B}(uhl)^{1-B}H - c \quad (1.7b)$$

$$dh/dt = \gamma h(1-u) \quad (1.7c)$$

此处 γ 是一个参数,而 $(1-u)$ 是用于人力资本积累的时间。现行的卢卡斯模型是方程1.6c的个人最大化,以动态约束方程1.7b和1.7c为约束条件。

罗默模型需要私有资本投资的正外部性和宏观层面上的规模收益递增,以通过技术进步获得内生性增长,而有着更精确资本概念的卢卡斯模型只需要不变的规模收益。其中的关键差别在于,在卢卡斯模型中,生产过程中的所有投入都是可以积累的。对所有的经济指标而言,这一模型确定了不变的增长率,以及在有目的的人力资本积累情况下的人均收入持续增长,而罗默模型中的增长仅靠无意的积累来驱动。根据卢卡斯模型,起始条件不同的国家之间长久存在着不同的增长率,人力和物质资本处于低水平的经济将长久地低于条件更好的经济。

索洛模型的第三个变体是格罗斯曼和赫尔普曼(1989a-d,1991)发展的一套模型,这些模型分析以研究和开发为基础的内生性增长对开放经济的意义。研究和开发方面的投资有两个功能。首先,它促进拥有更高生产率的新型资本品的引进。其次,它对知识总存量有溢出效应,减少产品及进一步投资的成本。在格罗斯曼和赫尔普曼模型中,研究和开发投资的溢出效应起到了驱动内生性增长的正外部性。

与正规的研究和开发过程相联系的通常是成熟的资本主义经济,而不是那些向现代增长转型的经济。然而,以研究和开发为基础的增长模型也适用于欠发达国家。尽管欠发达国家从事的真正研究和开发工作相对较少,但发展中国家的工业化转型需要技术变革,并通过含有新工艺和新思想的技术能力获得。佩克(Pack)和威斯特法尔(Westphal,1986)认为,"欠发达国家工业化中,发明起的较小作用意味着技术变革包括吸收并调整外国技术"。这一学习过程要求,资源分配要像成熟经济中的研究和开发一样远离现有的生产过程,欠发达国家在掌握外国技术方面的投资规模应以市场激励为导向,正如成熟经济中研究和开发投资一样。

尽管各种研究和开发增长模型在公司开发新的消费产品、制造新的生产品或提高现有产品的质量等方面存在着异质性(格罗斯曼和赫尔普曼,1989a-e),但是,它们有一个共同的特点,即都表明研究和开发投资具有正的生产知识的外部性,并都得出同样的结论:在规模收益不变(CRTS)的情况下,仅因研究和开发投资所获得的知识积累即可内生性地推动增长。不过,此时投资的私人收益低于社会收益,稳定状态的增长率低于社会最佳增长率。由于没有认识到研究和开发投资这一外部性的重要性,经济增长达不到帕累托最优配置水平。

20世纪80年代的基于索洛理论的分析模型,对向基于内生技术变革的现代增长时代转型中的异质性的经济增长类型提出了一些重要的观点。这些模型将技术进步导致的外部性看成为由私人部门无偿提供的公共产品。更近一些的"新增长理论"模型将早期理论加以扩展,使之更为精确地吸收了已观察到的发展中国家和发达资本主义经济的程式化增长事实。从而,20世纪90年代的理论研究呈现出两个方向:进一步深入研究现有的有关增长的观点;在现有理论的基础上拓展,提出对增长理论更全面的透视,尤其是在与早期研究相关的方面。

罗默(1992)认识到,对于欠发达国家来说,技术的转让与适应绝非是无成本的。于是,他放弃了他原先的增长模型,转而着力于以知识为基础的(idea-based)模型的研究,认为创新产生新的投资机会。但是,在这个模型中,导致技术进步的思想和创新并非纯粹的公共产品。在规模收益不变(CRST)的新古典生产函数中,"思想"被看成是一种独立的投入,与人力和物质资本都没有关系。通过技术创新的作用,知识既驱动产出增长,也导致资本积累。罗默的理论框架脱离了注重研究不同资本积累率的传统(罗默,1989),因为后者"错过了因新思想的形成而带来的机会"。

帕克(1992)对索洛式增长模型的命题进行了实证分析。他摒弃了增长的时间序列分析的收敛假说,强调全要素生产力表明"相对于富国和……来说,穷国的……增长较慢,而非较快,不存在相对落后的好处"。在1960—1985年间,穷国的年均增长率是0.3%,而高收入国家是1.8%。帕克发现,在发展中国家,技术变革从一开始并不是经济增长的主要驱动力,几乎2/3的人均收入增长是由于本书所探讨的农业和工业间劳动力重新配置的结果。实证分析表明,1960—1985年,劳动力从农业向工业的转移可以解释低(中)[高]收入国家经济增长的68%(55%)[1%]。劳动力重新分配的净结果是:高收入国家的增长率是最高的,而低收入国家的增长率是负数。这就否定了所有国家增长的收敛假说以及所谓的相对落后的好处。

除了索洛式增长模型之外,我们可以设想一下欠发达国家的多阶段增长过程。首先是通过劳动力从农业向工业再配置而获得生产率的提高;其次,通过富国向穷国的技术转移并且适应当地的条件,使总生产函数曲线移动,按照索洛式增长模型方式促进经济增长;最后是与新增长理论相一致的国内技术领先并占主导阶段。

罗默和帕克对现有增长模型进行了扩展的同时,对它们的含义也作了进一探索,而其他经济学家则从一种不甚相同的视角对经济增长的方式进行研究。如:斯科特(Scott,1989,1992)发展了另一种理论,将所有类型的技术变革都定义为"投资",包括生产的外部性、劳动力再配置、科学发现及发明,他开发的模型在索洛模型和内生性增长理论间架起了一道桥梁,外生性和内生性增长类型及含义都包括在内。斯科特的模型与正统增长模型不同,他将经济增长解释为是劳动力质量调整的(人力资本投资)的增长、(物质)投资率和投资效益的函数。在这一模型中,持续的投资不会导致其收益下降;相反,由于创造了进一步的投资机会以及促进了经济更快的增长,反而具有正外部性。虽然这样的分析与其他增长模型迥异,但并没有直接冲突;相反,它是从不同的角度集中研究相同的经济增长源泉(全部归类为"投资"),强调资本在实际增长过程中的作用,回避内生性和外生性增长之间的显著差别。

为了把索洛的增长模型和20世纪四五十年代的发展经济学家思想联系起来,克鲁格曼(Krugman,1992)认为在发展理论中存在着"反—反革命"。早期的发展理论强调规模收益递增(IRTS)和外部性。考虑到增长理论的近期发展,这些早期的发展思想看起来更加适用于今天的情况并且更容易模型化。在这个意义上,新的增长理论通过给一些以前提出的有用概念注入活力而作出了贡献。此外,它还成为近年发展相关研究中最活跃的领域之一并吸引了相当多的新人才。

我们在本书中主要集中于讨论技术变革的重要性,尤其是非农业活动中的技术变革。但我们仍然依靠新古典的规模收益不变的生产函数把规模经济、外部性等在"技术变革"下结合起来。我们集中把外生的技术变革分解成密集型和要素偏向型,得到我们认为非常有用且现实的一套增长方程。坚持新增长理论对外生性技术进步的强调会使我们的研究发现更复杂,但不会有根本的影响。

其次,且更有意义的是方法论差别,体现在我们的分析集中于转型式增长的历史现象,而新增长理论主要是对某一给定的增长时代的稳定状态进行分析。我们的重点是具有二元结构的发展中国家在经历不同发展阶段,即从农业时代到二元经济时代再到现代增长时代中的行为变化。而新增长理论则分析这一过程终结时具有同质性的一个阶段的性质。

我们承认,我们的发展理论还不适用于所有的当代欠发达国家。虽然相对复杂的新增长理论给我们带来了有价值的新思想,但我们坚持的发展理论仍然还是基于复兴的(1750—1820年)古典增长理论思想和基本的新古典生产函数相结合。

虽然"古典"和"当代"的发展理论面临着相似的问题,它们对经济未来的看法却有很大不同。从历史观察中受益的现代增长经济学家们不相信古典经济学家所宣称的经济最终停滞不可避免的悲观论调。他们相信,现在的第三世界确实在成功地进行转型,而转型的可行性已被现在的发达国家如日本和新兴工业国家近期发展的历史经验所证实。和古典经济学家相比,我们对科技最终会拯救所有发展中国家的无限潜能要有信心得多。

虽然库兹涅茨主要描述现代增长时代而不是分析转型过程是如何完成的,但是,说他在很大程度上激发了战后发展经济学家的思想是不为过的。他提出的基本问题是,如何理解为什么有些国家成功,而有些国家失败。钱纳里和他的同事从库兹涅茨那儿获得灵感,使用回归分析来描述"一般"欠发达国家结构变化的各个方面(见钱纳里,1960;钱纳里和泰勒,1968)。其中一直讨论的基本问题是,随着人均收入的增加,国内外需求和劳动生产率提高如何在各部门之间分配,以及如何解释与"一般"模式的偏离。因此,样本既按国家大小,也根据可确认的发展战略,如初级专业化、"平衡发展"等进行了分类。

钱纳里把政策差异纳入其分类中,提出了方法论上的难题。而库兹涅茨一直坚持认为,结构变化是最终需求和能力条件的内在修正之间相互作用的结果,而与任何"正常"模式的偏离则主要归因于自然状况的不同。他的观点是,"如果与规模较大的经济部门休戚相关的群体遭受经济损失或预见衰退……他们可能会使用政治压力来减缓这一过程"(库兹涅茨,1980)。他把政策妥协最终看成是有助于或不利于内在经济力量的作用。他避免了让政策成为确定性的外在变量,从而变成循环论证的风险。

我们在本书中对待发展理论的方法可以说是秉承了古典/新古典主义传统,即对经济历史进行比较分析。在这个意义上,我们很高兴地看到有很多经济学家采取了这种历史比较方法,包括 W. 阿瑟·刘易斯、利特尔、西托夫斯基和斯科特、凯利、威廉姆森、奇塔姆、伯格沃蒂和克鲁格以及世界银行最近组织的一些研究。我们除了更愿意(和许多以上作者相比)接受并且把跨部门的不对称以及非平衡的行为进行模型化之外,如二元性的存在,我们还更努力把政策考虑尽量理解为内生因素,并把它们和不同体系中不同类别的起始条件联系起来。

1.7　本书导读

我们把前面所定义的"现代经济增长转型"当作基本的分析框架。如重农主义者所说,发展中国家最初处于农业时期,而这一社会所面临的最初历史任务是逐步过渡到具有动态二元性的古典/新古典类型。第二章根据现代理论描述了农业社会,强调农业和非农业活动之间联系的优点或缺点的重要性,以及当人地矛盾和技术变革速度缓慢相冲突时,影响渐进式转型的条件。

在第三章，我们提出了一个发展模型，该模型适用于劳动力普遍过剩的第三世界国家。对于这些国家来说，结束那种不平衡的状况就代表着发展成功的里程碑。这一劳动力过剩的二元经济模型主要集中分析农业和非农业部门之间（如商品、劳动力和金融）在宏观层面上的相互作用。

由于转型式增长本身只持续20—25年左右的较短时期，我们进一步明确了其在不同欠发达国家不可能完全一致。因此，我们选择了类型学的方法，并认识到转型进程随着国家大小、非熟练劳动力剩余程度、自然和人力资源情况以及殖民传统的性质的不同而不同。

现在的欠发达世界由分布在五个主要地域的100多个国家和地区组成：(1)东亚的四小龙(台湾地区、香港地区、新加坡和韩国)；(2)南亚和东南亚；(3)拉丁美洲；(4)阿拉伯世界；(5)撒哈拉以南非洲。由于任何类型学方法必须在范围上有所限制，欠发达国家从起始条件上可区分的重要类型必须包括相对大的（封闭的）劳动力过剩二元经济（如印度和中国），小的（开放的）二元经济（如中国台湾和韩国），以及自然资源丰富的开放经济（如东南亚和拉丁美洲）。

为了给我们的发展分析提供充分的技术支持，我们在第四章和第五章根据新古典主义的生产功能衍生出了一套一般的增长方程，重点考虑技术变革和资本积累对劳动生产率和功能性收入分配的影响。第六章讨论了这一体系对分析工业发达国家现代经济增长的用处。第七章则讨论该体系在劳动力剩余的发展中国家"特殊案例"以及分析这些国家成功转型因素中的重要应用。

第八章介绍了转型式增长过程中被忽略的"开放经济"的特征。第九章集中讨论增长与分配之间的关系。基尼的分解分析与第四章和第五章的增长方程式进一步应用结合在一起,使我们能够把增长的技术问题与欠发达国家为避免转型期间增长和公平之间冲突的倒 U 形曲线所需要的条件联系起来。本章还讨论绝对贫困和发展过程中的人力开发问题。

最后,在第十章我们讨论了国家经验和政策。我们把自然资源丰富(如拉丁美洲和东南亚)和人力资源丰富(如东亚)的开放式二元经济区分开来。在转型式增长过程中,以上两种子类型经济表现得相当不同。正是因为它们的起始条件以及在政策选择上不同才产生了一系列不同的转型发展历程。

这里所阐述的发展理论的政策含义和计划学派大相径庭。我们的政策分析集中在宏观和微观经济以及结构政策的计划变化上,而不是计划资源配置。另外,我们对政策的处理有两个条件。一是从总体上看,所有的促进增长的政府政策都被看成是经济运行的一部分。此外,对待政策的历史演变是和我们的历史观点相一致的,即充分考虑不同发展时期的不同起始条件。因此,我们对不同发展中国家的发展政策调查也许能使我们更好地了解在不同类型的背景下所作出的政策选择的差异性。在此基础上,我们能改善政策选择以及在未来的政策顺序。

第二篇

农业社会与二元经济

第二章 从封闭和开放型农业社会到现代二元经济

2.1 从封闭型农业社会开始的渐进

18世纪重农主义学派的基本观点可用一套占优势的农业部门与弱小的非农业部门之间的循环流转机制来表述。如将无关紧要的地主阶层的消费数量忽略不计,那么,整个农业部门的产出就仅供给农业家庭和非农业家庭消费。反过来,非农业活动的产出,不是以消费品的形式流回农业部门,就是作为维持农业生产率的附加生产服务,或是被贵族、教会和权贵们所消耗,以维持文化、宗教及军事活动。认识到这种循环往复流转系统的常规性和稳定性是重农主义的功劳,但在加入人口增长、土地稀缺这些因素时,古典主义者对同样现象给予了合理解释。

在农业社会模型中,一个始终处于重要地位的关键因素是农业劳动生产率(p),如果p停滞,则没有"成功"的机会。如果它上升,那么,这个问题就演变为:这种上升是否足以克服另一种反作用力:人口增长和土地稀缺所造成的收益递减。

在这些条件下,农业生产率的增长形成农业产出剩余,得以维持非农业部门工人的活动,这是非农业部门的出现及扩张的先决条件。在所有最初有较大规模农业基础的经济中,增长动态分析的一个强有力工具就是重农主义关于农业产出剩余的思想。

关于农业剩余的存在及应用的基本数学表述,可用三个指标表示:θ, p, c。其中 $\theta = B/L$,指总人口或劳动力(L)中配置在非农业部门(B)的份额;$p = Q/V = Q/L(1-\theta)$ 指留在农业部门的农民的平均生产率,而 $c = Q/L$ 是总人口的人均消费标准。从而有:

$$1 - \theta = c/p \tag{2.1}$$

这反映了农业人口 V 占总人口的比例 $1-\theta$,等于消费标准与农业劳动生产率之比(c/p)。

θ、p 及 c 之间的动态关系可用图 2.1(a)归纳,其中纵轴(横轴)表示为 p 及 $c(\theta)$。因为 θ 始终小于 1,如果赋予 θ 的初始值为点"m",则 $o'm$ 是 $1-\theta$,p_0 及 c_0(有 $c_0 < p_0$)在纵轴上表示。q_0 是直线 $o'p_0$ 及 c_0c 的交点,q_0c_0 是在 $\theta = \theta_0$ 及 $c_0/p_0 = 1-\theta$ 时,均衡点 θ 与纵轴的距离(见等式 2.1)。

图 2.1(a)描述农业劳动生产率 p 增长的动态过程。若 c 为常数 c_0,那么如果 p 增加,($p_0, p', p'', p_e \cdots$),则 θ 值也增加($q_0, z', z'', z_e \cdots$)。我们称之为完全"配置调整[①]";另一方面,若 p 为常数 θ_0,则 c 值增加($q_0, q', q'', q_e \cdots$),我们称之为完全"消费调整"。高水平的农业生产率会导致或更大份额的人口分配到非农业部门 θ 或

[①] 完整的含义是劳动力配置调整,即劳动力在农业部门和非农业部门之间配置状况的调整。——译者

更高的消费标准 c。更实际地说,农业生产率的提高很可能使更多的劳动力分配到非农业部门(更高的 θ)以及有更多的农业产品消费(更大的 c),如图 2.1(a)中"消费倾向"曲线所示。

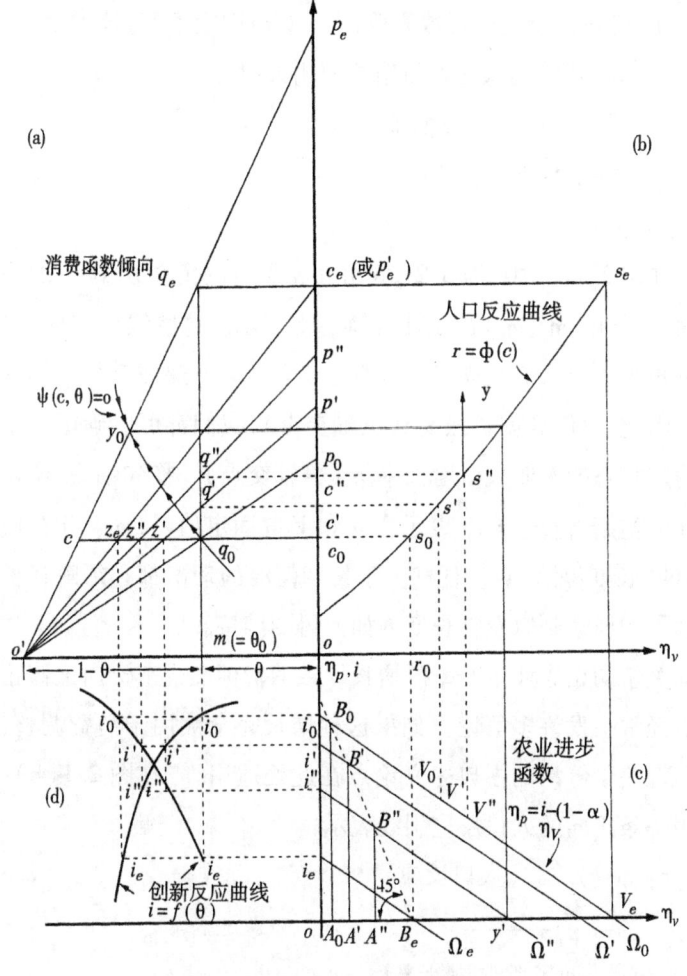

图 2.1　封闭的农业经济:比较动态分析

用不断产生的农业剩余来为非农业活动提供资金,是我们分析商业性农业系统(随着 p 上升)是否可摆脱停滞局面的起点。首先,农业停滞现象必须以 θ、p 及 c 三个因素的长期稳定性来表示。以柯布-道格拉斯生产函数为例,土地(N)固定不变,技术变革率 i(农业创新强度)与农业人口增长率相关:①

$$Q = e^{it}V^{\alpha}N^{1-\alpha} \quad (V 是农业人口) \tag{2.2a}$$

$$\eta_p = i - (1-\alpha)\eta_v,这里 \tag{2.2b}$$

$$p = Q/V \tag{2.2c}$$

在图 2.1(c)中,等式 2.2b 由互相平行的负斜线 Ω 中的一条来表示,其中,$\eta_p(\eta_v)$ 在纵轴(横轴)上表示。这些线可被称为"农业进步函数线",它反映了创新强度 i 与收益 a 递减定律之间的较量。因此,对任意创新强度 i(纵轴交点),我们都可以确定一个代表稳定状态的农业人口增长率 η_v(横轴交点)。换句话说,给定 i_0 和任何初始 η_{v_0},$\eta_v = V_e$ 表示在 p 和 V 取固定值时($\eta_p = 0$ 在横轴上)的"长期停滞"点。任何关于长期停滞的理论都必须解释长期均衡点如何达到以及在长期内如何得到维持。

关于初始农业生产率的增长导致消费标准或工资向上修正的论点经常引发许多争论。如果这种增长完全被用于消费调整,则乔根森关于停滞的古典主义论点在此处适用。② 在图 2.1(b)中,可用一条正向的人口反应斜线表示:

$$r = \phi(c) \quad (人口反应) \tag{2.3a}$$

---

① $\eta_x = dx/dt/x$,即,时间增长率 x。
② 参见乔根森(1961,1966)。

这里

$r = \eta_L$　　（人口增长率）　　　　　　　　　　(2.3b)

这种关系简单说明了人口增长率受消费标准 c "控制"，当 c 沿着纵轴上升时，全部的消费调整会使人口增长率上升，直到停滞出现，即图 2.1(b) 中 s_e 点和图 2.1(c) 中 V_e 点。

为说明这点，图 2.1(a) 的初始值 p_0，c_0 及 θ_0 形成最初始的人口增长率 r_0 或图 2.1(c) V_0。如果 η_p 连续为正值（如果递减），则导致连续的消费调整，该系统沿 Ω_0 向下移动，从 V_0 到 V' 到 V'' 等等。① 例如，由于 η_p 在 V_0 时为正值（且较大），假定 p 增加到 p'（图 2.1(a)）以及 c 增加到 c'。那么通过 s'（图 2.1(b)）及 V'（图 2.1(c)），从 V_0 到 V' 就抑制了 p 的增长率。然而，因为 V' 仍然为正值，p 则按 p_0、p'、p'' 的顺序连续增加，最后到达长期停滞均衡位置 p_e，c_e 及 θ_e 所对应的在人口反应斜线上的 s_e 点及在农业进步函数线的 V_e 点。② 因此，按照乔根森古典主义机制，p_e，c_e，r 以及 θ_0 的长期稳定是由于这样一种事实：人口增长率以马尔萨斯方式受到消费标准的控制。

这反映了乔根森提出的古典主义的"陷阱"情况。与其他古典主义者不一样，他根据人口增长率③在某些点对消费的进一步增长并无反应这一认识，提出一种"起飞"情况。例如，如果图 2.1(b) 中的人口反应斜线变为无弹性，即形状为 $s_0s''y$，生产率 η_p

---

① 为方便起见，我们假定起初所有人口增长都发生在农业部门，所以 $\eta_N = 0$。
② 相反地，如 p 的初始值大于 p_e，p 则长期下降至 p_e。
③ 从同一个初始水平 V_0 开始。

的增长率就稳定于 V''（图 2.1(c)），以及 p（和 c）则发生持续的增长。

使该经济从停滞状态中摆脱出来的另一种方式是：外生变量技术变革率 i 上升。在某些点，如果不是在 s_e 之外的 s'' 点，随着人均消费连续上升，社会经济发展变化，以及（或者）生育能力达到极限，人口反应曲线必定变成无弹性或甚至向后弯曲的曲线。

另一种模仿 i 变化的可行方式是，承认某些配置调整可能随消费调整而发生，与乔根森的观点正相反，[①]即在图 2.1(a) 中，经济沿着消费函数倾向移动，技术变革率与 θ 变化相关：

$$i = f(\theta) \text{ 有 } f'(\theta) < 0, \text{ 或 } f'(\theta) > 0 \tag{2.4}$$

第一种情况可用（图 2.1(d)）中负斜率的"创新反应"曲线显示。其含义是：农业部门中的部分劳动力从事维护基础资产的工作，而这种维护工作是技术进步所必需的。这涉及作物耕作技术的长期改进，其中许多在整个过程中是难以感知的。只有在梯田开垦、工程灌溉、排水网络工程建设及其维护过程等活动中，技术进步才会发生。有些观察家，尤其是那些对非洲的条件留下深刻印象的观察家提到：

> 除了收入，他们（封建地主及国王）需要仆人、卫兵及士兵，这些需要是他们所愿意进行投资活动的上限……封建地主及政府为了他们对战士、仆人及奢侈的生活需要可能使农

---

① 参见费和纳里斯（1966）。

第二章 从封闭和开放型农业社会到现代二元经济

业人口大大减少。①

如果相对太多的劳动力离开农业部门,农业创新强度就会下降。在另一方面,将 i 看作为 θ 的增函数可能更为实际,即在农业劳动力规模的相对下降时,农业部门可以按需要进行重组。这样在图 2.1(d)中创新反应曲线可以是一条正斜线,代表一种更乐观的情况。然而,这是一种经验情况,基本上取决于最初对土地的人口压力程度。

最后,一种更为实际的情况是:消费者根据对某些非农业商品的偏好,消费调整和配置调整同时进行。② 人口反应曲线更可能向左移动,和(或)在社会经济变化改变食品消费与生殖力之间简单的马尔萨斯式关系之前,变为无弹性。我们可使用现代微观经济学的分析工具来分析这种摆脱封闭型农业社会停滞的方法,但此处不做尝试。当前的目标是证明有哪些力量导致封闭型农业社会长期停滞以及有哪些力量能使之摆脱长期停滞,这已是非常足够的了。把我们的分析拓展到对国际贸易开放的农业社会可能更现实、更有用。

---

① 博塞拉谱(Boserup)(1965,p.96)。
② 乔根森(1961)作出了一些不必要的限制性假定,他假定开始时仅有消费发生调整,此后又只有分配发生调整,一夜之间创造了一个工业部门。转折点发生在人们对农产品满足的时候。这时,人口增长正好对人均农产品消费的进一步增长变得没有反应。换句话说,非农业部门的最终演变,是因为对非农业产品突然出现了少量需求。由于农业部门的技术变革率是固定不变的,这自然将他在分析农业经济的演变前景时发现的其他重要的纯消费——人口调整机制排除在外。

2.2 从开放型农业社会开始的渐进

2.2.1 引言

在上文中,由于人口反应曲线变为无弹性,经济可以从低水平的均衡陷阱中摆脱出来,并导致生产率持续的增长。创新强度线向上有足够高度的平移(无论是内生的,还是外生的),或者是配置调整机制,最终弱化了对生产率增长的马尔萨斯式反应。初始条件:如人口对土地的压力程度,收益递减程度,技术变革强度以及相对于图 2.1(c)中关键人口增长率 V_c 的人口增长率,都是导致最终结果的重要决定因素。

因此,我们在封闭型农业经济中可以区分陷阱(连续停滞)和非陷阱(渐进)两种情况。然而,要分析经济从农业社会渐进到二元经济的条件,单纯从用资源导向的角度进行是不够的,还必须纳入经济当事人、组织结构以及相应的经济函数之间的相互作用。为此,我们必须了解在农业或现代二元经济条件下导致农业创新的不同缘由,这是决定能否发生成功渐进的关键问题。

正如舒尔茨和其他人所强调的,农业创新活动增加的动力与传统农业社会决策单位所洞察到的机会直接相关,即与消费非农业商品还是取得工业资本所有权有关。如果提高农业生产率是用于取得非农业资产,那么,提高农业生产率的激励就会增强。一旦这些目标与相关的努力之间的关系明朗化,农业生产率的明显变化就能实现。在这种联系中,农业活动与非农业活动地点的邻近是非常重要的,而这一问题在研究中被相对忽略了。日本在德川期间(商业性农业时期)的经验表明,不断增强的部门之间联系既提高了农业生产率,也促进农村工业及服务业的增长(或 Z -商品)。因此,农业社会渐进的实质就是活化创新诱导机制,即对农业内外产生剩余机会很敏感的企业家群体开始发挥作用。由于该阶层将其个人财富与持续的农业技术改良直接联系在一起,从而使得资本主义二元结构取代趋于长期停滞的农业社会成为可能。

分散化的农村工业化或生机勃勃的 Z -商品生产活动的存在,不仅极为有助于随后的二元时期的经济成功,而且对最初经济演进的努力本身也非常重要。因此,在现代增长意义的库兹涅茨式技术变革到来之前,农业生产率常规性的增长是很关键的。不过,还必须考虑另一关键因素:对外开放及其如何影响国内农业和农村非农业活动之间的相互作用。

让我们首先分析没有 Z -商品生产的开放型农业社会的情况,其中的非农业活动仅有服务业,主要是协助原料向世界其他地区出口。这时,封闭的农业社会系统被新的经济当事人(外国人)所渗透。他们一般以贸易商人身份首次登场,然后,逐步地发挥起越来越重要的经济作用。他们协助农业社会创造一个新的部门:出口生产部门。这意味着有了三个国内生产部门(图 2.2):农业、服务业及原材料出口业。出口生产部门依赖于开发廉价的劳动力和(或)自然资源。这个部门的投入是农业部门生产的食品(R')和服务部门 T 提供的服务(K)。假定出口部门 Q_E 的产出全部流到国外,那么,这时的服务部门的经济职能就完全不同于其在封闭型

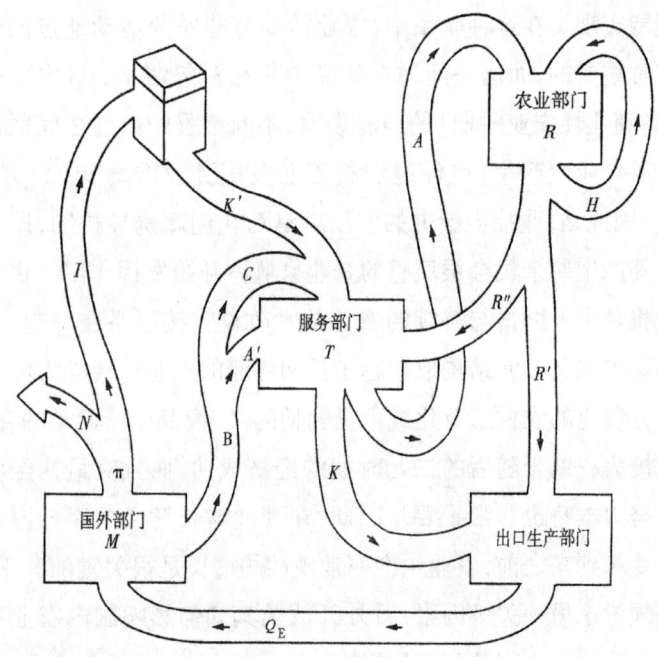

关键点:(实物流)
A = 农业劳动力所用的进口消费品
A' = 服务业劳动力所用的进口消费品
B = 经常性支出
C = 进口的奢侈消费品
H = 农业劳动力的要素服务
I = 再投资的融资
K = 服务部门出口
K' = 进口的商业资本
N = 汇回的利润
R' = 出口部门劳动力消费的农业产品
R'' = 服务部门劳动力消费的农业产品
π = 商业利润再投资
Q_E = 出口部门产出

图 2.2　无 Z-商品生产的开放型农业经济

商业农业经济中的经济职能。服务的对象不再是国内的地主、贵族,而是经营出口的外国人及其他们的商业盟友。

一旦新的开放式殖民经济秩序建立起来,通过消费品的进口,一种不同的生活方式就被引入了传统农业经济社会。非农业活动完全集中于出口加工和辅助服务部门,形成"港口城市"这样一个在农业社会中经济和文化的领地。另一种进口投入 K',形成国内增加的商业资本,如仓库、运输工具等,则帮助出口贸易。这些外国人利用出口收入 Q_E 中的部分进口农业家庭的消费品,部分增加出口领域的资本金。出口商品 Q_E 转化为外汇 M,其或被作为两种经常性支出的费用 B,或者是利润 π。

新的服务部门的建立导致新的当事人(居留的外国人和新的国内商业阶层),新的生产要素(商业资本 K')、新的生产活动(出口)以及新的消费品(A)进入农业社会。更为重要的是引入和接受一种新的理性经济行为模式。新生活的特点是对获取经济收益的欲望,尽管在当代经济分析中,已被认为是想当然的,但它代表一种完全不同于封建社会的价值观。

商业利润 π 是所有这些活动的直接目标,它既可以被用作再投资(I,增加的商业资本)或汇回母国(N)。利润汇回母国保证由出口活动产生的储蓄不全部形成该系统中的资本积累。如果能预见到持续的、有利可图的出口机会,利润则很可能被重新投资于服务或出口部门,或投资到上述两个部门。如果赢利前景黯淡或不确定,利润就会被汇回,从而资本积累下降。因此,利润汇回常被谴责为殖民主义的主要恶魔,因为它意味着外国人将正在发展中经济体看作为一块属地,除非为了增加可返回利润,否则,拒绝投资。计算是否有净投资($N>O$)或国外资本的返回($N<O$)还在很大程度上取决于系统外的因素,海外属地自身发展努力受挫是常态,但这又与再投资不充分的现象是完全不相关的。给定变化莫测的外生力量,如新发现、其他国际市场的条件、"母国"市场条件以及原材料和矿藏的枯竭,"利润返回"可能是一个重要因素,但它不是引起长期停滞的最主要原因。即使将全部利润都用作再投资,对这样一个系统可能出现的长期停滞的预测仍然成立。为此,我们假定 $\pi = I$(或 $N = 0$):全部利润都被再投资于开放型农业系统中。

2.2.2 对开放型农业社会的剖析

以上描述的组织结构具有开放型农业社会某些基本的经济职能:(1)获取必需的劳动力;(2)生产可出口的商品;(3)在出口市场成功地销售商品;(4)积累商业资本。这与图 2.2 的四个因素相对应,以下对每个因素进行的简要分析,引出上述四种职能有效作用的、恰当的分析假设。

获取劳动力 已配置劳动力的概念(劳动力不再只受雇于农业部门)和农业剩余的概念(非农业劳动力所消费的食品)对于分析开放式农业经济十分关键。设 θL 为已配置的劳动力,θ 为受雇于服务部门或出口生产部门的劳动力在总劳动力 L 中的份额。总的农业剩余 R(图 2.2)由流向服务部门的 R'' 和流向出口生产部门的 R' 组成。这些已配置的劳动力无论受雇于什么地方,都是为了推动出口,因此,没有必要区分这些劳动力是在服务部门还是在出口生产部门。很明显,已配置的劳动力 θL 和农业剩余 R,代表出口生产的主要要素,而且出口导向型的企业家对这些要素能否有连续不断的供给非常关心。企业家主要通过进口以前农民未使用过的消费品,努力诱使他们脱离农业部门。下列等式表示一种比率:

$$w = A/L \qquad (2.5)$$

即诱导比率,其中 A 用于"诱导"出用于出口生产所需的劳动力和食品。诱导比率是人均进口消费品的数量。

前述按照一个固定的人均消费标准 c 和一个固定的农业劳动生产率 p,对经济可能达到长期稳定均衡的预测,对于开放型农业经济仍然有效。换句话说,在马尔萨斯陷阱的情况下,人口增长与技术变革两种力量间的较量仍然存在。图 2.3(a) 是图 2.1 的翻版,其中长期停滞点为 q_0,对应于停滞变量组合 θ_0、p_0 及 c_0。问题是:停滞状态是否因国外商品的进口而终止。例如,假设人均谷物进口数量 ($\overline{w}$) 如图 2.3(a) 所示,p_0 及 c_0 值固定,均衡配置点从 q_0 移至 q''_0,表现为 θ 值上升。[①] 这正好对应于我们直觉的期望:"食品进口"替代了"国内生产率的增长",并成为引起更大比例的劳动力重新配置 θ 的一个因素。因此,我们就有:

$$\theta = \theta(w) = (1 + (w-c)/p), \theta' > 0 \qquad (2.6)$$

这表明已配置劳动力比率 θ 是诱导比率的一个增函数。

在更一般的情况中,假定消费标准 c_0 高于人所需热量的最小值,那么,通过向农业部门提供工业消费品而不是食品,就会诱导

---

① 由于对国内产品的消费需求下降到了图 2.3(b) 纵轴上的 c'' 的事实。

出一个更大的非农业配置比率 x。在图 2.3(b) 中,假定有一个典型的农民的消费者无差异图(图上未显示)。当生产率取 p_0 值(其

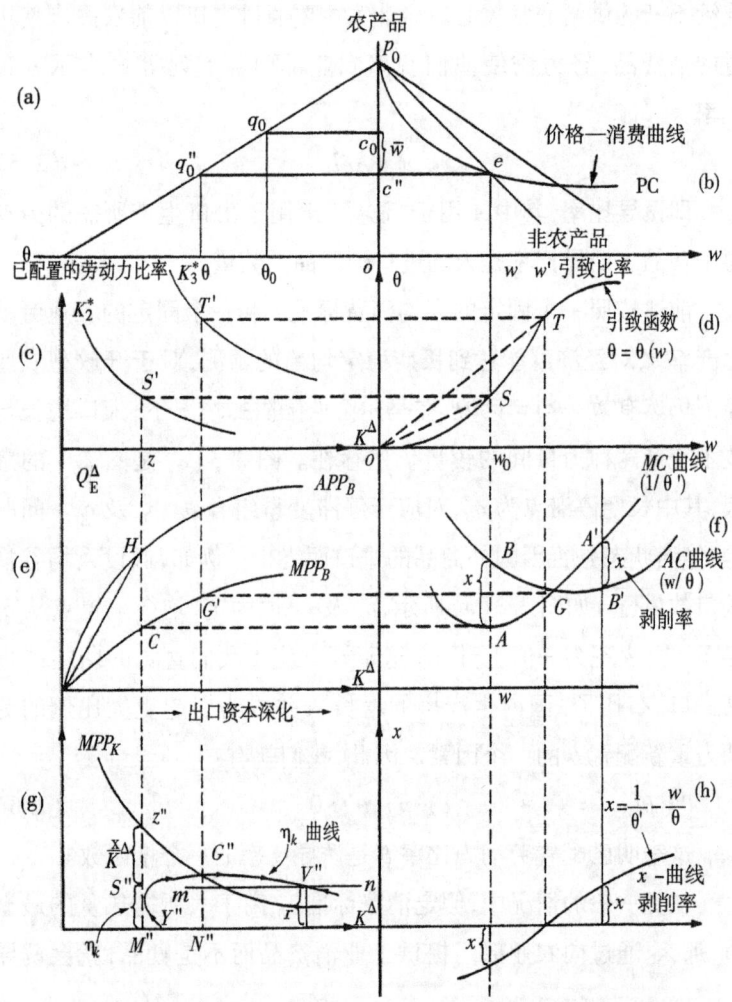

图 2.3　没有 Z-商品生产的开发型农业经济:比较动态分析

全部收入以食品来表示),绘出价格—消费曲线(PC曲线)。假设在横轴上,诱导比率为w单位食品,在消费的食品为c''单位时,均衡消费点则为e。回到图2.3(a),新的均衡配置点在q''_0,表现为θ上升。在这种情况下,如果诱导是以进口工业商品的形式出现,那么,已配置劳动力比率仍然是(2.6)式中诱导比率(w)的增函数。

总之,(2.6)式中的比率是图2.3(d)中的劳动力再配置的诱导函数。这个函数预测剩余劳动力(及农业剩余)以何种方式通过进口消费品的输入而被诱导出农业部门。基于此,诱导曲线是正斜线,在试用期间初期,新商品有极强的累积效应,既可以用食品与工业品之间选择,也可以用闲暇与工业商品之间的选择来表示。最后,"诱导过程中的收益递减定律"最终在某点S之后作用。

这样,θ衡量的是相对于出口部门而言的"可用"劳动力,w衡量的是出口生产部门企业家的成本。这个诱导函数引申出两个等式,第一个定义为平均劳动力成本(已配置劳动力的人均进口商品来表示):

$$u = w/\theta\,(\,= wL/\theta L) \tag{2.7a}$$

第二个定义为这种劳动力的边际成本:

$$m = dw/d\theta\,(\,= 1/\theta') \tag{2.7b}$$

在出口导向型的企业家看来,劳动力总成本不过是用于诱导劳动力到非农业活动中的进口商品总量。

严格说来,这种诱导无非是一种"市场现象"。如果w代表总人口L人均进口工业消费品的数量,市场上进口工业品与国内农业商品之间的交易条件可用$p_0 e$斜率来表示(图2.3(b))。一个典型工人的总消费值（w 单位工业品和 c 单位食品）在已确立的交易条件下与 p_0 单位食品具有相同的市场价值。此外，进口商品的总值相当于 $^*c''p_0L$ 单位的食品，因为 p_0 等于实际工资，这使贸易商可购买 $^*c''p_0L/p_0$ 单位的劳动力，或 L 的一部分：$\theta = {}^*c''p_0/p_0$。在图 2.3(a) 横轴上表示为 $c''q''_0$，或在图 2.3(d) 纵轴上为 w_0S。因此，在开放型农业经济中，劳动力变为完全市场化的商品。有关这项对劳动力市场新的最大化的计算，可以通过图 2.3(e) 中的已配置劳动力平均成本 AC 和边际成本 MC 曲线上各个水平的平均成本 u 和边际成本 m 直接表示。比较图 2.3(d) 及图 2.3(f)，由于收益递减定律在 S 点的作用，MC 曲线在 A 达到最小点。MC 曲线与 AC 曲线在 AC 最小点之上的 G 点相交，此时诱导曲线在 T 点的弹性 1。直觉上，利润最大化企业家按边际原理进行"劳动力诱导"，因此，MC 曲线与 AC 曲线间的垂直距离：

$$x = MC - AC \tag{2.8}$$

可以被定义为"剥削率"。这在开放型农业社会中是一个重要的概念。作为 w 的函数，剥削率用图 2.3(h) 中的 x 曲线表示，当诱导曲线为无弹性（弹性）时，则其斜率为正（负）。

出口商品的生产 剩余劳动力被诱导出农业，给出口商品生产提供必要的基础设施，并成为直接投入。正如菲斯克（Fisk）所说，

像欧洲商业企业发展这样的外部因素，给最基层的单位带来了市场营销工具，劳动力剩余首次用于完成与市场的连

接,从而提高农业商品的生产。①

通过对特定的出口商品生产条件进行区分,可以划分出开放型农业经济的次级类型。例如,

> 在出口占统治地位的东南亚各经济体中,二战前期间,可区分相当清晰的两个次级类型……一种类型是出口生产持续侧重于传统的劳动密集型产品,主要为本土的已商品化或经济类作物,如稻米就是一种很典型的例子。另一种类型是出口生产与从国外引入的现代资本密集型技术有关。一般而言,这些也适用于从国外引进的产品:橡胶及糖是两个重要的例子。矿藏开发而不是农业资源出口(例如,锡和石油)可被看成是第二种类型的变种。②

对出口生产部门次级类型作进一步的分类,从"溢出效应"的动态联系方面来看,也具有普遍意义。③ 出口农产品的生产为传统经济提供了最初的对外联系,同时也成为开放型农业经济增长的推动力。

对作物类型及组织结构的区分是很重要的,以及任何开放型农业经济向二元结构经济的转型的分析都必须涉及。但是,作这种区分不需抹杀出口生产的基本事实,那就是,出口产出 Q_E 是已

---

① 菲斯克(1962)。
② 帕沃(Paauw)和费(1965,pp. 204—205)。
③ 例如,特指非洲,参见鲍德温(1956)。

配置劳动力和资本 K 共同作用的结果。因此，我们可以用一个生产函数：

$$Q_E = f(K, B) \quad \text{（出口生产函数）} \tag{2.9a}$$

$$B = \theta L \tag{2.9b}$$

如果出口项目来源于一种可耗尽的资源，则生产函数会受到长期收益递减条件的约束，停滞很有可能发生。在规模收益不变的中性假设情况下，已配置劳动力的生产率 $Q_E^\Delta \equiv Q_E/B$，是人均资本的增（凸）函数，$K^\Delta \equiv K/B$。这一生产函数可用下列等式表示：

$$Q_E^\Delta = f(K^\Delta, 1) \tag{2.10a}$$

这里

$$Q_E^\Delta \equiv Q_E/B \tag{2.10b}$$

及

$$K^\Delta \equiv K/B \tag{2.10c}$$

此函数在图 2.3(e) 中由 APP_B 曲线表示。在同一个图上，已配置劳动力的边际产品由曲线 MPP_B 表示。作为 K^Δ 的函数的资本边际产品表示在图 2.3(g) 上。当 K^Δ 增加，出口部门资本密集度增加，即出口资本的深化。图 2.3(e) 中的平均产品曲线表明收益递减定律如何对出口资本深化的过程起作用。

出口市场中的销售 所有出口商品都定位于国外市场。假定进出口贸易条件为 t，那么，出口商品总量 Q_E 则可换回 $M = tQ_E$ 单位的"外国商品"，即以实际汇率表示的出口收益：

$$M = tQ_E \tag{2.11}$$

在国外市场上有很多因素可能都会影响到进出口贸易条件。如果一个开放型农业经济是某一出口商品的主要供应者（例如加纳的可可),那么,t 就是 Q_E 的减函数。如果该经济体仅是一个价格接受者,t 在短期内是常数。然而,在上述两种情况下,长期的进出口贸易条件都有可能按照世界需求以及普雷维什和金德尔伯格的文章中反复讨论的各种因素而变化。就 t 的变化方式,给出一个令人满意的概括是很困难的,而且在这里也没有必要。纯粹为了强调开放型农业经济的内在逻辑,以及公认的几个重要的外生变量的独立性,我们假定 t 为一常数。通过重新定义进口衡量单位,可使 t 等于 1。

商业资本的积累 在图 2.2 的流程中可以明显看到,假定没有资本汇回,那么,出口收益可有三种用途:投资 I;从事出口业务的企业家的奢侈消费 C;以及刺激农村消费的消费品进口。我们可以合理地假设 C 与 K 成比例(即 $C = gK$),因为企业家的奢侈消费倾向于与其手中掌握的商业资本量成比例。最后,由于投资导致资本积累,我们将这些关系归纳如下:

$$I = M - A - C \qquad (2.12a)$$
$$C = gK \qquad (2.12b)$$
$$dK/dt \equiv I \qquad (2.12c)$$
$$\eta_K = I/K = (dK/dt)/K \qquad (2.12d)$$

这里等式 2.12d 是资本增长率。

如前所述,在行使上述四种经济职能时,开放型农业经济必须面对封闭型农业经济体系遗留下的某些条件,其中,最重要的是持续的人口压力。假设人口以某一固定的增长率持续增长:[①]

[①] 一个更为复杂的人口理论可以被轻易地取代。

$$\eta_L = r \tag{2.13}$$

封闭型农业经济长期停滞理论认为,人口增长率 r、消费标准 c 以及劳动生产率 p 最终会趋于稳定。从讨论中可以明显看到,这些条件保证了在开放型农业体制下劳动力和剩余食品会持续地流向出口部门。换句话说,开放型农业经济所继承的人口因素,对该开放型经济而言是"恰到好处":劳动力被诱导出,进入出口市场。人口压力强度可用人均资本 $K^*(=K/L)$ 表述的经济禀赋来衡量:

$$K^\Delta = K^*/\theta \tag{2.14a}$$

$$K^*(=K/L) \quad (\text{通过等式 2.9b 及 2.10c 得出}) \tag{2.14b}$$

这些等式表明,全部要素禀赋 K^*,出口资本密集度 K,以及已配置劳动力比率 θ 之间的一种简单关系,在任意一个时间点,经济中全部要素禀赋 K^* 是固定的。因此,如等式 2.14a 所示,在出口部门,K^Δ 与 θ 负相关。图 2.3(c)中以矩形双曲线显示了这种关系,这个矩形双曲线代表图 2.14a 中 K^* 的固定值。

现在可用图 2.3 将开放型农业经济概括如下。首先,在任意一个时间点,假定资本数量和劳动力是固定的。将诱导比率 w 作为获取剩余劳动力的工具,企业家设定一个 w 的"试验"值,如图 2.3(d)中横轴所示。这就确定了已配置劳动力比率的数值(图 2.3(d)中的 w_0S)、出口资本密集度(图 2.3(e)中的 z),以及已配置劳动力的边际和平均产品(图 2.3(e)中 C 和 H)。企业家因而可以外汇来计算其总收入($M = tAPP_B B$)。另一方面,当 w 被选定,企业家还可以其用于进口消费品的外汇数量来计算总劳动成本(wL)。这样,就可以通过诱导比率 w 来确定总成本与总收入之间的差——利润。

开放型农业经济最引人注目的新制度特征是,社会由不知满足的、进取心极强的企业家阶层所主导。这种企业家精神,具体表现为对利润最大化的渴望,或者即使在任意一个时间点上,资本数量是固定的,企业家精神也表现为对单位资本利润最大化的渴望。因此,企业家通过计算或者通过试验,将 w 设定在使总利润在任意一个时间点都最大化的水平上。

等式 2.12a 中的投资 I 是利润的准确定义,等式 2.12d 中的"资本增长率"η_K 是利润率(单位资本的利润)的定义。利润率可表示为:

$$\eta_K = \frac{tf(K^*, \theta(w)) - w}{K^*} - g \qquad (2.15)①$$

因此,对于固定的 $K^*(t, g)$,利润率是 w 的函数。为使相对于 w 的利润率最大化,假定 $d\eta_K/dw = 0$:

$$tf_B = 1/\theta \; 或 \qquad (2.16a)$$

$$tMPP_B = MC \; 及 \; MPP_B = MC \;(如果 \; t = 1) \qquad (2.16b)$$

这些等式表明了在 $MPP_B t$(出口生产中已配置劳动力的边际产品)与 MC(以进口消费品形式表示的已配置劳动力的边际成

---

① 证明:$\eta_K = \dfrac{M - A - C}{K} = \dfrac{tQ_E - wL - gK}{K}$（由等式 2.12ab,2.5,2.11）

$= \dfrac{tQ_E^\Delta - w/\theta}{K^\Delta} - g$ （由等式 2.10bc,2.9b）

$= \dfrac{t\theta f(K^*/\theta, 1) - w}{K^*} - g$ （由等式 2.10a,2.14a,2.6）

$= \dfrac{tf(K^*, \theta) - w}{K^*} - g$ （由等式 2.9a 的收益不变特性）

本)相等时,利润最大化的条件。

任何这种均衡条件相对于一个 K^* 的固定值(经济体的要素禀赋)。按照我们的假设,图 2.3(c)中的 K_2^* 代表 K^* 的当前值,图 2.16 中的均衡条件可以用"均衡矩形" $S'SAC$ 表示,即 MPP_B(图 2.3(e)中点 C)与 MC(图 2.3(f)中点 A)相等。

2.2.3 开放型农业经济的运行

对利润的起源的理解,即对资本积累的诱导和投资的融资来源的理解,十分有助于了解开放型农业经济的内部运行逻辑。最优利润率可表示为:

$$\eta_K + g = MPP_K + \frac{x}{K^\Delta} \qquad (2.17)^{①}$$

等式 2.8 中导入的剥削率 x,与琼·罗宾逊对劳动剥削的定义相同:"真实工资与竞争水平上的实际工资背离。"这可被证明如下: $wL/B = w/\theta = AC$(图 2.3(f)中的 wB 距离),为单位已配置劳动力的真实平均工资成本,而竞争性工资成本为 $MPP_B = MC$(图 2.3(f)中 wA 距离)。因此,x 代表对已配置劳动力的税收(或补贴),$x/K^\Delta = xB/K$ 为单位资本的"剥削率"。如果劳动力得到补贴,x 为负数;劳动力被征税,x 为正数。回到图 2.3(d)和(f),当诱导函数

---

① 证明:$\eta_K = \dfrac{f_K K^* + f_B \theta - w}{K^*} - g = f_K + \dfrac{f_B - w/\theta}{K^*/\theta} - g$

$\qquad\qquad = f_K + \dfrac{1/\theta' - w/\theta}{K^\Delta} - g = f_K + \dfrac{x}{K^\Delta} - g$

第二章　从封闭和开放型农业社会到现代二元经济

有弹性时,则 $MC < AC, x$ 及 x/K^Δ 两者都是正值,因为在 G 点右侧存在对劳动力的课税。

我们可给等式 2.17 一个经济意义上的解释。$MPP_K + x/K^\Delta$ 是单位资本的总收入:单位资本的竞争性收入(MPP_K)与"单位资本的剥削"之和。$\eta_K + g$ 是"资本家收入的去向",在均衡矩形 $S'SAC$ 情况中,x 是负的,劳动力得到补贴,距离 $S''M''$(图 2.3(g))表示利润率 η_K,比 MPP_K 少 $S''Z''$,$S''Z''$ 为消费量 g 和单位资本补贴 s/K^Δ 之和。①

现在假设经济体的要素禀赋全部发生变化,K^* 从 K_2^* 上升到 K_3^*,其所对应的矩形双曲线向上平移表示。新的最优解是均衡矩形 $T'TGG'$,新的资本回报率是垂直距离 $N''G''$(图 2.3(g))。这是当诱导函数的弹性为 1 和剥削率为零(图 2.3(h)中 $x = 0$)时的一个特例。在这个特例中,利润率为 $MPP_K - g$。然而,因为假设 $g = 0$,利润率 η_K 与图 2.3(g)中的 MPP_K 相同,按照类似的方式,随着 K^* 值按图 2.3(c)中矩形双曲线体系所假设的不断增加,利润率 H_K 的均衡值产生一系列点轨迹,形成图 2.3(g)中随着 K^* 的上升通过点 Y''、S''、G''、V'' 的 η_K 曲线。

在真实世界中,无论现在还是过去,明显存在着开放型农业经济的许多不同情况。在殖民地经济中,由于其母国需求的不同以及不同的非经济目标,还有其他的情况存在。我们将其留给读者去想象。然而,我们希望在 2.2.2 段落中通过对一种类型的开放

---

① 图 2.3(g)个中,$g = 0$。如果 $g > 0$,点 S'' 以不变数 g 向下移动,我们下面的分析进行适当的调整后(很容易做到)仍然成立。

型农业经济运行所需的四项经济职能的认识所作的一般分析,通过了解这些职能如何发挥作用的(希望是实证分析),使阐明其他不同情况成为可能。根据一种开放型农业经济类型的特性,展示增长过程中各种不同的行为模式。尤其是当经济体的要素禀赋变化(如 K^* 增加),可观察到的主要特性可能沿不同方向发生变化。我们设计的模型(及图 2.3)仅可用来解释某些可能碰到的问题,例如, K^* 的变化对其他可观察到的特性的影响。我们只是简要地指出了我们分析的某些比较静态结果。

回到图 2.3,前面提到的两个均衡矩形 $S'SAC$ 和 $T'TGG'$,对应于两种特例:即诱导函数的回折点下降(S),诱导函数的弹性为 1(T)。对应于这两种特殊的"标志性"情况, S 和 G 将 η_K 曲线分为三段(图 2.3(g)): $Y'S'$ (对应于图 2.3(f)中的 MC 曲线下降部分), $S''G''$ (AC 曲线以上的 MC 曲线上升部分),以及 $G''V''$ (AC 曲线之上的 MC 曲线部分)。记住这些点,可归纳出下列比较静态结论:

1. 当 K^* 增加, w 值也增加。这意味着只要总的资本增加, w 就使利润最大化,诱导比率就一直增长。因此,如果诱导函数是正斜线,那么已配置劳动力比率(θ)也增加。图 2.3(b)表示出口部门的贸易条件倾向于向不利于企业家的方向移动。

2. 当 K^* 增加,如果在点 S 之前(之后)诱导函数有弹性(非弹性),则 K^A 值下降(上升)。在图 2.3(g)中, η_K 曲线在 S'' 之下,向左移动,在 S'' 之上向右移动。经济学的解释是:只要剩余劳动力可以从维持生存的农业部门中剥离,出口部门的资本深化就不明显。一旦诱导函数变为非弹性,资本深化就发生。在劳动力获取过程中，随着收益递减定律的作用，获取劳动力变得愈加困难，出口生产部门的资本家被迫减少单位资本的劳动力。

3. 当 K^* 增加，如果 $x<0(x>0)$，η_K 增加（减少）。在图 2.3(g)中，η_K 曲线在与 MPP_K 曲线交点处达到最大值，意味着当对劳动力补贴时，利润率上升；对劳动力课税时，利润率下降。下列情况还可对此作进一步的说明：在 G'' 点之前，MPP_K 曲线与 η_K 曲线之间的垂直距离收缩为零，表明在提高出口资本密集度的过程中，对补贴劳动力的需要不断减少，超过对因资本收益递减定律导致的较低的 MPP_K 不利效应的补偿。相反，当对劳动力课税时，在 G'' 点之后，利润率则下降。

上述诱导函数合理的行为方式也表明我们的分析框架具有灵活性。很明显，其他一些对诱导函数斜率的推理假说也是可考虑的，并可导致不同的结论。此外，我们的分析结构还可用于其他方面，我们可以更完整地认识生产函数的行为特性，或者作出"更多"的关于贸易条件或 g 值的假设。

2.2.4 对开放型农业经济的诊断

我们可以探讨开放型农业经济或这里描述的殖民地经济的长期发展问题。为帮助解释，在图 2.3(g)中绘一条水平线 mn，其高度为等式 2.13 中的人口增长率 r。假设与 η_K 曲线的交点为 V''。那么在 V'' 的左方必定有最终的资本深化，因为资本增长率 V'' 超过了劳动力增长率 r。同样，在 V'' 右方必定有资本增长的减少。由于 V'' 点是稳定的均衡状态，K^* 值的长期稳定表明所有主要的经济变量的长期稳定(例如,K^{Δ},MPP_K,MPP_L,θ 及 w)。

不论是否有前面详细讨论的分析框架,这一结论都是成立的。换句话说,经济长期停滞或演进的前景独立于经济体具体的转型阶段。对于最终的停滞,最主要的是 η_K 曲线在长期内下降,这种现象可追溯至有较高 w 值的非弹性诱导函数。诱导函数在 w 值较大时呈非弹性是很合理的,因为 $\partial\theta$ 不会大于 1。换句话,出口部门的企业家利用开放型农业经济中现有的劳动力剩余的企图最终会受到限制。如果从封闭型农业系统中继承的是停滞的 p 及 c,则其不能被摆脱。增长的真正发生是很重要的,但只要其仅局限于出口部门,则前景就是最终的停滞。这种结局只有在下列情况下才能避免:当封闭型农业系统开放时,经济"起飞"条件已具备;或开放带来了额外的动力,推动了技术变革。能否成功地利用这种技术推动力是区分停滞的开放型农业经济与充满活力的二元经济的标志。如果开放干扰了封闭型商业农业经济演进过程,则可能出现反面的结果。这种干扰可能以毁坏成长中的 Z 商品部门的形式出现。

总之,开放型农业经济结构比封闭型农业经济可能更接近于二元经济是有很多原因的。第一,最重要的是有利润最大化为推动力。正如乔治斯库-罗金所说:

> 从 19 世纪中叶(可能更早些),这些农业经济国家开始受到西方资本主义的影响。与西方不断增长的贸易揭示了其他经济形式的存在,同时,激起地主阶层新的欲望和官僚们新的

野心。在其影响下,封建社会开始弱化。①

第二,在封闭型经济中,剩余劳动力被用于满足文化或实现宗教价值的需要时,开放型农业经济很可能利用这些劳动力进行现代意义的生产,通过价格机制而不是封建法令使其商业化。随着劳动力流动性的提高,商品流发生变化,为最终成为二元经济的部门间劳动力与商品市场打下了基础。

第三,通过创立服务于出口部门的社会和经济基础设施,物质资本首次形成。最后,趋利的外国企业家及与他们结成灵活性联盟的当地伙伴形成新的经济代理人阶层,他们在政治上和经济上逐步取代了懒散的地主和贵族。

尽管由于对外贸易和利润最大化原则的影响,开放型农业经济的环境发生了很大改变,但是,其与充满活力的二元经济的运行相比仍然有相当大的距离。我们可以看看数目较多的欠发达国家,尤其是撒哈拉以南的非洲,它们正处于一种基本的开放型农业状态。因此,商业农业经济的对外开放不是一件简单的事情。给定影响农业生产率变化、收益递减定律强度以及人口增长的参数,封闭型农业经济向二元经济转型的机会明显增大。在另一种封闭型经济系统中,给定相应的参数,向二元经济演进的努力会因错误的殖民入侵而受到阻碍。

甚至在对外开放引起有利变化的乐观情形下,仍然存在很多关键因素,可能使最不发达的经济处于长期停滞状态。比较突出

---

① 乔治斯库-罗金(Georgescu-Roegen)(1960,p. 33)。

的情况是出口部门的发展没有普遍有意义地触动农业生产部门的生活。二元经济意义上的工业资本的形成尚未出现,在此情况下,小而发展中的工业部门与大而萎缩中的农业部门之间所需要的相互作用还没有机会发生。其直接结果是,两个部门所依靠的创新诱导机制的能力丧失。这种机制是在成功的二元经济增长链中最重要的联系。在二元农业经济中不存在跨部门进行利润最大化投资和创新决策以保证平衡发展的企业家。正如一个观察家所说:

> 对于处在早期经济发展的国家而言,技术变革本身就是更难的产品之一。事实上,有时似乎是:工业经济是农业部门内技术变革的先决条件。[1]

我们已就阐明开放型农业系统的运行、连续停滞产生的原因和为何开放可以摆脱停滞等作了尝试。除了影响土地稀缺、农业技术变革率和人口增长的条件之外,一个关键的因素是对外开放增加技术变革机会的程度,或者为什么阻碍增长中的国内农业与Z-商品部门之间有机的联系会导致演进努力的延迟。在下一段中,我们将对这种事先存在的Z-商品部门的相关问题作更全面的诊断。

---

[1] 拉坦(Ruttan)(1991),也见尼祖列(Nicholl)和唐(Tang)在此问题上的论述,包括尼祖列(1961),尼祖列和唐(1958)。

2.3 有 Z-商品的开放型农业经济

2.3.1 导言

我们现在探讨一个自给自足的开放型农业经济的情况,其受外国人影响的海外领地已存在一个 Z-商品工业。海默和雷斯尼克首次提出了一个正式的农业经济模型,[①]这个模型由食品生产和 Z-商品生产两个部门组成,使用的生产要素只有劳动力。Z-商品模型仅集中开展农业经济中的两类生产活动:食品生产及非农业活动产出——包括服务、手工艺品及食品加工,这些都全部用于农村消费。

然而,随着农村经济与世界经济联系的增加,两种相关的进程出现了。首先是向对原材料及经济作物生产和出口感兴趣的外国人开放。在开放型农业模型情况下,进口消费品的另一种用途是诱导农村劳动力转移到出口原料的生产中,此时,劳动力被诱导出 Z-商品生产来,转移到出口生产的活动中。换句话,随着出口活动的拓展,对外贸易奠定了农村传统工业被同类进口商品所取代的基础。相对于国内生产的商品而言,使用外汇进口的非耐用消费品通常品质更好,并能满足更广泛的需求,而外汇则来源于开放

---

① 海默(Hymer)和雷斯尼克(Resnick)(1969),也见拉尼斯(Ranis)和斯图尔特(Stewart)(1993)。

型农业或殖民体系中生产外国人所需的原料和经济作物的新的出口部门。假定这些用于出口的原料和经济作物(A_E)不用于国内消费。从 A_E 商品所得的外汇可用于进口,实现对 Z-商品生产的替代,这又使 A_E 的生产活动进一步扩展。结果导致 Z-商品部门的衰落及进出口贸易的扩张。假定这些进展对国内的食品生产不产生广泛影响。

海默-雷斯尼克模型在假定条件放松后,对殖民之后的情况有重要的分析作用。不过,这是一个开放型二元经济问题,将在以后进行讨论,我们在此考虑的是开放型农业经济条件下的殖民地情况。如贸易条件不变,上述关于 Z-商品生产被替代的情况则有两种。我们依次来探讨有利和不利的两种殖民典型。

2.3.2 不利的殖民类型

不利的殖民类型是海默-雷斯尼克的基本模型,其中,殖民政策由于其"母国"在贸易与投资方式等方面的商业限制阻碍国内工业的发展,同时,国内政府仅重视矿物和经济作物的出口以及将它们推向市场所需的服务等方面。对供应国内消费的农业发展几乎不关心,出口(A_E)集中在少数人手中。由于少数人拥有大量的土地,收入与财富分配不均,导致与非农业部门联系的薄弱,有足够的收入购买非农业商品的人很少。当出口主要是矿产品时,农村收入的分配则更为不均,与非农业部门的联系就更弱。在这种情况下,Z-商品的生产集中在传统的家庭中,并逐步被进口消费品所取代,国内农业处于停滞状态。

海默-雷斯尼克的关于 Z-商品被替代的不利的殖民基本类型情况可用图 2.4 说明。象限 I 中的 $A_{E0}Z^0$ 为生产可能性曲线,固定的劳动力供给(满足社会食品需求之后的全部农村劳动力)可以在非贸易的 Z-商品生产与非国内消费的 A_E 商品生产之间移动。象限 IV 中,按照某一贸易条件 P^0 经济作物的出口(A_E)与进口(M)相交换。利用 45°线把进口 OM^0 投射到象限 II 的横轴上,设定贸易条件为 p^0,对应于最初的生产可能性曲线,Z^0M^0 代表消费可能性曲线。在象限 II,连接不同贸易条件下 Z 和 M 商品的消费者无差异曲线之间的所有切点,就可以绘出价格消费(PC)曲线。假定贸易条件为 P^0,当时间为零时,消费均衡在(1),生产均衡在(1')。A_E 的生产由 Oa^* 给定,Z-商品的生产由 OZ^* 给定,表示非贸易状态下 Z 被替代 Z^0Z^*。

如果贸易条件改善为 p'(即由于农业生产率上升),消费可能性曲线平移到 Z^0M',消费(生产)均衡位置变为(2)[(2')],表示替代效应超过收入效应,使消费向 M 点移动,Z-商品被 M-商品进一步替代。如果假定 Z 为劣质产品,则价格及收入效应两者皆为负数,对应于贸易条件的进一步提高,Z 则被大幅度替代。但是,包蒂斯塔曾经指出,[①]Z-商品活动的减少并非取决于 Z-商品的劣质性。然而,如果 Z 不是劣质产品,那么,在某一点收入效应会超过替代效应,价格——消费曲线会随 Z-商品被替代的停止而向上卷起。

---

① 包蒂斯塔(1971)。

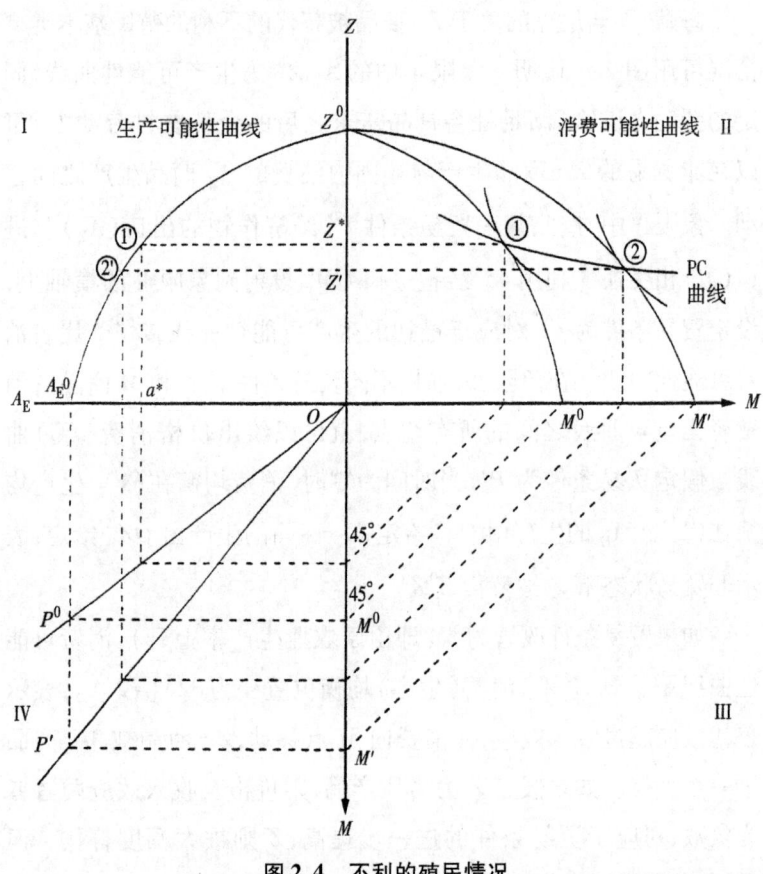

图 2.4 不利的殖民情况

2.3.3 有利的殖民类型

尽管海默-雷斯尼克的基本模型说明的是不利的殖民情况,但是,发展中国家很有可能营造出更有利于农村发展的环境,尤其是当殖民地政府注重食品生产和土地改革时。通过与上述海默-雷斯尼克的基本模型进行比较,对这一情况比较容易作出说明。

在有利于发展的环境中,农业部门由大量个体土地所有者组成,收入分配比较接近,这不像财富集中在一小部分人手中的种植园体制。由于农业收入分配比较平均,有较高比率的人口有能力购买非农业产品,所以与非农业部门的联系比较紧密。在这种有利的情况下,殖民地政府对当地企业家的限制也较少,使当地工业因不同联系而自然发展。

根据这些假设,可用图2.5来解释有利的殖民类型。随着农业生产率提升,更多的劳动力和土地被解放出来,使得 II 象限的生产可能性曲线从 $A_{E0}Z^0$ 向外平移到 $A_{E0}Z'$,并进而使消费可能性曲线从 Z^0M^0 向外平移到 $Z'M^0$。这时, Z-商品的生产不断以现代商品的形式出现,在品质上与传统商品相比更具生命力和创新性。由于这种质量方面和数量方面的变化,海默-雷斯尼克所预言的 M 商品对 Z 商品的替代效应大为减弱,并且如果现代化的农村工业能够与进口商品相竞争,替代甚至不会发生。由于替代效应和收入效应两者都有可能是正的,新的均衡位置将在 II 象限中的(2)处,结果是 Z-商品的生产增加,特别是相对于前一节阐述的悲观的海默-雷斯尼克情况而言。

在19世纪中叶之前的许多海外地区,Z-商品生产的种类和数量,由于外国制造品的替代而出现下降,这是一个历史事实。[①] 然而有关东亚的数据表明,农村动态平衡的增长与一个经济体的

---

① 也见雷斯尼克(1970)。

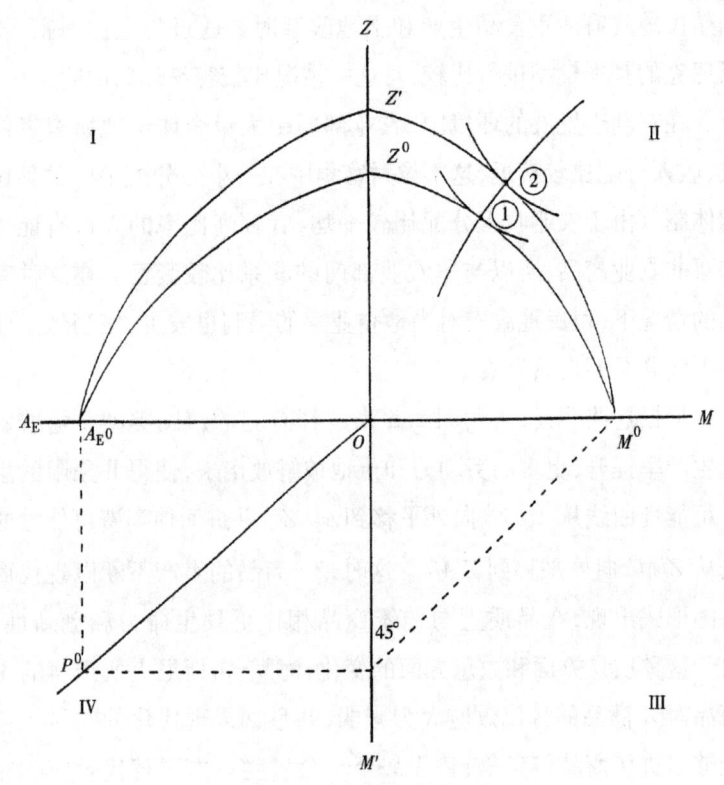

图 2.5 有利的殖民情况

全面发展之间存在着紧密的正相关联系。雷斯尼克考察了三个东亚国家,发现都经历了快速的增长和贸易扩张,尽管资源从 Z-商品生产重新分配。这种进口商品的渗透和对 Z-商品生产的破坏在相对较小的国家中可能更为严重。在较大的海外地区如印度和中国,甚至像菲律宾这样一个有许多岛屿而内部交通不便的国家,Z-商品生产都享受到了天然的保护。进口商品可以渗透到领地之中,交换来源于更偏远地区的原材料,但穷乡僻壤却较少受到同样的影响。

一旦在新独立的海外地区(现在称为发展中国家)二元经济真正地发展起来,在某些情形下,其农村工业建设的基础可能更好。这并非偶然。部分原因是面积和地形的不同,但更取决于所遵循的殖民政策,包括由此而形成的交通运输水平和基础设施投资。针对没有土地制约的开放型农业经济的情况,这种在空间方面的考虑尤其有道理。在本章的最后一节,我们把注意力指向对开放型农业中土地剩余模型的分析。

2.4 土地供给充足的开放型农业经济

在某些海外地区,土地固定不变的假设不成立,或虽然适用但与大多数情况下相比,其作用不明显。非洲通常被作为一个可能的例外而加以引用,其要素禀赋更接近于重农主义学派的描述,与古典学派及其继承者所重点研究的不尽相同。格拉尔德·黑尔莱纳(Gerald Helleiner)、本特·汉森(Bent Hansen)以及埃斯特·博塞拉普曾经关注过这种类型的经济。[1] 以下我们讨论黑尔莱纳的"土地剩余"模型。

在这类经济中,土地和劳动力的比较要素禀赋却是土地处于剩余状态,而劳动力禀赋相对较少。该问题的核心是劳动力有自愿退出工作的可能性,从而,在现有工时与实际提供的工时之间出现差异。在这个意义上,闲暇首次变成一个相关的问题。图2.6

---

[1] 黑尔莱纳(1966);汉森(1969);博塞拉普(1965)。

(a)代表一个传统的双因素生产函数,土地表示在纵轴上,劳动力以现有工时的形式表示在横轴上。同往常一样,假定:规模收益不变,投入的要素具同质性,技术固定不变。两条射线 OB 和 OC 将等生产线分别切开,表示一个界限,在此之外仅仅增加一种要素对总产出没有影响。OB 描述一个土地无限供给的区域,此时土地的边际产出趋于零;而 OC 则表示无限的劳动力供给,此时劳动力的边际产出趋于零。完全垂直和(或)完全水平的直线代表极端的情况,仅用于图解。例如,假定 N 为经济中固定数量的土地,MP_5 表示极端的古典学派的劳动力剩余经济的情况,沿着这条线劳动力供给的增加对总产出没有影响。

虽然这个古典学派的范例引起了众多研究人员的注意,但却存在着与此相反的事实的可能性:当劳动力数量降入 OQ 范围时,剩余土地则为 OB 曲线左边的 NP 段。在这个区域内,部分可耕种土地的供给对总产出的贡献为零。因此,在这种类型的经济中,发展的问题不能通过增加就业来解决,而必须通过提高劳动生产率来解决。

这种情况也可用与图 2.6(a)垂直排列的图 2.6(b)表示,在图 2.6(b)中,横轴表示劳动力,纵轴表示产出,OFQ 为总物质产出曲线。在 O 及 E 之间规模收益不变,在 E 及 F 之间以及在 F 右边的水平部分(或劳动边际产出为零)规模收益递减。换句话说,在图 2.6(b)中,沿着 OE 向 E 点移动(或在图 2.6(a)中沿着 OB 向 P 点移动),规模收益不变,因为此时土地是过剩的。在 E 及 F 之间则有不同的情况,而在 F 之右存在最极端的劳动力剩余情况。

在土地剩余的经济中存在着相当多的农业剩余,这不但是指未利用的土地,而且还指未使用的劳动力,这些都可用来提高物质产出。在土地剩余的经济中,尽管这些未利用的劳动力对农业有正的边际产出,但是,其在价格及技术水平给定的情况下,选择了闲暇而非增加产出,从而处于未充分就业状态。处于这种状态,不是因为他们没有能力通过进一步增加劳动投入来提高产出,而是因为他们对物质产出缺乏需求。

我们可以先假定沿 OB 线利用现有的能最大程度地利用土地的技术:刀耕火种。实际现有的劳动力等于图 2.6(a) 中的 OR,土地禀赋为 ON。在此点处,如现有的劳动力供给小于 OQ,土地过剩则为 ST,这是一种土地供给无限的情况。农业社会的情形是:随着人口由于马尔萨斯正负效应上升和下降,经济则在 OB 线上的 S 和 P 点之间上下移动,表示任意给定期间内的不同量的土地剩余。

第二种剩余是由于偏好,而不是由于技术。其相关的情形为:食品充足,人口的需要很快得到满足。在非洲的欠发达国家类型中这种情形尤为真实,或至少符合博塞拉普及汉森在 20 世纪五六十年代观察到的非洲情况。在这种情形中,实际的劳动时间和生产下降到生产可能性曲线之下,在图 2.6(b) 中,实际的生产函数为 OG 而非 OFQ。这意味着工人对食品的平均需求仅是 JA/OA 而不是 EA/OA。因此,EJ 代表以产出表示的可利用的剩余,KJ 代表以劳动力表示的劳动力剩余。这个"劳动力剩余"具有正的边际产出,其产生的原因是需求方面的闲暇偏好,而不是供给方面的技术制约。经济的产出低于其潜在能力,原因是在给定的然而又恰巧是过剩的土地之上的劳动力不足。

我们现在可以将这种情形与典型的开放型商业农业社会相联

系。在没有 Z 商品的情况下,由于食品的充足,人们自愿放弃工作。为避免出现这种现象,必须通过供应额外的非农业激励商品来提高人均生产率。在图 2.6(b)中,通过一个"旋转"(绕原点)来解释,在劳动力的总供给停留在小于 OA 的水平时闲暇对工作的替代。换句话说,在劳动力固定的条件下产出的增加需要减少闲暇相对于工作的机会成本。

个人关于闲暇与工作的取舍可在图 2.7 的帮助下阐明。其中工时由横轴表示,物质产出及总产出由纵轴的上部分表示,产出值在纵轴的下部分表示。为简单起见,假定所有农民拥有相同的土地份额,这样个体的总生产曲线与经济总体的形状一样。假设一个典型的农民在所需的最少闲暇之外有 OC_1 工时,在规模收益不变的区域内最大的产出是图 2.6 中的 Q_A,如果指全部劳动力,Q_A 则也是人均最大产出。一个典型农民投入的劳动量取决于他在闲暇与图 2.7 中下部象限中表示的产出值之间的无差异曲线图。C_1V_1 是转化曲线,针对不同技术和价格水平都有一条特定的转化曲线,表示在闲暇与产出值之间的取舍。在 T_1 点处达到均衡,此时,C_1E_1 工时用于农业生产,OE_1 单位留下作为闲暇(在给定的价格与技术条件下),E_1F_1 单位为人均物质产出。E_1F_1 等于图 2.6(b)中 OG 的斜率,由于食品满足的结果,产出值使一个典型农民对超出 C_1E_1 工时的工作不感兴趣。价格的上升,一种新的进口商品,或外部市场的发展可以由转化曲线从 C_1V_1 向 C_1V_2 移动来表示。这样,新的均衡点 T_2 则取决于所选择的无差异曲线。这时,增加劳动力投入的替代效应大于增加闲暇的收入效应。E_2F_2 单位的产出生产出来,图 2.6(b)中的新的总生产曲线移动到 OG'。

第二章 从封闭和开放型农业社会到现代二元经济

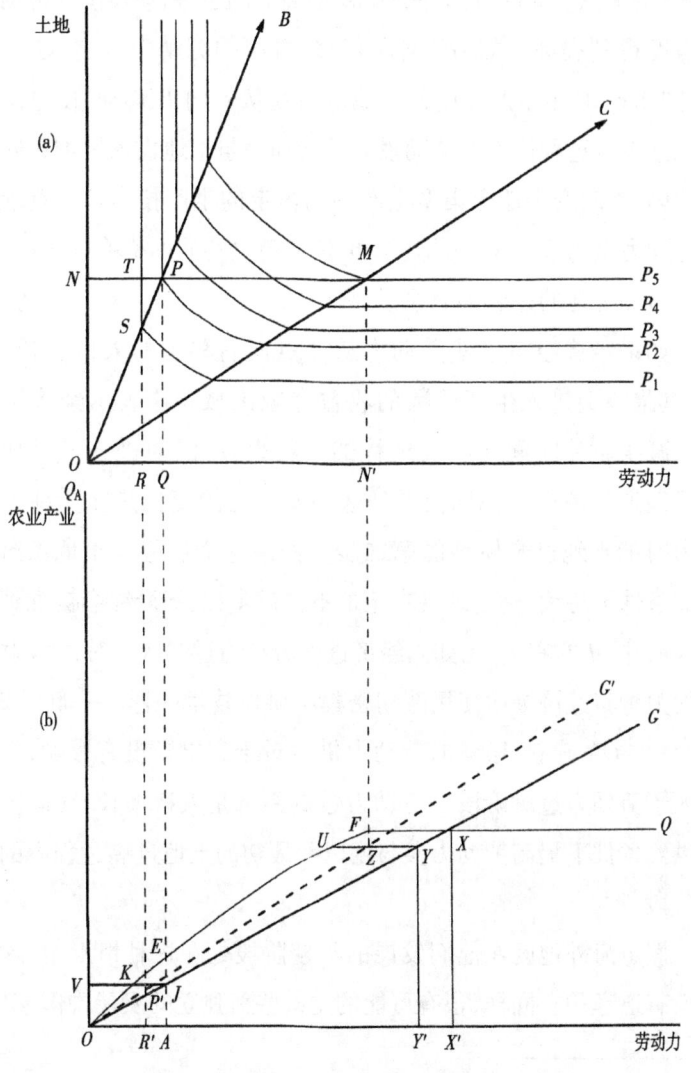

图 2.6 土地剩余的经济

这样，由于源于国内或国外的新 Z 型商品的引进，该经济的劳动力参与度得到提高。如 OG 向左转移，自愿的劳动力剩余 KJ 就减少，图 2.6(a) 中生产使用的土地沿射线从 S 向 P 移动，使过剩的土地减少。这种假设的劳动投入的增加是与土地投入增加相匹配的，其并未改变土地密集型生产中的恒定的生产技术。一旦现有的劳动力全部投入生产，即 OA 单位的劳动生产 AE 单位的产出，劳动力和土地的过剩都消除了。①

如果经济经历了使劳动力从 A 点向右移动的人口增长，那么，其最终会进入生产函数的收益递减区域。这表示经济通过逐渐减少荒芜时间而改变纯粹的刀耕火种，因为进一步增加耕种只能通过减少荒芜期获得。这种技术上的变化是在受到人口压力时的土地过剩模型的第二步。如果这个过程在土地供给不变的条件下持续下去，即现在土地不再过剩，经济最终会被推到图 2.6(a) 中 M 的右边，正如当经济进入劳动力过剩区域时，②收益递减的力量将经济推向使用劳动密集型耕作技术一样。一旦图 2.6(a) 中的 ON 确立，额外的劳动力供给对于产出则没有影响，经济进入了劳动力过剩阶段。劳动力过剩经济是人口增长、在固定土地供给条件下提高劳动力参与度以及最初的土地过剩过程中的最后阶段。

假定海外地区在他们发展的早期阶段处在这种情形中，这不是没有道理的。同样，很有可能的是某些新独立的发展中国家，尤

---

① 图上两点的一致仅为了方便起见。
② 如果土地供给减少（如因为沙漠化），这种情形可能恶化。

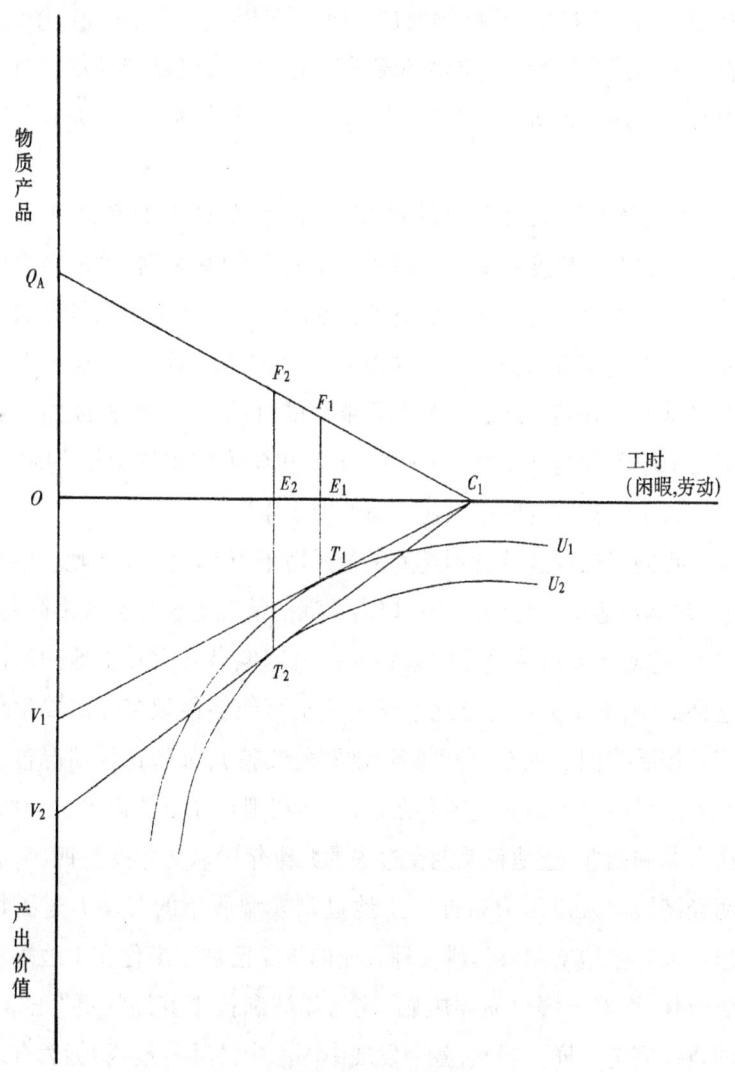

图 2.7　土地过剩条件下的自愿性劳动过剩

其在非洲，在独立之后继续处在土地过剩的开放式农业经济中，这看起来当然是埃斯特·博塞拉普在拒绝劳动力过剩和马尔萨斯压力时所描述的世界，她将人口增长视为一个有利事件，认为人口增长：

"随着人均工时产出的提高，可以引发真正的经济增长过程……农业密集度的提高可以迫使农民更加有规则、更加努力地工作……人口密度的增加促进了劳动的分工以及通信和教育的传播……当代观察家们不会不注意到这些增加的活动，甚至可以将人口迅速上升期描绘成一个农业革命的时期，18世纪西欧的农业革命似乎就是这种类型……将来的历史学家们也许会把1950年后的数十年描述为印度农业革命的数十年"。①

我们很怀疑这种特别类型是否适用于1950年后的印度，事实上，它是否适用于当代撒哈拉以南非洲的情况也还存在许多问题。然而，这对于发展中世界的某些人口密度低且有大片空地的地区也许适用，那里人口对土地的压力增加可能会使规模经济发生作用。按照我们的观点（得到实证观察的支持），如果这种情况过去在第三世界的大部分地区存在过，而现在则正在很快消失。例如，在东非和西非，土地荒芜期在过去的几十年中从七年变为四年，表明经济转向人口压力条件下土地过剩模型所指的劳动力过剩情形。大片土地空闲供刀耕火种农业的景象已被沙漠化和土地短缺所取代，而好土壤也需要施肥，这与亚洲和拉丁美洲的更"正常"的条件完全一样。当然，各个发展中国家中的某些地区，仍然有过

---

① 博塞拉普(1965,pp.62—64,118)。

剩的土地，如巴西的亚马逊地区，肯尼亚的一部分等，土地的供给总是有一定弹性的，因为固定的土地供给仅是为方便起见的一种近似假定。但更为可能的是：土地过剩已让位于不同比例范围的土地与人口，许多发展中国家正在靠近各种为许多文献所接受的劳动力过剩状态。

最后，还有一个实证问题。这里要强调的是：如果在工作与闲暇之间可以进行取舍的话，那只能发生在土地相对丰富，人民又得到温饱的时候。在这个意义上，在殖民地时代的海外地区，Z-商品的毁灭可能是源于殖民商品的进口或生产类似商品的国内消费品工业的发展。对土地过剩进行类型上的区分可能已成为历史上的怪事，尤其是在一些非洲国家人口迅速增长、耕作减少的情况下。

农业经济或殖民地经济基本上以某种方式受外来政策的控制。在商业利润的驱使下，增长被分隔开来，由外界主导的驱动力主要集中在其领地内，而对国内商业农业经济中农业部门与非农业部门之间的相互作用较少注意。其基本的经济功能是获取劳动力并组织原材料以满足生产的需要，出口到国外市场，然后再投资与返回利润。对这类经济的长期诊断与前面一样，仍然是取决于农业生产率增长与人口增长时的收益递减之间的较量，尤其是土地短缺又成为一个重点关注因素的时候。成功的演进意味着是向现代二元经济转型。

附　录

我们的关于没有 Z-商品的开放型农业经济模型可由文中下述六个等式归纳：

$\theta = \theta(w)$　　　　　　　　等式 2.6　　　　（A2.1a）

$m = 1/\theta'(w)$　　　　　　　等式 2.7b　　　（A2.1b）

$Q_E^\Delta = f(K^\Delta, 1) - g$　　　　　等式 2.10a　　（A2.1c）

$K^\Delta = K^*/\theta$　　　　　　　等式 2.14a　　（A2.1d）

$\eta_K = \dfrac{tf(K^*, \theta(w)) - w}{K^*} - g$　　等式 2.15　　　（A2.2.1e）

$m = tf_B(K^\Delta, 1)$　　　　　　等式 2.16a　　（A2.1f）

在 K^* 给定时，可以求出下列六个未知数的解：θ, w, m, Q_E^Δ，K^Δ，及 η_K。对于任意给定的 K^*，最优解为：$\bar{\theta} = \bar{\theta}(K^*)$；$\bar{m} = \bar{m}(K^*)$；$\bar{w} = \bar{w}(K^*)$；$\bar{Q}_E^\Delta = \bar{Q}_E^\Delta(K^*)$；

$\bar{K}^\Delta = \bar{K}^\Delta(K^*)$；$\bar{\eta}_K = \bar{\eta}_K(K^*)$　　　　　　　　　　（A2.2）

这仅仅表明最优解（顶部有横线）都是 K^* 的函数，文中所提及的关于开放型农业社会的比较静态结果可对等式 A2.2 进行求导换算出。就我们模型的动态方面，有：

$\eta_K^* = \bar{\eta} - r = \phi(K^*)$　　　（通过等式 2.13）　（A2.3）

符号 ϕK^* 表明：K^* 的增长率是 K^* 的函数。因此，等式 A2.3 是一个 K^* 微分方程，其解是 K^* 的一条时间轨迹。当其代入等式 A2.2，可确定所有变数的时间轨迹。长期停滞的原理是动态的，是指这些时间轨迹的特性。在等式 A2.1，A2.2 及 A2.3 中，仅涉及"比率",K, L, Q_E, J, M 的绝对值……都因我们模型的规模收益不变假定而省略。①

---

① 上述模型的结构与费和蒋(1966)提出的关于社会主义"最快速度"的发展模型相似,至少从纯数学观点来看。

第三章 封闭型二元经济的发展：总的观察

3.1 引言

根据我们的类型学观点，所谓"劳动力过剩二元"经济的发展，是二战以后转型式增长的重要类型之一。"二元"和"劳动力过剩"两个形容词将在 3.2 节和 3.3 节予以分析。但"二元论"这个名词意味着一种生产二元论，其特征是非同质农业和非农业生产部门的并存。而"劳动力过剩"则意味着，土地上较为丰裕的人口或劳动力已成为赋予该增长类型独一无二特征的关键因素。如前文所示，实际上当代所有欠发达国家（LDCs）的转型式增长过程都始于同一种经济遗产，即重农主义学派的经济表所强调的"农业二元论"。然而，这些国家的劳动力过剩特征与人口变化过程中出现的人口爆炸有着很大关系，而这又是发展中经济寻求步入现代增长时代的结果。

由于劳动力过剩二元经济在边际上存在着人口压力，对其增长过程分析的关键是对劳动力从农业到工业（或非农业）的再配置。该问题是向现代增长过程转型的一个极其重要的"结构变化"因素。这种劳动力再配置过程一方面是劳动力的吸收(3.4节),另一方面是劳动力的释放(3.5节)。后者强调传统农业部门的作用(即生产充足食物以供养由农业部门"释放"而形成的新增城市人口),而前者注重工业部门对劳动力的"吸收",即通过资本积累和(或)技术变化提供就业机会。上述两个方面的相互作用将在本章最后一节(3.6节)讨论。

3.2 二元经济的运行

3.2.1 生产部门和生产要素

借助图3.1(a)所示的国民收入账户模型,可以直观地把握二元经济的运行。该模型可以视为对重农主义学派的经济表的直接扩展。模型采取双重二分法,即农业部门(右半图)和工业部门(左半图)均被进一步细分为一个生产部门(顶部)和一个家庭部门(底部)。封闭二元经济的运行由三个部门间市场,即部门间商品市场、部门间金融市场和部门间劳动力市场调节,如图中部三个圆环所示。

为分析方便,我们假定二元经济存在一种基本的结构不对称性,即劳动力是两个部门都使用的要素投入,而资本(K)仅运用于工业部门,土地(T)仅运用于农业部门。投入不对称性这种假定只是出于分析方便和问题的敏感性考虑。在转型式增长过程中,人口压力问题可以用农业人口和土地的比率来定义。当现代增长时代到来,增长现象集中于新技术的产生,即一定量的资本 K "吸收"农业劳动力进入工业部门。

3.2.2 二元经济中的生产和流通

图 3.1 中的箭头表示流动方向。劳动力和土地流入农业生产部门以生产全部农业产出 A。A 的一部分(以 A_a 表示)被农民消费掉,其余部分即农业总过剩(TAS)通过部门间商品市场流向工业部门以供养工业劳动力(W)。TAS 这一概念也可以追溯到重农主义学派的经济表,在分析二元经济中增长的"劳动力释放特征"时,它起着关键作用。

在非农业或工业部门,劳动力(W)和资本(K)的服务作为投入流向生产部门。工业总产出(Q)由三部分构成:第一部分 Q_i 是工业劳动力消费的商品;第二部分 Q_a 通过部门间商品市场流向农户。Q_a 包括消费品(如纺织品)和现代投入(如无机肥料)。后者实际上用于提高农业生产率,即首先是"激励"作用,其次才是"投入"作用。[①] 第三部分是投资品 I,用于改变非农业资本 K。[②] 两部门产出的分配可以用下列方程表示:

$$Q = Q_i + Q_a + I \tag{3.1a}$$

$$A = A_a + TAS \tag{3.1b}$$

$$A_f = A + Z \quad (\text{公式 3.1b 的修改将在下面进行解释}) \tag{3.1c}$$

---

① 本章以 Q_a 表示现代投入,它含有流入农业部门的现代科学技术。
② 给定的简单假设是,K 仅配置于非农业部门。

第三章 封闭型二元经济的发展:总的观察

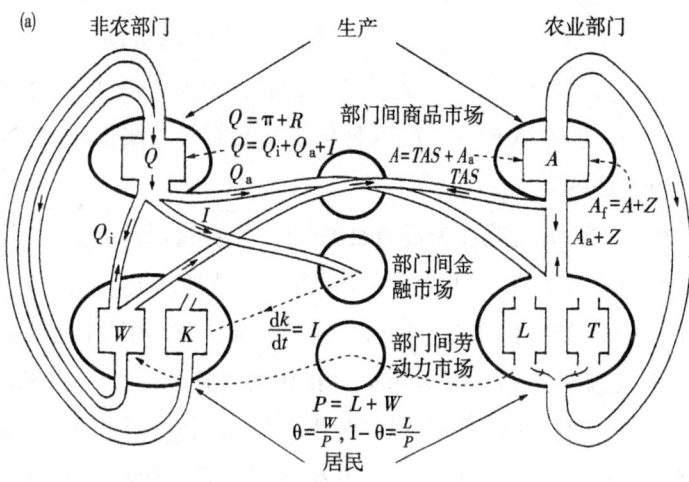

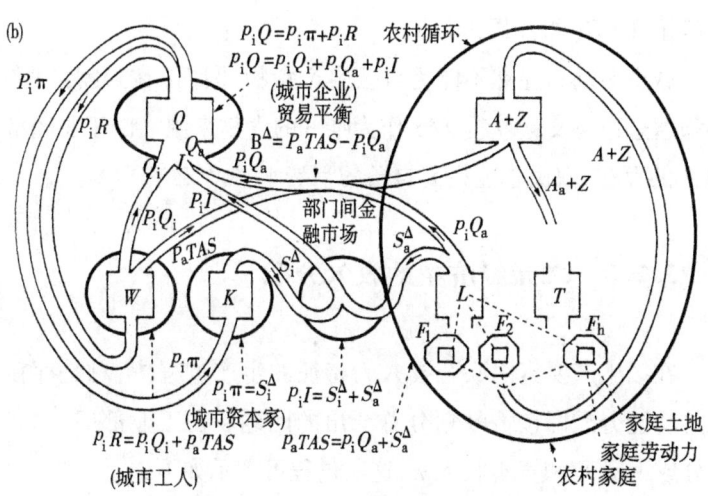

图 3.1 （a）实物流系统；（b）货币流系统

在此,我们必须指出工业部门(空间上集中的劳动力 $W(t)$,主要位于城市中心)和农业部门(空间上分散的农村劳动力 $L(i)$)之间存在的"组织不对称"。农业部门的特点是其外观上的"传统"而非"商业化"。农业部门的这种传统性具有多种属性,本节揭示其运行方面的含义。

生产方面的传统性表现为农民倾向于自给自足的生产。除种植既可用于家庭消费(A_a)也可以在市场上销售(TAS)的商业化经济作物外,传统农民还在空闲时间生产非经济"作物" Z(辅助食物和鸡、猪之类的东西),完全用于供养其家庭成员。这些 Z 商品实际上可能也包括非农业商品(各种手工制品),它们和非经济作物一样也是具有保存价值的财产,其生产不需要现代投入或现代知识。因而,农民的"全部收入"(A_f)包括农业和农村非农业商品,即等于 $A + Z$(如公式 3.1c)。

城市劳动力显然不能为自己生产食物,因而(在封闭经济中)必须通过市场交换获得 TAS 作为唯一的食物来源。由于非经济作物 Z 的存在,农民也能提高自己的消费水平。

3.2.3 二元经济中的收入分配

在以生产要素的联合投入为特征的生产过程中,总是存在收入的功能分配即按贡献划分总产出的问题。在工业部门,总产出 Q 分成工资 R 和资本收入 π,这一过程可表示如下:

$$Q = R + \pi \tag{3.2a}$$

$$R = \phi_L Q \tag{3.2b}$$

第三章 封闭型二元经济的发展:总的观察

$$\pi = \phi_K Q \tag{3.2c}$$

$$\phi_L + \phi_K = 1 \tag{3.2d}$$

其中 ϕ_L 和 ϕ_K 是确定的系数。发达工业国家的可观察事实表明,分配份额 ϕ_L 和 ϕ_K 是长期稳定的。[①] 从转型式增长角度考虑,可以假定工业部门的收入分配原则已商业化(如同在工业发达国家),从而实际工资率及相对工资份额是在城市劳动力市场上竞争性地决定的(见下文)。

农业部门的收入分配的原则有所不同。在尚未完全商业化的传统部门,"真实工资" w_a 是 A_a 与农业劳动力 L 的比值,即下文公式 3.3a 所定义的 $w_a = A_a/L$。此工资也称制度性实际工资(IRW),它取决于欠发达国家的传统农村社会中非商业化交换(或协议)关系,其水平主要与满足最低热量摄入要求的食品有关。[②] 农村劳动者是不会挨饿的,因为如果不能保证每个家庭成员都有饭吃(获得 IRW),农户是不会把过剩食物 TAS 交给城里人的(见下面的公式 3.3d)。

既然农民也能生产非经济作物 Z,农村总工资 w_f 就是 IRW 与 $Z/L = z$ 的和,z 是每个农民的 Z 商品产量。

$$w_a = A_a/L \ (= IRW) \tag{3.3a}$$

$$w_f = A_f/L = w_a + z \tag{3.3b}$$

$$z = Z/L \tag{3.3c}$$

[①] 卡尔多(Kaldor,1988)。
[②] 公式 3.1b 除以 L,得到农业劳动生产率 $A/L = w_a + TAS/L$,即 IRW 与家庭控制的单位农业劳动力的非农业产品的和。因此,农村工人的消费标准实际上是 IRW 与 TAS/L 的和,后者表示从部门间商品市场获取的工业消费品。

$$A = L \cdot IRW + TAS \quad \text{(据 3.1b 和 3.3a)} \quad (3.3d)$$

收入分配原则的初始不对称是农村传统主义的重要证据。与此相关的经济成熟"转折点"问题将在下文进行讨论。

3.2.4 人口、结构变化和资本积累

当一个以农业为主的国家进入现代经济增长阶段时，就产生西蒙·库兹涅茨所强调的三个主要增长特点，即人均收入增长的同时人口加速增长、结构变化以及以现代科学技术为基础的资本迅速的积累。若以 $P(t)$ 表示总人口的时间路径，以 $W(t)$ 和 $L(t)$ 分别表示工业和农业人口，则有：

$$P = W + L \quad (3.4a)$$

$$\theta = W/P \quad (3.4b)$$

$$1 - \theta = L/P \quad (3.4c)$$

$$W/L = \theta/(1-\theta) \quad (3.4d)$$

公式 3.4b 和 3.4c 中，θ 是总人口中非农业或工业部门的人口比例，$(1-\theta)$ 是农业部门人口比例。在人口压力的作用下，劳动力不断地从农业向工业重新配置，这可以用 θ 的持续提高表示。因此，劳动力再配置过程应视为二元经济发展的根本现象。比率 W/L 实际上表示一个典型农民"供养"的工人数。当 θ 提高时，一个典型农民所供养的工人数目也将提高。

进而，有

$$dK/dt = I \quad (3.5)$$

它表明工业部门中投资会导致每一时点上资本品的增长。

因而,工业部门的发展首先可追溯到人口扩张和内含技术变化的资本积累。与此相对应,在较为传统的农业部门,生产率的提高可追溯到现代投入的传播和一些不可量化的因素,例如下文将提到的更大程度的市场参与和鼓励农民从事贸易所产生的激励效应。

3.2.5 消费标准和生存

本章的分析焦点是一个既大又穷的农业部门经济的转型式增长过程。传统农民借助 Z 商品通常能够改善生活。但对城市劳动阶层来说,消费标准问题是特别敏感的。因此,我们这样定义典型工人的消费标准:

$$c_a = TAS/W\ (\ = AAS) \tag{3.6a}$$

$$c_i = Q_i/W \tag{3.6b}$$

$$w_i = R/W \tag{3.6c}$$

$$c_a = w_a(或 AAS = IRW) \tag{3.6d}$$

公式 3.6a 中人均食物消费 c_a 取决于"单位工人的 TAS"水平,它相当于农业平均剩余 AAS。公式 3.6b 中 c_i 是工人的人均工业品消费量。公式 3.6c 中 w_i 是典型城市工人的以工业商品衡量的实际工资,它相当于按工人数量划分的工资份额 R(见公式 3.2b)。转型式增长过程中农业工人的一项历史重任就是生产足够的 TAS,以便按最低消费标准 IRW(公式 3.3a)供养城市劳动力。这一思想可以追溯到重农主义学派。他们相信,一个繁荣的农业部门是非农业部门繁荣的先决条件。

请注意,我们已界定两个人均食物消费标准:对农业劳动力是 $w_a = A_a/L$ ($= IRW$),对工业劳动力是 $c_a = TAS/W$ ($= AAS$)(公式 3.6a)。显而易见,在所有那些为维持生存而争取最低或接近最低热量水平的欠发达穷国,这两个食物消费标准(维持生存所需要的基本物品)是近乎相同的。因此我们可假定两个标准相等(即 $AAS = IRW$),如公式 3.6a 所示。

二元经济中人均食物消费标准的相等具有多种含义。这可以用推论 1 表示:

推论 1　以下条件等价:

(a) $c_a = w_a$(公式 3.6d)

(b) $A = P \cdot IRW$

(c) $\theta = TAS/A$; $1 - \theta = A_a/A$

(d) $1 - \theta = IRW/p$(其中 $p = A/L$)

条件(b)表明,总产出 A 恰好可以按 IRW 水平供养全部人口。条件(c)表明,人口分配比例 θ 与食物分配比例 TAS/A 相等。条件(d)表明,农业人口比例($1 - \theta$)等于制度性实际工资与农业劳动生产率之比。证据是明显的。

总而言之,我们将一个经济变量体系引入完整的运行框架,如图 3.1(a)所示。这是一个实物流系统,用经济学语言来说,它既不涉及货币也不涉及价格。下一步的任务就是拓展我们的框架以纳入这些概念。

3.2.6 经济组织二元化(organizational dualism)和货币化

以农业为传统的当代欠发达国家不仅在生产(或商品)意义上(即以农产品交换工业产品)是二元经济,而且在组织意义上也是二元的,其证据是商业化的城市部门和传统农村部门并存,而且两部门的货币化(即货币的使用)程度不同。

在关于欠发达国家的文献中,市场参与(例如,传统农民也许或多或少地愿意通过生产商业化的经济作物,参与部门间商品市场,摆脱自给自足)是一个只能用于农村部门的概念。在商业化的城市中心,人们别无选择,只能通过参与市场来获得工资,以货币方式履行其支付义务。所以,农业传统主义的另一个基本证据是货币化程度相对较低。

为了从运行角度研究这种组织二元化,图 3.1(a)中用于分析实物(即非货币)流的框架需要改造为图 3.1(b),以展示所有货币支付(用单箭头表示)的方向。该模型中有五个圆环。就工业部门而言,那些环绕着生产部门、工人家庭和资本家家庭的圆圈说的是,涵盖整个城市工业社会中高度非个人化的债务必须以货币为计价单位仔细清算。每个部门的货币流入和流出必须恰好相等。

对农业部门来说,农业生产和家庭生活在所谓"家庭农场制"下是合二为一的。在农村,货币很少用作交换媒介(因为大部分产品是自给自足的)、计算尺度(因为血缘或社区关系避免了仔细计算债务的需要)或价值标准(由于非商业化作物或 Z 商品的存在)。图 3.1(b)中的家庭部门和生产部门被圈在一起,以表明货币的重要性仅相对于流入或流出融为一体的农业家庭和生产部门的总支付。用 P_a 和 P_i 分别表示农业产品和非农业产品的价格。价格比率

$$d = p_a/p_i \tag{3.7}$$

是(部门间)贸易条件,它是二元经济中最重要的商品价格比率。如图 3.1(b)所示,四个部门之间的货币流(即货币支付的流动)可以表示为各部门的流入和流出的相等关系,用以下公式概括:

$$\text{流入总额} = \text{流出总额}$$

工业生产: $\quad p_i Q_i + p_i Q_a + p_i I = p_i \pi + p_i R \tag{3.8a}$

（据公式 3.1a 和 3.2a）

工业工人: $\quad p_i R = p_i Q_i + p_a TAS \tag{3.8b}$

工业资本家: $p_i \pi = S_i^\Delta \tag{3.8c}$

农户: $\quad p_a TAS = p_i Q_a + S_a^\Delta \tag{3.8d}$

在上述所有公式中,等号左边表示部门收入,右边表示部门支出,等号表示货币义务得以履行。公式 3.8a 中城市生产部门的收支相等可以直接从实际分配公式(公式 3.1a)和功能性收入分配公式(公式 3.2a)推导出来。总产出全部用于分配,包括工资 R 和租金 π 两部分。公式 3.8b 中的等式表示工人的收入($p_i R$)全部于食物($p_a TAS$)和工业品($p_i Q_i$)消费。公式 3.8c 表示城市企业家(工业资本家)的收入($p_i \pi$)形成 S_i^Δ,即城市货币储蓄(或工业部门货币储蓄),并流入部门间金融市场(见图 3.1(b))。这两个公式(3.8b 和 3.8c)描绘了文献中所称的"古典储蓄规则",即工人将

全部收入用于消费,而贪得无厌的资本家则把收入全部用于资本积累(公式 3.8b 可以转化为工业工人的预算方程,它在我们的分析中将扮演重要角色)。公式 3.8d 表示,农业部门在部门间商品市场上出售过剩食物 TAS,并将所获得的货币收入 $p_a TAS$ 全部用于购买制成品 Q_a,或变成农村(农业)部门的货币储蓄 S_a^Δ。该公式也可以转化为含有农户贸易条件的货币化预算方程。农民们对贸易条件 d 或许很敏感,因为该贸易条件反映了在分散的农村社会和城市部门之间唯一的货币联系。

3.2.7 部门间贸易和金融

在二元经济中,货币投资 $p_i I$ 由来自农村部门的 S_a^Δ 或城市部门的 S_i^Δ 融资构成。因而货币平衡公式 3.8 就变成:

$$p_i I = S_i^\Delta + S_a^\Delta \tag{3.9}$$

证明:公式 3.8a、3.8b、3.8c 和 3.8d 相加。得证。

该公式表明,二元经济中以货币衡量的储蓄与投资相等(图 3.1(b)中部门间金融市场中的三个连接"管道"强调了这一点)。之所以能相等,是因为所有部门都履行其支付义务,包括农民对"外部世界"履行的货币支付义务。该融资公式也可转化为实际(非货币)条件:

$$I = S_i + S_a \tag{3.10a}$$

其中

$$S_i \equiv S_i^\Delta / p_i \tag{3.10b}$$

$$S_a \equiv S_a^\Delta / p_i \tag{3.10c}$$

证明:公式 3.9 除以 p_i。得证。

这类 S_i 和 S_a 是以实物单位的工业产品定义的。根据不对称性假设,全部投资 I 都用于形成工业部门的资本 K,因此 S_i 是部门内融资,而 S_a 是部门间融资,即用农业部门的储蓄支持工业部门的资本积累。部门间融资也可以视为农业部门的一种金融贡献,即通过部门间金融市场促进非农业部门扩张。

借助部门间商品市场,我们可定义贸易平衡:

$$B^\Delta = p_a TAS - p_i Q_a \tag{3.11a}$$

$$B = B^\Delta / p_i = dTAS - Q_a \tag{3.11b}$$

根据国际贸易理论的分析,B^Δ 表示农业部门经常账户上的货币"出口剩余",进而也可以解释为农业部门对工业部门的"净商品贡献",即农业部门商品流出($p_a TAS$)和商品流入($p_i Q_a$)的价差。公式 3.11b 中的 B 是以工业品计算的农业部门出口剩余。

因此,农业部门对工业部门表现出两种显著贡献,即金融贡献和商品贡献。然而这是个假象。因为:

$$B^\Delta = S_a^\Delta \tag{3.12a}$$

$$S_a = B = dTAS - Q_a \tag{3.12b}$$

证明:公式 3.12a 得自公式 3.8d;公式 3.12b 得自公式 3.11b。得证。

公式 3.12a 表明农业货币储蓄 S_a^Δ 在数量上正好与"出口剩余"相等。因而实际农业过剩 S_a(金融贡献)也正好与净商品贡献相等(公式 3.2b)。两种贡献实际上是一枚硬币的两面,这就像在国际贸易中那样,经常账户上的出口剩余总是等于资本账户上的剩余。

第三章 封闭型二元经济的发展：总的观察

然而，部门间融资和部门内融资的内容具有更深刻的意义。因为：

$$I = \pi + B \quad (3.13a)$$
$$S_i = \pi \quad (3.13b)$$
$$S_a = B \quad (3.13c)$$

因而，部门内融资 S_i 实际上表示城市企业家群体利润所得的再投资（公式 3.13b），而部门间融资则表示农业净商品出口 B。

在转型式增长阶段，部门间融资 S_a 不仅对工业部门，而且对农业部门也是极其重要的。因为起初农业部门很大，而工业部门相对较小，所以在开始时，前者必须提供大部分储蓄基金。农业部门的这种角色易于理解，而应该强调的是，部门间金融市场的存在也为农业部门的储蓄者提供了取得工业资产产权的机会。在传统社会中，农民所能拥有的主要生产性资产是土地（假如所有者有安全感的话）。但在转型过程中，农村储蓄者开始有机会拥有不断增长的资本资产，特别是工业部门的资产的一部分。这时，由于农民开始获得非农业收入和资产，农村人口的收入来源就多元化了。

随着生产性非农业资产的取得，农民现在也形成了积累倾向，并变得像工业企业家那样贪心。工业资本所有权推动了农民的商业化，或者说，成为促进农业现代化的一个重要因素。最后，为强调劳动力过剩经济中土地上的人口压力，我们假定土地数量大致上是固定的：

$$T = \bar{T} \quad (3.14)$$

3.2.8 动态增长过程①

粗略地计算一下,为了描述经济系统的运行,本章已引入 30—40 个变量。根据图 3.1(a)和 3.1(b),可以得到这样的印象:增长过程是整个二元经济系统运行的结果,其中两个部门的生产、分配、消费、储蓄、投资和技术变迁等活动同时进行。所有变量都是时间序列,因此我们的目的就是在动态联系中找出其中的因果关系。

这是一个非常复杂的任务,而且,我们也不能忽视制度方面的考察,因为组织二元化意味着商业化的工业部门和传统农业部门的并存,其中后者是系统扩张的基础。例如,家庭农场的非货币化、自给自足和生存导向;初始状态中由分成制和血缘关系决定的制度性实际工资;农民通过市场参与商业化等所有这些方面,都是人类学家所熟知的"制度经济学"的组成部分。在这个新古典一般均衡理论主导的时代,不能简单地将这些问题扫地出门。新古

---

① 在分析增长之前,我们用 η_x 表示与时间序列 $x(t)$ 相对应的增长率,其定义为:
$$\eta_x = (dx/dt)/x$$
因此,$x(t)$ 是单位时间内 x 的百分比增长。与增长率有关的一个著名定理可以表述如下:以 $x(t)$、$y(t)$ 和 $z(t)$ 表示三种时间路径,那么
$z = x/y$ 意指 $\eta_z = \eta_x - \eta_y$
$z = xy$ 意指 $\eta_z = \eta_x + \eta_y$
$z = z + y$ 意指 $\eta_z = (x/z)\eta_x - (y/z)\eta_y$
$z = x^\alpha$ 意指 $\eta_z = \alpha \eta_x$

典经济学大师肯尼思·阿罗就意识到这一现实。[①] 实际上,增长过程之所以具有"转型"性质,主要就是因为经济组织的二元化是从早期农业中继承下来的。下面,我们继续讨论劳动力过剩的二元经济。

3.3 二元经济中的基本行为模式

3.3.1 劳动力过剩条件的含义

过剩劳动力这个概念的形成有三个历史背景因素。首先,由于欠发达国家传承了过去的农业二元化状态,绝大部分(例如,$1-\theta = 80\%$ 以上)人口在农村从事农业生产。其次,当欠发达国家开始现代经济增长转型时,通常会遭遇人口转型或人口爆炸(η_P 递增)。最后,土地数量固定条件下,持续的人口压力导致劳动力供给极为丰富,从生产角度看,其中一些劳动力甚至是彻底的冗余。相关的隐性失业概念可作如下解释。总人口 $P(t)$ 和农业人口 $L(t)$ 的时间路径如图 3.2(a)所示。其垂直差距 $W(t)$ 是工业劳动力的时间路径(见公式 3.4a)。时间路径 $\theta = W/P$,见图 3.2(c),其中初始值 $\theta(0)$(例如,$\theta = 20\%$)已标出。人口增长率用 $\eta_P = r$ 表示。人口转型现象可以用图 3.2(b)中 r 的倒 U 形时间路径表示,其中:

[①] 阿罗(1956)。

$$\eta_r = \eta_{\eta_P} > 0 \text{ 当 } t < t' \text{ 时} \quad (3.15a)$$

$$\eta_r = \eta_{\eta_P} < 0 \text{ 当 } t > t' \text{ 时} \quad (3.15b)$$

因此，在 t' 以前（以后）人口加速（减速）增长，即人口增长率 $r = \eta_P$ 随时间上升（下降）。时间路径 $\theta(t)$ 表示从 $\theta(0)$ 到 1 持续上升的趋势。公式 3.4b 可以变形为：

$$\eta_\theta = \eta_w - \eta_P \quad (3.16a)$$

$$\eta_\theta > 0 \quad (3.16b)$$

$$\text{当且仅当 } \eta_w > \eta_P \quad (3.16c)$$

因此，θ 随时间增长的重要条件是，工业劳动力 $W(t)$ 的增长率高于总人口增长率。这也是成功转型的条件。在成功转型的过程中，曲线 η_w 必须始终位于曲线 $r = \eta_P$ 上部（见图 3.2(b) 中的虚线）。

"上升的 θ" 是成功的标志，这一事实在经验上和理论上都可以证明。经验上的历史证据是，随着现代经济增长时代的来临，发达工业国家已经按照这一模式实现人口转型（见库兹涅茨，1966）。在理论上，经济"重心"从农业向工业的转移——根据恩格尔定律——可以追溯到一个事实，即随着农业和非农业部门劳动生产率的普遍提高，劳动力将重新配置于非农业部门，因为收入越高，人们愿意消费的工业品越多（即非农业商品需求的收入弹性较高）。定义：

$$a_w = c_a d / w_i = p_a c_a / p_i w_i \, (0 < a_w < 1) \quad (3.17)$$

（见公式 3.6a 和 3.7）

表示典型城市工人实际工资（w_i）中用于食物的支出。在欠发达穷国，a_w 可能高达 60%，远高于发达工业化国家典型工人的相

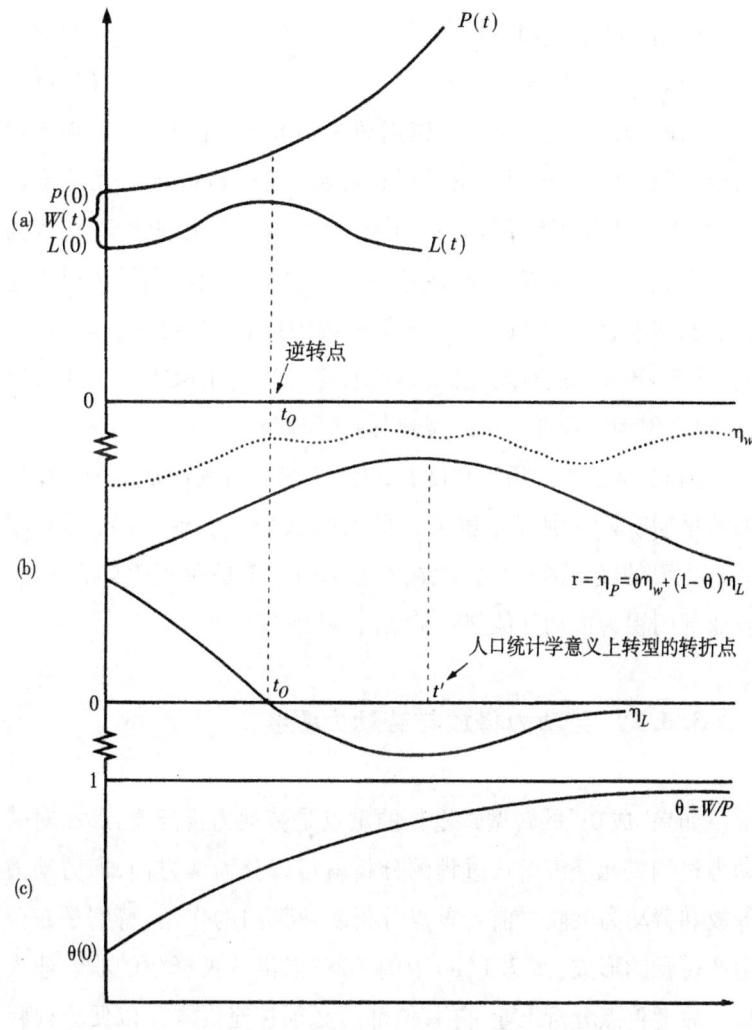

图 3.2 转型式增长：人口动态变化

应指标。最后,依据公式 3.4a 可知:

$$r = \eta_P = \theta\eta_w + (1-\theta)\eta_L \tag{3.18a}$$

$$当 \theta \longrightarrow 1 \text{ 时 } \eta_w \longrightarrow r \tag{3.18b}$$

因此,人口增长率(r)可以用图 3.2(b)中 η_w 和 η_L 的平均数衡量。"成功"的转型式增长过程存在一个"转折点",在此点以后,农业人口绝对下降(即 η_L 值为负)。这一现象非常重要,因为随着农业人口的绝对下降,农业部门人多地少的不利局势得以逆转。长期来看,当 $\theta(t)$ 趋近 1(例如美国达到 97%)时,η_w 趋近 r(公式 3.18b)。换言之,总人口增长率几乎完全取决于工业人口的增长,因为农业部门已缩减到"附属"地位。

因此,从适当的历史角度看,转型式增长过程通常始于人口转型的早期阶段。那时一国人口的大多数处于农业部门(即 θ 很低),主要的经济活动也发生在农业部门。正是在此意义上,应将农业部门视为推动其他部门扩张的"基础"。

3.3.2 劳动力释放与劳动力吸收

如果"成功"的转型式增长的重点是劳动力再配置,那么对劳动过剩二元经济增长过程的分析就可以分为两方面,即劳动力释放和劳动力吸收。前者重点分析农业部门的作用,特别是农业生产过剩的形成(图 3.1(a)中的 *TAS*)以供养被释放的非农业人口。后者重点分析工业部门,该部门必须扩充资本品以便为被释放人口提供就业机会。这两个方面将在 3.4 节和 3.5 节予以分析。两个部门之间的相互作用则在 3.6 节进行考察。这里先来澄清一些辅助概念。

3.3.3 部门间贸易条件(d)的意义

在二元经济的农业和非农业部门之间的相互作用中,贸易条件 $d = p_a/p_i$(公式3.7)在所有三个部门间市场上都起着极其重要的作用。在部门间贸易条件的调节下,劳动力通过部门间劳动力市场重新配置,农民参与商品市场和金融市场,城市工人进行消费选择。

劳动力迁移的调节 首先,d 调节部门间劳动力市场上的劳动力再配置。在劳动力自由流动条件下(即(公式3.3b 中的))以农产品计算的农村劳动力工资 w_f 等于(公式3.6c 中的)以工业品计算的工业劳动力工资 w_i):

$$p_a w_f = p_i w_i \tag{3.19a}$$

或

$$w_i = d w_f \tag{3.19b}$$

换言之,只要两者工资率有差距($p_i w_i > p_a w_f$),农村劳动力就会进城择业。如果城市货币工资 $p_i w_i$ 低于农村劳动力的全部收入 $p_a w_f$,劳动力就不会往城市迁移。公式3.19b 也表明,工业部门的实际工资水平 w_i 通常取决于农业部门的实际工资水平 w_f,而后者则是由贸易条件 d 调节的。这反映了绝大部分劳动力($1-\theta$)一开始由农村劳动力构成的事实。如果贸易条件不利于工业部门(例如,农业歉收时 d 上升),并且/或者 w_f 有所上升,该部门的实际工资就会上升。

从公式 3.3b 可以看出，农业的全部工资 w_f 高于制度实际工资 ($IRW-w_a$)，其差额等于 z（每个农民的 Z 商品）。官方统计常常遗漏这一差额，虽然原则上能够统计它。如果公式(3.19)得到满足，对官方统计数据的信赖往往造成这样一种假象，即官方统计数据中工业劳动力工资偏高（其实是 $w_i > dw_a$）。随着时间的推移，这种名义工资差距逐渐缩小以至消失（即 $w_i = w_a$）。① 这种"不断缩小的工资差距"意味着农民的商业化，也就是说放弃生产无现金流的农村产品 Z。这一现象将在本章最后一节(3.6.7)进行分析。

农民的市场参与收益(MPB)和投资倾向(s) 在部门间商品市场上，贸易条件还引导部分农民参与市场。图 3.1(b)显示，农民提供给市场的是 TAS；作为回报，他们从工业部门得到 Q_a 和 S_a。据公式 3.12b 可得：

$$d = (S_a + Q_a)/TAS = p_a/p_i \text{（农村预算方程）} \qquad (3.20a)$$

$$N = S_a + Q_a (MPB) \qquad (3.20b)$$

$$d = N/TAS \qquad (3.20c)$$

公式 3.20a 是农户的"货币化预算方程"，它由公式 3.8d 直接转化而来。在向工业部门提供 TAS 时，农户得到的回报为两类实际商品：现代商品 Q_a（工厂生产的现代农业投入和消费品）和 S_a（工业财产的产权）。② 因此，贸易条件 d 表示农民向城市提供一个单位的农产品所得到的好处。T. W. 舒尔茨认为，维持适当的

---

① 当然，可能存在其他制度性原因，使得工资差距继续存在甚至扩大，例如最低工资立法、组织工会等。

② 因此，S_a 构成家庭资本账户中的一种增长。Q_a 包括农户（作为生产和消费单位）的现期投入。Q_a 的进一步划分将在下文进行更详细的分析。

贸易条件 d 实质上可以激励农民在成本/价格的理性计算基础上参与市场。农村预算方程表示，成本/价格等价背后就是单位 TAS 的实际现代化收益。因而，空间上分散的农民对 d 非常敏感。

公式 3.20b 中 N 表示农民的收益，也就是市场参与收益（MPB）。N 由两部分构成，农民必须决定如何就此划分其货币收入。改写公式 3.12b 可得：

$$N = S_a + Q_a = TASd \tag{3.21a}$$

$$s = S_a/N,\ s_q = Q_a/N,\ s + s_q = 1 \tag{3.21b}$$

这意味着

$$S_a = s(TASd) = s(S_a + Q_a) = sN \tag{3.21c}$$

$$Q_a = s_q TASd = s_q(S_a + Q_a) = s_q N \tag{3.21d}$$

因此，农民以工业品衡量的货币化收入（$TASd$）可用来购买消费品，或者买肥料（Q_a）以提高农业生产率，和（或）取得工业资本产权（S_a）（公式 3.21a）。从全社会角度看，农民的这种决策是二元经济中两部门平衡增长的重要特征——只有更多地将其货币收入用于 S_a，他们才能提供较多的部门间融资。

公式 3.21b 将农民的投资倾向（s）定义为货币收入（$N = dTAS$）的一部分，他们用这部分收入购买投资品（S_a），以此完成部门间融资；将 s_q 定义为"现代投入品的购买倾向"（Q_a），它对提高农业生产率非常有用。因此，贸易条件的改善不仅使农民受益，而且通过提高 s_q 引导他们提高了农业生产率。这些概念对下面分析"平衡增长"非常重要。

城市工人的消费偏好　贸易条件对于引导城市劳动力的农产品和工业品消费也很重要。公式 3.8b 的推论是：

$$p_i w_i = p_i c_i + p_a AAS \qquad (3.22a)$$

这意味着

$$w_i = c_i + dAAS \qquad (3.22b)$$

证明：公式 3.22a 等于公式 3.8b 除以 W 并参考公式 3.6。3.22b 等于公式 3.22a，除以 p_i。得证。

这表明典型的产业工人将其全部实际工资收入都花费于 $c_a = AAS$ 也就是 c_i。实际上这就是他的包含贸易条件的"预算方程"。d 由城市消费偏好和平均农业过剩一起决定，下文将对其进行分析。

最后，贸易条件还涉及部门间金融市场。如公式所示：

$$Q = Q_i + Q_a + S_a + S_i (\text{据公式 3.1a 和 3.10}) \qquad (3.23a)$$

$$Q = Q_i + S_i + N (\text{据公式 3.20b}) \qquad (3.23b)$$

即工业部门的总产出 Q 可以分成四种形态：(1) 城市劳动力消费的工业制成品 (Q_i)；(2) 农民用的现代投入品（如化肥）或消费品（如纺织品）(Q_a)；(3) 进行储蓄的城市企业家所用的"新工厂"(new factories)（即投资品）(S_i)；(4) 农村储蓄者拥有的"新工厂"(S_a)。公式 3.23b 表示，Q 也可以分成农民的参与收益 ($N = Q_a + S_a$) 和城市人的收益 ($Q_i + S_i$)。公式 3.2a 和 3.13 意味着：

$$Q = R + \pi \qquad (\text{公式 3.2a}) \qquad (3.24a)$$

$$S_i = \pi \qquad (\text{据公式 3.13b}) \qquad (3.24b)$$

$$R = Q_i + N \qquad (3.24c)$$

因而，工业部门的功能收入分配含义是，工业劳动者 W 得到工业工资商品 Q_i（自己消费）和 N 商品，后者用于按照贸易条件 d 换取农产品 TAS（见公式 3.20c）。在此交换过程中，N 作为参与收益通过部门间金融和(或)商品市场流到农民手里。若 R(公式 3.24c)分摊给 W(工业劳动力),则典型;工人的工业实际工资率 w_i 的构成是:

$$w_i = c_i + N^0 \tag{3.25a}$$

其中

$$N^0 = N/W = S_a^0 + Q_a^0 \tag{3.25b}$$

和

$$S_a^0 = S_a/W \tag{3.25c}$$

$$Q_a^0 = Q_a/W \tag{3.25d}$$

这里,工业实际工资 w_i 等于 c_i(每个工人消费的工业品)加 N^0(每个工人的参与收益),后者可划分为两部分(S_a^0 和 Q_a^0)。

简而言之,在二元经济中,三个"当事人家庭"类型——城市工人 W、城市企业家(K 的所有者)和农户 L——的行为方式大相径庭。城市工人和企业家的现代性在于其活动是"职能专业化的"。在市场力量的作用下,工业部门的收入公平地分成工资 R 和利润 π。然后,工人 W 追求消费福利最大化,企业家积累资本。现代经济学教科书的读者对这种简单明了的描述非常熟悉。相比之下,他们对于分散的农户的活动就不那么熟悉了。"家庭"与"农场"融合成一种具有生产、消费和投资等多种决策职能的父系家庭农场。如果开始时由于 Z-商品的生产和消费而自给自足程度很高,农户就很难通过市场参与取得 Q_a(即消费品和现代农业投入)和 S(工业财产权),非农业部门所能得到的劳动力也非常有限。从演化的角度看,农户传统行为模式的逐步调整对于通过提高农业生产率实现农业现代化关系甚大。对此过程进行严谨而明确的分析是困难的,但必须为此而努力。[①]

3.3.4 农业部门的现代化

农业的"传统性"主要因为其经济主体在空间上颇为分散,并远离城市,从而受到现代化力量的冷落。经济学家们最近已较好地理解了该部门的理想历史使命,即提供储蓄基金 S_a 或输出过剩 $B = S_a$,并可靠地供给廉价劳动力。至于如何使其现代化仍是一个谜团。

参与收益($N = S_a + Q_a = dTAS$,见公式 3.20b)为解开这个谜团提供了一些线索。市场参与使农民得到可量化的现代投入品(技术变迁即"绿色革命"所需要的肥料和种子)和可量化的激励性消费品(如纺织品)(Q_a),此外还得到工业资本产权(S_a),从而通过收入多样化和资产积累促进传统农民商业化。因此,我们可以定义两个指标:

$$N^* = N/L(\ = dTAS/L) \quad (AMPB) \qquad (3.26a)$$

$$\psi = TAS/A \quad (DMP) \qquad (3.26b)$$

第一个指标 N^* 表示单位农业劳动力的参与收益,也指平均市场参与得益(AMPB)。它衡量典型农民的收益。第二个指标 ψ,(作为农业总产出 A 的一部分市场农业过剩)表示市场参与程度(DMP),提供了衡量农业部门商业化程度的数量化指标。就 N^*

[①] 在贝克尔传统中,严格的农户行为模型显然必须以效用最大化为基础,同时还要加上这些动态特征。

而言,一个典型农民供养的工人数是 W/L,而典型工人的食物支出 c_a 以工业品计算的交换价值为 $c_a d = c_a p_a / p_i$。因此 N^* 等于这两部分之和:

$$N^* = c_a d \cdot \theta(1-\theta) = TASd/L \tag{3.27}$$

证明:$N^* = c_a d \cdot \theta(1-\theta) = (Wc_a d)/L$(据公式3.4)

$= TASd/L$ 据公式3.6a。得证。

在图3.3(a)中,以 θ 为横轴(指向左边),如果 $c_a d$ 值不变,则 N^* 就是的 θ 函数。在成功的转型式增长过程中,与 θ 的单调上升有关的两个明显结论是:

第一,随着 θ 从0到1的变化,N^* 单调上升(从0到无穷大)。由于 N^* 可以视为现代化所导致的农业生产率提高的"标志",该结论就意味着,在转型式增长后期,农业部门现代化随 θ 的增大而不断地容易起来。在图3.3(a)中,在每个 θ 上,N^* 被分成 sN^* 和 $s_q N^*$,根据投资倾向 s 和购买现代投入品的倾向 s_q。这种相互联系的概念意味着,每个组成部分都有助于农业的现代化。

请注意,当 $\theta = 0.5$ 时,$\theta N^* = c_a d$。因此,在转型式增长早期阶段(即 θ 小于50%时),N^* 小于 $c_a d$。由于 N^* 是农民市场参与所产生的货币交易的结果,我们看到典型农民的货币化程度远低于 $c_a d$,而后者还只是工业部门典型工人货币化转型的一部分。(因为根据公式3.17,工业部门的实际工资为 $w_i = c_a d/a_w > c_a d$,对城市工人而言它已完全货币化。)

通过"后向联系",参与收益 N^* 有助于提高农业部门的劳动生产率 $p = A/L$。事实上,回想一下推论1,由于 $\theta = 1 - IRW/p$ 且 IRW 为常数,只有当 p 增长时,θ 才会上升。其一般含义是,农业现代化之谜只能通过充分理解两部门间的联系才能解答。如果劳动力得以成功再配置,农民的收益就会增长;但收益增长的先决条件是 p 增长,并导致 θ 增长。通过这种方式,恶性循环才能变成良性循环。

在消费标准相等($c_a = IRW$)的特殊情形中,N/A 值可以定义为:

$$N/A = (c_a d\theta/(1-\theta))/(IRW + c_a\theta/(1-\theta) - d\theta) \quad (当 c_a = IRW 时) \tag{3.28a}$$

或

$$\theta = p_i N/p_a A \tag{3.28b}$$

$$当 \theta \longrightarrow 1 时 \quad N/A \longrightarrow d \tag{3.28c}$$

如果用公式 3.26b 来定义市场参与率,3.2.5 节中的推论 1 就表明:

若 $IRW = c_a$,则 $\psi = TAS/A = \theta$ \hfill (3.29)

这些结论(公式 3.28 和 3.29)可以总结如下:

定理 3.1:如果两部门的食物消费标准相等且稳定($IRW = c_a$),则 $\theta = \psi = p_i N/p_a A = TAS/A$。

消费标准相等且稳定($IRW = c_a =$ 某个常数)这一条件是 3.5 节的一个假定。该条件意味着,特定类型的农业技术变迁与图 3.3(b)所示农业生产率的可持续增长相关联。

农业部门的现代化并不怎么神秘,因为,如上所示的 N^* 和 ψ 都是其前因后果。它们必须同时伴随着不断上升的 θ。它们也反映了农业劳动生产率提高的"原因",因为它们的存在有助于作为一种"人力资源"的农民的发展,因为他得到了现代投入品及现代

第三章 封闭型二元经济的发展:总的观察

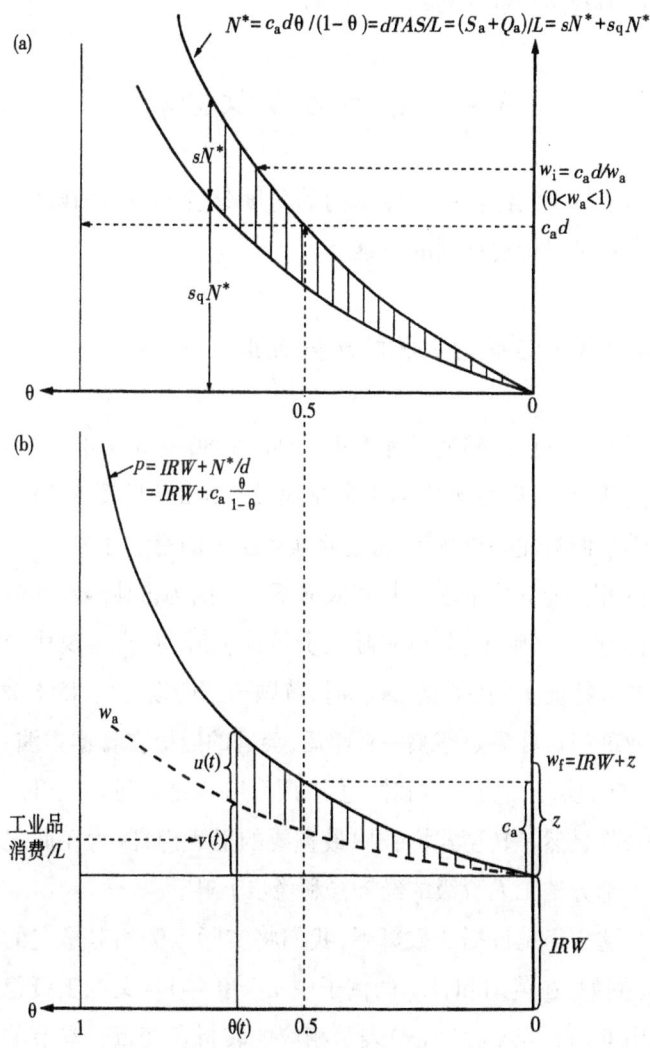

图 3.3 农业部门的现代化

激励性消费品和资本品。

3.4 劳动力吸收分析

本节从二元经济中工业部门的角度分析劳动力的吸收过程。其出发点是对历史证据的考察。

3.4.1 劳动力吸收的历史证据

观察一下英国转型过程中40年间(1780—1820年)实际工资的时间路径,可以发现实际工资是比较稳定的(见图3.4)。古典经济学家们对此印象颇深,甚至将实际工资的稳定性视为"工资铁律",并相信应为之立法。其实大谬不然。因为古典经济学时代刚过,转折点就来临了,此后实际工资迅速上升,并成为现代经济增长的持久特征。"转折点"来临时,英国全部劳动力的45%被吸收到工业部门。几乎是整整一百年后,英国的经历在日本重演:当时(1917年)实际工资在"相对"稳定了近40年之后迅速上升。转折点的来临显然是转型式增长中最重要的里程碑,因为在此之后占人口大部分的工人阶级的经济福利稳步上升。

在这一历史证据的鼓舞下,我们将实际工资相对稳定的时间跨度(例如,在英国和日本的例子中 $\tau=40$ 年)定义为工资稳定期 τ,并用 $W(\tau)$、$L(\tau)$ 和 $\theta(\tau)$ 表示相应的转折点变量。本节的主要目的就是考察变量 $\theta(\tau)$ 和时期 τ 的决定因素。

在本节对劳动力吸收过程的分析中,我们将第一阶段实际工

第三章 封闭型二元经济的发展:总的观察　　135

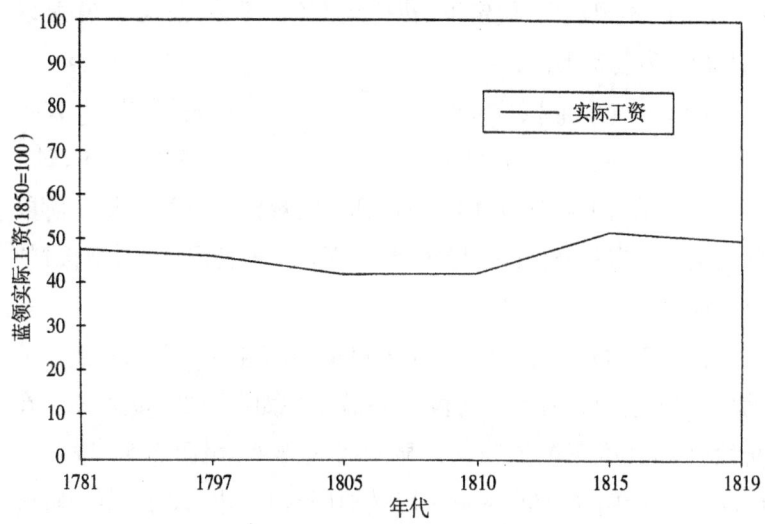

图 3.4　"蓝领"工人实际工资:英国,1781—1819

资料来源:林德特(Lindert)和威廉姆森(Williamson,1983)。

资的稳定性视为给定的,并假定当工业部门劳动力的规模达到转折点价值 $W(\tau)$ 后,w_i 转而迅速上升。因此我们可假设:

$$w_i(t) = \overline{w}_i, \text{当 } \theta < \theta(\tau) \quad \text{——阶段 I } (3.30a)$$

$$w_i(t) = w_i(t) \text{ 且 } dw_i/dt > 0, \text{当 } \theta(\tau) \leqslant \theta \quad \text{——阶段 II } (3.30b)$$

在该公式中,转折点价值 $\theta(\tau)$ 是一个固定值,它把转型式增长划分为两个阶段(I和II)。在分析劳动力释放问题时,公式 3.30 中关于 w_i 的假设是辩护性的。考虑到起初绝大部分劳动力处在农业部门这一事实,一个直觉的判断是,转折点($W(\tau)$ 和 $L(\tau)$)的实际工资水平和劳动力规模是由农业部门的活动决定的。为分析方便,我们假设总人口是稳定的:

$$P(t) = P(0) \tag{3.31}$$

在此(不现实的)假定下,转折点 $\overline{W}(\tau)$ 不变,公式 3.30 可以重写成一种特殊形式:

$$w_i(t) = \overline{w}_i, \text{当} W(t) < \overline{W}(\tau) \qquad \text{——阶段 I} \quad (3.32a)$$

$$w_i(t) = w_i \text{当} \overline{W}(\tau) \leqslant W(t) \qquad \text{——阶段 II} \quad (3.32b)$$

它表示当工业劳动力 $W(t)$ 达到特定规模 $\overline{W}(\tau)$ 时,第一阶段就结束了。本章分析这一特殊情况,而把一般情况(人口增长)的分析推迟到下一章。

在图 3.5(b)中,两个阶段(I 和 II)由工业部门的转折点把劳动力 $\overline{W}(\tau)$ 分开。在第一阶段,w_i 的稳定性如水平线 $a_0 a_\tau$ 所示。在阶段 II,$w_i(t)$ 不断增长。为显示时间维度,用图 3.5(d) 表示 $w_i(t)$ 的时间路径,其中时间 t 用横轴(指向左边)表示,第一阶段(I)的时期 τ 也被标出。因此,在 $t = \tau$ 以前,w_i 是稳定的。在 $t = \tau$ 以后,w_i 一直是增长的。从图 3.5(d)映射而成的水平(虚)线表示每一时点上通行的竞争性工资率。

3.4.2 劳动力吸收与竞争性收入分配

工业部门在时点 t 通行的生产函数可表示为:

$$Q = f(K, W, t) \qquad (3.33)$$

在每一点 t,生产函数可用图 3.5a 所示的产量轮廓线表示,其中劳动力 W(资本 K)以横(纵直)轴表示。各时点的劳动力边际生产率 M_i(资本边际生产率 M_k)为:

$$M_l = \partial Q / \partial L = f_L(K, W, t) \qquad (3.34a)$$

$$M_k = \partial Q / \partial K = f_K(K, W, t) \qquad (3.34b)$$

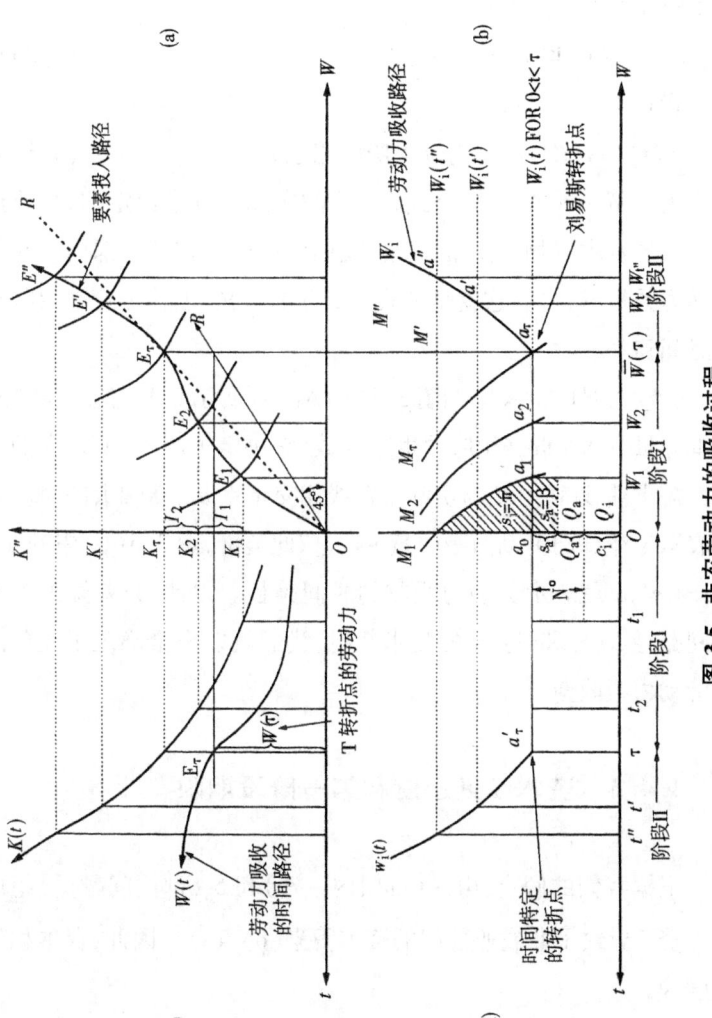

图 3.5 非农劳动力的吸收过程

假定工业部门的收入分配是竞争性的,则在公式 3.35a 中实际工资 $w_i(t)$ 等于 M_1:

$$M_1 = f_L(K, W, t) = w_i(t) \tag{3.35a}$$

意味着

$$W(t) \equiv y(K, t) \quad (劳动力吸收路径) \tag{3.35b}$$

由于每一时点 t(据公式 3.32)的实际工资是给定的,只要给定这时的资本货物 $K(t)$ 的规模,我们就可以确定工业部门吸收的劳动力数量 $W(t)$。这就是公式 3.35b 的含义,也就是劳动力吸收的时间路径。

劳动力吸收的决定如图 3.5(a) 和 (b) 所示。假定在 $t = t_1$ 时资本存量为 K_1,根据相应的生产函数,它决定了图 3.5(b) 中的劳动力需求曲线 M_1。M_1 与实际工资线相交于点 a_1,横轴上的对应点就表示工业部门劳动力吸收量 W_1。依此类推,图 3.5(b) 中的 a_0, a_1, a_τ, a', a'' 就表示劳动力吸收的时间路径。因此,只要知道资本时间路径 $K(t)$ 和时点 t 的技术状况,我们就能完全确定工业部门的劳动力吸收量。

3.4.3 资本积累速度和第一阶段期限

根据我们的假定,由 S_i(部门内融资)和 S_a(部门间融资)组成的投资 I 导致了非农业部门的资本积累 (dK/dt)。因此,资本积累速度为:

$$dK/dt = I = S_a + S_i \quad (据公式 3.5 和 3.10) \tag{3.36a}$$

$$S_i = \pi = M_k K \quad (据公式 3.13b 和 3.34b) \tag{3.36b}$$

$S_a = sTASd$　　　（据公式 3.21c）　　　(3.36c)

根据古典储蓄定律，S_i 是工业部门由竞争性收入分配规律所决定的利润份额（公式 3.34b）。在二元经济中，S_a 是 $TASd$ 值与农民的投资倾向 S 的乘积。两个部门取得工业资本产权的倾向决定了资本积累速度。

在图 3.5(b) 中，时点 $t = t_1$（即 $K = K(1)$）的需求曲线为 M_1，根据公式 3.23 和 3.25，此时的工业总产出 Q 分为四种商品类型。其中两种（$S_i + S_a = B + \pi$）为投资品 I，它们分别为城市储蓄者（$S_i = \pi$）和农村储蓄者（$S_a = B = sTASd$）拥有。① 在下一个时期 $K(2) = K(1) + I$。依此类推，就可以确定资本时间路径 $K(t)$（如图 3.5(c)）。

图 3.5(a) 中的要素禀赋路径表明，$K(t)$ 与工业部门所吸收的劳动力 $W(t)$ 是一一对应的。借助图 3.5(a) 中的 45°线 OR，劳动力吸收量可以投影到图 3.5(c) 中，以表示劳动力吸收路径 $W(t)$。当该时间路径在点 E 达到转折点劳动力 $W(\tau)$ 时，τ 就表示到达转折点所需的时间。因此，$K(t)$、$W(t)$ 和 τ 都是由劳动力吸收过程内生决定的。

因此，当转折点劳动力 $W(\tau)$ 给定时，第一阶段（Ⅰ）的长度 τ 取决于劳动力吸收速度。进而，劳动力吸收速度取决于资本积累和技术变迁的性质——包括力度和方向。技术变迁的力度越大、越是倾向于密集地使用劳动力，单位资本积累吸收的劳动力越多。

---

① 总工资在 Q_i 和 $S_a + Q_a$ 之间的划分取决于部门间贸易条件 d，而 $S_a + Q_a$ 的两个组成之间的划分取决于农民的投资和（或）消费倾向。下一章将对这一划分进行充分考察。

决定劳动力吸收速度的这些重要因素将在第七章进行分析。

3.4.4 部门间融资量的重要性

在二元经济中,起初绝大部分投资是由农业部门的储蓄(S_a)支持的。现以 S_a 和 S_i 的比率衡量农业储蓄的相对重要性,即部门间融资相对于部门内融资的重要性:

$$S_a/S_i = a_w sq \tag{3.37a}$$

其中

$$a_w = c_a d/w_i \quad (据公式 3.17) \tag{3.37b}$$

$$s = S_a/N \quad (据公式 3.21b) \tag{3.37c}$$

$$q \equiv \phi_w/\phi_K = R/\pi \quad (据公式 3.2b 和 3.2c) \tag{3.37d}$$

证明:据公式 3.36c, $S_a = sTASd = sd(TAS/W)W = sdc_a W$(据公式 3.6a) $= sdc_a Ww_i/w_i = sa_w R$(据公式 3.6c 和 3.17)。因此,$S_a/S_i = sa_w R/\pi$。得证。

部门间融资的相对重要性(S_a/S_i)是 a_w、s 和 q 决定的产物。城市工人的食物支出比例 a_w 通常稳定在 0.5。在科布-道格拉斯生产函数中,两者相对比例 q 一般为 2(因为 $\phi_w = 2/3$)。在这种情况下,比值 S_a/S_i 接近于农民的储蓄和投资倾向 s——如果农民将其 60% 的货币收入用于投资,S_a 就占 S_i 的 60%。[①] 请注意,$a_w sq$ 是一个"纯数字",它与配置于工业部门的劳动力 θ 无关。这意味

---

① 在战后世界中,外资流入也可以为增长提供资金来源,在此背景下考虑该百分率,国内农业部门的储蓄实际上要比工业部门或国外重要得多。

着,尽管 θ 随时间而递增(即一个典型农民供养更多的城市工人),农业部门仍长期提供 60% 的 S_i。历史地看,只有当 a_w 下降时(根据恩格尔定律),或者,当农民将更多的收入用于消费和(或)购买肥料等农业投入而导致 s 下降时,部门间融资的重要性才会下降。

3.4.5 转折点上收入分配的意义

组织二元化的一个重要成因是,收入分配的商业化原则起初通行于工业部门(公式 3.35a),但对农业部门不起作用。假定以 L(农业劳动力)和 T(土地)为投入的农业部门的生产函数为:

$$A = A(L, T, t) \tag{3.38a}$$

$$f_L = \partial A/\partial L = A_L(L, T, t) \tag{3.38b}$$

$$f_T = \partial A/\partial T = A_T(L, T, t) \tag{3.38c}$$

$$\phi_L = f_L L/A \tag{3.38d}$$

$$\phi_T = f_T T/A \tag{3.38e}$$

$$\phi_L + \phi_T = 1 \tag{3.38f}$$

f_L 和 f_T 是 L 和 T 的边际生产率,ϕ_L 和 ϕ_T 是农业部门的经济工资份额和经济租金份额。这一商业化原则起初并不适用于农业部门,不过一旦到达"转折点"就会适用,而这是下一节将讨论的一个主题。在转折点,工资和租金可表示为:

$$\phi_L(\tau) = L(\tau) f_L(\tau)/A(\tau) \tag{3.39a}$$

$$\phi_T(\tau) = 1 - \phi_T(\tau) \tag{3.39b}$$

进而:

$$\theta(\tau) = W(\tau)/P(\tau) = \phi_T(\tau) \tag{3.40a}$$

$$1 - \theta(\tau) = L(\tau)/P(\tau) = \phi_L(\tau) \tag{3.40b}$$

公式 3.40 表明,转折点到来时,工业部门吸收劳动力的比重 $\theta(\tau)$ 恰好等于农业部门的租金份额,比如 $\theta(\tau) = 45\%$。因此当人口结构到达转折点价值($\theta(\tau)$)时,一国的劳动力过剩特征将消失,两个生产部门的收入分配将同样地由商业化(新古典)原则决定。在此之前,农业实际工资处于稳定状态,农业部门的收入分配仍由非商业化原则决定。

3.4.6 论"劳动力无限供给"

古典经济学家认为,第一阶段实际工资的稳定是由"工资铁律"决定的,而 W. 阿瑟·刘易斯则认为该阶段的特征是"劳动力无限供给"。实际上,图 3.5(b)就是刘易斯教授率先使用的一个几何图形的复制品。因而转折点 a_τ 也可以称作"刘易斯转折点"。

然而,采用"无限供给"这一术语会造成一些误导。因为它会导致对图 3.5(b)(纵轴表示工资率)所示的劳动力吸收的时间路径作出不当解释,该路径表示与实际工资率变化相应的农户劳动力供给。基于不当解释的家庭行为假设(即劳动力供给对工资率变化的敏感性)能以计量经济学方式验证,而且似乎与阿瑟·刘易斯的假说矛盾。这种"微观模型"本身是有价值的,但与图 3.5(d)中工资率的时间路径所对应的命题无关。其实,实际工资长时间(例如在英国和日本为 40 年)的相对稳定是一种长期现象,它与人口增长、劳动力迁移、农业技术的动态变化以及公式 3.40 所指的农业部门商业化密切相关,但与家庭劳动力的短期供给行为毫不相干。

刘易斯的转折路径(path-breaking)模型集中分析非农业部门吸收农业多余劳动力的作用,而未留意商品、金融和劳动力市场上的城乡相互作用。我们则分别分析两个部门,并重点分析其相互作用。下面分析农业部门实际工资时间路径类型(以公式3.30和公式3.32中两阶段的存在为特征)是由什么决定的。

3.5 农业部门的劳动力释放

3.5.1 传统农户的家庭消费和收入分配原则

为分析劳动力再配置问题的另一面即劳动力释放,现将注意力从商业化的工业部门转移到"传统的"农村部门。传统农村经济中小块土地耕作在特定的制度安排下进行,这些制度安排种类繁多(如农户自耕、地主—佃农、以契约为基础的劳动力雇佣或非雇佣的作物分成制)。关于农户的微观研究认识到,家庭规模和土地所有权是不均等的,进而存在着土地租佃和劳动力(尤其是无地劳动力)雇佣。我们将对此进行抽象,以便为准确理解二元经济的运行提供最简单的微观基础。

对上述复杂现实的一种抽象即所谓传统主义。为予以说明,我们可以假设,在转型过程开始时存在 h 户无需雇佣帮手的自耕农户。其中每户平均耕种 T^f 英亩土地,每户拥有 L^f 个劳动力:

$T^f = T/h$ （户均土地） (3.41a)

$L^f = L/h$ （家庭规模） (3.41b)

这 h 个家庭 $F_1, F_2, \cdots, F_h$ 是以密切的亲缘关系为基础的"集体性"经济决策单位，在图 3.1(b) 中用含有户均土地和家庭规模的六边形表示。我们规定这些家庭的经济作物收入、非经济作物收入和总收入为：

$A^f = A/h = pL^f$ （家庭经济作物收入） (3.42a)

$Z^f = Z/h = zL^f$ （家庭非经济作物收入） (3.42b)

$F^f = A^f + Z^f = (p+z)L^f$ （家庭总收入） (3.42c)

在所有情况下，家庭收入在一定的家庭规模 L^f 下都来自于个人的劳动力收入（即劳动生产率 p 和单位劳动力的 Z 商品 z）。对于"父系"家庭，我们对这些内部成员行为简单地假设他们的消费份额相等。例如，平均市场参与收益 $N^* = N/L$（公式 3.26a）——每个农业劳动力拥有的、家庭通过在市场上出售 TAS 购得的工业品数量——可以分成 S_a/L（单位劳动力的工业财产权）和 Q_a/L（单位劳动力的现代投入品和消费品）两部分（公式 3.20b）。严格说来，根据家庭拥有量 (S_a, Q_a) 计算平均（单位劳动力）拥有量会产生很大误导，因为父系家庭不会将家庭财产划分给单个成员。Q_a 可以细分为 Q'_a（农业现代投入品）和 Q''_a（激励性消费品）：

$$N = S_a + Q_a = S_a + Q'_a + Q''_a \qquad (3.43)$$

消费份额相等的原则意味着只有参与收益的边际组成是均等分享的。根据这一原则，典型农业劳动力的"消费组合"包括三个组成部分，即劳动力人均食物消费（IRW）、以农产品衡量的劳动力人均工业品价值（$v = (Q''_a/L)d$）和劳动力人均非货币商品 Z。

消费份额相等的原则的直接推论是,接近最低热量水平的劳动力人均食物消费(IRW)可能大于劳动边际生产率:

$$MPP_L < IRW = \bar{w} \quad (\text{存在隐性失业}) \tag{3.44}$$

此条件意味着,在分成制导向的家庭关系既定下,隐性失业的存在以及收入分配的商业化原则的不适用。隐性失业的存在不一定指家庭劳动力无所事事,而只是说他们虽然没有足够的土地耕种,但可以在家里生产 Z 商品。在转型式增长过程中,随着传统农户行为的"现代化",传统的 Z 商品(生产和消费)将萎缩,这将导致收入分配的商业化。

3.5.2 生产条件和初始要素禀赋

$t=0$ 时农业部门的生产函数如图 3.6(a)中的等产量线所示,其中土地 T 和劳动力 L 分别用纵轴(横轴)表示。我们假设农业生产函数为 CRTS。在图 3.6(a)中,我们还假定存在一条边界线 OR,把投入划分成两个区域:无剩余劳动力区域(OR 上方)和劳动力过剩区域(OR 下方)。在后一区域,所有等产量线都是水平的,即在既定量土地上追加更多劳动力并不能使总产出增加。[①]

为强调"劳动力过剩条件"这个概念,我们可设想土地 $T = \bar{T}$ 是固定的(图 3.6(a)中的 $\overline{TT}'$ 线),且土地/劳动比率 T/L 很低,以致初始要素禀赋点(例如 T')落在劳动力过多区域。这些假设是

---

① 这并不意味着我们相信"零"劳动边际产品这一概念,因为从统计意义上看,它几乎不可能存在于现实世界。TPP_L 曲线的"水平"部分应当仅视为一个简化的假定。

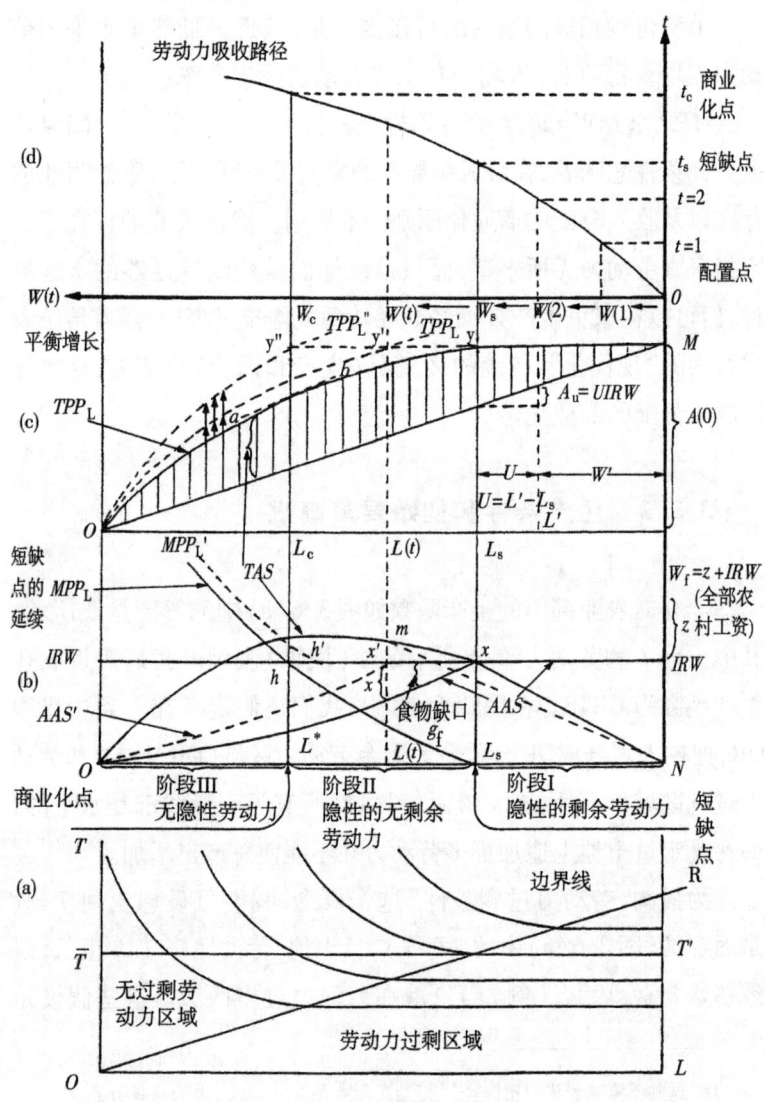

图 3.6 农业部门的动态变化

可以证实的,因为许多发展中国家在前现代增长时期存在着人口对土地的长期压力。

对于固定的土地 $\bar{T}$ 规模,TPP_L 和 MPP_L,如图 3.6(c)和(b)中的曲线所示。在劳动力过剩区域的上部,TPP_L 曲线接近水平线,而 MPP_L 曲线趋近横轴。

3.5.3 制度性实际工资(IRW)

为简化说明,本章假设总人口不变(公式 3.31),且开始时全部人口(图 3.6(b)中的 ON 线)处在农业部门:

$$P = P(0) \tag{3.45a}$$
$$W(0) = 0 \tag{3.45b}$$

这些严格假定在下一章将放松。

一个启发式方法是用图 3.6(d)重新给出了劳动力吸收路径 $W(t)$,时间(t)以纵轴表示。根据公式 3.45b,$W(0) = 0$。如横轴所示,在时间 $t_1, t_2, \cdots$ 上,工业劳动力分别为 $W(1), W(2), \cdots$。一个典型的 $W(t)$ 将(稳定的)总人口 $P(0)$ 分成工业劳动力 $W(t)$(工业部门所吸收的人口)和 $L(t) = \bar{P} - W(t)$(停留在农业部门的人口)。每个 $W(t)$ 都是一个"配置点",它随劳动力由农业部门的释放而左移。为方便起见,我们先假定 IRW 由初始农业劳动生产率水平决定:

$$IRW = A(0)/L(0)\ (= A(0)/P(0)) \tag{3.46}$$

它等于全部人口的初始人均消费(据公式 3.45a)。IRW 用(图 3.6(c)中的)射线 OM 的斜率或(图 3.6(b)中的)水平 IRW 线的高度表示。

因此,开始时农户之所以是"传统的",是因为参与程度(公式 3.26b 中的 ψ)和 AMPB(公式 3.26a 中的 N^*)为零。根据公式 3.3b,这时的农村工资 $w_f = IRW + z$,即图 3.6(b)中纵轴上点所示 w_f,它比 IRW 多 z(劳动力人均非经济作物产出)。由于这时仍存在隐性失业(公式 3.44),典型农户仍然未被商业化力量征服。我们分两步分析劳动力释放问题:第一步(不现实地)假定技术不变(公式 3.44 和 3.45);继而假定发生平衡(或非平衡)技术变迁。

3.5.4 技术不变条件下劳动力再配置阶段

在图 3.6(b)中,MPP_L 曲线与水平线 IRW 交于点 h,由此决定农业劳动力所占的比例 L^*,即:

$$A_L(L^*, T, 0) = IRW \tag{3.47}$$

L^* 是农业劳动力的规模,如果农业技术不变,它等于 MPP_L 与 IRW 的交点。只要农业劳动力超过 L^*(即只要 MPP_L 曲线位于水平线 IRW 下方),就存在隐性失业。

L_s 是与劳动力过剩相对应的农业劳动力。由于

$$L^* < L_s \tag{3.48}$$

位于 L^* 和 L_s 上方的直线将 $P(0)$ 划分为三个阶段:

阶段Ⅰ:$MPP_L = 0 < IRW$ (3.49a)

阶段Ⅱ:$0 < MPP_L < IRW$ (3.49b)

阶段Ⅲ:$0 < IRW < MPP_L$ (3.49c)

在阶段Ⅰ,劳动力过剩且存在隐性失业;在阶段Ⅱ,无过剩劳

动力但存在隐性失业;在阶段Ⅲ,隐性失业彻底消失。随着配置点的左移,劳动力释放按上述次序经历三个阶段。然而,只要农业技术不变,在封闭经济中就会出现食物短缺问题。现在我们考察这些阶段的经济意义。

为了便于分析,我们将 L^* 定义为达到商业化状态("商业化点")时的劳动力,将 L_s 定义为达到短缺状态("短缺点")时的劳动力。下文将对这些"点"的经济意义作具体解释。

3.5.5 总农业过剩(TAS)和平均农业过剩(AAS)

将公式 3.3d 改写成:

$$TAS = A - L \cdot IRW \qquad (3.50)$$

就会发现,农业总过剩(TAS)就是在满足所有农业工人($L \cdot IRW$)的最低热量的食物需要后,农民提供给城市部门(通过部门间商品市场)的经济作物。在图 3.6(c)中,TAS 就是 TPP_L 和直线 OM 之间的垂直距离。当农业劳动力的边际生产率 A_L 与 IRW 相等时,即在图 3.6(c)中 ab(平行于 OM)和曲线 TPP_L 的切点上,TAS 实现最大化。因此,TAS 曲线呈倒 U 形,并于"商业化点"L^* 达到最大值(如图 3.6(b)所示)。

依据我们的简化假设,TAS 线在阶段 I 是直线。一旦到达"商业化点",TAS 线就绝对下降。平均农业剩余(AAS)已在公式 3.6a 中作了定义,这里重写一下:

$$AAS = TAS/W = c_a \qquad (3.51a)$$

$$AAS = IRW \qquad (阶段 I) \qquad (3.51b)$$

$$d(AAS)/dW < 0 \quad (\text{阶段 II 和 III}) \qquad (3.51c)$$

其中 AAS 为已配置在工业部门的典型工人消费的食物量（c_a）。在阶段 I，AAS 是一个恒定值（$= IRW$），因为食物总产出和总人口 $W+L$ 是恒定的。而且，假如两部门间实际工资不存在差距，则全部人口能以恒定标准的 IRW 供养（固然两部门间可能存在实际工资差异）。因此，在阶段 I，消费标准就等于 IRW 水平。然而，在食物"短缺点"来临后，如果农业劳动力进一步减少（超过 L_s），农业总产出 A 就会下降，原因是劳动力不再"过剩"。如果农业劳动力维持恒定的消费标准，城市部门就存在食物短缺且无法满足最低热量消费标准。在阶段 I，图 3.6(b) 中的 AAS 曲线与 IRW 线相交，且 AAS 自点 x 向外逐步下降，相应地，越来越多的劳动力在农业部门以外得到配置。工业工人人均食物缺口（即食物不足之数）为

$$g_f = IRW - AAS = IRW - c_a \qquad (3.52)$$

在阶段 II（图 3.6(b)）中的典型点 $L(t)$，食物缺口以 IRW 与 AAS 曲线间的垂直距离表示。随着食物短缺的出现，消费标准无法维持在 IRW 水平。

3.5.6 食物短缺

考虑到阶段 I（图 3.6(c)）中的一个典型点上农业劳动力 L'，当工业部门吸收 W' 单位劳动力后，仍存在 U 单位（$U = L' - L_s$）的农业劳动力（他们消费 $U \cdot IRW$ 单位的食物），这仍是过多的。这时很可能会有一些劳动力暂时迁移到城区，成为城市失业劳动力

的一部分。在战后初期,几乎所有拉美、非洲、南亚和东南亚国家的大都市中都存在这种暂时性的农村移民。

当劳动力再配置过程到达"短缺点"(L_s)时,阶段Ⅱ就来临了。这时食物(供应)的缺口(g_f)即使很小,也可能导致食物危机。因为c_a通常接近最低热量。这种食物危机在战后早期其实极为平常——在印度和1959—1962年的中国——当时数千万农村人口饥饿而死。基于对增长问题的研究,我们预言:只要忽视农业生产,就会出现食物危机,并且甚至在这种"短缺点"没有任何警告。

为实现成功的转型式增长(即 θ 持续上升),"短缺点"来临后的农业技术不能是静止不变的。成功的增长必须是平衡的,即持续的农业技术变迁和劳动力的释放过程同时发生。

3.5.7 伴随中性技术变迁的增长

如果农业劳动力减少到$L(t) < L_s$,农业部门就必须发生技术变迁,才能以最低消费标准 IRW 供养全部人口:

$A(L(t), T, t) = P(t) \cdot c_a(t)$ (一般情况,人口扩张) (3.53a)

$A(L(t), T, t) = P(0) \cdot IRW$ (特殊情况,人口恒定) (3.53b)

公式 3.53a 和 b 给出了平衡的农业技术变迁(BATC)的一般性定义。正式的定义如下:

定义:如果在任意一个时间点 t,按人均消费标准 $c_a(t)$ 计算,农业劳动力 $L(t)$ 生产的食物足以供养全部人口 $P(t)$,就发生了平衡的农业技术变迁。

只有给定三个时间序列 $P(t)$、$L(t)$ 和 $c_a(t)$，才能确定 BATC。下面举例说明，给定 $P(t)$、$L(t)$、$c_a(t)$ 后 BATC 的决定。如果实际技术变迁不是 BATC，总产出就不同于上文规定的时间路径 $P(t) \cdot c_a(t)$。这时存在两种可能性，见下述定义的：

定义：给定时间序列 $(P(t)$、$L(t)$ 和 $c_a(t))$，在任意时点 $(t' < t'' < t''')$，当 $t' < t'' < t'''$ 时，$A(t) > P(t) \cdot c_a(t)$（或 $A(t) < P(t) \cdot c_a(t)$），相对于平衡的农业技术变迁（BATC）而言的农业技术变迁就是充分的（或不充分的）。

因此，任意时点的技术变迁可能是充分的，也可能是不充分的（如果不是 BATC）。在 $c_a(t) = IRW$ 即接近最低热量水平的情况下，平衡的农业技术变迁表示"最小的关键性"农业技术变迁，这是充分与不充分的区分标准。因此，当经济进入阶段 Ⅱ 时，劳动力的进一步释放 $(L < L_s)$ 意味着停滞的农业技术是不充分的，而且食物危机将阻碍劳动力再配置过程。

在时间 t，$L(t)$ 以图 3.6(b) 中阶段 Ⅱ 的一个点来表示。为消除食物缺口，TPP_L 曲线必须上移到 TPP'_L，以便生产等量的总产出 $A(0)$。如果农业劳动力减少到 L^*，TPP_L 曲线就必须上移到 TPP''_L。因此，BATC 意味着消费标准始终处于 IRW 水平。

持续发生的平衡的农业技术变迁（BATC）使"短缺点"从 x 延迟到 x'（即与 L_s 相比而言，农业部门能释放出更多劳动力）。AAS 曲线的水平部分被"延长"，而且假如非农业部门的技术变迁"不太节约劳动力"（见第 4 章），TPP_L 曲线的上移就导致 MPP_L 曲线上移到 MPP'_L。较高的 MPP'_L 曲线与 IRW 线交于 h'（位于 h 右边）。因而 BATC 的发生不仅延迟了转折点（从 x 到 x'），而且加速了"商业化点"的到来(从 h 到 h')。

3.5.8 平衡的农业技术变迁条件下转型式增长的转折点

如图3.7(a)所示,不断发生的平衡的农业技术变迁导致持续的"短缺点延迟"($L_s(1) > L_s(2) > L_s(3) > \cdots$)和"商业化点加速"($L^*(1) < L^*(2) < L^*(3) < \cdots$)。如果配置点向 $P(0)$ 的移动没有上限,时间 $t = \tau$ 就由 $L^*(\tau) = L_s(\tau)$ 决定。因此,当下面一对条件同时得到满足时,τ 值就决定了:

$$A(L(\tau), T, \tau) = P(0) IRW \quad (据公式 3.53b) \quad (3.54a)$$

$$A_L(L(\tau), T, \tau) = IRW \quad (据公式 3.47) \quad (3.54b)$$

转折点上的农业劳动力 $L(\tau)$ 的 MPP_L,等于 IRW(公式3.54b),他们生产的食物能按最低热量消费标准 IRW(公式3.54a)供养所有人。

给定平衡的农业技术变迁,当且仅当"商业化点"与"短缺点"重合时,三个阶段(公式3.49所定义的与不变技术相对应的阶段Ⅰ、Ⅱ、Ⅲ)缩减为两个阶段,其分界点是转折点劳动力 $L(\tau)$(据公式3.49)。$t = \tau$ 时的转折点如图3.7c纵轴所示。在第一阶段,只要存在隐性失业(公式3.43),农业部门的实际工资就是稳定的($w_a = IRW$)。然而,隐性失业随着转折点的到来而消失。在阶段Ⅱ(例如在图3.7(a)中的转折点 $L(t)$),由于两种原因,农业部门劳动力的进一步释放使得 MPP_L 上升到高于 IRW 的水平:在技术不变的条件下,$L(t)$ 自 $L(\tau)$ 的绝对下降会提高 MPP_L(例如提高到

点 j);农业技术变迁将进一步提高它(至 j')。因此我们假定,一旦隐性失业消失,农业实际工资就等于 MPP_L:

$$w_a(t) = A_L(L(t), T, t) \quad \text{当 } L(t) < L(\tau) \tag{3.55}$$

我们可就农业部门实际工资的决定形成一个两阶段命题:

据公式 3.43 和 3.49a 得

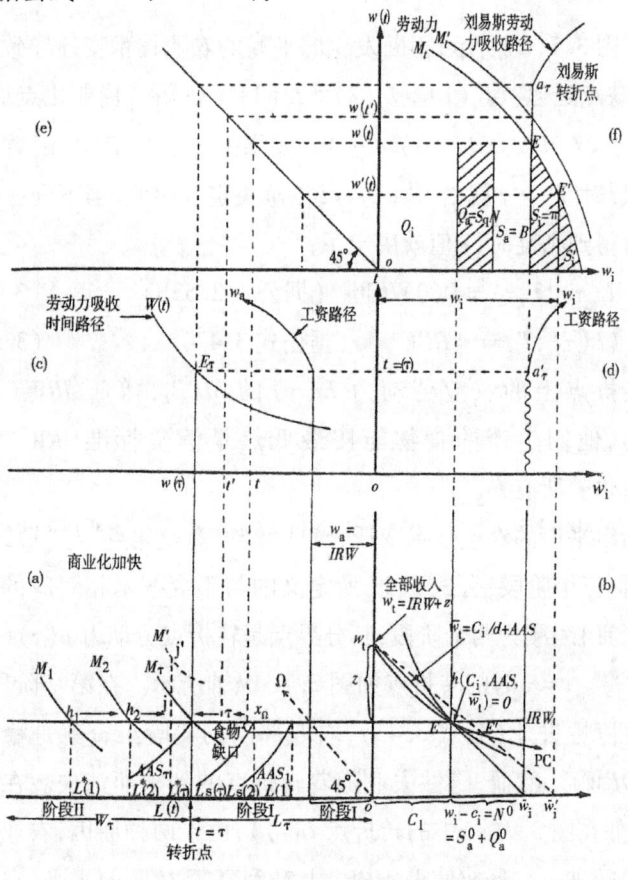

图 3.7 平衡的农业技术变化

$$w_a = \overline{IRW} \quad \text{当 } L(\tau) < L(t) \tag{3.56a}$$

据公式 3.55 得

$$w_a = MPP_L \quad \text{当 } L(t) < L(\tau) \tag{3.56b}$$

其分界点是转折点 $L(\tau)$。下面我们从历史角度考察这一转折点命题的意义。

3.5.9 转折点的历史考察

在劳动力过剩的二元经济发展中,转折点的到来是一个重要的里程碑,它标志着功能性收入分配开始遵照通常的商业化或新古典原则。两阶段命题 3.56a 和 3.56b 对此作出了正式说明。这意味着经济中占优势的农村部门中的"传统主义"随转折点的到来而终结。此外,农业部门实际工资的持续上升,意味着农业劳动力平生初次获得与其对社会的生产贡献相称的稀缺性价值,原因是非人格化的市场力量决定了它的劳务价格。

随着转折点的到来,农村劳动力与家庭间的关系从传统的家长式或分成式转向像城市劳动力那样的商业化关系。在这种社会转变过程中,非人格化市场力量和现代科学技术潜力发挥的灵活性决定了劳动力再配置过程。

在转折点以前,隐性失业的存在使得农村劳动力不能按商业化原则取酬。对于典型农户来说,经济租金份额 ϕ_r 中的一部分(公式 3.38)要在家庭成员之间分享,并决定他们的消费,从而经济租金份额在运行层次上并不重要。这样,以亲属关系为基础的收入分配原则实际上是对家庭成员的补贴,原因是部分经济租金要转移给他们。家庭提供给市场的农业总过剩(TAS)少于经济租金份额。随着转折点的到来,这种"不相等"将变为"相等"($TAS = Tf_T$)。这可以正式表述如下:

推论2:转折点到来时,农业部门的市场参与率等于经济租金份额:

$$\psi(\tau) = TAS/A = \phi_T(\tau)\,(\,= f_T T/A) \tag{3.57}$$

因此可以看出,传统农村社会中的经济租金在运行层面上是不重要的。不过一旦转折点到来,它就变成货币化的市场参与率。以前根据亲属关系得到补助的农业劳动力,现在首次得到市场力量所决定的其稀缺性的报酬;同样地,土地也得到全部的市场价值。

以往基于安全考虑而一直被当作农户财产的土地,如今已作为一种商业化资产进入市场交易,比如用于抵押。传统主义就这样被农村社会中劳动力和土地资产的商业化所削弱。

我们曾假定自耕农是农村社会的典型,因血缘关系,劳动力得到超额支付。由于地主和农民之间的家长式(封建主义)传统的影响,佃农制度(作物分成制)和(或)定额租金制也存在类似的超额支付。历史观察表明,地主得到的定额契约租金(在很多农业社会连续几个世纪稳定在50%左右)通常高于经济租金额,使得劳动者维持生存的消费水平难以保证。为此,佃农必须向地主履行其他义务。历史地看,农业社会中收入分配的非商业化分享原则形成于一个演化过程。按照亚当·斯密的说法,由此造成的人口扩张是社会繁荣的最重要标志。

收入分配的竞争性或商业化原则在相对较短时期中就出现

了。(在日本为 40 年,在中国台湾为 20 年出现的。)转型时期出现的这种新原则迅速改变了劳动力过剩经济所沿袭的分享关系。这一变化可以归因于科技时代的到来,原因是在科技时代,人类生存得以保证,其中包括人口的持续增长能得到实现。

3.5.10 转折点劳动力

如果平衡的农业技术变迁条件持续存在,转折点在 τ 年到来,公式 3.54 所规定的两个条件就得以满足。一方面,农业部门的劳动边际生产率等于农村劳动力的消费标准(公式 3.54b)。另一方面,农业生产率的提高使得按相同消费标准供养全部人口成为可能(公式 3.54a)。推论 2 指出,转折点到来后,市场参与率(为供养城市劳动力而以农业总剩余(TAS)形式提供的食物 A 的百分比)恰好等于经济租金份额(公式 3.57),而且配置于工业部门的劳动力百分比(θ)恰好等于经济租金份额 $\phi_t(\tau)$。在 3.4.5 节我们曾指出,当 θ 等于农业部门的经济租金份额时,工业部门的(与图 3.5 中的刘易斯转折点相对应的)工资率将上升。在公式 3.56 中,我们提出了一个两阶段命题,即持续发生的 BATC 使得农业部门工资率被转折点分为两个阶段。很显然,对于一个农业人口比例($1-\theta$)较大的二元经济来说,以工业品衡量的实际工资支配着工业部门的实际工资,因此,当工业部门劳动力的比重等于经济租金时,刘易斯转折点就到来了。工业工资受农业工资支配这一事实就取决于部门间的劳动力流动性和具体贸易条件,下面将对此进行重点分析。

3.5.11 农业现代化的原因

农业部门的现代化是一个既重要又困难的问题。之所以重要,是因为若不持续提高农业劳动生产率 $p = A/L$ 以满足平衡的农业技术变迁条件,农业部门释放的劳动力就不能得到重新配置(即 θ 得不到提高)。之所以困难,是因为农业生产率的提高,不仅取决于一些缓慢发生的现代化活动,如市场参与、现代肥料的获得、激励性商品和工业财产产权等,还取决于传统的"图景"。即劳动力和土地资产的商业化及农户 Z 商品的逐渐减少。显然,农业部门的现代化与工业部门有着密不可分的联系,因为现代化的动力产生于工业部门。我们在3.3.4节分析了农业现代化过程的起因之谜,现在将它与转型式增长中的劳动力释放问题结合起来再度进行分析。

若以 $L(t) = 1 - \theta(t)$ 表示农业劳动力,则劳动生产率 p 就可以用图3.8(b)中直线 OR 的斜率表示。如果 BATC 条件持续满足,p 可以用一条直角双曲线表示(图3.8a),从 $\theta(0) = 0$(当 $p = IRW$ 时)开始,该曲线随 $\theta(t)$ 增大而增大。如果平衡的农业技术变迁始终得到满足,该曲线就是农业劳动生产率(或人均经济作物)变化路径。p 路径与水平的 IRW 路径之间的垂直距离 N^*/d 表示以农产品为单位计算的平均市场参与收益(AMPB)。由于全部人口的人均食物消费相等(即 $IRW = c_a$):

根据公式3.27a得

$$p = IRW + N^*/d = IRW + c_a\theta(1 - \theta) \qquad (3.58a)$$

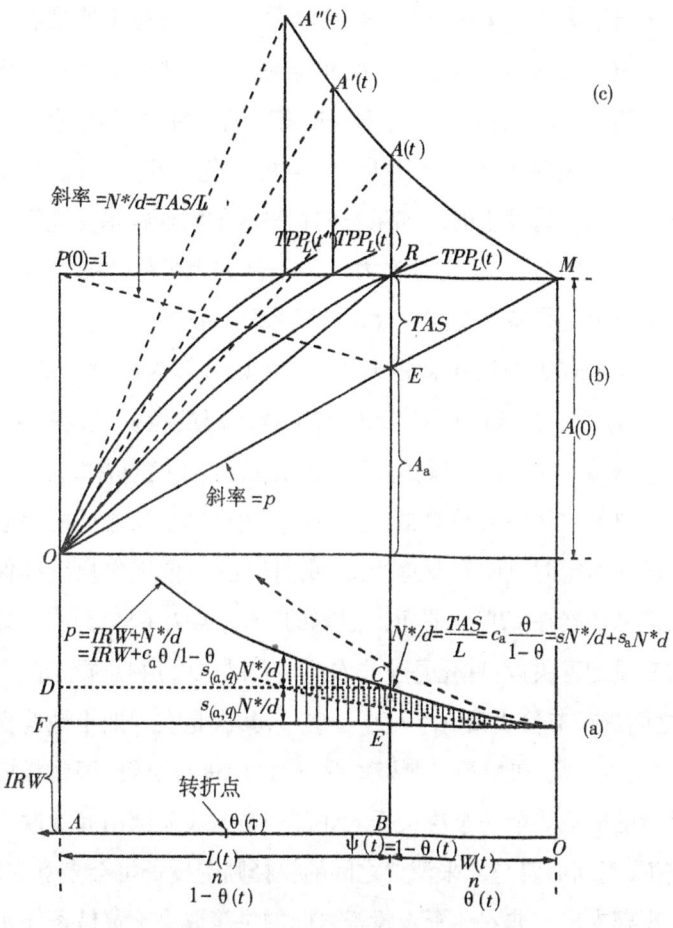

图 3.8 农业生产率的动态变化

$$N^*/d = c_a\theta(1-\theta) = TAS/L \quad (3.58b)$$

证明:$p = (A_a + TAS)/L = A_a/L + TAS/L = IRW + (TAS/W)(W/L)$

$$= IRW + c_a\theta(1-\theta)。得证。$$

垂直距离 N^*/d 等于人均食物消费量(c_a)与每个典型农民供养的城市工人数 $W/L = \theta(1-\theta)$ 的乘积。N^*/d 值始终随 θ 而递增。很明显,当平衡的农业技术变迁得以满足时(即如果食物供给勉强充足),贸易条件不会发生大幅度的变化。反过来说,这意味着 AMPB 始终持续上升。如果我们把平衡的农业技术变迁解释为农业现代化的"最小关键性努力",该条件的满足就意味着,以"收益"N^* 衡量的典型农民与现代化的联系日益密切。①

根据公式 3.21b,垂直距离 N^*/d 可以分解为两附加部分,如图 3.8(a)所示,一部分(sN^*/d)与工业部门的投资倾向有关,另一部分($s_q N^*/d$)则与当期的现代投入品的购买倾向有关。

农户的这些决策是前文谈到的农业生产率增长之谜的核心所在。已知给定时点的农业总产出,我们(现在)假定农户继续保持其农产品消费在 CIW 水平上。过剩的 $TAS(= Q_a + S_a)$ 面临一种复杂的三重配置决策:首先是在非农业消费品(Q'_a)和总投资($Q''_a + S_a$)之间进行节俭决策($Q_a = Q'_a + Q''_a$),其次是在现期土地改良支出(如肥料)Q''_a 和购买工业资本品 S_a 之间进行决策,即就投资本身进行的决策。前一个决策受农业部门与非农业部门间关联方式的支配,现期消费与未来消费之间的抉择则受投资机会多寡支配。农业现期支出与非农业资本投资之间的决策取决于贸易条件 d。

在图 3.8a 中的转折点 $\theta(\tau)$ 上,我们对 θ 值作了标示,以便说明一个事实:在转折点远未到来之前,传统农村部门向现代化的转

---

① 在图 3.8b 中,N^*/d 也可以用曲线 $P(0)E$ 的斜率来表示。在图 3.8(a)中,区域 ABCD 为农业总产出 A,区域 FECD 为 TAS。

变(例如,通过城乡联系 N^* 提高市场参与和货币化程度)是预先觉察不到的。农村经济的商业化是一个缓慢的过程,在此过程中,农民在彼此关系保持等距离(arm's length)的环境中通过与外界的"陌生人"打交道而形成了商业性态度,从而对价格反应敏感。

虽然我们假定人口规模是恒定的,但当人口增长时,显然同样可以进行分析。例如,假定 $P(t)$ 扩张,对应于图3.8的横轴上的任意 $\theta(t)$,如果条件 BATC 持续存在,食物产出需求就增长(如图3.8(c)中的 $A(t)$,$A'(t)$,$A''(t)$,…路径所示)。在图3.8(a)中,随着 θ 的增长,路径 p 增长得更迅速。很明显,如果 BATC 条件始终得到满足,则人口扩张得越快,农业部门的最小关键性努力(以所需的生产率收益,从而必要的城乡相互作用来计算的)就越大。

严格说来,当平衡的农业技术变迁定义中的三个变量($P(t)$、$W(t)$ 和 $c_a(t)$)给定时,根据 $c_a/p = 1 - \theta$,我们有:

当 $\theta = W(t)/P(t)$ 时,

$$\eta_p = \eta_{c_a} + \eta_\theta \theta/(1-\theta) \qquad (3.59a)$$

和当 $\eta_{c_a} = 0$ 时,

$$\eta_p = \eta_\theta \theta/(1-\theta) \qquad (3.59b)$$

证明:根据 $c_a/p(t) = 1 - \theta$ 或 $p(t) = c_a/1 - \theta$。得证。

公式3.59a 右边,各项由三个变量决定,左边的 η_p 是为保持 BATC 所"必需"的农业生产率增长率。因此,η_{c_a} 和(或)η_θ 越高,η_p 就越高。公式3.59b 表示 c_a 等于恒定的 IRW 的特殊情形。由于 θ 始终增长,则 $\theta/(1-\theta)$ 也增长,且即使 η_θ 不变,η_p 也会加速增长。

当二元经济中出现停滞状态时,θ 始终不增长(即 $\eta_p = 0$)。在此情况下，$\eta_p = \eta_L = \eta_W = r, \eta_{p'} = 0$（据公式 3.59）。这时，经济向另外一个方向变化，即农业生产率的提高仅足以弥补由持续扩张的人口压力导致的既定规模土地的收益率降低。

将图 3.7(b) 中的 IRW 曲线重新绘制于图 3.8(a)。假定此时总人口 $P(0)$ 不变，设为 1，则：

$\theta = W(t)/P(t) = W(t)$ （因为 $P(0) = 1$） (3.60a)

$1 - \theta = L(t)/P(t) = L(t)$ (3.60b)

如横轴所示（图 3.8(a)）。对于任意 $\theta(t)$，$TPP_L(t)$ 曲线的移动意味着农业总产出 $A(0)$ 稳定不变，并足以按照不变消费标准 IRW 供养全部人口（如图 3.8(b) 所示）。这一事实表明了平衡的农业技术变迁始终得以实现。

3.6 工农业部门之间的相互作用

我们已经分别研究了劳动力吸收过程（3.4 节）和劳动力释放过程（3.5 节），现在我们简要地考察一下二元经济中两个部门的相互作用。由于交易条件 $d = p_a/p_i$ 支配着所有三个部门间市场，我们就以 d 的决定为分析起点。

3.6.1 消费者偏好和部门间贸易条件

城市部门对农产品 A 和工业品 Q 的消费者偏好可以用典型工业部门工人的无差异曲线表示（见图 3.9）。以 p_a 和 p_i 表示两种商品的价格；典型城市消费者的预算线由公式 3.22b 给定，它表示,以工业品衡量的实际工资花费在以贸易条件 $d = p_a/p_i$ 计价的工业品 c_i 或农产品 AAS 上。如果以农产品计算典型城市工人的实际工资,预算线就变成:

$$w_i/d = c_i/d + AAS \tag{3.61}$$

如果假定两部门间不存在工资差距(即 $p_i w_i = p_a w_f$),以农产品(w_i/d)衡量的城市部门实际工资就受农业部门的全部实际工资($w_f = w_i/d$)的支配。劳动力完全流动假设(公式 3.19b)意味着:

$$w_f = c_i/d + AAS \tag{3.62a}$$

根据公式 3.19b 得

$$AAS = 0,意味着 c_i = dw_f = w_i \tag{3.62b}$$

预算线(公式 3.62a)以经过纵轴上的点 w_f 的(负斜率)直线表示。预算线与横轴的交点 w_i 表示以农产品计算的工业工人的实际工资。当 w_f 不变时,农业部门贸易条件的改善(即 d 增大)使得预算线随着 w_i 的增大(即 $w_i < w_i' < w_i''$)而绕固定点 $\overline{w_f}$ "转动"。

随着贸易条件的变化,消费均衡点 $E, E', E'', \cdots$ 的痕迹形成一条价格—消费曲线(相应于固定的 w_f 值)。

$$h(c_i, AAS, \overline{w_f}) = 0 \quad (价格—消费曲线) \tag{3.63a}$$

$$\overline{w_f} = c_i/d + AAS \quad (预算线) \tag{3.63b}$$

$$w_i = d\,\overline{w_f} \quad (劳动力完全流动性) \tag{3.63c}$$

价格—消费曲线以固定的 $\overline{w_f}$ 值为参数。以上三个公式中有四个变量(c_i、w_i、AAS 和 d)。当 AAS 给定时,其他三个变量可以同时决定。

在图 3.9 中,为强调国家贫穷的事实,我们假定最低热量标准用横线 mm' 表示,而价格—消费曲线位于 mm' 上方不远处。这意味着,即使轻微的 AAS 短缺,也会造成价格飞涨,并严重恶化工业部门的贸易条件。

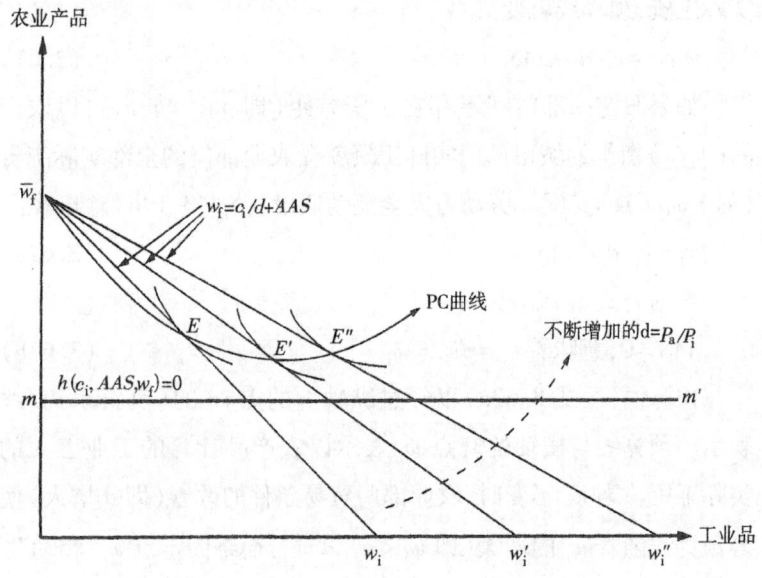

图 3.9　两部门世界中的消费者偏好

3.6.2　消费均衡和贸易条件的决定

为观察农业部门绩效对贸易条件的影响,图 3.7(b)复制了价格—消费曲线 PC。该曲线始于"固定点"$\bar{w}_f$,该点对应于典型农业工人的全部工资(即公式 3.3a 和 3.3b 中 IRW 与 z 之和),并决定着以农产品衡量的工业实际工资。根据我们的简化假设,只要存在隐性失业(据公式 3.56),w_f 就保持不变。如果平衡的农业技术

变迁始终得以维持(换言之,全部人口始终能以 IRW 水平供养),则:

$$AAS = IRW \quad (因 c_a = IRW) \tag{3.64}$$

换言之,若平衡的农业技术变迁使得消费标准等同,则 $AAS = IRW$(见推论1)。

因此,当图3.7(a)中的 IRW 水平线映射于图3.7(b)中时,它与价格—消费曲线的交点同时决定了消费均衡点 E、贸易条件 d 和以工业品衡量的实际工资 w_i。只有三者(E、d 和 w_i)同时决定,商品市场才能出清。典型工业工人按照均衡贸易条件 d 用收入的一部分($w_i - c_i = N^0$)购买 c_i 单位工业品和 AAS 单位农产品。

比较公式3.25a 和 3.25b 可以发现,以工业品衡量的典型工人的实际工资(w_i)由两类消费支出组成:

$$w_i = c_i + N^0 \tag{3.65a}$$

$$N^0 = S_a^0 + Q_a^0 = dAAS \quad (公式3.25b) \tag{3.65b}$$

$$S_a^0 = S_a/W, Q_a^0 = Q_a/W \tag{3.65c}$$

其中 $N^0 (= dAAS = w_i - c_i)$ 是用于购买 $AAS (= IRW = c_a)$ 的"货币"和花在工业资本存货 S_a^0 和现代投入品 Q_a^0 方面的支出。图3.7(b)中的横轴显示了 N^0 的这种划分。

3.6.3 城乡相互作用

二元经济的转型式增长过程是一个动态均衡系统,其中产出(Q,A)、投入(K,W,T 和 L)、储蓄(部门间储蓄 S_a 和部门内储蓄

S_i)、产出配置(Q_a 和 Q_i，包括农业投入和激励性消费品)和价格($d = p_a/p_i$、w_i 和 w_f)始终是同时决定的。与针对发达工业国家的"一般均衡理论"不同，农业部门和工业部门是不对称的。由于这一原因，我们对同一问题的两个方面即"劳动力吸收"(3.4节)和"劳动力释放"(3.5节)分别进行了分析。现在将这两个方面结合起来，以反映农业部门和工业部门之间相互作用的一般均衡过程。

首先请回忆一下，当工资率 w_i 的时间路径(即图 3.5(d)中以工业品衡量的工资率)和转折点(a'_τ)给定时，吸收到工业部门的劳动力 $W(t)$ 的时间路径就能确定。时间路径 $W(t)$ 是从阿瑟·刘易斯的劳动力无限供给曲线(和图 3.5(b)中的刘易斯转折点 a_τ)推导出来的，后者描绘了与资本积累相伴的劳动力吸收过程。图 3.7(d)、(e)和(f)复制了三条曲线($w_i(t)$、$W(t)$ 和刘易斯"供给曲线")，并标出了其转折点(a'_τ、W_τ 和 E_τ)。虽然 3.4 节已假定了外生的工资路径 w_i，现在我们必须证明它是城乡相互作用的结果。

根据图 3.7(a)和 3.7(b)，当平衡的农业技术变迁得以维持时，数值 $IRW = AAS = c_a$(工业部门劳动力人均食物供给)在转折点到来之前是恒定的。因此，在"劳动力释放"过程的阶段 I，贸易条件 d 和 w_i 一样是恒定的。图 3.7(b)的横轴上对此进行了标示，并将其与图 3.7(d)中的点 a'_τ 连接起来。因此，w_i 的时间路径在阶段 I 是由 IRW 和 d 的时间路径决定的。(图 3.7(a)中恒定的 IRW 值被 45°线映射到图 3.7(c)中变成时间路径 $w_a = IRW$。)因此，在劳动力完全流动(即 $w_f d = w_i$)和 w_i 不变的假设下 IRW 支配

$w_i(t)$，而且在这些条件下对劳动力吸收的分析是以平衡的农业技术变迁为基础的。

部门间商品市场（如图表 3.7(b) 所示）可以与图 3.7(f) 所示的劳动力吸收过程的"金融特征"联系起来。当 w_i 恒定时，工业部门吸收的劳动力为 $W(t)$。工业品产出可分成图 3.5(a) 所示的四个部分（Q_a，Q_i，S_a 和 S_i）。总产出 Q 在利润 S_i 和工资（$Q_a + Q_i + S_a$）之间的分配取决于竞争性边际生产率（如上文所述）。然而，工资的三个组成部分的划分仍有待决定。

第一次划分在 Q_i（工业工人自身消费的工业品）和 $Q_a + S_a = N$（他们按工业品计算的食物支出）之间进行。就单个工人而言，$Q_i / W = c_i$，$(Q_a + S_a)/W = N^0$，如图 3.7(b) 所示。这是部门间商品市场出清的一个重要标志。第二次划分在 N 的两个组成部分之间进行，它取决于农户如何在 Q（两种现期支出）和 S_a（工业资本的获取）之间配置其"参与收益"。

转折点劳动力 $W(\tau)$ 取决于农业部门 $L(\tau)$ 的平衡的农业技术变迁，而到达转折点 τ 所需的时间取决于劳动力吸收与人口增长的相对速度。快速的资本积累和劳动力吸收或较慢的人口增长会导致较小的 τ，这意味着，转折点更早到来，处于 τ'。这就是我们对二元经济动态增长过程中三个部门之间联系的解释。

3.6.4 劳动力无限供给的实质

阿瑟·刘易斯所提出的"劳动力无限供给曲线"给人的印象是，它是以农户对非农业部门的劳动力供给曲线为基础微观地推导出来的。于是很多农业经济学和劳动经济学家就遵循贝克尔传统,[①]根据对农户行为的经济计量分析,抨击刘易斯的观点。我们相信这是一种误解。

根据图 3.7(f)的分析,刘易斯供给曲线很明显只是二元经济两部门间相互作用的诸多特征之一。刘易斯的劳动力吸收路径是从图 3.7(b)中的工业工资路径推导出来的。虽然刘易斯用劳动力无限供给曲线来表示劳动力吸收路径,但是这实际上囊括了各种可能的组合,即始终与不同水平的工业资本存量相对应的工资率(w_i)和劳动力吸收(W_i)之间的各种组合。因此,著名的刘易斯劳动力无限供给曲线是以工业实际工资的时间路径(部分恒定,部分上升)为基础的,它在宏观层面上可以用经验和理论证实,而与无时间性的微观家庭研究毫不相干。

在经验上,英国、日本等的历史(见 3.4 节)、古典经济学家关于工资铁律的讨论以及二战以后欠发达国家的转型式增长都可证实,非熟练工人的实际工资是近乎恒定的,即"劳动力无限供给"假说是有经验依据的。

从理论上看,实际工资恒定的根据是,以工业品衡量的 w_i 的时间路径受以农产品衡量的 w_f 时间路径和贸易条件 d 所支配。其中,w_f 的恒定性取决于"分成制"中的制度性实际工资 IRW 和接近维持生存水平的 z,而近乎恒定的 d 则依赖于农业部门的成功现代化,即平衡的农业技术变迁的维持。随着传统农业部门通过与非农业部门的交往而逐渐现代化,当人均食物供给近乎恒定时,可

[①] 例如罗森茨韦克(1988)。

观测的工业实际工资就始终近乎于恒定。这与那些在工资给定条件下对已现代化的农户效用最大化行为的微观模型毫无关系。

3.6.5 动态一般均衡体系的决定

二元经济的动态一般均衡体系的正式决定由"因果顺序图"（图 3.10）给出。该图包括两个相连的时点（t 和 $t+1$）。栏 I 列出了时间 t 时的十个变量（$K, S_i, N, d, A, w_f, w_i, P, W$ 和 L）、农业生产函数 $A = A(L, T, t)$ 和非农业生产函数 $Q = f(K, W, t)$。时间 $t+1$ 时决定同样一组变量和生产函数的因果顺序也可列出。依此类推，在所有未来时期，整个体系都能得到决定，这就是"动态决定论"的含义。（在该表中，虚线和箭头表示那些用 1, 2…, 11 标注的特定变量或生产函数的"决定论"，以使我们关于因果顺序的讨论容易。）

不言而喻，农业和非农业部门的创新（用因果顺序图中生产函数的变化表示）是"模型"中最难决定的因素。我们根据特别选择的理论，两个部门的创新是有区别的。我们假定工业部门的生产函数 $Q = f(W, K, t)$ 的变化是外生的，即在每个时点上创新的力量（或强度）和创新"要素偏好程度"都是假定的。① 农业部门的创新则是模型内生的，而且是增长过程分析的核心组成部分。这种对两个部门创新的非对称处理，使我们能够更加专注于二元经济背景下的农业现代化过程。

---

① 这些概念在下一章将予以严格的定义。

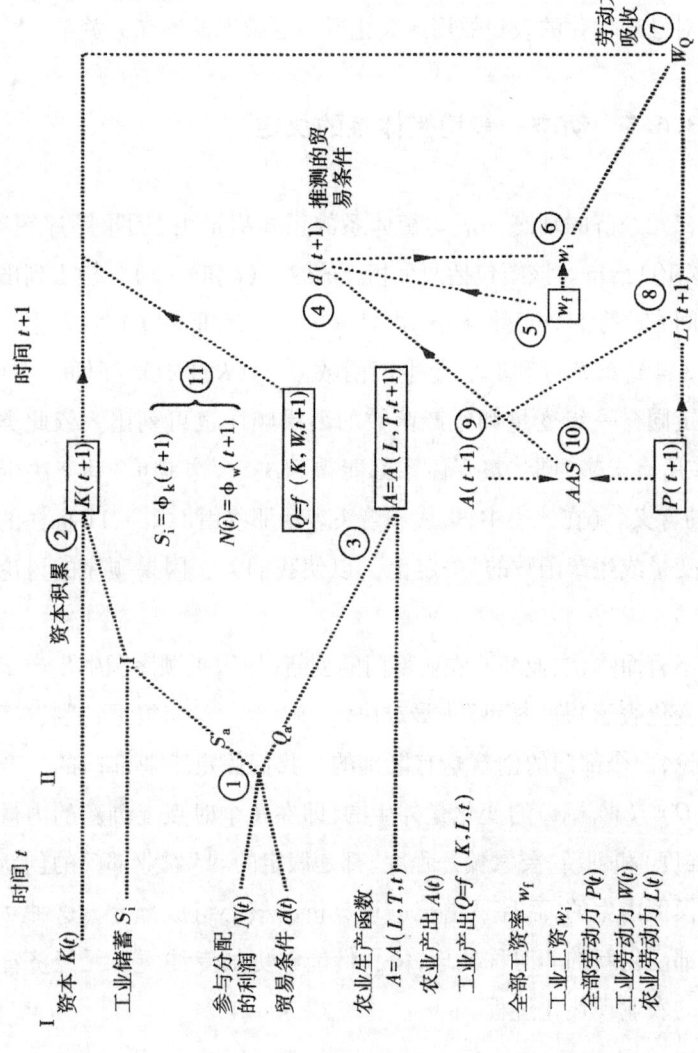

图 3.10 因果顺序图

第三章 封闭型二元经济的发展:总的观察

农业部门的现代化依赖于两类诱因:现代投入品的注入和投资的激励。这些诱因使得农业劳动生产率不断提高。一个启发式分析是借助下面两个行为假定而将这些诱因模型化:

$$\partial A/\partial t = A_t(L,T,t) = A_t(L,T,Q_a(t)), \partial A(t)/\partial Q_s(t) > 0 \quad (3.66a)$$

$$s(t) = s(d(t)), 其中 s'(d) < 0 \quad (3.66b)$$

这意味着

$$S_a = s(d)N, 和 Q_a = (1-s(d))N \quad (3.66c)$$

公式 3.66a 表明,农业中的"创新强度"(即总产出 A 的增长程度)取决于现代投入品的数量。因此,在强调两部门联系的学派看来,农业现代化有其"技术方面"的含义。[①] $s(t)$ 是农户用于获取工业财产权的 $N(t)$ 的百分比(即 $S_a = s(t)N, Q_a = 1 - s(t)N$)。公式 3.66b 表明,$s(t)$ 是由部门间贸易条件 $d = p_a/p_i$ 决定的。如果贸易条件有利于农业部门,农民就会较少投资于 S_a(Q_a 上的支出较多),因此,从农户支出行为上看,农业现代化是有一个"激励"特征的。虽然内生性技术变迁可以用多种方式予以模型化,但为说明 N 是如何划分为 S_a 和 Q_a 的,我们采取一种简单假设。如公式 3.66c 所示,在因果顺序图中的时间 t,一旦因果链(1)中的一对变量(N 和 d)给定,另一对变量(S_a 和 Q_a)就确定了。

S_a(部门间融资)和 S_i(部门内融资)确定以后,非农业部门投资 I 以及下一期的资本存量 $K(t)$ 就确定了。与此同时,在 $t+1$

[①] 关于新种子的追加知识等其他变量也会影响技术变迁的速度,但我们将假设简化为:非农业部门生产的现代投入品和激励性商品决定下一期的生产函数。

期, $Q_a(t)$ 值就决定了农业部门的生产函数。这两种关系分别由在 $t+1$ 期因果链 2 和 3 表示。为找出 $t+1$ 期因果顺序的决定因素,我们先给定 K、P、w_f 和两个生产函数(用图 3.10 中 $t+1$ 期的方框表示)。

为便于推测,假设因果链(4)中贸易条件 $d(t+1)$ 期的给定。根据劳动力完全流动假设(即根据工业实际工资率 w_i 由农业实际工资和贸易条件"支配"这一事实),当 d 给定时,工业实际工资 w_L 就确定了(即 $w_i = dw_f$)(如(6)所示)。劳动力吸收分析结果是,工业生产函数、资本存量 K 和 w_i 决定了工业劳动力 W(如(7)所示)。若总人口规模 P 给定,滞留在农业部门的劳动力 L 就确定了(如(8)所示)。农业总产出 A 由农业生产函数和 L 决定(如(9)所示)。AAS 由 P 和 A 决定(如(10)所示)。作为部门间商品市场出清的结果,AAS 又决定了部门间贸易条件 d。可以看出,只有正确假定 d,才能确定其均衡价值。这意味着在 $t+1$ 期,整个变量体系 (d, w_i, L, A, AAS) 是同时决定的。①

我们已说明 $K(t+1)$ 和 $W(t+1)$ 的决定因素。因此,根据收入分配的竞争性原则,外生假定的 $t+1$ 期工业生产函数就决定了工业利润份额 S_i 和工资份额 R。这是我们关于劳动力吸收分析的一个方面。如(11)所示,城市工人的消费均衡决定 $N(t)$(工业工人的食物支出)。总之,在 $t+1$ 期,t 期栏(1)的所有变量都可以确定。动态体系也就这样正式地确定了。

---

① 假定均衡的 d 小于假定的 d;假定稍低的 d 导致 w_i 下降、W 上升、L、A 和 AAS 下降。这导致 d_e 较高,直到假定的 d 等于均衡的 d 为止。

3.6.6 比较动态分析

我们已经说明,只要给定外生变量——人口增长路径 $P(t)$ 和全部工资率、(工业部门的)外生创新活动和(农业部门的)内生创新活动——就能确定增长路径(包括一套内生变量)。增长路径有很多类型。正式的比较动态分析是根据某种"本质特征"对增长路径进行分类,以显示外生假定条件变化的影响。例如,我们会问,如果人口增长率更高,如果工业技术变迁更弱,或者如果农业产出 $A(t)$ 对现代投入品不敏感,增长路径将会怎样。

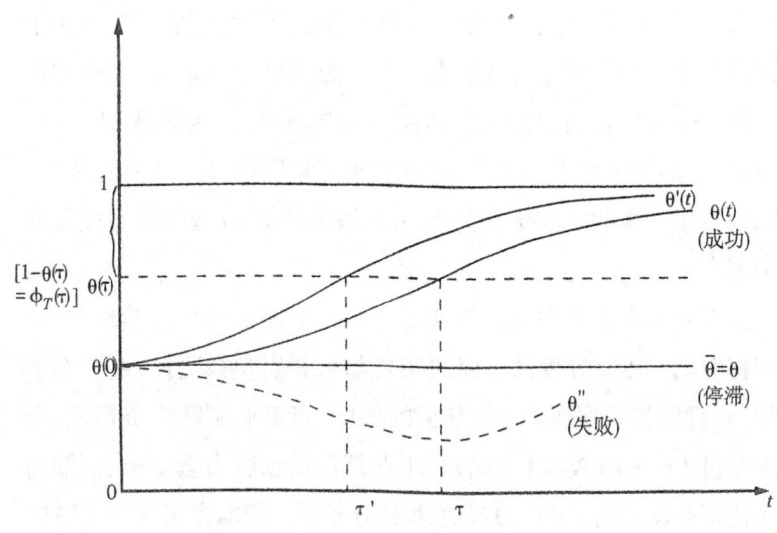

图 3.11 比较动态变化

我们用 η_θ(θ 的增长速度)表示二元经济发展中最重要的"绩

效指标"。图 3.11 显示了 θ 的各种增长路径,它们分别表示"失败"(θ 不断下降)、"停滞"(θ = $\bar{\theta}$)或"成功"(θ 不断增长)等状态。在成功状态下,θ 或多(θ′)或少(θ)会增长,从而转折点(即当 $(1-\theta(\tau) = \phi_T(\tau))$——农业部门的租金份额)会或早(τ′)或晚(τ)到来。根据增长路径的这种分类,我们能集中注意 θ 的时间路径。尤其是,我们想知道外生假设条件变化对 θ 的变化速度和方向的影响。

一个启发式分析是,首先研究应满足什么条件,才能产生持续的平衡的农业技术变迁,从而维持充分而恒定的人均食物消费标准 $IRW = c_a$。从因果顺序分析可以发现,在每一时点上,农业生产率(取决于因果顺序(3))必须增长得足够快,才能使 AAS(取决于因果顺序(10))保持在恒定水平上。为满足这一条件,农业创新必须对现代投入品和投资品的注入非常敏感(因果顺序(1)所讨论的)。因为 AAS 是由人口决定的(如因果顺序(10)所示),所以,如果发生平衡的农业技术变迁,人口增长越快,农业创新力度就必须越大。

平衡的农业技术变迁的满足未必一定保证 θ 可持续地增长。根据劳动力吸收速度的不同,θ 可能增长得更快或更慢(甚至会下降)。像因果顺序链(7)所分析的那样,当工业实际工资恒定、资本存量 $K(t+1)$ 较大和(或)当工业部门的创新力量更强、更倾向于使用劳动力时,劳动力吸收速度则更快。资本存量 $K(t+1)$ 的规模则取决于部门间和部门内融资,后者又取决于工业部门的创新强度,因为工业部门的创新强度决定了 S_a 和 Q_a 的绝对量。总之,即使满足平衡的农业技术变迁,θ 的增长也可快可慢(甚至根本不增长),具体取决于工业部门的创新强度。

增长路径也可能表现出"农业创新"中令人痛苦的绩效特征,比如人均食物供给甚至不能维持在一个恒定的水平。食物缺口的出现意味着城市人口的人均消费标准无法维持(如图 3.7(a)所示)。图 3.7(b)中的消费均衡点从 E 移动到 E',这导致工业部门贸易条件的"急剧"恶化和工业实际工资的上升(图 3.7(b)中从 $\overline{w_i}$ 上升到 $\overline{w'}$)。由于以下几个原因,这种"食物危机"会引发减缓劳动力吸收过程的连锁反应。首先,工业实际工资较高导致劳动力吸收不多。其次,利润份额下降导致部门内融资减少。最后,农民在有利的贸易条件诱导下相对扩大 Q_a 支出(减少 S_a 支出),从而导致部门间融资减少。如果消费标准接近最低热量需要,充分的人均食物供给没有得到维持的状况在长期就不可持续。在一个封闭经济中,如果食物价格猛涨,超出工业部门劳动力吸收的正常速度,就会发生大范围的饥饿。

最后必须认识到,在平衡的农业技术变迁下(图 3.7(b)中),恒定的 w_i 时间路径只是一种大致的理想化趋势,现实中,可能存在围绕该趋势的短期波动。例如,暂时的农业歉收(食物短缺)将导致 d 和 w_i 的暂时上升,进而会导致 θ 放慢。反之,暂时的食物丰收(由于好天气)将产生相反的影响。如果农村人口对贸易条件反应敏感,上述每一种对"平衡"的偏离都是可以自行校正的。

3.6.7 市场导向和传统 Z 商品生产的萎缩

农业部门现代化的一个证据是,在转型式增长过程中,随着非经济作物和非农业生产的放弃,传统的 Z 商品生产出现萎缩。随着自给自足式生产的消失,农村部门彻底市场化和货币化。在"转折点"之后,这一趋势尤其明显,因为这时农业劳动力绝对下降(见图3.2),并作为隐性失业被吸收。农民变得更具市场导向,农业劳动力被视为稀缺要素,传统的 Z - 商品活动被放弃。

传统的 Z - 商品活动的放弃意味着农村人口消费方式的变化。在开始阶段,农村人均现代消费品(如纺织品)的消费预计要比城市部门低得多,但随着农村与工业部门联系的增多并且和城市部门行为趋同,农村可能城市化。

农户放弃 Z 商品并代之以"现代纺织品",是与收入分配的商业化原则密切相关的一种家庭决策。如图3.8(a),其中曲线 p 与水平线 IRW 的垂直落差表示以劳均农产品衡量的家庭经济收入。它分为 S_a 和 Q_a 两部分,或以劳均农产品表示分为 $S_a N^*/d$ 和 $S_q N^*/d$ 两部分。其中后者可以细分为以农产品衡量的劳动力人均工业品消费水平 $v(t)$ 和农业现代投入品 $S_q N^*/d - v(t)$。我们可定义:

$$w'_a = IRW + v(t) \tag{3.67}$$

表示以农产品衡量的典型农村工人的消费价值。我们用 w'_a 表示农村实际工资,即"货币化消费价值",因为 $IRW + v(t)$ 都具有货币化价值。图3.12 复制了图3.8(a)中的曲线 p,并以曲线 mUE' 表示变量 w'_a。因而,$v(t)$ 的值等于曲线 w'_a 与水平线 IRW 的垂直落差。

$v(t)$ 不断增长这一事实基本上是一种家庭决策,目的是使其成员消费更多的现代纺织品。农户的这种增长的"消费倾向"具有双重含义。一方面,它表示运行层次上的"激励效应",因为对 $\nu(t)$ 增长的预期激励农户寻求创新以提高农业生产率。另一方面,$\nu(t)$ 的增长意味着 Z - 商品被现代消费品取代。在此情况下,Z 商品的萎缩表示为阴影中不断缩小的垂直落差,直到点 L_U,落差缩小为零,这时典型农业工人的消费习惯与典型工业工人相同,两个部门的"货币工资"也完全相等。

在点 L_U,可能仍然存在隐性失业,同时 $w'_a = L_U$ 仍然大于农业部门的边际劳动生产率。因而在"城市化点"到来之后,w'_a 趋于

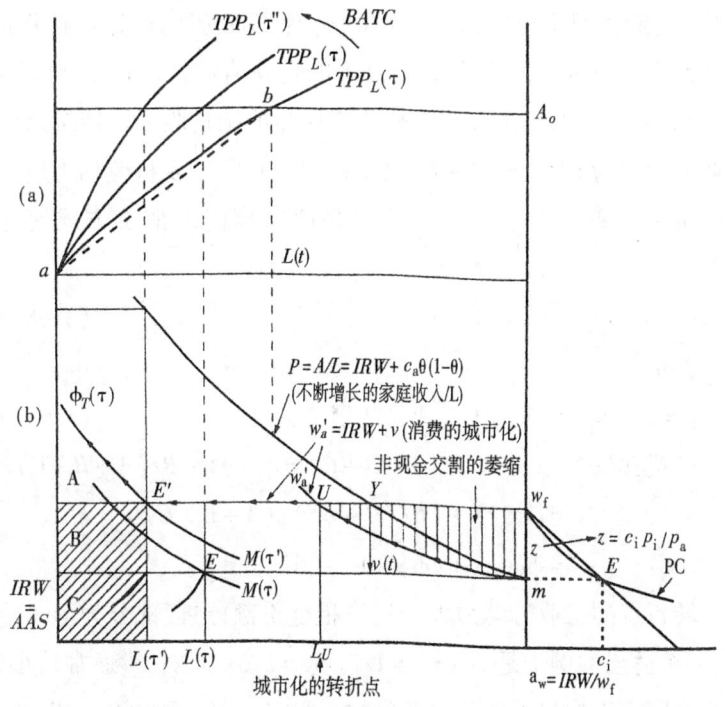

图 3.12 农村消费模式的城市化

稳定。因为只要隐性失业广泛存在,农村劳动力的货币化实际工资 w'_a 就不太可能显著增长。因此,在转折点 E' 到来之前,实际工资大致不变。在转折点上,w'_a 等于农业劳动力的边际产品。

前文得出的一个结论是:当转折点到来时,总劳动力中配置于工业部门的部分 $\theta(\tau)$ 在数量上等于农业部门的竞争性租金份额 $\phi_T(\tau)$。然而,考虑到消费方式的城市化,该结论必须稍作修改。当转折点 E' 到来时,农业总产出可以分为 A、B 和 C 三部分,这可以用边际劳动生产率曲线 $M(\tau)$ 下方的不同区域表示。其中 $A = \phi_T(\tau)$ 为经济租金份额,$B + C = \phi_L(\tau)$ 为工资份额,C 为农业劳动力的食物消费量。因此,城市劳动力的食物消费为 $A + B$。比率 $u = B/(B+C)$ 为典型工人用于购买工业品的工资收入。转折点的工业劳动力为 $\theta(\tau) = (A+B)/(A+B+C)$,等于农村劳动力所消费的全部农产品的百分比。原因是两个部门的消费方式完全相同:

$$\theta(\tau) = \phi_T(\tau) + \phi_L(\tau)u \tag{3.68a}$$

其中

$$u = B/(B+C)(用于工业品的消费支出) \tag{3.68b}$$

证明:$\theta(\tau) = (A+B)/(A+B+C) = \phi_T(\tau) + B/(A+B+C)$

$= \phi_T(\tau) + (B/(B+C))/(A+B+C)$

$= \phi_T(\tau) + u\phi_L(\tau)$。得证。

转折点的工业劳动力大于经济租金份额,差额部分为 $\phi_L(\tau)u$。一个适当的例子是 $\phi_T(\tau) = 1/3, \phi_L = 2/3$。此外,$u$ 通常较小,因为家庭支出的绝大部分用于食物。假定 $u = 2$,则 $\theta(0) = 0.46$。换言之,一旦劳动力再配置比例达到46%,实际工资就会增长,这一事实在统计上是可以验证的。

考虑到消费方式的城市化,我们可以放松工业实际工资 w_i 在转折点之前恒定的严格假定。在现实世界中,工业实际工资在转折点以前可能会缓慢上升,在转折点到来之后只是上升得更快而已。由于工业实际工资 w_i 受农业实际工资 w'_a 的支配,所以 w'_a 的上升说到底是一种制度现象,它部分地归根于消费方式的城市化。农户的这种消费方式转变不同于商业化后所进行的有关最大化计算。

转折点到来以前 w_i 上升的另一个原因是:随着农业生产率的上升,家庭允许其成员增加食物消费。在任何情况下,因为 $w_f = IRW + Z + v(t)$,所以 w_f 会上升。这不外乎两个原因:Z 下降和 $v(t)$ 上升,家庭分享制会导致 IRW 逐渐上升。如果初始的 IRW 近乎最低生存需要的情况,尤其如此;如果用因果顺序图 3.10 中 w_f 恒定的假设取代 w_f 上升的外生假定,工业实际工资 w_i 也会上升(因果顺序(6)),并在其他条件不变的情况下,使得转折点推迟到来。

附录：过剩劳动力的微观经济学

A3.1 引言

第三章提出的过剩劳动力微观经济学问题是发展经济学文献中一个尚未解决的问题。在几乎所有的发展中国家，不熟练农村劳动力资源都很丰富（特别是在发展初期），因而劳动力价格的决定一直是一个颇有争议的问题。虽然该问题已得到广泛分析，但仍未形成一致意见。古典派经济学家坚持"过剩劳动力"概念，即承认隐性失业的存在，并认为工资是在谈判过程中以某种制度方式决定的。与此相对照，新古典经济学家接受竞争性、有效劳动力市场等概念，并根据劳动/闲暇的替代关系和个人效用最大化假说，以此分析劳动力市场出清和劳动力供给决策。

本附录将考察这两种观点，看看它们究竟是相互排斥的（像新古典学派所称的那样），还是可调和的。我们首先以第三章的模型为背景，重点研究农村劳动力市场和实际工资（A3.2节）。然后考察新古典派为反对劳动力过剩模型而提出的证据，并根据我们的理解评价其地位（A3.3节）。A3.4节是对他们的批评的理论回应。A3.5节的经验证据可以验证两种表面上不一致的观点，并证实本文所坚持的制度工资假说。最后,A3.6 节试图调和一些表面上的差异。

A3.2 我们的观点

我们关于劳动力过剩经济的分析是基于第三章所提出的二元发展模型。该模型的主要特征是,在生产和组织方面,[①]经济的商业化(或现代)部门和非商业化(或传统)部门之间存在着初始差异。[②] 这种差异本身就证实,相对于固定不变的土地来说,农村人口在开始时"过于丰富",从而传统部门不存在出清的劳动力市场。这就是劳动力过剩经济。经验事实与这种理论构想是一致的,因为在发展中国家,高达 80% 的人口开始时处在传统部门。二元化是一个动态概念,技术变迁和非农业资本积累是平衡增长过程的基本内容,我们的研究兴趣在于(初始时)封闭经济条件下两个部门的持续相互作用。

传统部门的特征是,产出是由农户、村庄或社区共同生产的。在可用的土地固定不变的条件下,相对很大的劳动力供给给定时,与劳动边际产出相等的新古典工资不能满足维持生存要求或制度性要求,而该要求正是传统的分成制的一个方面。在初始劳动

---

① 因此,我们的二元化模型显然不同于原始的、只关注组织差异的刘易斯模型。对该差别的详细讨论参见拉尼斯和费(1982)。

② 在区分传统部门与现代部门时,一个暗含的假定是:传统部门一般是农业部门,商业化部门则一般是工业部门。然而,某些农业活动如资本主义种植园可以看成是商业化的,而小型服务业和非农业商品的家庭生产可以看成是非商业化的。

投入(不固定)给定的情况下,均衡或竞争性工资不能实现。换言之,为了维持生存,超过很低甚至零劳动边际生产率的制度性工资是必须的。这种制度工资在经验上并不意味着劳动力全部是冗余的(即边际产出为零),而只是说部分人的报酬大于其不高的边际产出。因此,在家庭和生产混为一体且个人不可忽略的部门中,该工资不是基于经济分析的正规教条,而是基于分成惯例、社会规范、生存要求和讨价还价。它可以作为消费或收入标准,并由此决定劳动力价格。

根据定义,制度工资无法从基本原则中分析推导出来,因此,它不能令大多数经济学家满意。然而历史经验显示,甚至在农业劳动生产率迅速提高的时候,传统部门的实际工资也只有轻微的上升。这种制度工资得到了经济学和人类学证据的支持。只要劳动力过剩条件持续存在,新古典的商业化部门的工资就与传统部门的制度工资连在一起。本章正文已指出,发展的一个目标就是通过劳动力持续再配置来消除劳动力过剩这个条件。这意味着,只有两个部门共同努力进行投资和创新,才能实现经济平衡增长,并使其增长速度超过人口增长率——因为人口增长的同时一般会扩大劳动力过剩。随着传统部门劳动力过剩特征的消失以及向同质的一元化部门的新古典模型收敛,二元化迅速消失。

第三章的中心问题是,由初始条件导致的上述二元体制向普通的一元化部门新古典"均衡"收敛的性质和速度。无论如何,调整过程显然不会在瞬间完成,因为来自传统部门的"过剩劳动力"只能逐渐地再配置到商业部门,而且在新的工作中,才能为总产出作出更大贡献。这与新古典瞬时调整过程形成鲜明的对比:在后一过程中,两个部门的劳动力市场同时出清,工资紧随边际生产率移动。如我们所言,历史证据与这种新古典情况是不一致的。

根据定义,已商业化的部门以非熟练工人实际工资获得市场出清的工资水平。为引导劳动力流动,非熟练工人实际工资相对于传统部门的制度性实际工资有一定程度的贴水。在有组织的劳动力市场上,其他形式的政府干预(例如最低工资立法)可能造成进一步的工资"缺口"。

图 A3.1 说明了上述分析框架下劳动力再配置的基本过程。假定初始劳动力禀赋 L' "处于"农业,其制度性工资为 w,劳动边际产出为 MP_L。劳动力的一部分($L''—L'$)为不充分就业或隐性失业,其边际产品低于制度性工资。对已商业化的部门而言,所谓劳动力"无限"供给就是由此推论出来的。正是这部分劳动力向商业化部门的持续再配置,标志着向新古典均衡的最终转型。

当商业化部门由于资本积累和技术变迁而需要更多劳动力时,以及当技术变迁导致传统部门的劳动生产率提高时,传统部门中获得高于边际产品的工资的劳动力人数将减少。[①] 随着劳动力边际产出曲线的右移(从 MP_L 到 MP_L' 再到 MP_L''),农业生产率提高;与此同时,商业化部门对劳动力需求的增加,使得劳动力数量向左移动(从 ALS 到 ALS′ 再到 ALS″),直到"挤出"全部隐性失业者为止。这种平衡增长过程终止于商业化完成之时——工资等于劳动边际产品时(点 A,在给定人口既定的条件下)。这时,剩下的农

---

① 为方便起见,我们假设人口恒定。在更现实的情形中,如果想减少失业,再配置率必须超过人口增长率。

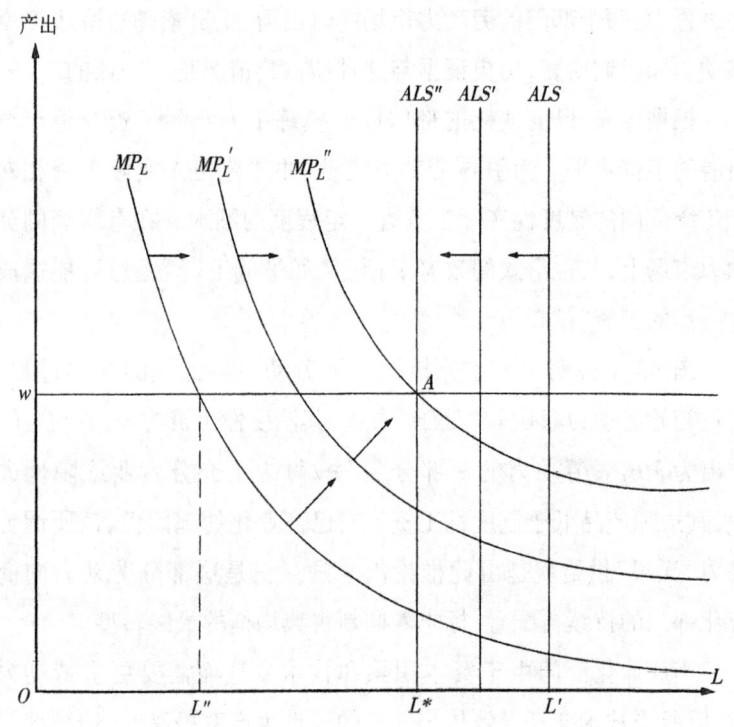

图 A3.1 转型过程

业工人(OL^*)也全部商业化了;隐性失业全部被"挤出",两个部门的劳动力市场均以新古典方式运转;供给曲线随工资上升而向上倾斜,以引导个人改换工作或追加工作时间;要素报酬/边际产出之间的上述差异消失。

需要强调的最重要一点是,作为这个故事的基础不是一个静态的、无时间性的模型,即分析单个家庭对实际工资变化反应的微观劳动力供给曲线。相反,它是一幅长期的、动态的画面,其中商业化部门的发展导致的劳动力需求与外生的(尽管未必恒定)非熟练工人工资相互作用,共同决定了劳动力的再配置率。像第三章所指出的那样,劳动力过剩是否转变为劳动力稀缺,取决于平衡增长过程的力量的大小(与人口增长率相比)。在欠发达国家转型式增长的努力中,该过程可能要经过几十年才结束。

A3.3 新古典挑战

以罗森茨韦克(Rosenzweig,1988)为首的新古典学派认为,制度性或协议工资概念是难以接受的。也就是说,制度性工资的前述定义不能从经济学的常用工具和不言自明的基本原则中推导出来。此外,他们还宣称,基于贝克尔家庭经济学传统的经济计量证据否定了我们的结论。然而,这些研究并非针对于商业化部门始终可获得的劳动力总供给。而是集中在运用理性选择理论和微观经济数据,对单个农户的消费和生产决策进行比较静态分析。在市场出清的假设下,通过求解每个家庭的效用最大化问题,就可以发现一种均衡的解决方案,即求解出加总的个人或单个家庭的劳动力供给。这是一种完美、合理的方式,但我们将说明,它所言及的问题与我们的不同。

罗森茨韦克提出了可用于分析欠发达国家农村劳动力市场的基本新古典模型。他假定每个家庭有 n 个成员,其中 N 个成员从事工作,当家庭工作时,单个家庭就可以从福利函数和固定的土地数量中获得回报。家庭农业产出(A)是劳动时间(L)和土地(T)

的函数：[①]

$A = $ 家庭农业产出 $= f(L, T)$ $\quad (F_L > 0, F_T > 0, F_{LL} > 0, F_{TT} < 0)$

(A3.1)

每个家庭最大化其消费和闲暇的新古典效用函数：

$U = U(c, l)$ 其中 $c = $ 消费 $= A/n, l = $ 闲暇 (A3.2)

罗森茨韦克基于对农村劳动力市场的经验分析，认为通常关于偏好和劳动边际负效用的假定意味着劳动力供给曲线向上倾斜（而非水平）。给定实际工资的变化，根据标准的比较静态分析可以证明，家庭劳动力供给会发生变化，而且农业劳动力供给曲线缺乏弹性。罗森茨韦克(1988)、劳(Lau)、林(Lin)和约吐波鲁斯(Yotopoulos)(1978)和阿杜拉维迪亚(Adulavidhya)等(1979)基于对收入和闲暇之间的单一弹性的经验研究发现，在印度、中国台湾和泰国等不同发展中国家和地区，农业劳动力供给曲线均非常缺乏弹性。巴纳姆(Barnum)和斯夸尔(Squire)(1978)和斯特劳斯(1983)也发现，甚至当收入—闲暇弹性不为1时，非洲和亚洲国家的劳动力供给曲线也是无弹性的。正是这类由微观经济证据给出的个人劳动供给曲线的无弹性，导致新古典经济学家抛弃制度性工资/过剩劳动力假说。然而我们将会看到，劳动力过剩经济中无弹性微观劳动力供给曲线的存在是非常合理的。

[①] 为简化分析，在此我们不考虑在本章正文中曾分析过的农户的 Z 商品生产。

A3.4 我们的回应

特定时点上,家庭劳动力供给对工资变化缺乏弹性,不仅能在新古典范式内得到解释,而且与古典形式的农业劳动力供给曲线(由一系列水平阶段构成,只是缓慢上升)也是不矛盾的。为调和这两种表面上冲突的解释,我们必须澄清这样一个问题:在发展过程的早期阶段,大部分人口的生活水平仅限于维持生存,从而与劳动边际负效用相应的闲暇概念是否可以看作劳动力供给的决定因素。像布斯和桑德鲁姆(Booth and Sundrum,1985,第245页)所指出的那样,"欠发达国家的绝大部分农村劳动力十分贫穷,他们不愿为享受闲暇而放弃任何可能的就业机会"。新古典主流理论承认无地工人有类似偏好,但坚持认为有地家庭存在显著的收入——闲暇替代。实际上,为了生存,生活水平不高的有地家庭也愿意尽可能多地供给劳动时间。

由于土地所有权的差异,任何欠发达国家的传统部门人口都可以分为三个阶层:耕种自有土地并雇佣劳动力的大土地所有者、耕种自有土地并出卖部分劳动力的小土地所有者以及在农村劳动力市场上出卖全部劳动力的无地工人。图A3.2表示在给定实际工资的情况下,每一阶层的单个家庭的劳动力供给均衡点。其中包括两种明显的均衡点:点E为耕种自有土地的产出均衡点,点J为个人/家庭的工作——闲暇均衡点。无地家庭仅与J类均衡点相关。相应于工资上升,均衡会发生变化,即曲线w移动为更陡峭的w'。给定总产出曲线(TP),实际工资从w到w'的移动会使均

衡点变为 E' 和 J'。由此可以从每类家庭中得出,与自有土地的产出相应的劳动力需求曲线(ab,在图 A3.2 下端)和个人/家庭劳动力供给曲线(cd)。由于假设个人的劳动力供给接近极限,劳动力供给数量的增长是微小的,对各种类型劳动力供给对工资变化的反应的经济计量学测度可能是无弹性的。无地工人的情况最清楚,他们的收入不受影响。

图 A3.3 反映了在相反情况下,自有土地的均衡劳动力需求,即工资不变而土地数量变化对 TP 曲线的影响。在通行的工资水

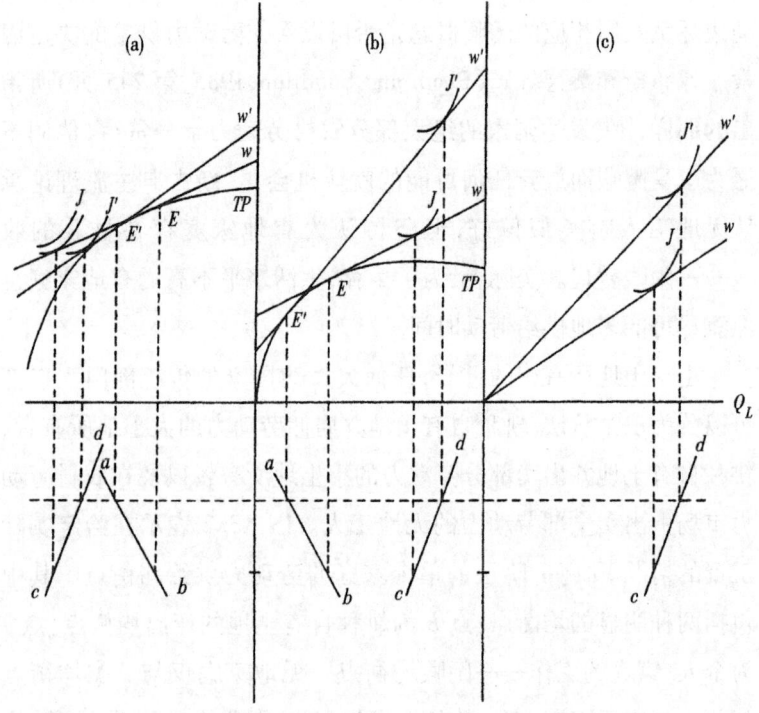

图 A3.2 居民劳动力供给——土地固定

平,总产出曲线上的切点表示自有土地的劳动力配置。图 A3.3 中切点的连线,即总产出和劳动力数量的各种匹配关系,表示与既定工资水平相对应的平均劳动产出。

图 A3.4 将上述两种情况结合起来。较多的土地意味着额外的自耕劳动力需求和更高的租金收入。与不同土地持有规模的家庭相对应的均衡点 E 和均衡点 J 在该图中都得到表示。各种农业人口的工作—闲暇均衡点的连线构成与一般工资水平相对应的总

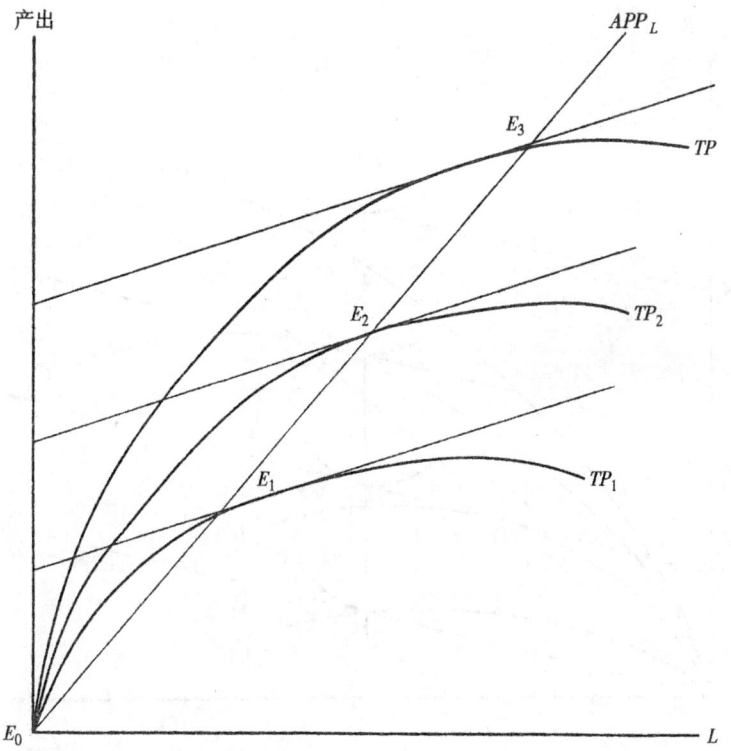

图 A3.3　有地居民劳动力需求——工资不变、土地规模相异

收入—消费（y—c）曲线。需要额外劳动力为自己种地的家庭在 y—c 曲线的右边达到其劳动力供给均衡点。在市场上出卖劳动力的家庭则在 y—c 曲线的左边实现其劳动力供给均衡。

如果假设工资率变化且土地所有权分布不均，如图 A3.4 所示，APP_L 曲线也就是均衡点 E 的轨迹将左移，而 y—c 曲线即均衡点 J 的轨迹将右移。在相对贫困的发展中经济中，可假设 y—c 曲线开始时接近维持生存水平，其劳动/闲暇无差异曲线是平坦的。

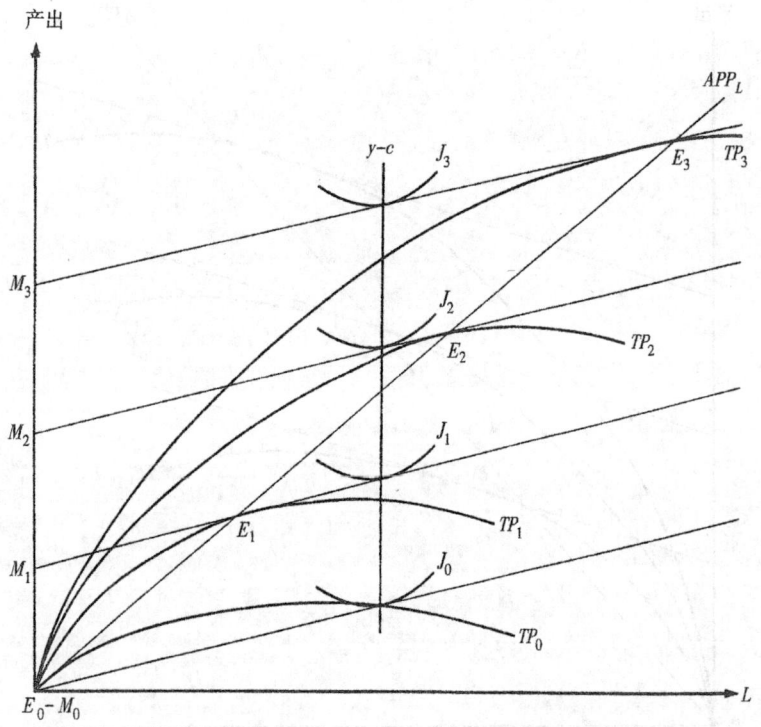

图 A3.4　居民劳动力需求和供给——工资不变、土地规模相异

对于每一工资水平,相应的 APP_L 曲线与 $y-c$ 曲线的交点决定农村劳动力市场上劳动力供给的实际数量。所有这些交点的连线就是劳动力总供给曲线,即图 A3.5 中的 LS 曲线。该曲线可能非常缺乏弹性。

因此,我们不必对罗森茨韦克在印度的发现感到惊奇。我们预料,某时点上无弹性的家庭劳动力供给曲线不仅像罗森茨韦克本人所承认的那样适用于无地家庭,也适用于有地家庭。这绝不会使我们的劳动力过剩假设无效,因为它强调的是一个根本不同

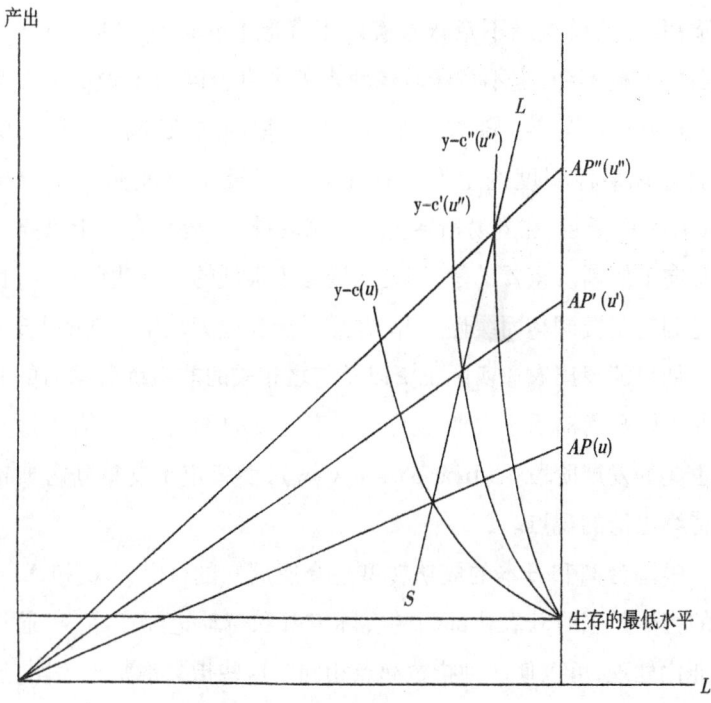

图 A3.5　劳动力总供给曲线

的问题。上述新古典分析与单个家庭对工资变化的比较静态的反应有关。我们的问题则是在总量水平上找出劳动力供给的动态路径。此外,我们将表明,经验现实支持我们对成功的二元经济背景中的平衡增长的解释。

A3.5 经验证据

在回顾一些有关成功平衡增长的历史证据以前,有必要回忆一下:我们的模型既不意味着实际工资像 Papanek(1990)所证实的那样严格不变,也不意味着像罗森茨韦克(1988)所说的那样劳动力边际产出为零。随着农业劳动生产率的增长,制度实际工资可能会有某种程度的上升。农业实际工资很可能是一个分段(step)生产函数,在刘易斯转折点到来之前,在统计意义上其路径略微向上倾斜。重要的是,制度工资高于很低的劳动边际产品,且通过制度工资调整而缓慢上升,并滞后于农业劳动生产率的上升。

如果能找出农业实际工资以及与之相关的非熟练劳动力的非农业工资显著滞后于农业劳动生产率上升的事实,就能有力地支持古典的发展阶段论(time-phased view),而肯定不支持新古典市场持续出清的观点。

中国台湾和日本的成功转型是众所周知的,图 A3.6 和 A3.7 中的指数是当时其农业部门的实际工资和劳动边际产品。[①] 通过标准化处理,可以使两种指数起点相同。这些指数清楚地表明,这

---

① 鉴于数据的可获得性,我们用农业/非农业代替传统/商业化部门的划分。

两个地区的农业劳动边际产品的增长都比实际工资增长快得多。

威廉姆森(1989)以发达国家的历史数据为基础提出了另外的证据。他指出,在英国工业革命时期,实际工资稳定了将近40年,当时商业化工资大约是传统工资的两倍。圈地运动以后,农业

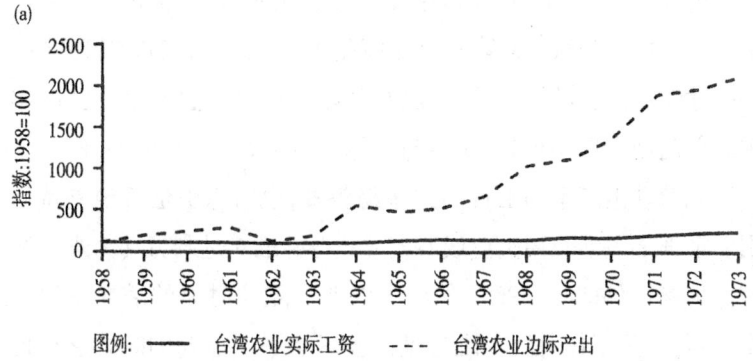

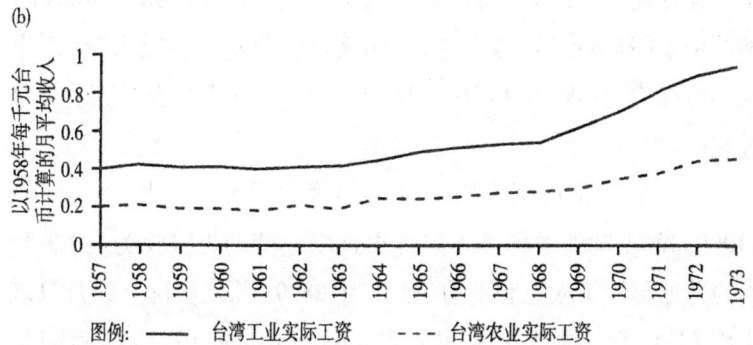

图 A3.6　台湾劳动力实际工资及其边际产出

资料来源:中国台湾的数据来自于联合国粮农组织(1955—1987),联合国统计年鉴,拉尼斯(Ranis,1985a),《台湾统计数据手册》,《台湾人口统计》和《台湾月度统计》。

生产率上升,实际工资基本恒定的历史现象提供了新的证据支持。威廉姆森还评论道:"[刘易斯]将农村部门视为一种'工业劳动力储备'是正确的,因为这样一来城市部门在扩张时就可以吸收农村劳动力供给。"黄(1971)分析了马来西亚20世纪60年代的省际数据。他发现,在三个独立的地区,家庭劳动的边际产品的增长要比实际工资的增长快得多。只是在商业化到来之后,工资/边际产品差距才缩小。黄的结论是一致的:开始时存在隐性失业,最后(实现单部门新古典均衡时)工资与边际产品相等。

除劳动生产率和工资的这些趋势外,也可以引证其他支持证据。证据之一涉及用失业或不充分就业标准对过剩劳动力进行测算。梅赫拉(Mehra,1966)估计了农业中就业时间的潜在可用数量,并与实际工作时间及既定生产技术水平所需要的时间进行比较。他发现,印度17%的农业劳动力过剩。图尔哈姆(Turnham)和耶格尔(Jaeger,1971)发现,按照接近失业水平的收入(生产率与酬劳挂钩)计算,在1971—1972年,17.2%的泰国农村劳动力是过剩的。

另一个经验证据来自劳动供给意愿分析。桑辉(Sanghui)(1969)发现,28%的印度不熟练男性农业劳动力可视为"过剩",因为普通男性工人愿意平均每月工作28.9天,但实际上每月只能工作24.1天。拉贾·克里希纳(Raj Krishna,1973)和阿胡贾(Ahuia,1978)发现,在通行的工资水平上,13%以上的印度农业人口愿意工作更长时间。布斯和桑德鲁姆(1985)援引印度尼西亚的官方统计数据指出,在20世纪70年代,20%以上的印度尼西亚农业劳动力要么失业并在找工作,要么部分时间在工作而愿意在现行工资水平上工作更多时间。

把关于埃及这个劳动力过剩经济的两项研究联系起来也将得出有利的结论。汉森(Hansen,1969)运用广泛的埃及官方调查数据断定:不存在过剩劳动力,失业率接近5%的同时,工作机会充足。他还指出,实际工资的恒定是不存在的,因为农业中的日工资变化多端。然而,汉逊(Hanson,1971)根据对同一组数据的分析,认为汉森基于西方标准,特别是八小时工作日标准得出(不存在过

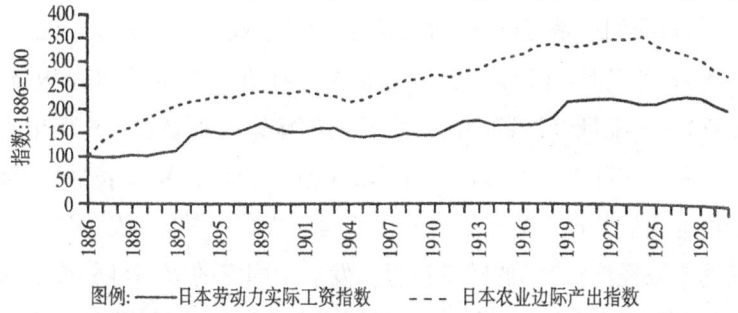

图例:—— 日本劳动力实际工资指数　- - - 日本农业边际产出指数

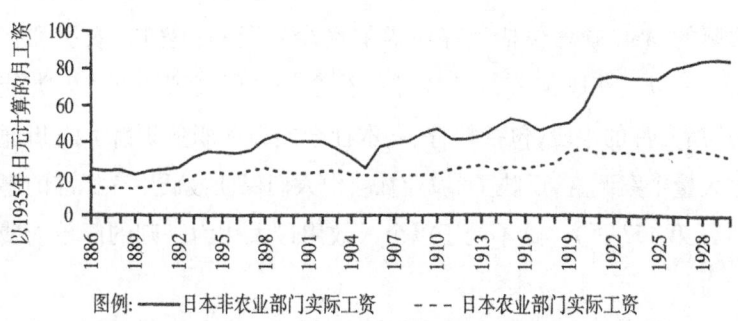

图例:—— 日本非农业部门实际工资　- - - 日本农业部门实际工资

图A3.7　日本的实际工资和劳动力边际产出

资料来源:日本数据来自"南方"(Minami,1968)。

剩劳动力)的结论是错误的。他根据农业生产过程的季节性对比较标准进行调整,发现过剩劳动力大量存在(特别在农闲季节),而户外工作机会很少,从而劳动/闲暇不存在替代关系,失业不是自愿的。也就是说,汉森的经济计量结果与实际工资持续稳定思想不是冲突的,而是一致的。所观察到的工资收入变化是农忙和农闲季节中工作时间的波动造成的。

最后,我们能理解大多数经济学家不愿在惯常的学科边界以外冒险,我们还是可以从人类学和社会学领域找到一些实际证据,用于证实发展过程之初协议工资的存在。例如石川(1975、1981)——亚洲经济发展的一个长期的敏锐的观察者——提出了基于制度实际工资的最低生存标准理论(以下用 MSL 表示)。该理论与我们的理论的相同之处在于集中"(传统的)不发达经济向发达市场经济转变"的转型过程。发展中国家的家庭可分成明显的经济阶级,而其中一个较大的阶级以 MSL 为特征,即其收入和消费处在 MSL 水平上,而且维持 MSL 的能力具有某种不确定性。实际的 MSL 概念包括生存所需的最少手段——食物、衣服和住所——以及获取某些最低标准的社会经济学意义上的"人类能力"所允许的手段,包括教育、基本社会能力和职业训练。石川通过大量个案调查,反映了"农业社会中人们保证最低生存标准的愿望"(第457页)。这不同于以个人效用最大化为基础的简单消费行为。

根据该理论,在动态时间路径上,可以把劳动力供给视为工资的函数。在一个土地数量固定的二元经济模型中,当工资低于 w 即 MSL 工资时,个人不会向商业化部门提供劳动力,因为在低工资水平上延长工作时间不会使个人"留在"市场上。因此,该部门的实际工资在 w 具有向下的刚性。这意味着直到所有个人以 w 被雇佣为止,劳动力供给曲线一直是水平的。然后劳动力市场才按新古典方式运行,即工资必须上升才能吸引额外的劳动力供给。当两个部门都完全商业化时,MSL 工资消失,就业和收入分配的市场原则取代社区原则。

石川发现,"承诺社区中所有的 MSL 家庭都可以找到不低于 MSL 收入的工作的分配原则,即就业和收入分配的社区原则"盛行于整个亚洲(第474页)。在战前,日本所有在业村民不论社会地位如何都"能够维持生存"(第465页)。在共产党统治以前的中国,村庄"具有重要职能,它可以通过团体管理/信仰和提供集体公共产品,维持其成员家庭的经济生活"(第467页)。最后,印度的土地所有者"有义务向依赖于他们的家庭至少提供最低生存标准"(第471页)。

速冗(Hayami)和木口(Kikuchi,1982)发现,在印度尼西亚,"工资调整的根据不是劳动力的边际产品,而是当时的生存标准要求和社会惯例"(第217页)。只是在后来的发展过程中,才出现向新古典均衡调整的趋势。① 斯科特(1976,第41页)也证实,大多数亚洲村庄都"存在非正式的社会控制,以保证所有居民的最低需要得到满足。"

---

① 然而调整工资使之等于劳动边际产品的情况很少发生,否则工资会降低到 MSL 水平以下。相反,只会发生制度性调整,而 MSL 工资不受影响。例如,在爪哇和菲律宾,收割契约包括除草义务,但并不相应地追加工资,因而不影响 MSL,但导致朝向商业化经济的制度性调整。

如上所述，MSL 之类的概念对于向完全商业化过渡的过程具有很强的解释力。随着经济的发展，竞争压力不断增强，非商业化部门最终瓦解。虽然制度性工资这一概念令一些经济学家困窘，它的实际存在却是难以否认的。

A3.6 结论

我们关于欠发达国家农业劳动力市场的观点与新古典观点没有内在的冲突，因为他们的观点是静态的、微观的，我们的模型则是动态的、宏观的。然而新古典经济学家不同意我们的结论，并试图将两种正确看法对立起来。本附录不打算以证明新古典模型无效的方式维护我们的观点。更确切地说，我们的目的在于讨论两种不同的观点。在正规的新古典体系中，特别是从适当角度考虑单个家庭的闲暇/工作替代时，罗森茨韦克的经验发现具有其内在合理性。但它们并不适用于我们的观点，因为我们把制度性实际工资视为对二元经济动态转型式增长分析的一部分。

第三篇

增长与发展分析

第四章 新古典生产函数、增长和发展

4.1 导言

众所周知,经济学的核心在于对有关生产现象的分析。因此,我们首先假定一个静态生产函数 $Q=f(K,L)$,这里的产出 Q 是资本 K 和劳动力 L 联合投入的函数。[①] 因此一个生产函数在写成等式 4.1b 时,就动态化了:

$$Q = f(K, L, \bar{t}) \text{(在 } t = \bar{t} \text{ 的静态生产函数)} \quad (4.1\text{a})$$

$$Q = f(K, L, t) \text{(动态生产函数)} \quad (4.1\text{b})$$

对于任意一个时点 $t = \bar{t}$,4.1a 式代表产量,而 4.1b 式代表在所有时点上的投入产出关系。由于静态生产函数中 t 到 $t+1$ 的变化反映了技术变迁(或创新),所以,动态生产函数对任何时期的创新进行了简化处理。因此,动态生产函数就可以作为一个基本的概念工具,来对向现代增长时代转型初期(即在北半球约 1780

[①] 为保持符号一致性,需要注意在一些涉及二元经济的章节中,如第三、第七和第八章,我们将工业部门劳动力记为"W"而将农业部门劳动力记为"L"。然而,第四到六章主要涉及一元经济。在这些章节中,我们仍使用常规符号"L"来代表生产函数中的总劳动。

年以后)的增长相关现象进行分析。从这时起,有史以来第一次,增长现象就以动态的人口增长、资本积累和技术变迁为核心。

作为该章其余部分的导言,这里将按照静态和动态生产函数在增长中的重要性依次给出一些综述。静态生产函数可以表示为一幅由若干等产量曲线组成的生产轨迹图(图4.1(a))。对投入集中任一点 $P_0 = (K_0, L_0)$,可以定义出如表4.1第Ⅰ栏所示的九个生产相关概念。这里包括了三个产出相关概念——总产出 Q,平均劳动生产率 $p = Q/L$,平均资本生产率 $d = Q/K$;三个要素价格相关概念——边际劳动生产率 $MPP_L = f_L$,边际资本生产率 $MPP_K = f_K$,和边际替代率 $MRS = M = f_L/f_K$。在劳动力市场与资本市场都充分竞争的情况下 f_L,f_K 和 $M = f_L/f_K$ 分别代表工资率 w、资本报酬率或利润率 π 及要素相对价格比率 w/π。因此,这些也被称为"功能性分配"概念;最后是三个要素贡献份额相关概念:劳动力贡献份额 $\phi_L = f_L(L/Q)$,资本贡献份额 $\phi_K = f_K(K/Q)$ 和相对贡献份额 r。上述九个基本概念的符号将在本章中一直统一使用,所有九个绩效指标都可以由任一时点的静态生产函数推导出来。

这些基本的生产概念是微观经济学中分析个别厂商时采用的,但是这里我们将等式4.1作为整个经济的总生产函数。投入集合中的任一点 $P_0 = (K_0, L_0)$,就是整个经济的"要素禀赋"或"投入点",[①]Q 就是国民收入。相应地,$p = Q/L$ 就成为人均收入,$d = Q/K$ 就是资本生产率(它的倒数,$1/d = K/Q$,是整个经济的资本——产出率)。MPP_L(或 f_L)和 MPP_K(或 f_K)则分别是在竞争性

---

① 这里我们假设是充分就业,因此才保证禀赋点和投入点重合。

收入分配原则下由市场力量决定的工资率 w 和利润率 π。当从总量层面上诠释这九个基本概念时，它们就代表了与增长相关的、最重要的绩效指标。

表 4.1　增长等式

	行	增长绩效指标	偏弹性		增长等式	
			关于劳动力 L 的	关于资本 K 的	要素数量效应（A）	创新效应（Z）
		I	II	III	IVa	IVb
产出相关概念	1	国民收入 Q	$\phi_L = f_L L/Q$	$\phi_K = f_K K/Q$	$T1$　$\eta_Q = \phi_L \eta_L + \phi_K \eta_K$	$+ J$
	2	劳动生产率 $p = Q/L$	$-\phi_K$	ϕ_K	$T2$　$\eta_p = \phi_L \eta_{K*}$	$+ J$
	3	资本生产率 $d = Q/K$	ϕ_L	$-\phi_L$	$T3$　$\eta_d = -\phi_L \eta_{K*}$	$+ J$
要素价格相关概念	4	$MPP_L(w)$　f_L	$-\varepsilon_{LL}$	$\varepsilon_{LL} = \varepsilon_{LK}$	$T4$　$\eta_w = \varepsilon_{LL} \eta_{K*}$ $= \varepsilon_{LL} \eta_{K*}$	$+ H_L$ $+ B_L + J$
	5	$MPP_K(\pi)$　f_K	$\varepsilon_{KL} = \varepsilon_{KK}$	$-\varepsilon_{KK}$	$T5$　$\eta_\pi = -\varepsilon_{KK} \eta_{K*}$ $= -\varepsilon_{KK} \eta_{K*}$	$+ H_K$ $+ B_K + J$
	6	$MRS = M$ $M = f_L/f_K (w/\pi)$	$-\varepsilon (= -\varepsilon_{LL} - \varepsilon_{KK})$	$+\varepsilon (= \varepsilon_{LL} + \varepsilon_{KK})$	$T6$　$\eta_M = \varepsilon \eta_{K*}$ $= \varepsilon \eta_{K*}$	$+ H_L - H_K$ $+ B$
要素贡献份额相关概念	7	ϕ_L　$f_L L/Q = f_L/p$	$-\varepsilon_{LL} + \phi_K$	$\varepsilon_{LL} - \phi_K$	$T7 \eta_{\phi_L} = (\varepsilon_{LL} - \phi_K)$ $\eta_{K*} = \phi_K (\varepsilon - 1) \eta_{K*}$	$+ H_L - J$ $+ B_L$
	8	ϕ_K　$f_K K/Q = f_K/d$	$\varepsilon_{KK} - \phi_L$	$-\varepsilon_{KK} + \phi_L$	$T8 \eta_{\phi_K} = (\phi_L - \varepsilon_{KK})$ $\eta_{K*} = \phi_L (\varepsilon - 1) \eta_{K*}$	$+ H_K - J$ $+ B_K$
	9	r　$\phi_L/\phi_K = M/K*$	$1 - \varepsilon$	$\varepsilon - 1$	$T9$　$\eta_r = (\varepsilon - 1) \eta_{K*}$	$+ B$

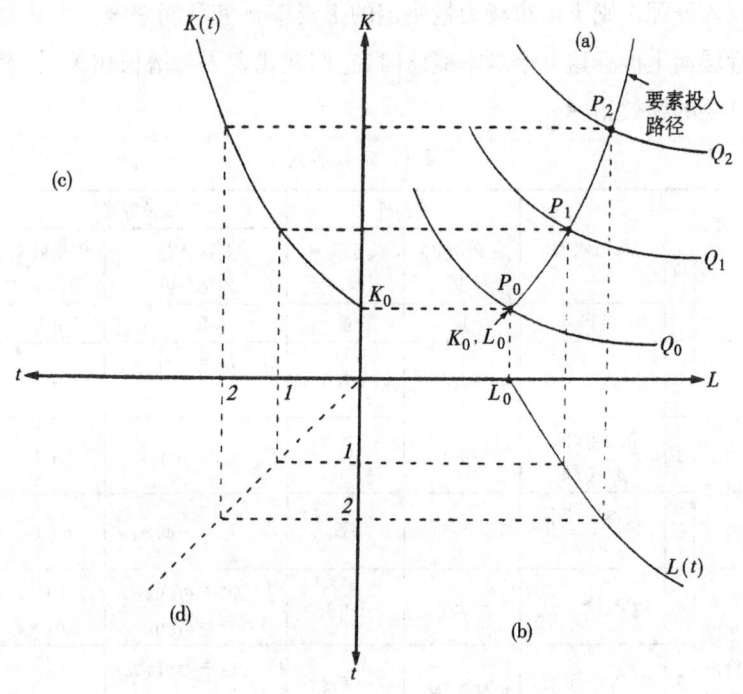

图 4.1 新古典等严量曲线与要素投入路径

假设资本和劳动力的时间路径($K(t)$ 和 $L(t)$)都是外生的。其中两条时间轴是由图 4.1(d)中的 45°线联系起来的。因此,要素投入的时间路径就确定了(图 4.1(a))。如果我们将 $K(t)$ 和 $L(t)$ 代入动态生产函数中,则有

$$Q(t) = f(K(t), L(t), t) \tag{4.2}$$

现在国民收入就只是时间的函数了。在要素投入路径上的任一点,九个基本生产概念的值都是确定的。很显然,要研究总量层次上的增长过程,我们就必须关注决定这些时间序列的动态生产

函数。我们的分析集中于这些指标的增长速度,因为它们与下列外生给定的资本增长率(η_K)、人口增长率(η_L)和技术变迁都是相关的。此外,应注意到,二战前新古典学派持静态观点,在多种商品假设下,更多地关注总体均衡理论,而对关注总体增长的马克思的挑战回应较弱。而战后则持动态观点,将注意力转向资本积累和技术变迁,因为它们影响总产出,这倒的确提供了一个虽然迟但恰当的回应,这一点对我们来说很重要。

4.1.1 绩效指标增长率的确定

我们并不去分别研究这九个增长指标,而是求助于一个适用于所有情况的抽象规则。假设 x 是独立变量 y、z 和 w 的函数,符号 $E(x,y)$ 代表 x 关于 y、z 或 w 的偏弹性:

$$x = f(y,z,w) \tag{4.3a}$$

$$E(x,y) = (\partial x/\partial y)(y/x)$$

$$E(x,z) = (\partial x/\partial z)(z/x)$$

$$E(x,w) = (\partial x/\partial w)(w/x) \tag{4.3b}$$

因此,偏弹性 $E(x,y)$ 就是"每单位百分比 y 的变化的 x 的变化百分比"。它是衡量当一个独立变量变化而其他独立变量不变时,因变量 x 变化的敏感程度的。如果独立变量 y、z 和 w 都是时间的函数,那么因变量 x 也变为时间的函数:

$$x = f(y(t),z(t),w(t)) = x(t) \tag{4.4}$$

η_y、η_z、η_w 和 η_x 分别代表 y、z、w 和 x 的增长率。于是我们就有了下面的这个基本的"链条规则定理":

$$\eta_x = E(x,y)\eta_y + E(x,z)\eta_z + E(x,w)\eta_w \qquad (4.5a)$$

其中

$$\eta_x \equiv (dx/dt)/x; \eta_w \equiv (dw/dt)/w;$$
$$\eta_y \equiv (dy/dt)/y; \eta_z \equiv (dz/dt)/z; \qquad (4.5b)$$

证明:对等式 4.4 作关于 t 的微分,我们可以得到:

$$dx/dt = (\partial f/\partial y)(dy/dt) + (\partial f/\partial z)(dz/dt) + (\partial f/\partial w)(dw/dt)$$

和 $\eta_x = (dz/dt)/x = (\partial f/\partial y)(y/x)\eta_y + (\partial f/\partial z)(z/x)\eta_z + (\partial f/\partial w)(w/x)\eta_w$。

证毕。

这条抽象定理表明 η_x 是另外三项的加总,每一项由该独立变量的偏弹性与其增长率构成。

这条抽象定理有助于推导出表 4.1 第Ⅳ栏中所有的增长等式,并可说明列出的九个指标增长速度的成因。我们知道 GNP 的增长速度、人均收入、资本增长率等构成了对现代经济增长进行数量探讨的重要内容。[1] 而这个抽象的链条规则立即就表明,要推导出任何一个增长指标的速度,最基本的就是要先推导出偏弹性,即第Ⅱ和Ⅲ栏中列出的表达式。

表 4.1 总结出的增长等式使静态新古典生产概念动态化了。表格既包含了生产率等式(1—3),也列出了与分配相关的概念

---

[1] 对这些增长等式的历史作用作简要评论可能会有所帮助。自古典学派观点出现以后约半个世纪,马克思拿过了接力棒,随后新古典学派又对他提出了挑战。但是,马克思所关心的是增长(即由资本主义技术引致经济的长期停滞和不稳定)。而新古典学派的分析则是基本的、静态的,着眼于一个基于多商品的瓦尔拉斯均衡理论,对资本积累和技术进步则不感兴趣。我们这里的分析是动态的,但其基础是对规模报酬不变条件下所谓静态新古典生产函数的特性进行的详述。

(4—6 和 7—9)。后者仅在竞争性收入分配原则下才适用。而生产概念的运用则可以独立于那些决定收入分配的规则。这些等式对所有增长相关现象进行细微研究,包括九个绩效指标,这些都是最基本的概念工具。在本章中,我们将在 4.2 节介绍新古典生产函数的特性,在 4.3 节中介绍偏弹性,在 4.4 节中介绍一个关键的动态生产概念——创新强度,它使我们可以推导出 GNP 的增长等式、劳动生产率 p 和资本生产率 d。而另外一组动态生产概念——那些与创新要素倾向相关的,将在 4.5 节中被提出来,这使我们可以推导出表 4.1 中其他所有的绩效指标(f_L、f_K、M、r)的增长等式。

4.2 新古典生产函数的特性

给出一个静态生产函数,我们可以省略等式 4.1b 中的 t,并将其写为:

$$Q = f(K, L) \tag{4.6}$$

在本节中我们将检验由新古典经济学家们给出的这个生产函数的特性。出于这个目的,等式 1.1 的一次和二次偏导数可以表示如下:

$$(f_L, f_K) = (\partial Q/\partial L, \partial Q/\partial K) \tag{4.7a}$$

$$\begin{pmatrix} f_{LL} & f_{LK} \\ f_{KL} & F_{KK} \end{pmatrix}_{2\times 2} = \begin{pmatrix} \partial^2 Q/\partial L \partial L & \partial^2 Q/\partial K \partial L \\ \partial^2 Q/\partial L \partial K & \partial^2 Q/\partial K \partial K \end{pmatrix}_{2\times 2} \tag{4.7b}$$

根据等式 4.7a 和 4.7b 的偏导数,可以给出生产函数(等式 4.6)的特性。我们感兴趣的不仅是哪些特性被给定,而且还有它们首先被给定的原因。下面有四个常规公理:

不可缺定律:$0 = f(0,0)$ (4.8a)

无冗余定律:$(f_L > 0, f_K > 0)$ (4.8b)

报酬递减定律:$(f_{LL} < 0, f_{KK} < 0)$ (4.8c)

互补性定律:$f_{KL} = f_{LK} > 0$ (4.8d)

第一条公理说明,如果产出量为正,则投入的资本量和劳动量也必须为正。"没有成本的产品"不是经济学家们所关心的。无冗余公理说明,MPP_L 和 MPP_K 都是正数,因此增加投入资本和劳动力就可以使产出增加。第三章已经显示了只有在特定情况下,即在一个存在劳动力过剩的经济中,劳动力非常丰富时($f_L = 0$),劳动力才没有稀缺价值。报酬递减公理讲的是,随着更多的劳动力(资本)被追加投入,MPP_L,(MPP_K)会下降。该定律陈述了生产的基本限制,因为如果没有这个限制的话,一个典型美国家庭的后院就可以种出足够养活整个人口的食物。最后,互补性定律的含义是,在要素联合投入过程中,一种生产要素数量的增加将使另外一种或几种要素的边际生产率提高。如果这个条件不满足的话,资本积累就是没有用的、不必要的。事实上,如果上述任一公理被永久性地严重违反了,那么经济学作为一门科学的地位就岌岌可危了。

这四个公理是没有争议的。在图4.2中,当资本存量 $K = K_0$ 在生产无差异图(图4.2(a))中给定时,经济学家们就可根据由这四大公理确定的"正确的斜率"例行地画出 TPP_L,$APP_L = p$ 和 $MPP_L = f_L$ 曲线(图4.2(b)(c)和(d))。根据无冗余公理和报酬递减定律,f_L 是正的、下降的。这意味着 TPP_L 曲线是上升的、凸的,因为 MPP_L 是 TPP_L 曲线的斜率。由于 TPP_L 曲线的起点不能是负值,它的形状又是凸的,这就意味着,$APP_L = p$ 曲线是负斜率的、非负的——TPP_L 曲线上 O_a 的斜率就是 p。最后,图 4.2(a)中的等产量曲线在满足下列条件时,形状都是凸的:

当且仅当 $2f_L f_K f_{KL} > f_{K}^2 f_{LL} + f_{L}^2 f_{KK}$ 时

$$d^2K/dL^2 \big|_{Q=\bar{Q}} > 0 \tag{4.9}$$

上述一系列公理使这个不等式得以满足。

除了上述四个公理,生产函数还是规模报酬不变(CRTS)的,即对任何一个要素投入点(K,L),对所有的非负值 k 有:

$$f(kK, kL) = kf(K, L) \tag{4.10}$$

对 CRTS 的几何解释可见图 4.2(a),在图中,要素投入点 $P_0 = (K_0, L_0)$ 位于射线 OR 上,这条射线表示的是人均资本 $K^* = K/L$。要素投入点 $P_1 = (kK_0, kL_0)$ 同样也在这条射线 OR 上。如果 P_0 处的产出为 Q,那么 P_1 处的产出就一定为 kQ——当投入的两种要素以相同倍数 k 变化时,产出也必须相同"倍数"变化。一个规模报酬不变(CRTS)的生产函数有两个性质。第一,对规模不敏感的性质,即表 4.1 中所有的指标(除了 Q 之外)都沿着射线取常数。对其可正式表述如下:

定理 在规模报酬不变(CRTS)情况下,$p, d, f_L, f_K, M, \phi_L, \phi_K$ 和 r 的值都完全由投入比例 $K^* = K/L$ 决定。

要证明该定理,首先给出:

$$M = f_L/f_K \tag{4.11a}$$

$$\phi_L = Lf_L/Q \tag{4.11b}$$

$$\phi_K = Kf_K/Q \tag{4.11c}$$

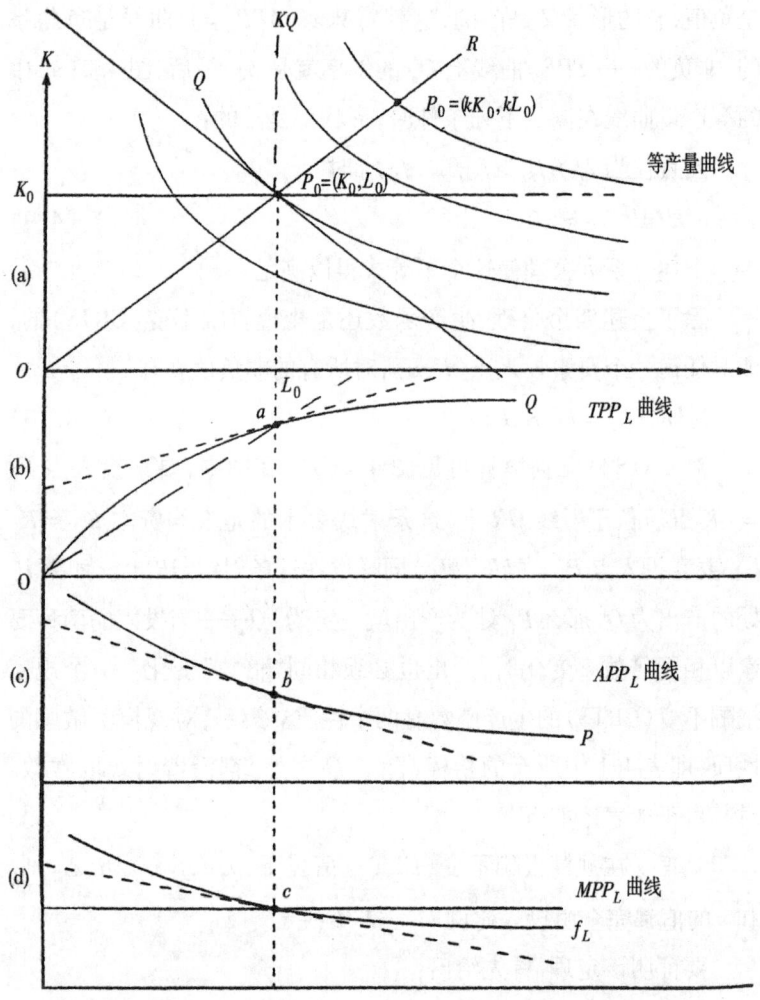

图 4.2 非农业劳动力总生产率曲线、平均生产率曲线和边际生产率曲线

$$r = \phi_L / \phi_K \tag{4.11d}$$

因此,如果对 f_L, f_K 该定理是成立的,那么对于边际替代率

第四章 新古典生产函数、增长和发展

来说,它也是成立的,因为 M 被定义为比例 f_L/f_K。同样,如果对 p 和 d 来说该定理可得到证明,那么对 ϕ_L(ϕ_K 也一样)来说,它也可证明,因为它是 f_L 和 $p(f_K$ 和 $d)$ 的比率。因此该定理对 r 也适用,因为它是 ϕ_L 和 ϕ_K 的比率。于是我们就只需证明该定理对 f_L 和 p 成立,因为对 f_K 和 d 的证明几乎相同,下面是对 p 的该定理的证明:

$$p = Q/L = f(K,L)/L = f(K/L,1) = f(K^*,1) \quad 证毕。 \tag{4.12}$$

要证明该定理对 f_L 是否成立,我们通过等式 4.12 有:

$$Q = Lf(K^*,1) \tag{4.13a}$$

对上式两边进行对 L 微分,有:

$$\begin{aligned} f_L &= f(K^*,1) + Lf_K(K^*,1)(dK^*/dL) \\ &= f(K^*,1) + Lf_K(K^*,1)K(-1/L^2) \\ &= f(K^*,1) - f_K(K^*,1)K^* \end{aligned} \tag{4.13b}$$

因此,对 f_L,该定理是成立的,因为右边的表示式中只含有 K^*。

这条规模不敏感的性质非常重要,怎么强调都不过分。大多数宏观经济分析都离不开它。在增长理论中,诸如"由于美国人均资本高于印度,因此前者的人均收入也更高"、"增加人均资本就能提高工资率"或"资本增加带来利润下降效应"等观点——实际上,第 I 部分中我们列出的所有理论主张,如果没有规模报酬不变(CRTS)这个前提条件,都是没有意义的。

第二个规模报酬不变(CRTS)的主要经济意义在于欧拉(Euler)定理(由规模报酬不变(CRTS)保证的),其表述如下:

$$Q = f_L L + f_K K \tag{4.14a}$$

其隐含条件是 $1 = \phi_L + \phi_K$ \hfill (4.14b)

等式 4.14a 表示的是"规模报酬不变的生产函数的产量出清性质"。这个性质说的是如果各投入要素的报酬是它们各自的边际产品的话,那么总工资报酬 $f_L L$ 与总利润报酬 $f_K K$ 的和等于总产出,而两者的分配份额之和为 1。

欧拉定理对于收入分配理论有重要的历史意义,因为在新古典经济学家们发现该定理之前,有一种认识倾向认为,一种生产要素的价格由它的边际产品决定,而另一种要素则可以得到"剩余价值"(例如古典经济学家认为的地租和马克思认为的利润)。由于欧拉定理的发现,关于两种投入要素的收入分配原则变得对称了。如果没有欧拉定理:

$$Q > f_L L + f_K K \tag{4.15a}$$

或者

$$Q < f_L L + f_K K \tag{4.15b}$$

任何一种情况下,都不可能存在竞争性的收入分配原则。当要素投入点 $P_0 = (K_0, L_0)$ 给定时,人们就不能肯定工资率 w 或利润率 π 是否是确定的,或是由什么原则确定的。而且增长对于收入相关指标 ($f_L, f_K, M, \phi_L, \phi_K$ 或 r) 的影响也不是三言两语可以概括的。在承认欧拉定理的情况下,我们可以得出一些结论以备后面所需:

$$-L f_{LL} = K f_{KL}, \text{意味着}: -L f_{LL}/f_L = K f_{KL}/f_L \tag{4.16a}$$

$$-K f_{KK} = L f_{LK}, \text{意味着}: -K f_{KK}/f_K = L f_{LK}/f_K \tag{4.16b}$$

$$(L f_{LL}/f_L)(f_L L/Q) = (K f_{KK}/f_K)(f_K K/Q) \tag{4.16c}$$

证明：对 $Q = f_L L + f_K K$ 进行关于 L 的偏微分

我们得到 $f_L = L f_{LL} + f_L + K f_{KL}$ 或 $-L f_{LL} = K f_{KL}$

这就证明了 4.16a，对 4.16b 的证明是相应的。

将 4.16a 和 4.16b 联立就意味着 4.16c，

将其作比并约分可得：$f_{KL} = f_{LK}$。   证毕。

最后，上述四个条件（4.8 式）是一个公理体系，因为它们相互一致且相互独立。它们的相互一致性可以在满足所有四个公理的柯布——道格拉斯生产函数中得到印证：

$$Q = K^\alpha L^{1-\alpha} \quad 0 < \alpha < 1 \tag{4.17}$$

而它们的相互独立性则表现在它们中的任意一个公理都不能由其他三个推导。但如果我们加上规模报酬不变（CRTS）条件，这五个条件就不能再成为一个公理体系，4.16a 式在规模报酬不变（CRTS）条件下意味着报酬递减定律（$f_{LL} < 0$）和互补性定律（$f_{KL} > 0$）是可互相隐含的。

4.3 静态生产函数的偏弹性

当 4.6 式中的静态生产函数给定时，我们就希望能推导出表 4.1 中关于劳动或资本的所有偏弹性（第 Ⅱ、Ⅲ 栏），并对它们加以解释。第一对公式是 GNP 对劳动和资本的偏弹性：

$$E(Q, L) = (\partial Q / \partial L)(L/Q) = f_L L/Q = \phi_L \tag{4.18a}$$

$$E(Q, K) = (\partial Q / \partial K)(K/Q) = f_K K/Q = \phi_K \tag{4.18b}$$

举例来说，对于图 4.2(a) 中的要素投入点 P_0 来说，ϕ_L 是图 4.2(b) 中 TPP_L 曲线在点 a 处的弹性。偏弹性 ϕ_L 和 ϕ_K 分别记录在表 4.1 第 Ⅱ、Ⅲ 栏的第一行中。

正如 4.18a 式中定义的，$E(Q,L)$ 是一个生产弹性概念，即劳动力变化时产出变化的敏感程度。因此，4.18a 式就意味着，对 ϕ_L 的产出解释和分配解释相一致的事实。即：劳动阶级的收入百分比份额是由从生产角度定义的劳动的产出弹性决定的。

对工业化的发达国家来说，劳动力的分配份额一般采取 $\phi_L = 0.6$ 的规模。因此，劳动力（或人口）每增加 1%，就意味着国民收入增加了 0.6%。ϕ_L 和 ϕ_K 这两个弹性是测算人口增长和（或）资本积累对国民收入增长率的影响的基础。

由于表 4.1 中的第 Ⅰ 栏中的许多指标采取的是比率形式，对它们的偏弹性的推导可以借助于下面偏弹性的一些抽象定理而加以简化：

定理 如果 $w = x/y, x = x(z), y = y(z)$

那么 $E(w,z) = E(x,z) - E(y,z)$ (4.19)

证明：将 $w = x/y$ 对 z 求微分，得：

$$dw/dz = [(y)(dx/dz) - (x)(dy/dz)]/y^2$$
$$= [(dx/dz)/y] - [(x)(dy/dz)/y^2]$$
$$E(w,z) = (dw/dz)(z/w)$$
$$= [(dx/dz)/y](z/w) - [(x)(dy/dz)/y^2](z/w)$$
$$= (dx/dz)(z/x) - (dy/dz)(z/y)$$
$$= E(x,z) - E(y,z)$$

证毕。

将该定理用于含有 P 和 d 的四个弹性中，我们就可以得到：

$$E(p,L) = E(Q,L) - E(L,L) = \phi_L - 1 = -\phi_K; E(L,L) = 1)$$

$$E(p,K) = E(Q,K) - E(L,K) = \phi_K ; (E(L,K) = 0)$$
$$E(d,L) = \phi_L$$
$$E(d,K) = -\phi_L \tag{4.20}$$

这些偏弹性记录在表4.1第2、3行中。对$E(p,L) = -\phi_K$的经济学解释是，人口每增加1%，将会使人均收入减少0.4%，因为$\phi_K = 0.4$。$E(p,K) = \phi_K$表示资本增加1%则会使人均收入增加相同的幅度。因此，K和L对人均收入的影响是规模相同而方向相悖。这同样适用于表4.1第2行到第9行的第Ⅱ、Ⅲ栏中所有成对的指标。因此，在图4.2(c)中，平均产品曲线在b点的弹性就是$-\phi_K$。

对$p = Q/L$的影响具有重要的福利意义，因为p是人均收入。而对资本生产率d的影响也是同样重要的，即使换一个完全不同的理由。设S为总储蓄，而s是凯恩斯的平均储蓄倾向，因此我们得到凯恩斯的储蓄函数：

$$S = sQ \tag{4.21}$$

一个数值较大的s表示较强的资本积累意愿。如果S等于投资$(S = I)$，那么资本增长率变为：

$$\eta_K = S/K = sd, 0 < s < 1 (资本的哈罗德-多马增长率) \tag{4.22a}$$
$$\eta_{\eta_K} = \eta_s + \eta_d (由4.22a 得到)(资本加速度) \tag{4.22b}$$

$\eta_s = 0$意味着

$$\eta_{\eta_K} = \eta_d (储蓄率为常数) \tag{4.22c}$$

因此，当资本积累是"储蓄推动"型时，它的增长率就是s(平均储蓄倾向)与d(资本生产率)的乘积。经济学家们之所以对d感兴趣，是因为当资本积累是"储蓄推动"型时，资本的加速度是

η_s 与 η_d 之和 (4.22b)。当 s 为常数时,d 减少 ($\eta_d < 0$) 就意味着资本增长减速了 ($\eta_{\eta_K} < 0$) (4.22c)。举例来说,如果 $\phi_L = 0.6$,当 s 是常数时,每增加 1% 的资本就意味着资本增长率减少了 0.6%。这种情况被马克思注意到了,即资本积累的愿望却通过它对资本生产率的负效应使得资本增长率降低,而这仅是矛盾的一部分。对于 f_L 和 f_K 这些偏弹性来说,存在着:

$$E(f_L, L) = (\partial f_L / \partial L)(L/f_L) = f_{LL} L/f_L < 0 \quad (4.23a)$$

$$E(f_L, K) = (\partial f_L / \partial K)(K/f_L) = f_{LK} K/f_L > 0 \quad (4.23b)$$

$$E(f_K, L) = (\partial f_K / \partial L)(L/f_K) = f_{KL} L/f_K > 0 \quad (4.23c)$$

$$E(f_K, K) = (\partial f_K / \partial K)(K/f_K) = f_{KK} K/f_K < 0 \quad (4.23d)$$

因此,报酬递减定律(4.8c)意味着两个弹性为负值,而互补性定律则意味着另两个弹性为正值。而且等式 4.16a 和 4.16b 的绝对值相等,4.23c 和 4.23d 也一样。我们使用下面的符号:

$$\varepsilon_{LL} = -f_{LL} L/f_L > 0 \text{ 意味着 } E(f_L, L) = -\varepsilon_{LL}; E(f_L, K) = \varepsilon_{LL}$$
$$(4.24a)$$

$$\varepsilon_{KK} = -f_{KK} K/f_K > 0 \text{ 意味着 } E(f_K, L) = \varepsilon_{KK}; E(f_K, K) = -\varepsilon_{KK}$$
$$(4.24b)$$

上面的 ε_{LL} 和 ε_{KK} 都被界定为正数。这些偏弹性都被概括进了表 4.1 中的第 4、5 行。在图 4.2(d) 中,点 c 的劳动力需求弹性是 $-\varepsilon_{LL}$。

对 $-\varepsilon_{LL}$($-\varepsilon_{KK}$) 的经济学解释是,它是用来衡量劳动(资本)报酬递减的力度的。ε_{LL} 的绝对值越大,劳动报酬递减定律的表现就越明显。相应的,ε_{LK} 和 ε_{KL} 代表互补性定律的力度的。$-\varepsilon_{LL}$ 的经济学意义在于它表明了,当 $f_L = w$ 时,人口增长对工资率的不利影响，而且它的值同劳动报酬递减定律的力度大小成比例。$\varepsilon_{LL} = \varepsilon_{LK}$ 的意思在于，它衡量了资本积累对工资率的有利影响，并且它的值与 ε_{LL} 成比例，这些都被总结为资本与劳动的互补性定律，因此，有利的和不利的分配作用都被归结到生产函数和初始投入上来。

既然对工资率的影响与劳动者福利密切相关，那么增加一个典型的全职工人经济福利的唯一有效途径就是提高工资率。在长期中，由竞争所决定的工资率反映了生产状况，它独立于各种诸如联邦主义（美国）、集体主义（实行社会主义的不发达国家）或集权主义（实行混合经济的不发达国家）等各种政治力量。

而对利润率的影响则是另一回事。由于人口增长促进利润率增长（ε_{KK}），而资本积累则抑制其增长（$-\varepsilon_{KK}$）。因此，资本增长率和人口增长率的相对值就与利润率的变化方向有莫大关系。一个快的资本增长率与一个慢的人口增长率的结合将导致资本深化，使得利润率和资本增长率都减少，从而种下了"马克思矛盾"和长期经济停滞的种子。如果我们将基本定理（4.19）用于 $MRS = f_L/f_K$，就可以得到：

$$E(M,L) = E(f_L,L) - E(f_K,L) = -\varepsilon_{LL} - \varepsilon_{KK} = -(\varepsilon_{LL} + \varepsilon_{KK}) = -\varepsilon \quad (4.25a)$$

$$E(M,K) = E(f_L,K) - E(f_K,K) = \varepsilon_{LL} - (-\varepsilon_{KK}) = \varepsilon_{LL} + \varepsilon_{KK} = \varepsilon \quad (4.25b)$$

其中

$$\varepsilon = \varepsilon_{LL} + \varepsilon_{KK} > 0 \quad (4.25c)$$

上面的正数 ε，通常被称为替代弹性，如果依照下面的定义更

确切地应该被称为"替代无弹性":

定义 替代无弹性($\varepsilon > 0$)是资本与劳动的报酬递减定律的力度之和($\varepsilon = \varepsilon_{LL} + \varepsilon_{KK}$)。

参考图 4.2(a),在投入点 P_0 处,以虚线表示的呈 L 型(里昂惕夫)生产无差异曲线意味着,K 和 L 是完全互补的(不可替代的),因此 ε 的值就无限大。

ε 和 $-\varepsilon$ 被记录在表 4.1 第 6 行的第 Ⅱ、Ⅲ 栏中。劳动力增加使得相对要素价格与工资率的比率下降。如果资本增加,则会出现相反情况。这种作用使数量上的严格程度与"替代无弹性"成比例。ε 的值促使增长过程中要素的稀缺性对要素相对价格发生作用。

最后,将等式 4.19 代入 ϕ_L,ϕ_K 和 $r = \phi_L/\phi_K$:

$$E(\phi_L, L) = E(f_L/p, L) = E(f_L, L) - E(p, L) = -\varepsilon_{LL} + \phi_K \tag{4.26a}$$

$$E(\phi_L, K) = E(f_L/p, K) = E(f_L, K) - E(p, K) = \varepsilon_{LL} - \phi_K \tag{4.26b}$$

$$E(\phi_K, L) = E(f_K/d, L) = E(f_K, L) - E(d, L) = \varepsilon_{KK} - \phi_L \tag{4.26c}$$

$$E(\phi_K, K) = E(f_K/d, K) = E(f_K, K) - E(d, K) = -\varepsilon_{KK} + \phi_L \tag{4.26d}$$

$$\begin{aligned} E(r, L) &= E(\phi_L/\phi_K, L) = E(\phi_L, L) - E(\phi_K, L) \\ &= -\varepsilon_{LL} + \phi_K - (\varepsilon_{KK} - \phi_L) \\ &= 1 - \varepsilon \end{aligned} \tag{4.26e}$$

$$E(r, K) = E(\phi_L/\phi_K, K) = E(\phi_L, K) - E(\phi_K, K) \tag{4.26f}$$

第四章 新古典生产函数、增长和发展

$$= \varepsilon_{LL} - \phi_K - (-\varepsilon_{KK} + \phi_L)$$
$$= \varepsilon - 1$$

这些偏弹性在表 4.1 的第 7、8 和 9 行中也有记录。下面的定义对于探讨这些偏弹性的经济学解释是必不可少的：

定义　如果 $\varepsilon > 1 (\varepsilon < 1)$，　　　　　　　　　　(4.27)

生产函数是有替代无弹(有弹)性的。

替代无弹性($\varepsilon > 1$)意味着两个要素的报酬递减定律的合力很强($\varepsilon_{LL} + \varepsilon_{KK}$)，生产的两种要素严格地组合在一起，高度互补，不可替代，接近里昂惕夫情形。因此，资本存量的增加会提高工人阶级的收入份额(ϕ_L)，而减少资产阶级的收入份额(ϕ_K)。如果劳动力增多，则发生相反情况。

在一个成熟经济中，生产过程还引进了一些机械化学方面的科学技术原则。因而，劳动力就不能轻易地由资本来替代。因此，替代无弹性通常被看作是"正常"情况。但这并不是不可避免的，在我们关于二元发展的讨论中，我们就看到了这一点。在那里，当劳动力 L 增加时，劳动力的分配份额也有可能增加，因为劳动力数量的增加超过了由此而致的工资抑制效应。4.16c 式就意味着：

$$\phi_L \varepsilon_{LL} = \phi_K \varepsilon_{KK} \qquad (4.28a)$$

或

$$r = \phi_L / \phi_K = \varepsilon_{KK} / \varepsilon_{LL} \qquad (4.28b)$$

ε_{LL} 与 ε_{KK} 的比率是 r，是相对份额比率。虽然我们不知道 ε_{LL} 和 ε_{KK} 的绝对数值，但我们知道它们的相对数值，知道整个"无弹性"很大一部分是资本报酬递减定律导致的。根据我们的经验，ϕ_L 通常在 0.6 左右，r 的值接近于 1.5，即资本的报酬递减强度是劳动力

的 1.5 倍。在图 4.2(a) 中，r 由等产量曲线在 P_0 点的弹性表示。我们立刻就可以得到：

$$1 + \phi_L/\phi_K = 1 + \varepsilon_{KK}/\varepsilon_{LL} \tag{4.29a}$$

或

$$1/\phi_K = \varepsilon/\varepsilon_{LL} \tag{4.29b}$$

最后一个相等关系意味着：

$$\varepsilon_{LL}/\varepsilon = \phi_K \tag{4.30a}$$

$$\varepsilon_{KK}/\varepsilon = \phi_L \tag{4.30b}$$

由于 $\varepsilon = \varepsilon_{LL} + \varepsilon_{KK}$，$\varepsilon_{LL}/\varepsilon(\varepsilon_{KK}/\varepsilon)$ 就是由劳动力(资本)报酬递减定律所引致的 $\varepsilon_{LL}(\varepsilon_{SKK})$ 占替代无弹性的比例，其经验值约为 0.4(0.6)。这可以归纳为一个必然的结论：

由 ε_{LL} 引致的 ε 的部分是资本贡献份额 ϕ_K，而由 ε_{KK} 引致的 ε 的部分则是劳动力贡献份额 ϕ_L。 (4.31)

在表 4.1 第 Ⅱ、Ⅲ 栏中，除了第一行的 ϕ_L 和 ϕ_K，所有记录都有相反符号和相同的绝对值。这可以概括如下：

对于一系列增长绩效指标 $(p, d, f_L, f_K, M, \phi_L, \phi_K, r)$ 中的任何一个来说，关于劳动力和资本的偏弹性都有相反的符号和相同的绝对值。 (4.32)

主要原因是新古典生产函数规模报酬不变(CRTS)的性质，这使得下一节中推出的所有增长等式比较简单易懂。

4.4 增长等式的推导

当资本存量 $K(t)$ 和劳动力 $L(t)$ 随着时间外生地增长时，表

第四章 新古典生产函数、增长和发展

4.1 中任意一个绩效指标 x 的增长率(η)由一个要素数量效应和一个创新效应组成。前者是指在没有发生技术变迁的情况下,即在一个静态生产函数中的绩效。后者是指由于技术变迁使生产函数发生变化而带来的额外绩效。使用定理 4.5d 链条法则,可将 η_x 分解为两部分效应:

$$\eta_x = f(K, L, t) = E(x, L)\eta_L + E(x, K)\eta_K + E(x, t)\eta_t \quad (4.33a)$$

或 $\eta_x = A + Z$ \quad (4.33b)

其中

$$A = E(x, L)\eta_L + E(x, K)\eta_K \ (\text{要素数量效应}) \quad (4.33c)$$

$$Z = E(x, t)\eta_t = (\partial x/\partial t)(t/x)(1/t) \ (\text{创新效应}) \quad (4.33d)$$

A——要素数量效应,是资本增长率 η_K 和劳动力增长率 η_L 的加权之和。而 Z——创新效应,是当 K 和 L 为常数时,单位时间内的变化百分比。要素的数量贡献和创新效应已经在表 4.1 的第 Ⅳa 和 Ⅳb 栏中分别列出了。利用最后一节的结论 4.32,参考第 Ⅱ、Ⅲ 栏中的偏弹性(即 $E(x,L)$ 和 $E(x,K)$),我们可以写出要素数量效应。因此,国民收入的要素数量效应就如 4.34a 所示:

$$A = \phi_L \eta_L + \phi_K \eta_K \quad (4.34a)$$

$$\begin{aligned} A &= E(x,K)\eta_K - E(x,K)\eta_L \\ &= E(x,K)[\eta_K - \eta_L] \\ &= E(x,K)\eta_{K^*} \end{aligned} \quad (4.34b)$$

如 4.34b 所证的,其余所有指标的要素数量效应都含有资本深化率 $\eta_{K^*} = (\eta_K - \eta_L)$。在没有技术变迁的情况下,要素数量效应代表了 η_K 和 η_L 的总效应。我们通过利用定理 4.34b,可以为第 Ⅲ 栏中所有的变量写出列示在第 Ⅳa 栏中的要素数量效应。从现在开始,我们集中精力研究 4.33d 中的创新效应(Z)。

衡量技术变迁最重要的尺度就是创新强度 J,其定义如下:

定义　一个动态生产函数中的创新强度 J 是指当 K 和 L 都保持常数时,单位时间内产出 Q 的变化百分比:

$$J = (\partial Q/\partial t)/Q = f_t/Q > 0 \quad (由 4.33d 得到) \qquad (4.35)$$

当两种投入要素都保持不变时,长期的产出增加只能通过创新强度实现。正如前面界定的,J 是一个非负数。用 Q、p 和 d 分别替代 4.33d 式中的 x,因此可以得出各个创新效应:

对 Q 的创新效应:$(\partial Q/\partial t)/Q = f_t/Q = J$ \qquad (4.36a)

对 $p = Q/L$ 的创新效应:$(\partial p/\partial t)/p = [(\partial Q/\partial t)/L]/(Q/L) = J$
\qquad (4.36b)

对 $d = Q/K$ 的创新效应:$(\partial d/\partial t)/d = [(\partial Q/\partial t)/K]/(Q/K) = J$
\qquad (4.36c)

由于对 Q、p 和 d 的创新效应都等于 J,因此相关的增长等式如下:

$$\eta_Q = \phi_L \eta_L + \phi_K \eta_K + J \quad (T1) \qquad (4.37a)$$

$$\eta_p = \phi_K \eta_{K^*} + J \quad (T2) \qquad (4.37b)$$

$$\eta_d = J - \phi_L \eta_{K^*} \quad (T3) \qquad (4.37c)$$

这些增长等式在表 4.1 第 Ⅳ 栏中列出了,为参考方便起见,以 T1、T2 和 T3 作为其代号。

T1 的经济学解释如下:国民收入的增长率可以分解为两个部分:创新强度(J)和由资本贡献项($\phi_K \eta_K$)与劳动力贡献项($\phi_L \eta_L$)组成的要素数量效应。每一贡献项都是一个要素增长率和要素产出弹性的乘积。

T2 的经济学意义是人均收入的增长率——总量层次上最重要的经济福利指标,可以分解为创新强度 J 和要素数量效应 $\phi_K \eta_{K^*}$,后者是资本深化率(η_{K^*})和资本产出弹性(ϕ_K)的乘积。持续的资本深化($\eta_{K^*} > 0$)是现代增长时代的一个众所周知的长期特点,尽管在一个二元经济发展中已商业化的部门中,我们可以观察到短暂资本浅化的增长阶段。[1]

T3 的经济学含义是资本生产率($d = Q/K$)的增长率是由一个正的创新强度效应(J)和一个负的资本深化贡献($-\phi_L \eta_{K^*}$)组成的。从资本的哈罗德-多马增长率($\eta_K = sd$)(等式 4.22)中,我们可以得出:

$$\eta_{\eta_K} = \eta_s + \eta_d = \eta_s + J - \phi_L \eta_{K^*} \tag{4.38a}$$

或者

$$\eta_{\eta_K} = J - \phi_L \eta_{K^*} \text{(因为 } \eta_s = 0\text{)} \tag{4.38b}$$

因此,在平均储蓄倾向为常数($\eta_s = 0$)时,增长等式(4.38a)就决定了资本加速度。

定义 增长过程的特点是,如果 $\eta_{\eta_K} > 0$($\eta_{\eta_K} < 0$),资本加速(减速)。

资本加速(减速)是一个很重要的增长现象,因为它不仅关系到一个避免经济停滞的成熟资本主义的长期生存能力,还关系到一个存在二元经济发展的平衡增长的能力。当一个经济有一个不变的平均储蓄倾向时,创新强度(J)和资本深化率(η_{K^*})对资本加速度的作用是相反的。一个高的创新强度(J)有利于资本加速,

---

[1] 例如在日本从 1880—1920 年间;见第七章。

而一个高的资本深化率(η_{K*})则会使资本减速。在不存在技术变迁的情况下($J=0$),3.6b式就变为:

$$\eta_{\eta_K} = -\phi_L \eta_{K*} \tag{4.39}$$

因此,我们有:

在技术没有变化($J=0$)的情况下,当平均储蓄倾向是常数($\eta_s=0$)时,资本深化(浅化)增长就意味着资本加速(减速)。

$$\tag{4.40}$$

在一个没有技术变迁的世界中,很多"储蓄推动"模型都满足该辅助定理的假设条件($J=\eta_s=0$)。这个辅助定理对所有因此的模型都适用,包括索洛模型。

马克思主义者可能会将一个不变的高储蓄率 s 视为资本积累的一个持久动力。上面的辅助定理表明,在没有技术变迁的情况下($J=0$),资本深化增长总是伴随着 η_K 的持续下降。因此,资本家们资本积累的动力只能靠一个充分强的创新强度来支撑,因为只有后者可以弥补资本深化对资本增长率造成的负面效应。[①]

让我们回到4.33d中的$E(x,t)\eta_t$上来,这里的 x 代表边际劳动生产率 f_L(也可代表边际资本生产率 f_K 和 $M=f_L/f_K$),因此H_L、H_K 和 B 就变为:

$$H_L = E(f_L,t)\eta_t = (f_{Lt}t/f_L)(1/t) = f_{Lt}/f_L(\text{在 }MPP_L\text{ 上的创新作用}) \tag{4.41a}$$

---

① 所有这些论据对社会主义经济(资本公有)同样适用。在试图阻止资本增长率下跌问题上,社会主义与资本主义面临相同的困难。资本主义与社会主义的不同之处在于对利润率的敏感程度。这只能借助于涉及了利润率的增长等式 T5 来分析。当不涉及利润率时,依据就是制度中性的。

第四章 新古典生产函数、增长和发展

$H_K = E(f_K, t)\eta_t = (f_{Kt}t/f_K)(1/t) = f_{Kt}/f_k$（在 MPP_K 上的创新作用） (4.41b)

$B = E(M, t)\eta_t = E(f_L, t)\eta_t - E(f_K, t)\eta_t = H_L - H_K$（在 M 上的创新作用） (4.41c)

在资本和劳动投入是固定的情况下，H_L 是单位时间内 f_L 的增长百分比（H_K 对应于 f_K），而 B 则是单位时间内 M 的变化百分比。这些增长等式在表4.1中以T4、T5和T6列出：

$\eta_w = \varepsilon_{LL}\eta_{K^*} + H_L$ （T4） (4.42a)

$\eta_\pi = -\varepsilon_{KK}\eta_{K^*} + H_K$ （T5） (4.42b)

$\eta_M = \varepsilon\eta_{K^*} + H_L - H_K$ （T6） (4.42c)

当我们用4.33d中的 x 代表 ϕ_L、ϕ_K 和 $r = \phi_L/\phi_K$ 时，有：

$E(\phi_L, t)\eta_t = E(f_L, t)\eta_t - E(p, t)\eta_t = H_L - J$ (4.43a)

$E(\phi_K, t)\eta_t = E(f_k, t)\eta_t - E(d, t)\eta_t - H_K - J$ (4.43b)

$E(r, t)\eta_t = E(\phi_L, t)\eta_t - E(\phi_K, t)\eta_t = H_L - H_K = B$ (4.43c)

这些增长等式在表4.1中被列为T7、T8、T9：

$\eta_{\phi_L} = (\varepsilon_{LL} - \phi_K)\eta_{K^*} + H_L - J$ （T7） (4.44a)

$\eta_{\phi_K} = (\phi_L - \varepsilon_{KK})\eta_{K^*} + H_K - J$ （T8） (4.44b)

$\eta_r = (\varepsilon - 1)\eta_{K^*} + B$ （T9） (4.44c)

因此，我们已经推导出了增长等式T1—T9，这一章的其余部分将致力于探讨这些等式的经济意义。4.5节将分析创新强度的意义，而4.6节将探讨包含 H_K 和 H_L 的要素创新倾向。

4.5 创新强度和增长：应用

库兹涅茨曾经指出，现代经济增长时代的主要特点在于科学

技术的应用,它们和资本积累一起带来了国民收入的迅速增长。索洛借助于统计学,对此定理进行了验证。国民收入增长等式(T1)直接可推导出:

$$1 = \alpha^0 + \beta^0 \tag{4.45a}$$

其中

$$\alpha^0 = (\phi_L \eta_L + \phi_K \eta_K)/\eta_Q \tag{4.45b}$$

$$\beta^0 = J/\eta_Q \tag{4.45c}$$

α^0 和 β^0 分别是由于"要素数量效应"和"创新强度效应"而对 η_Q 贡献的份额。α^0 和 β^0 的相对值的大小标志着它们在 GNP 扩展中各自代表要素的相对重要性。如果允许对 α^0 和 β^0 进行估计,T1 就又可以写作:

$$J = \eta_Q - (\phi_L \eta_L + \phi_K \eta_K) \tag{4.46}$$

当 $W(t)$(工资率)、$L(t)$(劳动力)、$K(t)$(资本存量)和 $Q(t)$(GNP)的时间序列数据都已被收集到,那么 η_Q、η_L 和 η_K 就都可以估计出来。对 $\phi_L = w(L/Q)$ 的生产解释与分配解释的一致性使得索洛可以对 $\phi_L(t)$ 和 $\phi_K(t) = 1 - \phi_L(t)$ 的时间序列进行估计。因此,所有右边的项都可以估计,而且 J 也可以视为等式 4.46 的剩余。

然后,4.45 中的 $\alpha^0(t)$ 和 $\beta^0(t)$ 的时间序列也可以估计了。这个统计调查的主要结论就是经过一段较长时间以后,$\beta^0(t)$ 的平均水平远高于 $\alpha^0(t)$(是后者的三倍)。这意味着,为增进 GNP 和物质财富,人口增长(η_L)和由节俭导致的资本存货扩大(η_K)就远不如对科技前沿的探索工作那么重要。后者不仅需要那些在工厂修理间和地板上不怎么引人注目的"蓝领"工人们的创新,而且需要人们的聪明才智、R&D 和通过专利权、杂志、报纸和大学等方式的思想的交流。

4.6 创新的要素倾向

4.6.1 工资率和利润率的创新和变化

当一个动态生产函数 $Q = f(K, L, t)$ 给出后,技术变迁动态就有两个维度:我们刚分析过的创新强度 J 和我们即将在本节中讨论的创新倾向。正是根据这两个维度将所有的创新进行分类。

当资本 K 和劳动力 L 不变时($\eta_L = \eta_K = 0$),从等式 T1、T2 和 T3,J 确定了 GNP 的增长率(η_Q),劳动生产率(η_p)和资本生产率(η_d)。出于同样原因,我们从增长等式 T4 和 T5 中可见,当 K 和 L 不变时,由于下述条件存在,劳动和资本的边际生产率得以提高:

当 $\eta_L = \eta_K = 0$ 时 $\eta_w = H_L$ (4.46a)

当 $\eta_L = \eta_K = 0$ 时 $\eta_\pi = H_K$ (4.46b)

这些结果可以推出 H_L 和 H_K "字面"定义:

定义 当资本和劳动力都不变时,创新对工资率的影响 H_L 是劳动边际生产率增加的百分比。(创新对利润率的影响 H_K 的定义与 H_L 类似)

实际工资率(w)和利润率(π)的变化方向,即 w 和 π 随着时间是增是减这个问题无论是在不发达国家,还是在发达国家,都是最重要的增长相关问题之一。在不发达国家里,实际工资是增是减,增加的速度有多快都是关键问题,它们不仅与工人阶级的绝对福利密切相关,还关系到收入分配的公平性。

并且,在对不发达国家转型增长过程的分析中,我们发现,一个关键性的发展特点,可能是存在着"无限的劳动力供给"———一种无论是农业实际工资还是非农业实际工资都基本不变的状态。在实际工资不变的假定条件下,工业部门对劳动力的吸纳需要持续一个相当长的时间,因此资本的积累和技术变迁的速度成为决定劳动力吸纳速度的主要因素。

在工业化的发达国家,只列举一个应用,就是利润率 π 的变化方向已成为长期经济停滞(当 π 持续下降时其会发生)问题的中心。特别地,马克思主义的一个命题,即认为要保持利润率,就必须增加对劳动力的"剥削",而这与决定工资率和利润率同时变化方向的增长动力是相关的。无论是在发达国家还是不发达国家,就相对份额的稳定、经济福利、社会和谐及资本主义经济的长期生存能力而言,概念 H_L 和 H_K 都是极其重要的,这一点将在后面的章节中完整地表达。

4.6.2 使用劳动力或使用资本倾向的创新

要分析"分配公平性",至关重要的是要知道技术变迁使工资率 η_w 的增长较利润率 η_π 的增长是快是慢。由此可以定义创新的要素倾向:

定义 使用劳动力(资本)的创新倾向 $B_L(B_K)$ 是:

$$B_L = H_L - J(使用劳动力倾向的程度) \tag{4.47a}$$

第四章 新古典生产函数、增长和发展

$B_K = H_K - J$（使用资本倾向的程度） (4.47b)

如果

$B_L > 0$ 或 $H_L > J$（使用劳动力倾向） (4.48a)

$B_L < 0$ 或 $H_L < J$（节省劳动力倾向）

$B_K > 0$ 或 $H_K > J$（使用资本倾向） (4.48b)

$B_K < 0$ 或 $H_K < J$（节省资本倾向）

那么,创新就是倾向于使用劳动力的情形(同理,是倾向于使用资本的情形)。

等式 4.48a 和 b 是对要素使用倾向方向的描述——当劳动的边际产品增加的百分比大于 J 时,创新是"使用劳动力型"的。等式 4.47a 和 b 是对要素使用倾向程度的描述——它强调 H_L 超过 J 的量。

这两个要素倾向指标显然不是相互独立的。在规模报酬不变(CRTS)条件下：

$J = \phi_L H_L + \phi_K H_K$ (4.49a)

$0 = \phi_L B_L + \phi_K B_K$ (4.49b)

$-B_K / B_L = \phi_L / \phi_K = r > 0$ (4.49c)

$B \equiv H_L - H_K = B_L - B_K$ (4.49d)

证明：对 $Q = f_L L + f_K K$ 两边求关于 t 的微分,得：

$\partial Q / \partial t = L f_{Lt} + K f_{Kt} = (L/f_L)(f_{Lt}/f_L) + (K/f_K)(f_{Kt}/f_K)$

得到等式 4.49a。

等式 4.49b 可由 4.49a 和 4.47ab,即 $J = \phi_L (B_L + J) + \phi_K (B_K + J)$ 得出。

等式 4.49c 从 4.49b 得出

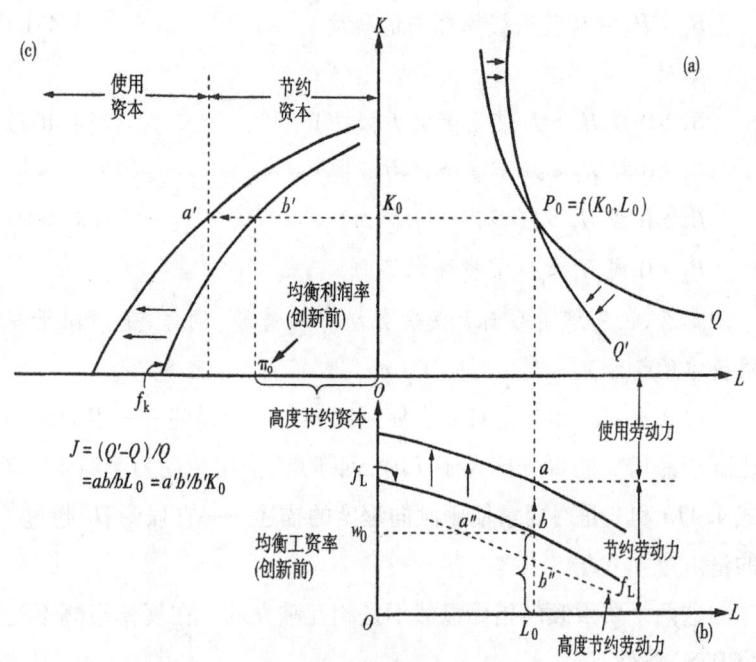

图 4.3 创新强度和创新倾向

等式 4.49d 则从 4.47ab 得出。 证毕。

因此，H_L 和 H_K 的加权平均数是 J(4.49a)，而 B_L 和 B_K 的加权平均数则是 0(4.49b)。等式 4.49c 表明 B_L 和 B_K 总是符号相反。因此，在 CRTS 条件下，使用劳动力倾向的创新同时就意味着节省资本。指标 $B \equiv H_L - H_K$ 也可看作 B_L 与 B_K 之差。由于这个原因，B 总是与 B_L 符号一致。所有这些可以概括为：

$$B_L \gtreqless 0 \longleftrightarrow B_K \lesseqgtr 0 \longleftrightarrow B \gtreqless 0 \longleftrightarrow H_L \gtreqless J \gtreqless H_K \quad (4.50)$$

根据下面的定义，等式 4.50 中的三组不等式分别代表三种创新：

希克斯式使用劳动力或节省资本:$B>0$(或 $B_K<0<B_L$),

意味着 $H_K<J<H_L$ (4.51a)

希克斯式节省劳动力或使用资本 $B<0$(或 $B_L<0<B_K$)

意味着 $H_L<J<H_K$ (4.51b)

希克斯中性 $B=B_L=B_K=0$

意味着 $H_L=J=H_K$ (4.51c)

"使用劳动力"和"节省资本"是等同的("节省劳动力"和"使用资本"也等同),而(H_L,H_K)则总是位于J的两端。在一个希克斯式使用劳动力倾向的创新中,劳动的边际产品增长的百分比高于资本边际产品的增长(条件是 K 和 L 不变)。在一个使用资本倾向的创新中,情形则相反。当 $B=0$(即当 $B_L=B_K=0$ 时),创新是希克斯中性的,在该边缘上,工资率和利润率以与创新强度 J 同幅度上升。当 K 和 L 不变时,等式 T6 意味着:

如果 $\eta_L=\eta_K=0, \eta_M=B$ (4.52a)

这意味着

$\eta_M=0 \longleftrightarrow B=0$ (4.52b)

在竞争性的新古典情况下,$w=f_L$ 而 $\pi=f_K$。因此,当 $\eta_L=\eta_K=0$ 时,M 的增长率即为 B。且仅当创新是希克斯中性时,相对要素价格比率 M 不会受到影响。且仅当创新是使用劳动力倾向时,M 会朝着有利于工资率的方向发展(即一个更高的比率 w/π)。因此,使用劳动力倾向的创新是分析功能性收入分配及其规模的关键(见第九章)。

按希克斯方式表示的创新要素倾向用图表示会有助于进一步分析。给定等产量曲线(图 4.3(a)中 Q 曲线)、劳动的边际产出曲线(图 4.3(b)中的 f_L 曲线)和资本的产出曲线(图 4.3(c)中的 f_k 曲线)。当初始要素投入点(K_0,L_0)确定在 P_0 时(图 4.3(a)),均衡工资率 w_0(利润率 π_0)就由图 4.3(b)(4.3(c))中的 $b(b')$ 点表示。

当创新发生时,这三条曲线(Q,f_K,f_L)就会受到图中双箭头所示的影响。当发生希克斯中性创新时,就没有图 4.3(a)中从 Q 到 Q' 的"旋转",只是指标"上升"了 J。同时,图 4.3(b)中的 w_0 和图 4.3(b)和(c)中点中:

$$J = ab/bL_0 = a'b'/b'K_0 \qquad (4.53)$$

在一个使用劳动力倾向的创新中,工资率将会上升到一个比图 4.3(b)中 a 更高的点,而利润率则上升到一个比图 4.3(c)中 a' 低的点上。与此同时,等产量曲线 Q(如图 4.3(a)所示)的坡度会更加陡峭。当使用资本倾向的创新发生时,情况则相反。

4.6.3 极大地节省劳动力和极大地节省资本倾向的创新

如果创新是极大地节省劳动力倾向的,那么它实际上可使 MPP_L 降低。换句话说,如果下列条件满足,创新就是极大地节省劳动力或极大地节省资本倾向:

当 $H_L < 0$ 时,创新是极大地节省劳动力倾向的(VLS) (4.54a)

当 $H_K < 0$ 时,创新是极大地节省资本倾向的(VKS)(4.54b)

在图 4.3b 中,VLS 型的虚线 f_L 通过一个比 b 点更低的点 b''。"极大地节省劳动力"概念的经济学含义与"节省劳动力"是相当不同的。当技术变迁是"节省劳动力"倾向时,我们只能确定工资率的上升低于利润率的上升(见等式4.51b)。但是,当创新是"极大地节省劳动力"倾向时,工资率无条件地下降。

上述分析假设充分就业均衡,因此,要素投入点(图4.3(a)中的P_0点)就决定了要素的均衡价格(w_0和π_0)。如果存在失业,实际的劳动力就业就会少于投入的劳动力L_0。例如,如果图4.3(b)中的实际工资w_0是刚性的,那么一个极大地节省劳动力倾向的创新将会减少劳动力雇佣(到a'')而不是使工资率下降到(b'')。

在成熟资本主义经济中,这种"非充分就业均衡"的情形被马克思所接受。由于资本家转而利用"极大地节省劳动力倾向的创新"来"保卫利润率"(见等式4.46b),工人阶级就会以失业和(或)实际工资被压制的形式被"不可避免地剥削"。

刘易斯(1954)、费和拉尼斯(1966)曾经使用短期非充分就业均衡的概念来研究二元经济发展中的转型增长。无限劳动力供给的假设,意味着二元经济发展中的工业部门实际工资基本不变,这就是说,创新的要素倾向极大地影响工业部门就业率和收入分配,这将在后面的章节分析。

4.6.4 两个要素倾向指标

三个希克斯式要素倾向指标(B, B_L, B_K)本质上是相关的(见等式4.50)。要进一步推出这些关系,在规模报酬不变条件下K和L的对称性意味着:

$$1 = \phi_K + \phi_L \quad (\text{由规模报酬不变(CRTS)}) \tag{4.55a}$$

$$\varepsilon = \varepsilon_{LL} + \varepsilon_{KK} \quad (\text{由 4.25c}) \tag{4.55b}$$

$$B = B_L - B_K \quad (\text{由 4.49d}) \tag{4.55c}$$

因此,

$$r = \phi_L/\phi_K = \varepsilon_{KK}/\varepsilon_{LL} = -B_K/B_L \quad (\text{由 4.49c、4.28b}) \tag{4.56a}$$

这意味着

$$1/\phi_K = \varepsilon/\varepsilon_{LL} = B/B_L \tag{4.56b}$$

证明:4.56b 是由 4.56a 分子分母运算然后使用 4.55。证毕。

由此:

$$\phi_K = \varepsilon_{LL}/\varepsilon = B_L/B \quad (\text{由 4.30a}) \tag{4.57a}$$

$$\phi_L = \varepsilon_{KK}/\varepsilon = -B_K/B \quad (\text{由 4.30b}) \tag{4.57b}$$

历史分析表明,在发达经济中,ϕ_L 是在 0.6 左右波动的。正如等式 4.29 所述的,分配份额的大小取决于对替代无弹性贡献份额更大的另一种要素。但是,在规模报酬不变(CRTS)的条件下,静态概念 ϕ_k 和 ϕ_L 通过动态概念 B_L、B_K 和 B 也成为与要素倾向相关的现象。而且 B_L 与 B 的比值是 ϕ_K(资本份额),B_K 与 B 的比值(负)是 ϕ_L(劳动力份额)。因此,B、B_L、B_K 与分配份额和替代无弹性都有关。

4.7 与要素价格和要素贡献份额相关的增长等式

4.7.1 有关要素价格的等式

上文,我们推导出了包含 H_L 和 H_K 项(等式 4.42 中的 T4、T5

和 T6)的三个指标(η_w、η_π、η_M)的增长等式。如果使用分解为 H_L 和 H_K 的等式(4.47ab),这三个指标就可以重新表示为:

$$\eta_w = \varepsilon_{LL}\eta_{K*} + B_L + J(\ = \varepsilon_{LL}\eta_{K*} + H_L) \tag{4.58a}$$

$$\eta_\pi = -\varepsilon_{KK}\eta_{K*} + B_K + J(\ = -\varepsilon_K\eta_{K*} + H_K) \tag{4.58b}$$

$$\eta_M = \varepsilon\eta_{K*} + B \tag{4.58c}$$

这些等式记录在表4.1(T4、T5、T6)中。这些等式右边的那些因素可分解为一个资本深化效应(包含 η_{K*} 项)和一个创新效应(包含 B_L、B_K 和 J)。

再粗略看一下这些等式在成熟经济中的应用,在有技术变迁的情况下,增长现象日益以资本积累 η_K 和人口增长 η_L 为中心。现代经济增长的一个长期特征就是实际工资 w 的持续增加,这标志着对有利于工人的科技的持续探索。w 的增长等式(4.58a)表示了工资率的增长速度可归因于资本深化速度($\eta_{K*}>0$),而且与劳动报酬递减定律(ε_{LL})的力度成比例。因此,如果劳动力变得相对更加稀缺,实际工资就会上升。工资率的快速增长也可以是较高的创新强度 J 和(或)较高的使用劳动力倾向(较高的正的 B_L 值)的创新所导致的。

考察历史可见,在西欧转型过程中 w 的持续上升出现得较晚,贯穿转型式增长的整个初始阶段(以英格兰1780—1820年为例)。古典经济学家们观察到实际工资 w 基本不变,并将这一现象界定为"工资铁律",即认为实际工资总是保持不变。在现代发展经济学中,"工资铁律"成为"无限劳动力供给"的条件,并且被视为存在劳动力过剩的不发达国家中的一个暂时的转型式增长现象。

古典经济学家们所犯的预测错误是可以原谅的,因为他们当时并没有意识到他们生活在一个转型时期。由于工人们没有获得稀缺价值,工资率也就不是由竞争性市场力量决定的,而是由制度力量决定的(见第三章)。他们不知道劳动力过剩的状态很快就会结束,而满载技术潜力的创新强度 J 的资本积累则会增加工人阶级的福利。

19 世纪的古典阶段结束不久,马克思认真分析了资本主义增长过程,并且认为,他发现了私有产权体系下资产阶级的积累动力(高 η_K)与对利润率 π 水平敏感度之间的矛盾。这个可能的矛盾体现在利润率增长等式(4.58b)中。若非技术变迁,资本积累动力(η_K)很轻易就会超过人口增长率 η_L,并导致资本深化($\eta_{K^*}>0$),从而导致利润率水平绝对地下降($\eta_\pi<0$)。

阻止利润率 π 下降的唯一途径是发生使用资本(或节省劳动力)倾向的技术变迁($H_K=B_K+J$),并且它还要有足够的力量以超过资本深化增长对利润的抑制效应。资本家们当然会不遗余力地采用 H_K 的两个组成部分——高创新强度 J 和(或)高使用资本倾向 B_K 的技术变迁。

等式 4.58c 表明,要素相对价格比率 M 的增长率与资本深化率、"替代无弹性"成比例。随着人均资本的增加,如果报酬递减定律比较有力(即 ε 较大),M 就会快速增长(即有利于工人阶级的)。一个较大的使用劳动力倾向创新 B 会同方向发挥作用。

4.7.2 与分配份额相关的增长等式

分配份额(ϕ_L、ϕ_K 和 $r=\phi_L/\phi_K$)的增长等式在表 4.1 中以 T7、

第四章 新古典生产函数、增长和发展

T8 和 T9 列出。利用等式 4.47ab 和下面的等式：

$$\varepsilon_{LL} - \phi_K = \phi_K \varepsilon - \phi_K = \phi_K(\varepsilon - 1) \quad （由(4.57a)得） \quad (4.59a)$$

$$\phi_L - \varepsilon_{KK} = \phi_L \varepsilon - \phi_L = \phi_L(1 - \varepsilon) \quad （由(4.57b)得） \quad (4.59b)$$

这些增长等式就以另一种方式表示如下：

$$\eta_{\phi_L} = \phi_K(\varepsilon - 1)\eta_{K^*} + B_L \quad (4.60a)$$

$$\eta_{\phi_K} = -\phi_L(\varepsilon - 1)\eta_{K^*} + B_K \quad (4.60b)$$

$$\eta_r = (\varepsilon - 1)\eta_{K^*} + B \quad (4.60c)$$

这些等式右边的因素包含了一个资本深化效应（包含 η_{K^*} 项）和一个创新倾向效应（包含 B_L, B_K 和 B 这三项）。

这些等式的含义是，当 $\varepsilon > 1$ 时，生产函数是替代无弹性的。在现代经济增长时代中，当资本是科技新思想的"代理人"时，可以假设报酬递减定律作用力很强（$\varepsilon = \varepsilon_{LL} + \varepsilon_{KK} > 1$），替代无弹性（$\varepsilon > 1$）是经验的"正常"情况。等式 4.60 意味着，资本深化增长过程（$\eta_{K^*} > 0$）使得绝对工资份额（ϕ_L）和相对工资份额（$r = \phi_L / \phi_K$）都增加。$r = M/K^* (= (w/\pi)/(L/K))$ 意味着：

$$\eta_r > 0 \longleftrightarrow \eta_M > \eta_{K^*} \quad (4.61)$$

因此，当资本深化这一正常情况发生时，由 $\varepsilon > 1$ 确定的条件，即要素价格比率（M）增长快于要素投入比率（K^*）时，r 也会增长。

使用劳动力倾向的创新（$B_K < 0 < B_L$）促使劳动力（资本）份额增加（减少）。很显然，高（或低）的创新强度（J）对要素份额（ϕ_L 或 ϕ_K）或要素相对价格（M）没有影响——虽然它对产出的增长率（η_Q）和要素生产率（η_p, η_d）有极其重要的影响。因此，创新强度（J）就具有了福利（w, π）效应和生产率（p, d, Q）效应。而创新的要素倾向则对"均衡"和"分配公平性"（M, ϕ_L, ϕ_K, r）有作用。等

式 4.56a 意味着：

$$\eta_r = \eta_{\varepsilon_{KK}} - \eta_{\varepsilon_{LL}} \tag{4.62a}$$

$$\eta_r > 0 \longleftrightarrow \eta_{\varepsilon_{KK}} > \eta_{\varepsilon_{LL}} \tag{4.62b}$$

$$(\varepsilon - 1)\eta_{K^*} + B = \eta_{\varepsilon_{KK}} - \eta_{\varepsilon_{LL}} \tag{4.62c}$$

等式 4.62b 显示，当且仅当发生了技术变迁，使得资本的报酬递减作用强于劳动力，r 就会增加。这个解释与等式 4.60c（旨在探索等式 4.62c 中的相同因素）推导出的意义是等同的。

4.7.3 增长等式（T1—T9）的应用

概括地说，表 4.1 中的增长等式（T1—T9）是由描述总量层次上生产关系的动态生产函数 $Q = f(K, L, t)$ 推导出来的。由于"增长理论"与下述一系列总量变量的增长速度有密切关系：

$$E = (\eta_Q, \eta_p, \eta_d, \eta_w, \eta_\pi, \eta_M, \eta_{\phi_L}, \eta_{\phi_K}, \eta_r, \eta_{K^*}) \tag{4.63}$$

从这个意义上说，这些等式是适用的。因此，不管它们是否与农业论、古典学派、成熟经济或不发达国家的转型式增长有关，那些决定增长率的因素应该是所有增长理论的中心。我们将在以后的章节中对这些应用作更全面的分析。

第五章 增长系统的一般分析

5.1 引言

经济学是分析人类关系的社会科学之一。宏观经济学作为一个二级学科,其特征是它关注整体的运行,将所有基本的经济现象——生产、消费、交换和收入分配——视为一个可模型化的相互关联的系统。自从古典学派开始,经济模型就沿袭这一传统,将"增长"解释为一个由相互关联的、动态的经济变量构成的整体系统运行。

第四章根据产出关系确定的动态变量速度($Q, P_1, d, \cdots, r$),构建了一个增长方程体系(T1, T2, $\cdots$T9)。在建立经济模型中,具体说,建立一个含有动态变量的增长模型,需要许多这样的方程。本章研究这些模型的运用。18 世纪的古典经济学家、19 世纪的马克思、20 世纪的熊彼特以一种更加"文学化"的传统来看待增长。然而直到二战以后,人们才开始严格地按照"粗糙的"哈罗德-多马模型来研究经济现象。战后,经济学文献中一个重要的里程碑是将模型转变到新古典的索洛增长模型,本章 5.2 节对此展开讨论。

在19世纪的"文学"传统中,马克思和古典经济学家关心了一系列"内在"冲突:工资和利润之间的分配冲突、劳动生产率收益和资本加速积累之间的冲突。这一系列冲突必须同时使用几乎所有的增长方程加以严格地分析。在5.3节,我们将针对其中一些冲突来研究增长方程之间的联系。对于增长方程(T2—T9)中资本(K)和劳动(L)的对称性所显示的"二元结构",我们将在5.3节进行探讨。

5.2 从哈罗德-多马到索洛

5.2.1 "粗糙的"哈罗德-多马模型

战后经济学家首次使用的严格的增长模型是"粗糙的"哈罗德-多马模型,该模型的基本假设是:

$$\eta_s = 0 \tag{5.1a}$$

$$\eta_d = 0 \tag{5.1b}$$

因此,假定等式5.1ab中s(平均储蓄倾向)和d(资本生产率)不变,我们可以得出资本增长率($i \equiv \eta_K$):

$$\eta_K = i = (dK/dL)/K \tag{5.2a}$$

$$I = dK/dt = S \tag{5.2b}$$

这里的推导所隐含的假定是储蓄(S)和投资(I)相等,因此,资本增长率由储蓄(或节俭)的力量决定。许多增长模型都含有储蓄推动的特征。

由于 i 不变,资本增长路径方程变为

$K = K(0)e^{(sd)t}$ (5.3a)

和

$i = \eta_K = sd$ (5.3b)

如果人口增长率为常数,那么

$\eta_L = \nu$ （不变的人口增长率） (5.4a)

或者

$L = L(0)e^{\nu t}$ (5.4b)

人均资本增长率变为：

$\eta_{K^*} = sd - \nu$, (5.5a)

这意味着,当且仅当 $sd > \nu$

$\eta_{K^*} > 0$ (5.5b)

因此,当且仅当储蓄率(s)相对于人口增长率足够大时,增长由资本深化所推动。所有战后早期计划的努力都是按照这个模型作出的。

5.2.2 索洛的新古典增长模型

索洛-斯旺模型是在"粗糙的"哈罗德-多马模型基础上产生的第二个重要模型。前者保留了后者的所有假设,只有一个例外,即使用了静态新古典的生产函数($Q = f(K, L)$)。该假设表明,当资本和劳动可以相互替代时,资本生产率(d)不再是不变的。继索洛和斯旺的原创性贡献之后,出现了一系列假定不存在技术变迁的储蓄推动型增长模型。

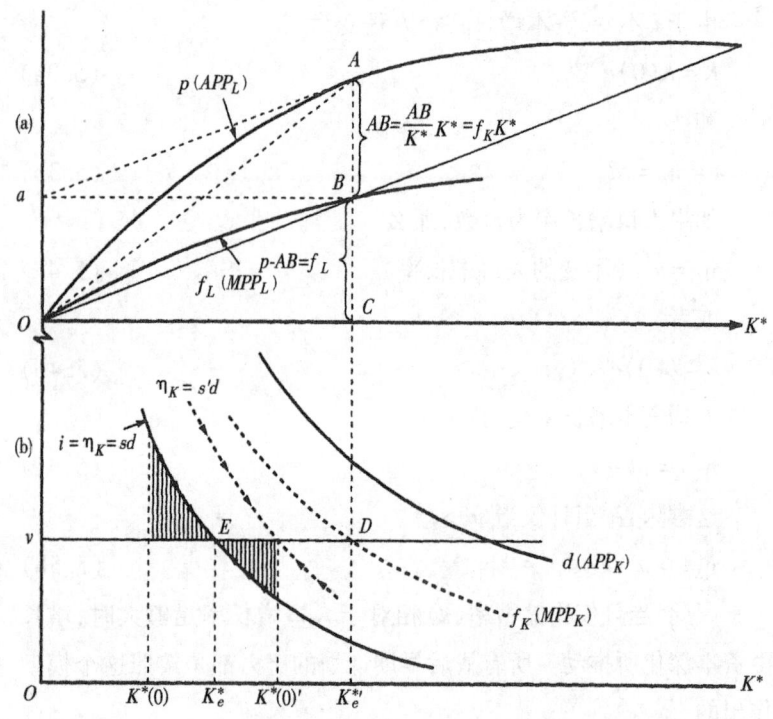

图 5.1 静态技术条件下的新古典增长模型

我们从第四章已知,规模报酬不变(CRTS)下的新古典生产函数意味着,$APP_L(p)$、$MPP_L(f_L)$、$APP_K(d)$ 和 $MPP_K(f_K)$ 都是人均资本 K^* 的函数,如图 5.1 上部(p 和 f_L)及下部(d 和 f_K)的四条曲线所示,横轴度量 K^*,APP_L 曲线是凸的、递增的,原因是当 $L=1$ 时,APP_L 曲线反映了总产出(Q)是 K 的函数关系。因此,p 曲线的斜率是 f_K,如图 5.1(b)中 MPP_K 曲线所示。

在 APP_L 曲线上 A 点,如 APP_K 曲线所示,射线 OA 斜率是 $p/K^* = d$。AB 之间距离是 $f_K K^*$。因此,$p - AB = P - f_K K^* = Q/L - $

$f_K K/L = (Q - f_K K)/L = f_L$,$BC$ 之间距离等于 f_L。这表明,MPP_L,曲线必定通过 B 点。因此,一旦劳动生产率给定,其他 3 条曲线就能用几何方法推导出来。当 K^* 变动时,我们就可以借助这幅图研究作为一体的 p,d,f_K 和 f_L 的变化。

5.2.3 资本增长率的决定

由于平均储蓄倾向($0<s<1$)是一个大于 0 小于 1 的数,资本增长率($\eta_K = sd$)就由图 5.1(b)中的曲线 $i = \eta_K = sd$ 来描述。不变的人口增长率(ν)表示为截距为 O_ν 的水平线,两条曲线的交点(E)处于 K_e^* 上,即索洛-斯旺模型中长期不变的 K^* 值。

在 $\eta_K > \nu (\eta_K < \nu)$ 的情况下,当 K^* 增加(减少)时,增长呈现出资本深化(压制)的特征。因此,当初始值 $K^*(0)$ 小于(大于)K_e^* 时,K^* 值便单调递增(递减),趋向于 K_e^*。索洛-斯旺模型的主要结论可以总结为下面的定理:

定理 给定一个不变的人口增长率 ν 和一个不变的储蓄率 s,如果初始值 $K^*(0)$ 小于(大于)长期不变值 K_e^*,则资本增长率 η_K 就单调递增(递减)至 K_e^*,η_K 收敛于 ν。

5.2.4 增长状态和解的分类

资本深化型(资本压制型)增长过程总是与资本减速($\eta_K < 0$)(加速 $\eta_K > 0$)相联系。这两类增长如图 5.2 所示。该图中,η_K 趋向于人口增长率，K^* 从上面（$K^*(0)$）或下面（$K^*(0)'$）趋向于 K_e^*。

索洛和斯旺的理论结论表明，在技术不变的条件下，两种类型的增长是可以区别的。一方面，存在一个以与 K_e^* 对应的不变人均资本为特征的长期稳定状态；另一方面，存在趋向于长期稳定状态的转型式增长过程。

规模报酬不变定理意味着存在下面的定理：

定理 在没有技术变迁和 s、v 不变的条件下，经济向长期稳定状态的变动趋势具有以下特征：

$$K^*, p, d, f_K, f_L, M, \phi_L, \phi_K \text{ 和 } r \text{ 不变} \tag{5.6a}$$

$$\eta_a = \eta_K = \eta_L = v > 0 \quad (\text{由 } d \text{ 不变得出}) \tag{5.6b}$$

经济按人口增长率增长，而所有基本增长绩效指标值固定。这是冯·诺伊曼或熊彼特状态，①即在没有技术变迁的情况下，趋向于成熟经济的长期状态。

第四章表 4.1 中方程 T2 表明，当资本深化（$\eta_{K^*} > 0$）和（或者）创新加强（$J > 0$）时，人均收入（η_p）持续增长。在冯·诺伊曼状态中，这两个因素没有起作用，p 不会持续增长。因此，没有技术创新，经济最终是不可能发展的。这个结论再次支持了一系列统计调查的结果（最初是索洛的研究），即高强度的技术创新是现代增长时代物质财富增长的源泉。

---

① 熊彼特首先提出在没有周期性技术变迁的情况下，经济总是趋向一个稳定状态这个观点。冯·诺伊曼对此给出了严格的证明。

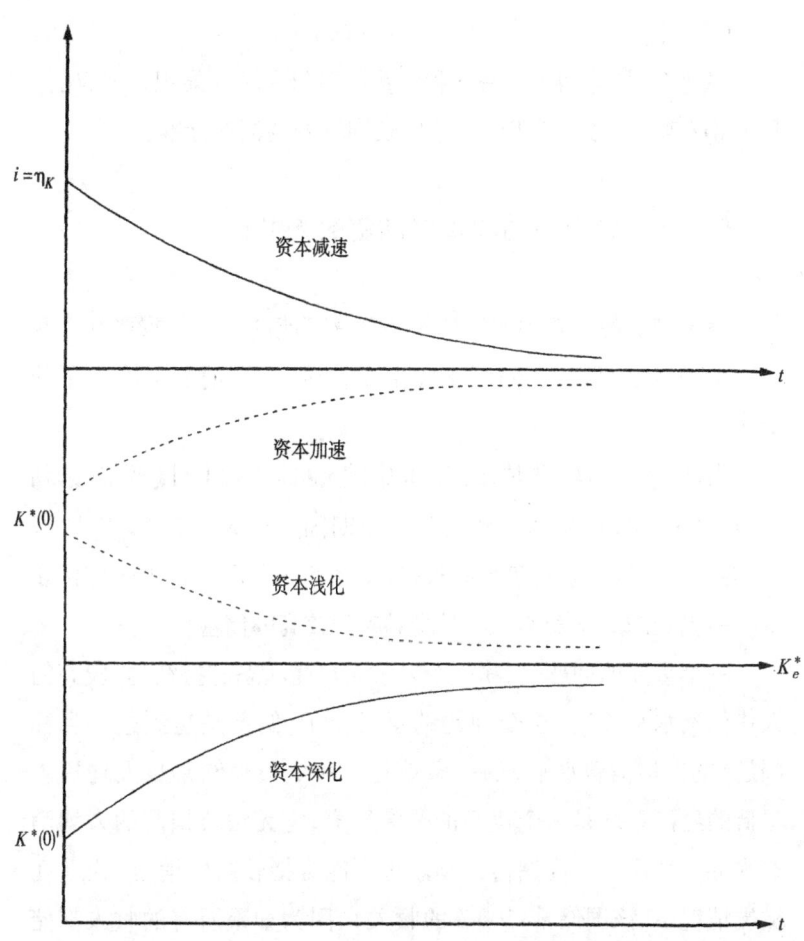

图 5.2 技术变迁条件下的增长类型

最重要的社会福利指标是前面所讲的人均消费标准 C^*，那里

$$C^* = C/L \tag{5.7a}$$

或

$$C^* = (Q-S)/L = p - S/L = p - s(Q/L) = (1-s)p \qquad (5.7b)$$

因此 C^* 是劳动生产率 p 和消费倾向 $(1-s)$ 的乘积。恒定的 p 和 s 意味着,在冯·诺伊曼状态中长期不变的消费标准。

5.2.5 黄金规则和过度储蓄的无效性

冯·诺伊曼状态中的问题是储蓄率可能的变化的重要性。我们特别感兴趣的是,当储蓄率发生变化时,长期消费标准水平的变化。

当储蓄率 (s) 较高时,图 5.1b 中的 η_K 曲线就上升(例如,升到 $\eta_K = s'd; s < s'$,),从而导致更高的长期固定值 $K^*(0)' > K_e^*$,因此,冯·诺伊曼状态肯定会有很多(如图 5.3 所示),即冯·诺伊曼状态中更陡的人均资本 K_e^* 射线对应于较高的储蓄率。

一个重要的问题是,哪一个冯·诺伊曼状态有持续的、较高的人均消费水平 C^*。这个问题的意义在于,储蓄是达到这一目标(较高的人均消费水平)的一条途径。一个很少储蓄且人均资本很低的经济系统是一个典型的贫穷国家,它无法负担高的人均消费水准。然而一个高储蓄的国家也不能维持较高的消费水准(在极端情况下,该国储蓄:100%的收入),因为如果所有的收入都储蓄起来,C^* 就是零。因此,存在一个储蓄的黄金法则,使得人均消费水准最大化。要确定该储蓄的黄金法则,人均消费水准可以表示如下:

$$C^* = p - sp \qquad (5.8a)$$

其中

$sp = vK^*$ （人均投资量） (5.8b)

$C^* = p - vK^*$ （由 5.8ab 得出） (5.8c)

为证明 5.8ab, 我们有

证明 $sp = s(Q/L) = I/L = (I/K)/(L/K) = \eta_K K^* = vK^*$ 处于冯·诺伊曼状态。证毕。

图 5.4(a) 重新画出了图 5.1(a) 中的 p 曲线。方程 5.8 中 vK^* 用射线 OR 表示，OR 和 p 曲线之间的垂直距离代表 5.8c 中的人均消费水准 C^*。由于 vK^* 的斜率是 v, p 曲线的斜率是 f_K。当 v

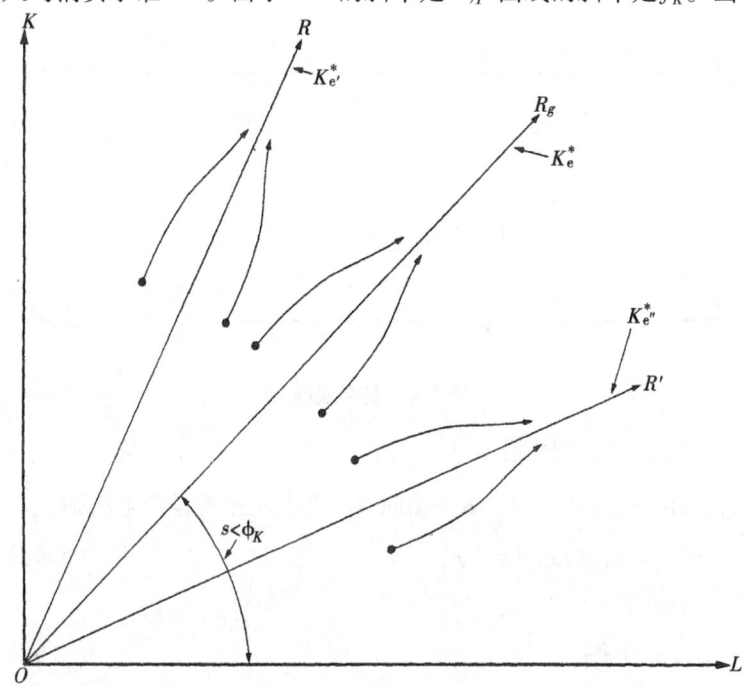

图 5.3 可选择的冯·诺伊曼状态

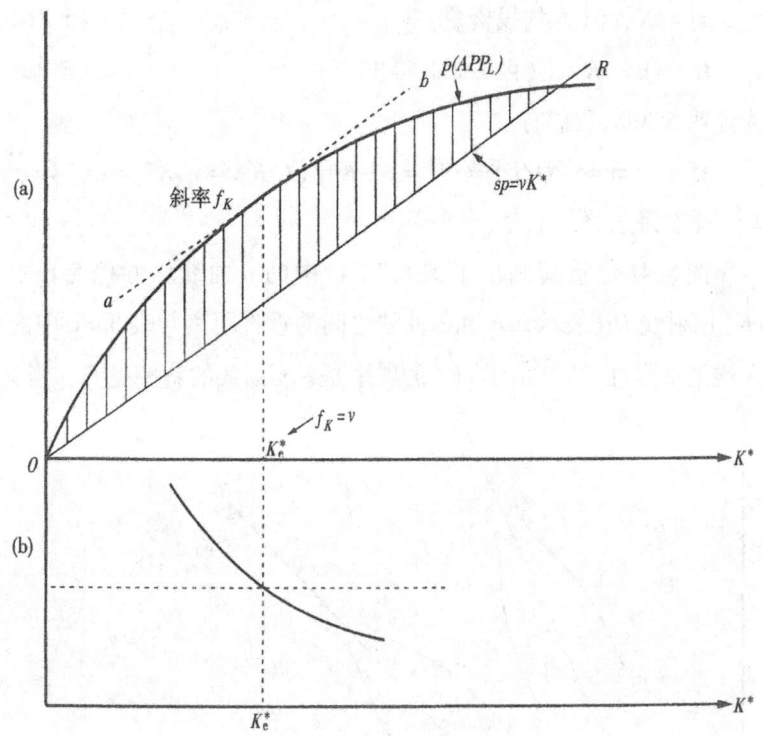

图 5.4 黄金法则

$=f_K$ 时,C^* 实现最大化。表示为切线 ab 平行于 OR。换句话说,v 和 f_K 相等的条件决定了 K_e^* 值时,C^* 最大。这就是黄金法则:

$$\eta_K = v = f_K(\text{或 } sd = f_K) \tag{5.9a}$$

意味着

$$s = S/Q = \phi_K \tag{5.9b}$$

$$C^* = (1-s)p = \phi_L p = f_L \tag{5.9c}$$

证明:5.9a 表明 $I/K = f_K$,或者 $s = Kf_K$,和 $1-s = Lf_L$,这表明

5.9b。证毕。

方程 5.9 表明了古典储蓄规则(所有的收入都被储蓄)①,以及利润率 f_K 等于由人口增长率 ν 决定的资本增长率(5.9a),所有这些可以总结如下:

黄金规则定理　当古典储蓄规则($s = \phi_K$)满足时,人均消费水平最大化的冯·诺伊曼状态就能实现。这意味着:

(a)最大化的消费水准等于竞争工资率($C^* = f_L$)

(b)利率 f_K 等于资本增长率和人口增长率($\eta_K = \nu$)

"黄金法则"揭示了过度储蓄的无效性。参照图 5.3,如果 OR_g 相当于符合黄金法则的冯·诺伊曼状态,那么一个较高的平均储蓄倾向将使人均消费水准降低到一个较低的水平。与每个冯·诺伊曼状态相联系的是在一个较高的 K_e^* 下具有较低的资本收益率(f_K)。因此,高储蓄率是不可行的,它将利润率(f_K)降低到资产阶级不能容忍的地步。如果利润的份额 ϕ_K 是 40%,那么实际储蓄率远低于古典储蓄规则下的水平。对利润率和技术变迁之间联系留在下文系统地研究。

因此,哈罗德-多马模型和索洛新古典模型成为战后增长理论的重要里程碑。然而,这些理论建立在不切实际,即没有技术变迁的假设上。放宽该假设,现代增长的分析就更为实际。技术变迁

---

① 应当注意,19 世纪早期的古典经济学家对"古典储蓄规则"信念就像我们今天拒绝接受该规则一样坚定。在工人不具有管理职能的假设下,工人不是储蓄者,这是在促使所有权与控制权分离的金融体系发展之前的情况。古典的阶级分层的储蓄规则排除了有产者和无产者两阶层之间社会流动性,使得重农主义者世袭的阶级二分法得以永生。

条件下的增长问题留待下一章分析。5.3 节分析与此相关的一个问题：当存在技术变迁时，增长系统之间的相关性。

5.3　增长的冲突和技术变迁

由于资本(K)和劳动(L)是联合的、对称的投入，资本和劳动生产率(d,p)的增长以及要素报酬(π、w)就由通常的增长过程中的因果关系所决定。分配冲突的可能性总是存在着。较高的工资率(η_w)增长只能以更低的利润率(η_π)增长为代价。这种分配冲突是马克思阶级斗争理论的核心和 20 世纪下半叶"集体谈判"学派的中心。双方对报酬增长的需求用矢量 α 的两个组成部分(η_π,η_w)表示。

在成熟经济的增长过程中，不仅存在分配冲突，而且存在生产冲突，即在充分就业下，较高劳动生产率 η_p 增长率只能以更低的资本生产率增长率 η_d 为代价才能获得。具体解释如下。假设平均储蓄倾向不变。$\eta_i = \eta_s + \eta_d$ 或者 $\eta_d = \eta_{\eta_K}$，因此，η_d 与资本加速数相等。让 β 表示以下矢量(η_d,η_p) = (η_{η_K},η_p)。生产率冲突就是高的 η_p(人均收入增长率)和 η_K(资本加速数)之间的冲突。如果资本主义制度或者其他经济体制要长期有效的话，两个冲突 α 和 β 就必须解决。

很明显，这些"冲突"分析必须同时研究 $\alpha = (\eta_\pi,\eta_w)$ 和 $\beta = (\eta_d,\eta_p)$，本节我们利用增长方程 T1—T9 来研究分配冲突(α)和生产冲突(β)。

5.3.1 增长和分配的冲突

首先,从方程式 T4—T5 中可导出以下定理:

定理 创新强度(J)是(η_π, η_w)的加权平均数,权重(ϕ_K, ϕ_L)是分配的份额。

$$J = \phi_K \eta_\pi + \phi_L \eta_w \tag{5.11}$$

证明:从 T4 和 T5,$\phi_L \eta_w = \phi_L \varepsilon_{LL} \eta_{K^*} + \phi_L H_L$

和 $\phi_K \eta_\pi = -\phi_K \varepsilon_{KK} \eta_{K^*} + \phi_K H_K$。

由 4.49a 和 4.56a 得出 $\eta_{K^*} = \phi_L \varepsilon_{LL} - \phi_K \varepsilon_{KK}$。再加总可得到 5.11 式。

如果方程式 5.11 由图 5.5a 中直线 AB 表示,且 $\eta_\pi(\eta_w)$ 在横(纵)轴上表示,则横轴和纵轴上的截距和斜率定义如下:

$$J_K = J/\phi_K (水平截距) \tag{5.12a}$$

$$J_L = J/\phi_L (垂直截距) \tag{5.12b}$$

$$J_L/J_K = -1/r = -\phi_K/\phi_L = -\varepsilon_{LL}/\varepsilon_{KK} (斜率) \tag{5.12c}$$

由于斜率(5.12c)是负的,一个较高的 η_w 只能以一个较低的 η_π 值为代价获得,因此,对于所有在 AB 上的点 $\alpha = (\eta_\pi, \eta_w)$ 来说,都存在分配的冲突。就其重要性而言,我们引进以下定义 J_L 和 J_K:

定义:$J_L(J_K)$ 是创新引起的劳动力(资本)扩张强度。

我们将 AB 上的所有的点表示为 Ω_J,并视之为由 J 决定的相互冲突的选择集(其中(x, y)对应于 5.5 图中的轴)。Ω_J 被横截距(J_K)和纵截距(J_L)分割成三个部分(子集),其经济学解释分别如下：

$$\Omega_J = ((x,y)/J = \phi_K x + \phi_L y) = \Omega_L \cup \Omega^+ \cup \Omega_K \quad (5.13a)$$

$$\Omega_L = ((x,y)/x<0, y>J/\phi_L)(利润下降区域) \quad (5.13b)$$

$$\Omega_K = ((x,y)/x>J/\phi_K, y<0)(工资下降区域) \quad (5.13c)$$

$$\Omega^+ = ((x,y)/0<x<J_K, 0<y<J_L)(相互约束增长区域)$$

$$(5.13d)$$

我们将属于 Ω_K 区域的 $\alpha=(\eta_\pi,\eta_w)$ 看作工资下降区域,以强调工资率绝对下降的事实(利润率下降区域的情况类似)。如图 5.5 中所示,线段 $J_L J_K$ 所代表的集合 Ω^+ 是两种要素互相制衡的区域,即该区域的两种要素价格都不下降。只有当两种要素报酬的增长受到限制时,这种情况才能实现。因此,从等式 5.13 可以得出这样的推论：

定理 当且仅当其他生产要素的报酬以一个比创新引起的该要素扩张强度更高的比率增长时,一种生产要素的报酬(η_π 或 η_w)减少(绝对下降)。

$$\eta_\pi \lesseqgtr 0 \longleftrightarrow \eta_w \lesseqgtr J_L \quad (5.14a)$$

$$\eta_w \lesseqgtr 0 \longleftrightarrow \eta_\pi \lesseqgtr J_K \quad (5.14b)$$

当且仅当在其他要素价格以要素扩张比率增长,一种要素价格不变。换句话说,如果利率在长期是不变的,则工资率的增长率等于 $J_L = J/\phi_L$。这些特殊例子如图 5.5a 的纵轴和横轴上 J_L 和 J_K 边界点所示。纵轴上这些特殊点 J_L 很重要,它与长期不变的利率相对应。

显然,资本主义体系要维持生存,工资或利润率不能绝对地、永久地下降。在长期,$\alpha=(\eta_\pi,\eta_w)$ 的一个均衡值只能是 Ω^+ 中的

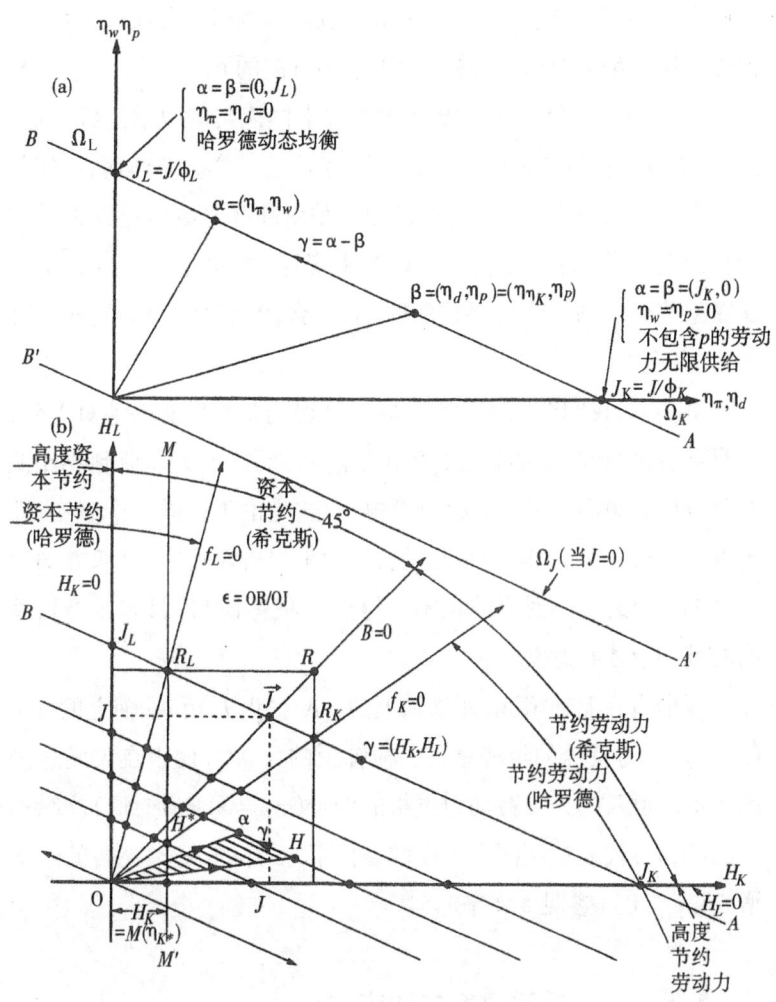

图 5.5 增长和要素回报

一个折衷解。然而,当创新强度 J 减弱,Ω^+ 的组合退化。(在 $J=0$ 的极端情况下,Ω_J 指通过原点的直线($A'B'$),Ω^+ 只包含一个点,即原点。)如果双方拒绝减少(w,π),且两者都坚持其某些收益,就很难解决分配冲突(甚至在数学上是不可能的)。

在20世纪,分配冲突没有能通过集体谈判的政治过程解决,正如19世纪没有能通过"阶级斗争"解决它一样。总体而言,实际工资和资本回报率(w,p)的持续增长是由那些与政治过程无关的增长促进因素(例如资本深化和技术变迁)所决定的。这并不否认在某些行业创新活动盛行的时期,工会能强迫管理层放弃一部分"创新利润"。

事实上,我们难以预期每个阶级都遇到要素报酬的绝对下降,这意味着,创新高发的阶段(1973年前的美国)的集体谈判要比低的阶段更为激烈(1973年后的美国)。这是由于这样一个事实,即当没有增长空间时,就没有激励去努力地讨价还价,而且双方知道各自都很容易遭到对方的拒绝。显然,"集体谈判"只有在增长理论的基础上才有意义。

两个边界上的情况,即横轴上的$-\alpha=(0,J_L)$和纵轴上的$\alpha=(J_K,0)$,具有特殊的经济意义。横轴上的$(J_K,0)$代表在欠发达国家转型式增长中无限劳动力供给的例子($\eta_w=0$)(第七章)。纵轴上的$(0,J_L)$代表在利润率不变的条件下,成熟的、资本充裕的经济增长($\eta_\pi=0$)(参见5.4节)。

5.3.2 增长与速度的冲突

为理解增长与速度之间的冲突,从等式T2和T3直接得出如下定理:

第五章 增长系统的一般分析

定理 创新的强度 J 是 (η_d, η_p) 的加权平均数,其中权数是分配比例 (ϕ_K, ϕ_L)。

$$J = \phi_K \eta_d + \phi_L \eta_p \tag{5.15}$$

证明: 从 T2 和 T3,$\phi_L \eta_p = \phi_L J + \phi_L \phi_K \eta_{K^*}$ 和 $\phi_K \eta_d = \phi_K J - \phi_L \phi_K \eta_{K^*}$ 两式相加可得 5.15。证毕。

这个定理认为,图 5.5a 的坐标轴以 η_d 和 η_p 重新标记,增长率 $\beta = (\eta_d, \eta_p)$ 始终落在同一条直线 AB 上——和等式 5.13 中定义的集合 Ω_J 相同——有同样各类子集 Ω_L、Ω_K 和 Ω^+——有不变的平均储蓄倾向 $\beta = (\eta_d, \eta_p) = (\eta_{\eta_K}, \eta_p)$ 当创新强度 J 给定,较高的 η_p(人均收入增长率)和较高的 η_{η_K}(资本加速数)之间就存在冲突。如果人均收入增长率太高,资本增长率绝对下降和资本减速发生。以下定理是和 5.14 式对称:

定理 如果其他要素生产率的增长速度低于(高于)要素扩张强度,则一种要素(d 或 p)生产率就增长(降低)。

$$\eta_p \lesseqgtr 0 \longleftrightarrow \eta_d \lesseqgtr J_K \tag{5.16a}$$

$$\eta_d \lesseqgtr 0 \longleftrightarrow \eta_p \lesseqgtr J_L \tag{5.16b}$$

而且,在储蓄率 s 不变的特殊假定下:

$$\eta_p \lesseqgtr 0 \longleftrightarrow \eta_{\eta_K} \lesseqgtr J_K \tag{5.16c}$$

$$\eta_{\eta_K} \lesseqgtr 0 \longleftrightarrow \eta_p \lesseqgtr J_L \tag{5.16d}$$

换句话说,当且仅当其他要素生产率的增长与创新的要素扩张强度相等时,一种要素的生产率是不变的。此外,在储蓄率不变的假定下,当且仅当资本加速数小于资本的要素扩大强度时,人均收入增加(5.16c)。当且仅当人均收入增长率低于劳动的要素扩大强度时,资本加速情况产生(5.16d)。

5.3.3 创新的分类

本理论体系中,创新有两个维度——创新强度(J)和希克斯意义上的要素使用倾向 H_K 和 H_L,两者之间的关系是:

$$\phi_L H_L + \phi_K H_K = J \quad (等式4.49) \tag{5.17}$$

一个特殊组合 $\vec{\gamma} = (H_K, H_L)$ 如图 5.5b 中直线 AB 上的创新点所示。这个图复制在图 5.6a 中。这些坐标轴以 H_L 和 H_K 重新标记,这个特殊的创新点:

$$\vec{J} = (H_K, H_L) = (J, J) \tag{5.18}$$

位于 AB 的 $\vec{J}$ 和 45°线 OR 的交点上(即 $H_K = H_L = J$——希克斯中性创新,见图 4.51c)。$\vec{\gamma}$ 和 $\vec{J}$ 之间的差异在于:

$$\vec{\gamma} - \vec{J} = (H_K, H_L) - (J, J) = (B_K, B_L) \, (由等式4.47得)$$

$$\tag{5.19}$$

如图 5.6a 所示。因此,当所有劳动节约型创新($H_L < 0$)由低于 J_K 的点表示时,希克斯劳动节约型创新($B_L > 0$)由在 $\vec{J}$ 下面的 $\vec{\gamma}$ 点表示。同样,如果任何高于 J_L 的点代表资本节约型创新时,希克斯式资本节约型创新($B_K < 0$)由高于 $\vec{J}$ 的点表示。当点 $\vec{\gamma}$ 沿着 AB 向上运动,通过由 3 个边界点(J_K,$\vec{J}$ 和 J_L)描绘的四种希克斯式创新,创新将倾向于使用更多的劳动。

当创新强度 J 变化时,直线 AB 就平行移动(图 5.6b)。创新的两个维度由创新点(如 $\vec{\gamma}_1, \vec{\gamma}_2, \vec{\gamma}_3$)的长度(表示创新强度 J)和

第五章 增长系统的一般分析

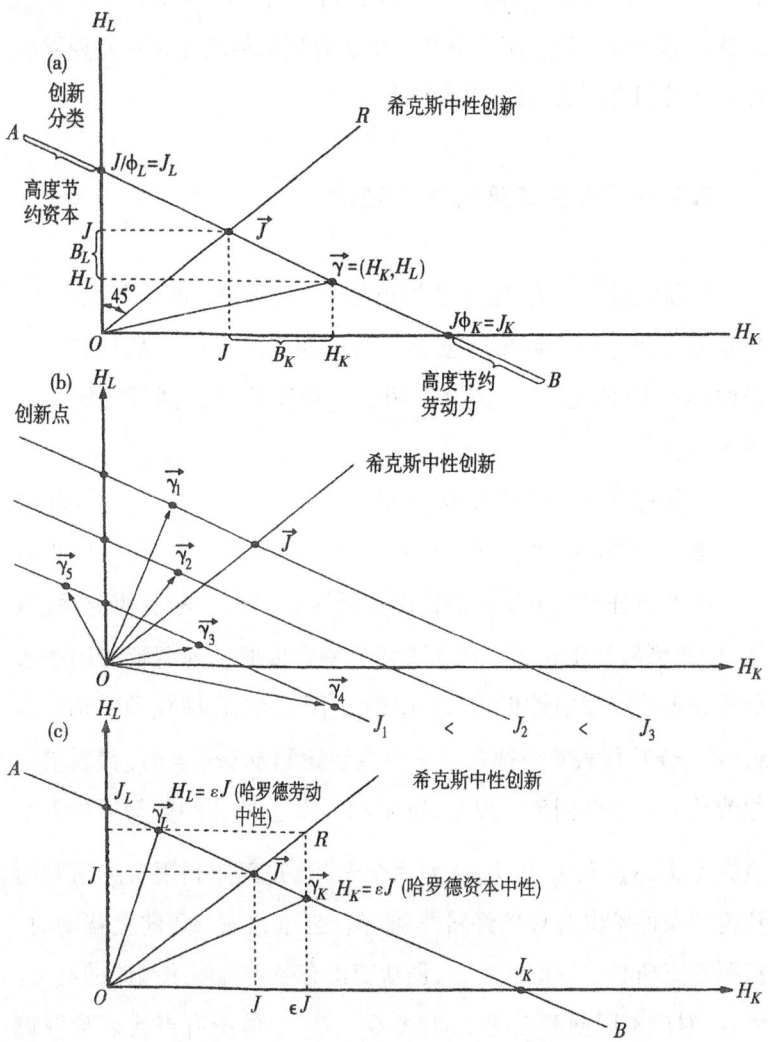

图 5.6 希克斯和哈罗德创新强度和创新要素倾向

斜率(表示要素使用倾向 H_K, H_L)的图表来表示。现在将这些点视为源自原点的矢量。图表反映了由所有创新强度和希克斯要素使用倾向的组合所表示的创新空间。

5.3.4 哈罗德要素使用倾向

为研究经济发展,哈罗德提出另外一个标准,即哈罗德中性/哈罗德劳动(资本)使用型创新。简单地假定生产函数是替代无弹性($\varepsilon > 1$)的这一"规范的"例子。哈罗德中性创新的定义有两种:

哈罗德劳动力——中性:$H_L = \varepsilon J$ (5.20a)

哈罗德资本——中性:$H_K = \varepsilon J$ (5.20b)

哈罗德分类的出发点是替代无弹性 ε。因此,哈罗德劳动(资本)中性创新发生在 $H_L(H_K)$ 取某个特殊值时。为清晰的用图表形式表示哈罗德中性创新,以 εJ 标记图 5.6(c)横轴和纵轴。点 $\gamma_K(H_K = \varepsilon J)$ 代表哈罗德资本——中性创新和 $\gamma_L(H_L = \varepsilon J)$ 代表哈罗德劳动力——中性创新。因此,当 $\varepsilon > 1$,AB 上所有的创新通过五个边界点 $J_K, \gamma_K, \vec{J}, \gamma_L$ 和 J_L 分为六个子集,并都能利用希克斯和哈罗德的条件给出合理的经济学解释。当 γ 沿着 AB 向上移动时,按照希克斯和哈罗德的定义,创新变得有劳动力使用倾向的特征。而且,对应不同创新强度 J,半线 O_{γ_K}、O_{γ_L} 上的所有点代表哈罗德资本——中性和哈罗德劳动力——中性创新。我们在后面部分用哈罗德资本中性进行解释。

5.3.5 要素报酬的因果关系

工资和利润率的增长率由以下增长方程给出:
$$\eta_w = \varepsilon_{LL}\eta_{K^*} + H_L \tag{5.21a}$$
$$\eta_\pi = -\varepsilon_{KK}\eta_{K^*} + H_K \tag{5.21b}$$

这里将要素报酬(η_w、η_π)归结于资本深化效应($\varepsilon_{LL}\eta_{K^*}$、$-\varepsilon_{KK}\eta_{K^*}$)和创新效应($H_L$、$H_K$),这些方程可以用矢量符号重新表述:
$$\vec{\alpha} = \vec{\delta} + \vec{\gamma} \tag{5.22a}$$

其中
$$\vec{\alpha} = (\eta_w, \eta_\pi) \tag{5.22b}$$
$$\vec{\delta} = (\varepsilon_{LL}\eta_{K^*}, -\varepsilon_{KK}\eta_{K^*}) = (\varepsilon_{LL}, -\varepsilon_{KK})\eta_{K^*}(资本深化效应)$$
$$\tag{5.22c}$$
$$\vec{\gamma} = (H_L, H_K)(创新效应) \tag{5.22d}$$

$\vec{\gamma}$ 是上文描述的创新点。我们将 $\vec{\alpha}$ 视为要素报酬点(用来描述 w 和 π 的增长轨迹),将视为 $\vec{\delta}$ 资本深化效应(反映由收益递减规律调整的 η_{K^*} 的效应)。等式5.22a表明,要素报酬点 $\vec{\alpha}$ 的轨迹由资本深化效应($\vec{\delta}$)和创新点($\vec{\gamma}$)描述的创新效应所决定。我们同时研究创新效应($\vec{\gamma}$)和资本深化效应($\vec{\delta}$)对 η_w 和 η_π 上的影响。

上文我们发展了下列关系:
$$J = \phi_L\eta_w + \phi_K\eta_\pi (由5.11) \tag{5.23a}$$
$$J = \phi_L H_L + \phi_K H_K (由5.17) \tag{5.23b}$$

通过以 η_π 和 H_K 重新标注的图 5.6 横轴，η_w 或 h 标注的纵轴，要素报酬点（$\vec{\alpha}$）和创新点（$\vec{\gamma}$）就可以在图 5.7 同一直线 AB 上表示。当将 $\vec{\alpha}$ 和 $\vec{\gamma}$ 作为矢量，等式 5.22a 表示资本深化效应（$\vec{\delta}$）并形成一个阴影三角。矢量 $\vec{\delta}$ 可以另外表示为：

$$\vec{\delta} = (\varepsilon_{LL}, -\varepsilon_K)\eta_{K*} = (\phi_K, -\phi_L)\varepsilon\eta_{K*} \text{（由等式 4.30 的）}$$

(5.24a)

有一个矢量斜率

$$-\phi_K\varepsilon\eta_{K*}/\phi_L\varepsilon\eta_{K*} = -\phi_K/\phi_L = -1/r \quad (5.24b)$$

资本深化效应和 AB 有相同的斜率，其长度反映资本深化（η_{K*}）的程度。在资本深化增长（$\eta_{K*}>0$）的例子中，矢量 $\vec{\delta}$ 方向向上（$\vec{\alpha}$ 在 AB 上位于 $\vec{\gamma}$ 点之上）。在资本压制式增长（$\eta_{K*}<0$）中，$\vec{\alpha}$ 位于 $\vec{\gamma}$ 下面，$\vec{\delta}$ 向下。其他分解形式（例如，$\vec{\alpha}^1$，$\vec{\alpha}^2$，$\vec{\alpha}^3$ 分解成两种效应）可以由图 5.7b 的阴影三角提供。在每种情况下，创新效应（$\vec{\gamma}^1$，$\vec{\gamma}^2$，$\vec{\gamma}^3$）呈现出不同强度和要素的使用倾向，资本深化（压制）效应（$\vec{\delta}^1$，$\vec{\delta}^2$，$\vec{\delta}^3$）呈现出不同的大小。

因此，较高的创新强度 J 有利于较高的、与 J 成正比的 η_w 和 η_π 值。较高的劳动使用倾向（更为陡峭的 $\vec{\gamma}$）和（或者）较高的资本深化（更大的 $\vec{\delta}$）导致相对于 η_π 而言较高的 η_w 值（比率 η_w/η_π 由 $\vec{\alpha}$ 斜率表示）。在长期，正是创新强度、创新倾向和资本深化的程度联合的增长动力决定每个要素报酬的增长率。政治因素，例如，集体谈判和政府对货币市场的干预只能影响短期的分配结果。

图 5.7(c) 提供了该框架的一个例子。在劳动力无限供给的发展中，$\eta_w=0$ 和 $\vec{\alpha}$ 落在横轴上——表明利润率以 J/ϕ_K 增长（即

第五章 增长系统的一般分析

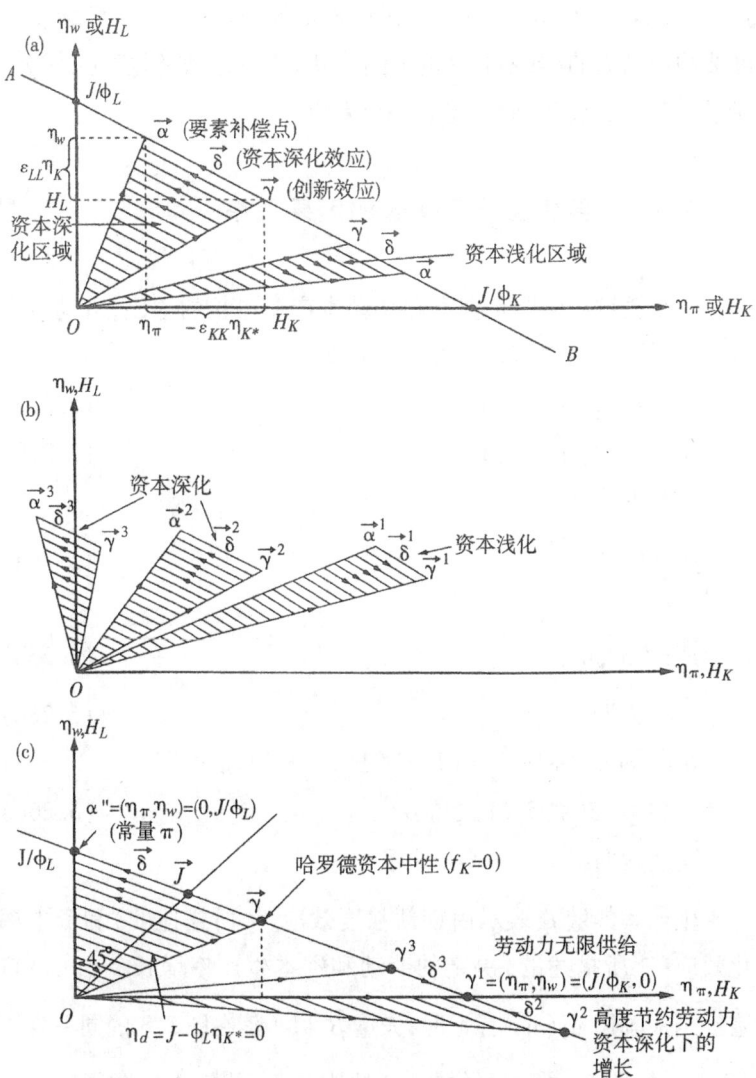

图 5.7 创新强度、创新倾向和资本深化或资本浅化

$\gamma^1 = (\eta_\pi, \eta_w) = (J/\phi_K, 0))$。在这种情况下,当且仅当创新是高度节约劳动力的(或不是高度节约劳动力的),正如创新点 $\gamma^2(\gamma^3)$ 所示,资本深化(压制)式增长得以发生。

5.3.6 要素生产率增长的因果关系

一个关键的问题是资本和劳动生产率增长的原因,劳动生产率(p)和资本生产率(d)的增长方程如下:

$$\eta_p = J + \phi_K \eta_{K*} \quad \text{(T2)} \qquad (5.25a)$$

$$\eta_d = J - \phi_L \eta_{K*} \quad \text{(T3)} \qquad (5.25b)$$

矢量形式:

$$\vec{\beta} = \vec{J} + \vec{\delta} \qquad (5.26a)$$

其中

$$\vec{\beta} = (\eta_p, \eta_d) \qquad (5.26b)$$

$$\vec{J} = (J, J) \qquad (5.26c)$$

$$\vec{\delta} = (\phi_K, -\phi_L)\eta_{K*} = (1/\varepsilon)(\phi_K, -\phi_L)\varepsilon\eta_{K*}$$
$$= (1/\varepsilon)\delta(\text{由 5.24 式得}) \qquad (5.26d)$$

这些两两组合如图 5.8 所示。

生产率矢量 $\vec{\beta}$ 表示由创新强度效应($\vec{J}$ 所描述的)和资本深化效应($\vec{\delta}$ 所描述的)决定的劳动和资本生产率增长(η_p, η_d)轨迹。当横轴用 $\eta_d(\eta_p)$ 标记时,矢量 $\vec{\beta}$ 和 $\vec{J}$ 落在图 5.8 的同一直线 AB 上。矢量 $\vec{\delta}_1$(资本深化效应)是从点 $\vec{J}_1$ 到点 $\vec{\beta}_1$。阴影三角的两边($\vec{J}_1, \vec{\delta}_1$)表示对 $\vec{\beta}_1$ 的图解。矢量 $\vec{\delta}_1$ 仅仅是等式 5.26d 中

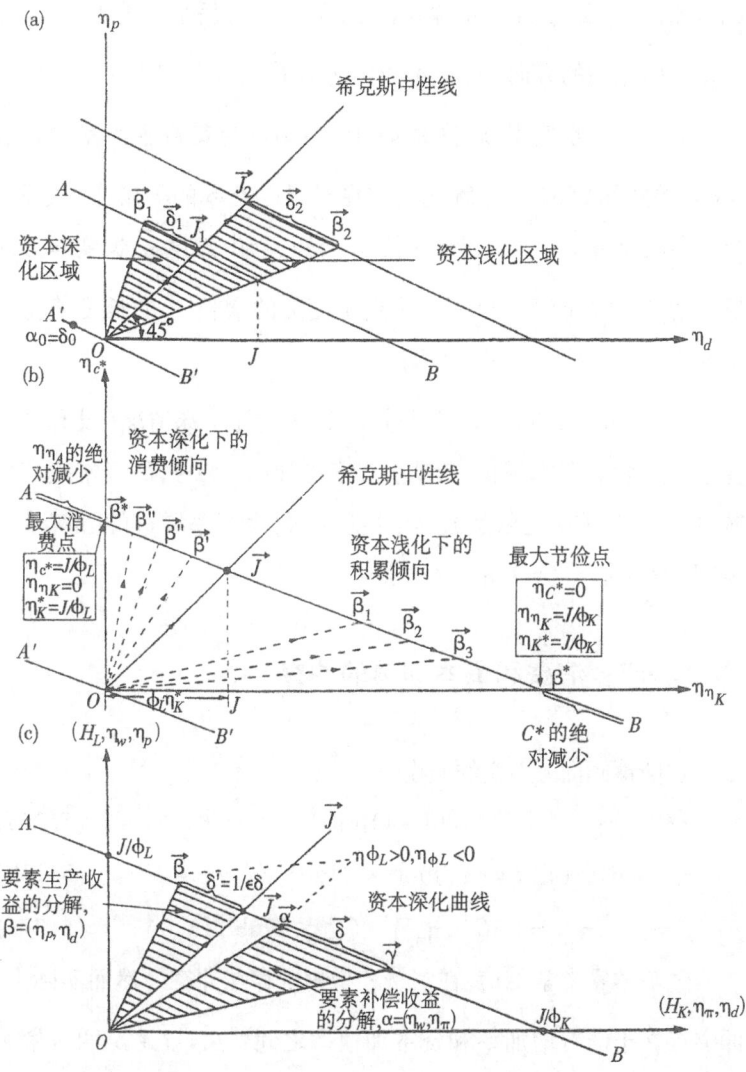

图 5.8　要素生产率增长的因果关系

$\vec{\delta}_1$ 的倍数。因此,在资本深化(压制)式增长过程中,由于 $\vec{\delta}_1$ 和 $\vec{\delta}$ 总是指向相同的方向,矢量 $\vec{\delta}_1$ 向上(向下)。

创新的要素使用倾向(例如,H_K 或 H_L)与要素生产率增长 $\vec{\beta}$ (来自等式 5.25a)的分解无关。在要素生产率的分解中,矢量 $\vec{J}$ 总是落在希克斯中性线上(见图 5.8c)。当由矢量 $\vec{\delta}$ 长度和方向反映的资本深化(压制)程度决定了相关的增长,$\vec{J}$ 的长度使得两个要素生产率按比例增长(d,p)。

当 $\vec{J}=0$ 时,直线 $A'B'$ 经过原点,在这种特殊情况(没有技术变迁)下,随着资本深化,劳动生产率增加($\eta_p > 0$),而资本生产率减少($\eta_d < 0$)(反之依然)。当 J 为正时,生产率增进的分解仅仅是"静态情况"($J=0$)的一般化。

5.3.7 消费和资本加速的冲突

在储蓄倾向 s 不变的假设下:

$$\eta C^* = \eta_p \quad (\text{由 } C^* = (1-s)p \text{ 得}) \tag{5.27a}$$

$$\eta_{\eta_K} = \eta_d \quad (\text{由 } i = sd \text{ 得}) \tag{5.27b}$$

$$\beta = (\eta_p, \eta_d) = (\eta C^*, \eta_{\eta_K}) \quad (\text{由 } 5.27ab \text{ 得}) \tag{5.27c}$$

经济学家常常相信,在消费和积累中存在冲突。然而实际上,冲突存在于消费增加率和资本加速率之间。$\vec{\beta} = \vec{J} + \vec{\delta}$ 的分解则表明 ηC^* 和 η_{η_K} 是由创新强度效应 J 和资本深化效应 η_{K^*} 决定,与要素使用倾向的效应无关。

$$(\eta C^*, \eta_{\eta_K}) = \vec{J} + \vec{\gamma} \quad (5.28)$$

利用等式 5.27c 和图 5.8b——横轴（纵轴）以 η_{η_K}（ηC^*）重新标记，矢量 $\vec{\beta}$ 沿着 AB 向上运动表示消费倾向的提高，ηC^* 增加而 η_{η_K} 减少。相反，矢量 $\vec{\beta}$ 沿着 AB 向下运动表示上升的积累倾向和当资本积累率（η_K）加速时减少的消费水准（C^*）增长。每一种情况都存在消费倾向（较高的 ηC^*）和积累倾向（较高的 η_{η_K}）的"冲突"。

5.3.8 成熟资本主义的长期增长

现代增长时代的开始伴随着工业资本主义而到来。200 年来发展都是以持续的生产率增长和资本深化为特征。然而，这个过程的一个惊人方面是资本实际回报率的长期稳定。实际上，资本主义社会已存在于利润率有长期稳定倾向的世界。

长期而言，哈罗德提出这样的问题：在利润稳定的世界中，稳定的 η_K 能否可持续。为研究这个问题，给定利润率不变：

$$H_K = \varepsilon_{KK}\eta_{K^*} \quad \text{（由 T5 中 } \eta_\pi = 0 \text{ 得）} \quad (5.29a)$$

$$\eta_{\eta_K} = \eta_d = 0 \quad \text{（由 } s \text{ 不变求得）} \quad (5.29b)$$

$$J = \phi_L\eta_{K^*} \quad \text{（由 T3 和 5.29b 得）} \quad (5.29c)$$

因此

$$J = (\phi_L/\varepsilon_{KK})H_K = H_K/\varepsilon \quad \text{（由 5.29 得）} \quad (5.30)$$

我们得到，在利润稳定的世界中，为维持稳定的 η_K 的必要条件是：技术变迁必须是哈罗德中性的（$H_K = \varepsilon J$）。因此，成熟经济长期增长的轨迹可以用不变的 $\pi, d, f_K, \eta_K, \phi_L$ 和 ϕ_K 来表示,同时,$\eta_C = \eta_p = \eta_w = J_L$ 以 J/ϕ_L 比率在不断增长。

5.4 结构的二元性

上文推出的增长等式源自于动态的生产函数,因而是真实的。尽管 η_K 和 η_L 在推导出这些等式时被看作是外生变量,他们也可以被看作是内生的,例如,等式 T4、T5 意味着:

$$\eta_L = \eta_K + H_L/\varepsilon_{LL} - \eta_w/\varepsilon_{LL} \quad (w—外生模型) \quad (5.31a)$$

$$\eta_K = \eta_L + H_K/\varepsilon_{KK} - \eta_\pi/\varepsilon_{KK} \quad (\pi—外生模型) \quad (5.31b)$$

在这两个方程式中,左边项目可以解释为由右边各项决定。

方程 5.31a 是劳动力吸收等式,其中,劳动力吸收的速度 η_L 由 (η_K, H_L, η_w) 决定——资本积累速度 (η_K),创新强度和劳动力使用倾向$(H_L = J + B_L)$——加上实际工资的增长率(η_w)。该等式适用于劳动力过剩的欠发达国家的转型式增长过程,并将在第七章作系统地讨论,作为早期在劳动力过剩的二元经济中劳动力吸收过程分析的补充。

在劳动力过剩的欠发达国家的转型式增长过程中,实际工资变化的速度(η_w)是外生决定的,与这个解释相一致的是劳动力吸收率(η_L)是劳动力需求增加的结果。工资的增加只会减缓劳动吸收过程。

等式 5.31b 与 5.31a 对称,能用于解释成熟资本主义经济的资本积累过程。资本积累的速度 η_K 是由 η_L(人口增长率)、创新强度、资本使用倾向$(H_K = B_K + J)$ 和利润率增长率(η_π) 所决定。

利润率的增长会因投资需求减弱而使得资本增长率放缓。在劳动力过剩的欠发达国家的转型式增长过程中,利润率(π)是外生的。

等式5.31a、5.31b 有两个特例:

$$\eta_L = \eta_K + H_L/\varepsilon_{LL} = \eta_K + (B_L + J)/\varepsilon_{LL}(因为5.31a 中 \eta_w = 0)$$
(5.32a)

$$\eta_K = \eta_L + H_K/\varepsilon_{KK} = \eta_L + (B_K + J)/\varepsilon_{KK}(因为5.31b 中 \eta_\pi = 0)$$
(5.32b)

根据实际工资不变的假设(5.31a 中 $\eta_w = 0$),等式5.32a 反映了"工资铁律"假设下的古典模型。用现代语言说,这种情况反映了劳动力无限供给条件下当代欠发达经济运行中的"工资几乎不变的世界"(广泛的分析见第七章)。

根据利润率不变的假设(5.31b 中 $\eta_\pi = 0$),等式5.32b 反映了长期历史观中的成熟资本主义经济。利润率不论是否维持在一个正的水平上,不仅是古典经济学和马克思经济学家所担忧的,而且是20世纪30年代关于经济长期停滞讨论的中心(第六章作进一步的讨论)。

从等式5.31a 和5.31b 的对称性看,欠发达国家(根据5.31a 中工资的外生性)转型式增长的分析和成熟资本主义(根据5.31b 中利润率的外生性)资本积累过程的分析都能加深我们对这两个特例的理解。

第六章 现代经济增长的应用

6.1 引言

如第一部分所述,可利用的经济增长理论有三种类型:农业经济、转型中的欠发达国家和成熟发达国家。我们主要关注转型问题,同时首次运用新的分析工具来探讨成熟经济的增长问题。

本章内容遵循的时间顺序,在6.2至6.5节检验的增长理论的思想主要是古典学派(18世纪)、马克思(19世纪中期),熊彼特(内战时期)、哈罗德(20世纪中期)以及卡尔多和库兹涅茨(二战后期)。在战前,经济学家们对于增长理论的贡献主要还是用不精确的"文字传统"来表述,而我们将借助增长等式对这些思想进行简要而严格的表述。

根据结构二元性——K 和 L 在产量关系中的对称性(等式5.31ab)——对成熟经济中资本累积(η_K)的分析也可用于对二元经济中商业化部门的劳动力吸收过程(η_L)进行分析。我们在6.6节分析这些问题,并在6.7节中讨论工业化发达国家如何确定 η_K 值的问题。

6.2 古典学派经济增长理论

古典学派为现代经济增长理论奠定了基石。古典学派对生产过程的描述首先从资本(K)、土地(T)、劳动力(L)这三个共同投入开始,如下列等式表示:

$$Q = f(K, L, T, t) \tag{6.1a}$$

$$w = f_L; \pi = f_K; n = f_T \quad (\text{要素价格}) \tag{6.1b}$$

$$p = Q/L; d = Q/K; g = Q/T \quad (\text{要素生产率}) \tag{6.1c}$$

$$f_L = w/p; f_K = p/d; f_T = n/g \quad (\text{要素份额}) \tag{6.1d}$$

$$Q = f_L L + f_\pi K + f_T T \quad (\text{CRTS}) \tag{6.1e}$$

$$\phi_L + \phi_K + \phi_T = 1 \tag{6.1f}$$

我们假定三个要素报酬决定是对称的。古典经济学家认为,只有土地的贡献率是由其边际产出决定的,劳动力收入为生存工资,其余要素则是剩余收入。总之,我们姑且以对称的观点(6.1)来看待。

等式 6.1b,c 和 d 定义了要素价格(工资 w,利润 p,地租 n),要素生产率(劳动力 p,资本 d,土地 g)和要素份额(ϕ_L, ϕ_K 和 ϕ_T)。即使我们考虑资本、劳动力和土地三要素,规模报酬不变(CRTS)的假设也可满足(6.1e)。创新强度(J)和创新的要素使用倾向(H_L, H_K 和 H_T)的定义表示如下:

$$J = (\partial Q/\partial t)/Q \tag{6.2a}$$

$$H_L = (\partial f_L/\partial t)/f_L; H_K = (\partial f_K/\partial t)/f_K; H_T = (\partial f_T/\partial t)/f_T \tag{6.2b}$$

以下结论能够立刻得到证明,并从上文讨论的新古典函数"两

要素情况"直接推导出来的:

$$\eta_Q = \phi_L \eta_L + \phi_K \eta_K + \phi_T \eta_T + J \quad (\eta_Q \text{ 的分解}) \quad (6.3a)$$

$$J = \phi_L \eta_w + \phi_K \eta_\pi + \phi_T \eta_n \quad (\text{分配冲突}) \quad (6.3b)$$

$$J = \phi_L \eta_p + \phi_K \eta_d + \phi_T \eta_g \quad (\text{产量冲突}) \quad (6.3c)$$

$$J = \phi_L H_L + \phi_K H_K + \phi_T H_T \quad (\text{创新轨迹}) \quad (6.3d)$$

古典经济学家争论的焦点在于:

$$\eta_w = 0 \quad (6.4a)$$

$$\eta_T = 0, \eta_K > 0 \rightarrow \eta_{K/T} > 0 \quad (6.4b)$$

等式6.4a即"工资铁律",即在长期来,人口总是增长到一个可以确保工资稳定的水平上。这是劳动力无限供给条件的古典学派观点。这个"工资铁律"建立在人口统计理论之上,该理论认为,人口增长由消费水平控制(在第三章已经研究过这一理论)。等式6.4b阐述了土地是固定的($\eta_T = 0$),而资本存量是增长的。这意味着K/T随着时间持续增长。等式6.4a和6.3b则意味着:

$$J = \phi_K \eta_\pi + \phi_T \eta_n \quad (6.5a)$$

$$\eta_\pi = -(\phi_T/\phi_K)\eta_n < 0 \quad \text{若} J = 0 \quad (6.5b)$$

等式6.5b表明,在地租率($\eta_n > 0$)的增长和利润率($\eta_\pi > 0$)的增长之间存在分配冲突。在没有创新的情况下($J=0$),利润率必然下降。原因是,随着资本/土地比率的增长(等式6.4b),地租率(n)增长,则利润率就必然下降。

根据长期利润率的下降($\eta_\pi < 0$)和资本积累的最终停滞,从上述结论可得出古典经济学家关于停滞的悲观论调。原因在于古典储蓄规则。该规则认为,三个分配份额(ϕ_L, ϕ_K 和 ϕ_T)中,只有利润部分可进行储蓄,用于资本积累。而其他两个部分都是消费

性的。

古典经济学家并不清楚他们生活在古典向现代增长时代的"转型"时期。较高的创新强度(J)能够持续几个世纪的事实已证实古典学派的悲观主义是没有根据的。

6.3 马克思主义的增长观

马克思主义理论的出现及其对资本主义增长理论的批判是19世纪中期的一件大事。

在增长理论史上,马克思主义占据了一个特殊的篇章。在对资本主义增长的悲观推测中,马克思显然受到了古典理论家的影响。像古典经济学家一样,他对长期停滞的预测(不可避免的资本积累的停止)是以分配问题,特别是资本回报率下降为论据的。在"工资铁律"给定的条件下,古典理论深信地租和利润(η_n 和 η_π)之间存在冲突,这预示了植根于 η_w 和 η_π 之间冲突的马克思的"阶级斗争"概念。

尽管存在这些文化联系,马克思的理论与古典经济理论之间还是有一个重要的不同。古典经济学家关注农业经济向现代增长时代的转型,并且当土地是农业生产核心投入要素时,他们受资本和劳动力回报率递减规律的困扰。古典经济学家认为,资本是"工资的基金",这和马克思关于固定资本是"科学技术"载体的论断几乎没有什么共同之处。在西方现代增长时代到来之前,这些理论流行了200多年。重商主义(1500—1700年)时期的古典理论认为增长过程中积累的是流动资本。相反,工业资本主义时期的马克思增长理论则关注作为技术载体的固定资本的积累过程。[①]

关于马克思增长理论争论的核心在以下几方面：

1. 资本深化式增长的矛盾；
2. 古典储蓄规则下的资本积累动力；
3. 通过技术创新来解决分配冲突；
4. 资本主义最终不可避免的覆灭。

通过我们的增长等式，可以精确解释这些字面上的论断。

6.3.1 资本深化的冲突

自从进入现代增长时代以来，经济增长中的持续资本深化是成熟经济的标志（$\eta_{K^*} > 0$）。没有技术创新的情况下，根据 5.22 式中 $\vec{\gamma}$，得：

当 $J = H_L = H_K = 0$

$$\alpha_0 = (\eta_w, \eta_\pi) = \delta_0 = (-\varepsilon_{KK}, \varepsilon_{LL})\eta_{K^*} \tag{6.6a}$$

当 $\eta_{K^*} > 0$

$$\eta_\pi < 0, \eta_w > 0, \tag{6.6b}$$

因此，在没有技术变迁的情况下，$\alpha_0 = \delta_0$，如图 5.8(a)中 $A'B'$ 线所示。这意味着，利润率的下降伴随着工资率的增长。按照马克思的理论，如果资产阶级要生存下去的话，工人必然要受剥削。资本主义的进一步发展必然会导致著名的"阶级斗争"，从而使得整个社会充满了冲突。

[①] 马克思并不排斥流动资本，但这不是他理论的核心。

6.3.2 古典储蓄规则下资本积累动力

当资本积累速度——由资本家积累资本的动力所维系——超过了人口增长的速度($\eta_K > \eta_L$)时,资本深化就会发生($\eta_{K^*} > 0$)。从而可以运用两种不同的储蓄规则:

$S = sQ$ (古典的、不敏感的凯恩斯储蓄规则) (6.6a)

$S = \phi_K Q$ (古典的、敏感的古典储蓄规则) (6.6b)

古典储蓄规则出现100多年后,才出现了凯恩斯储蓄规则。马克思利用了古典储蓄规则,论证了他的"阶级斗争"三大关键要素。

第一,当资本家所有收入都用于储蓄时,就会产生不可控制的资本积累动力。第二,由于工人不可能通过工资积累,从而加入资本家阶层,所以阶层之间的社会性流动受到有效地阻止。第三,从古典储蓄规则(6.7b)得:

推论 在古典储蓄规则的条件下($S = \phi_K Q$ 或者 $S = dK/dT = f_K K$),资本增长率和利润率相同($\eta_K = \pi$),利润率增长率(η_π)和资本加速度(η_{η_K})相同。即

根据 $\eta_K = \pi$ 得

$$\eta_{\eta_K} = \eta_\pi \text{ (其中 } \eta_K = \pi) \tag{6.8}$$

在古典储蓄规则的条件下,$\alpha_0 = (\eta_\pi, \eta_w) = (\eta_{\eta_K}, \eta_w)$,点 α_0 在图5.8(a)的第二象限。这意味着 $\eta_\pi < 0$ 和 $\eta_{\eta_K} < 0$——利润率的持续下降和资本的减速发展。停滞主义者和马克思主义者都关注于成熟经济的两个假定特征,一是利润率持续下降($\eta_\pi < 0$),有

碍于对资本家阶层的投资激励;二是资本增长率的持续下降趋势($\eta_{\eta_K} < 0$),对长期停滞产生威胁。古典储蓄规则意味着以上两个问题总是同时发生的。在没有技术变迁的情况下,当经济增长呈现资本深化特征时,这种情况就会发生。

6.3.3 通过技术变迁来化解分配冲突

分配冲突可以通过技术变迁来化解,即足够高的创新强度(J)和资本使用倾向(H_K)能补偿资本深化过程中($\eta_{K^*} > 0$)的利润下降效应。第四章的增长等式 T5 表明:

$$H_K = \varepsilon_{KK}\eta_{K^*} + \eta_\pi \tag{6.9a}$$

当 $\eta_\pi = 0$

$$H_K = \varepsilon_{KK}\eta_{K^*} \tag{6.9b}$$

等式 6.9b 中 H_K 被称为"马克思的补偿效应"——当 η_{K^*} 给定时,H_K 的水平和利润率的稳定性是一致的。或者说,马克思的补偿效应意味着 $B_K = \varepsilon_{KK}\eta_{K^*} - J$。所以,当资本深化率($\varepsilon_{KK}\eta_{K^*}$)和创新的强度($J$)给定时,若要维持不变的利润率,资本使用倾向就必须达到一定程度。在给定资本深化率较高的情况下,要维持稳定的利润率比较困难;而在创新强度较高时,要维持稳定的利润率则比较容易。这就是内生的创新理论。当资本深化($\eta_{K^*} > 0$)达到一定的程度,创新活动(H_K)必须满足等式 9.6b,才能避免利润率的下降。

图 6.1 中的垂线 MM',这条线上的所有点一方面使得既定的资本深化率($\varepsilon_{KK}\eta_{K^*}$)的效应中性化,另一方面通过高技术创新强

度(J)、低B_K(低J,高B_K)的组合来阻碍利润率和资本增长率的下降。通常,当创新强度很高时,系统就不必担心自动化的过程;一旦创新活动减慢,就必须通过劳动力节约型创新来避免利润率的下降。如果说现代企业家在微观层次上担心这个问题,那么马克思则是站到了经济整体的高度上看待该问题。总体水平上,稳定的利润率意味着工资以J/ϕ_L的速率增长。但是,马克思并不欣赏这个可观察的历史结果,因为它更对资本家阶层有利。

对于马克思来说,创新和资本积累一样,也是垄断资本家为了"拯救自己"(防止利润率下降)而剥削工人的一种工具。按照马

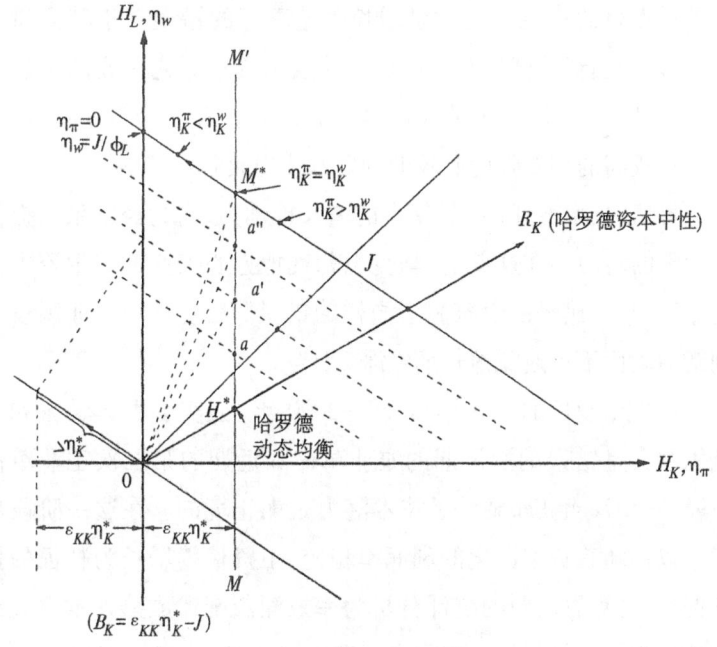

图6.1 马克思的补偿效应

克思的说法,阶级斗争是不可避免的,因为技术创新不可能无止境地保持在一个很高的水平上。正因如此,资本主义——严格建立在资本私有制和维持利润率的基础上——就必须最终让位于社会主义。

6.3.4 不可避免的资本主义衰退

马克思的增长理论很有条理,并没有逻辑错误。在给定的假定条件下,我们的社会基础结构帮助核实了这些"核心思想",证实了马克思的远见。马克思增长理论真正的错误在于其假设前提:他认为创新的强度(J)不足于补偿由资本深化造成的利润下降。但马克思没有想到,西方经济正在进入一个新的成长阶段——较高的创新强度和较低的资本使用倾向。

显然,技术变迁(J)是基本的增长推动力,它为经济系统提供了无限的潜力。在这点上,马克思悲观地担心工业部门中资本家的命运,与古典经济学家犯了同样的错误。后者认为农业因没有创新活动而不可避免地长期停滞。

历史用漫长的150年(1850—2000年)证实了古典学派和马克思主义是错误的。早期的农业革命和近期的第二次工业革命(1950—1972年)都显示了技术潜力是无止境的。在这一阶段出现了以伴随着资本深化的利润率稳定、工资持续增长为特征的持续增长,马克思反驳的统计分析为库兹涅茨阐述成熟资本主义经济的长期增长特征提供了很大帮助。

6.4 熊彼特的增长理论

在马克思主义经济学之后,理论的发展出现了两个流派,并一直持续到1950年。一是新古典的"微观"经济学(1870年之后),它主要关注资源使用和配置的效率;另一是与战争时期经济波动(1920—1940年)相关的"宏观"经济学的复兴。增长不再被提及,唯有熊彼特例外。他对微观和宏观经济学都表现出浓厚的兴趣,并认为这两者都与经济增长有关。

6.4.1 技术变迁和产品增长的多样性

首先,为了进行比较各理论的差异,熊彼特理论、马克思理论和古典学派中隐含着的三种不同的国民收入计算体系分别表示为图6.2(a)、(b)、(c)。在各个体系中,用储蓄资金(S)为投资(I)提供融资,产生资本积累的增长现象($\eta_K = I/K$)。但一个重要的不同之处在于,熊彼特关注于产品的多样性,如投资总额(I)分配到了各种不同的产品部门($I_1, I_2, I_3, \cdots, I_n$),保证长期的均衡发展。在考虑资源配置时,熊彼特的兴趣和"微观经济学家"一致,但与马克思和古典经济学家的增长理论截然不同。后者主要研究一个产品部门的总体情况。

在技术不变的假设下,熊彼特注意到了投资资金的配置能够使各生产部门的产出按照人口增长率来增长,这种经济状态现在被称为"熊彼特状态"或"冯·诺伊曼状态"。这种状态以各部门等比例的稳定扩张为特征,一旦有技术变迁——新产品引入或旧的产品以较低成本生产——发生,即遭破坏。熊彼特主要关注这样一个健康的周期过程中的需求——导致新产品适时诞生、旧产品灭亡的新技术发现。而这正是现代增长时代的显著特征。

6.4.2 金融的形成

在产品多样化的经济中,提高投资资金($I_1, I_2, I_3, \cdots, I_n$)配置灵活性的核心制度创新就是金融制度的发展(例如商业银行、证券市场和储蓄机构)。这些金融中介机构必须将储蓄资金引入可供选择的投资渠道。在发现技术变迁机会的企业家打破"稳定状态"时,熊彼特非常关注商业银行扮演的特殊角色。

20世纪金融制度发展的一个自然受害者是古典储蓄规则——见图6.2(a)和(b)——此时只有资本家进行储蓄。另一方面,当资本所有者(储蓄者)和经理人(企业家)被金融中介分离时,每个人都可以储蓄,并符合凯恩斯储蓄函数——见图6.2(c)。随着阶层之间流动性的加强,19世纪所关注的利润分配冲突不再存在,取而代之的是资金配置问题。

第六章 现代经济增长的应用

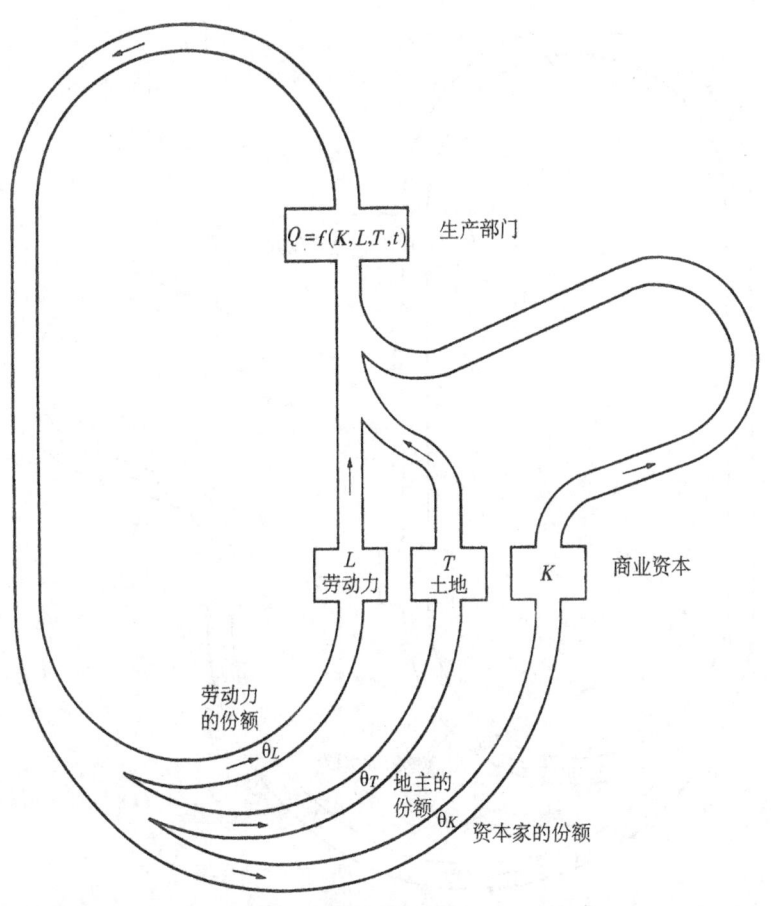

图 6.2(a)　古典储蓄规则

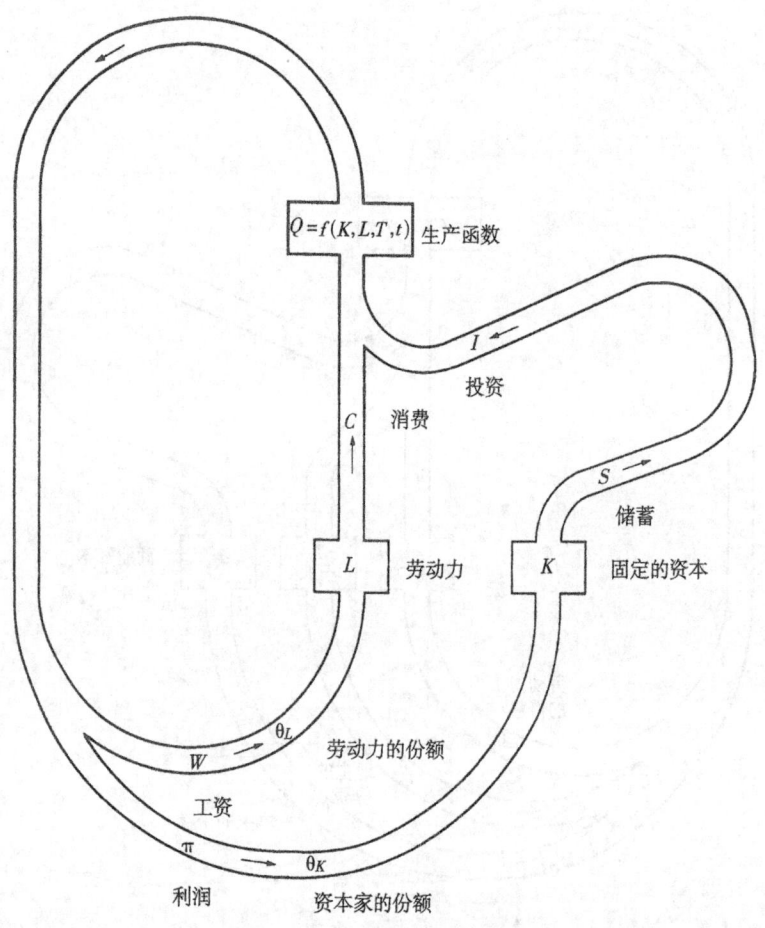

图 6.2(b) 马克思的储蓄规则

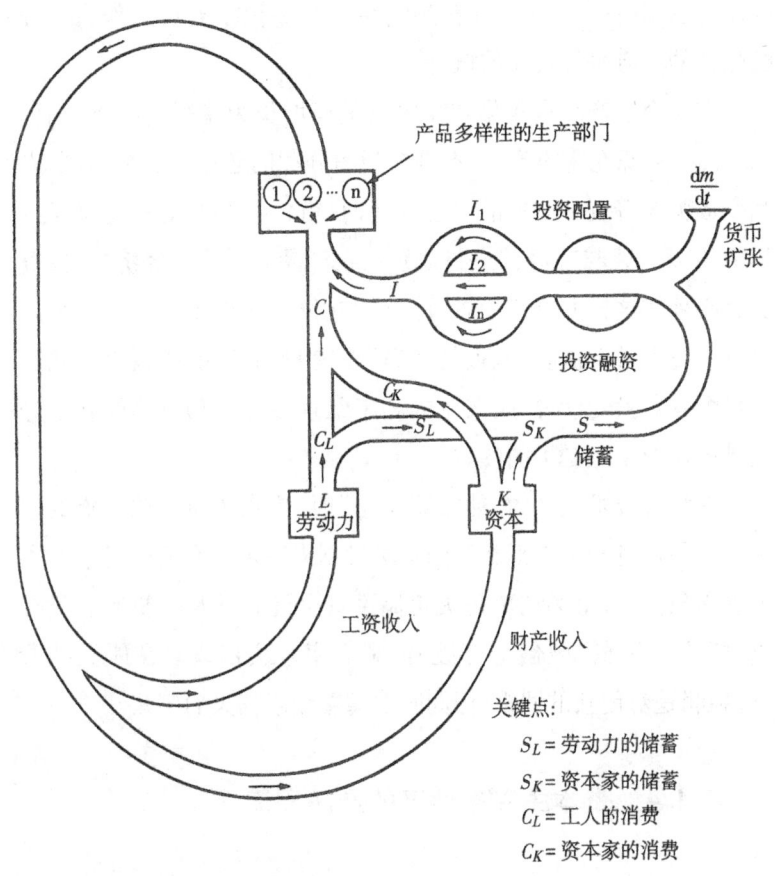

图 6.2(c) 凯恩斯储蓄规则

6.4.3 资源配置导向和利率

只要存在资本回报,即利率问题,就有分配的意义。正因为如此,马克思和古典经济学家都将利率和工资率结合起来,作为与分配相关的具有平等含义的概念。

在一个以产品多样化和需要以平衡增长为特征的经济,利率(π)具有资源配置的意义,不再与利润分配问题相关。具体说,当利率成为投资资金配置的中心问题时,就没有必要对马克思经济学中的"利息"与"利润"进行区别。在产品多样化的经济中,投资资金必须按这样的方式配置,即不能支付现实市场中利率水平的投资项目会被淘汰。"熊彼特状态"没有创新利润,投资仅按照利率来配置。换句话说,熊彼特的利率配置导向与马克思的利率分配导向从根本上是不同的。

在没有技术变迁的"熊彼特状态"时,投资项目按照投资的边际产出与市场利率水平相等的市场机制来决定。在完全竞争的资本主义条件下,市场利率是决定储蓄资金配置的唯一机制。只有当"熊彼特状态"被创新打破时,利润率才会出现。在熊彼特看来,利润是对创新的回报,但同时也随着创新消失而削减。

6.4.4 资本主义条件下的产品周期

在熊彼特看来,技术变迁对稳定状态的打破并不是平稳的过程,这主要是因为创新的集聚效应。在这个意义上,熊彼特和其他关注"经济波动"的经济学家们有相同的兴趣,如战争期间、商业周期和战后凯恩斯时期的宏观经济学家。熊彼特认为,商业周期是一种与增长相关的现象,因为作为对新的投资机会的反应,投资资金的配置将受货币因素的干扰。

第六章　现代经济增长的应用

一旦企业家认识到创新获利的可能性(即在利率上再加一部分"增值"),商业银行就会为其私利而创造购买力。因为银行贷款的供给是有弹性的(商业银行系统可以人为地创造购买力),投资需求就可能会超过自愿储蓄形成的供给。"投资集聚"之后暂时的"过度投资",反映了投资者和储蓄者的利益冲突,从而导致货币扩张和通货膨胀。这种涉及跨时资源配置的冲突与马克思的阶级导向的分配冲突有天壤之别。

我们以上关于熊彼特增长理论的简要概述,指出了19世纪马克思在分析配置效率和结构灵活性上的不足之处。浏览一下近20年前Sears分类目录或电话目录黄页,可以使读者确信,结构灵活性是现代经济的一个关键特征——尤其在受利率调节的金融市场作用下。

对利率 π 有两种解释,一种是19世纪的作者们所采用的"利润率观",另一种是20世纪产品多样化经济中经济学家们所采用的"利率观"——与当代发展中国家有关。在金融市场不成熟的欠发达国家,政治对市场的干预是普遍现象。于是,欠发达国家的政府通常从"利润率观"和"利率观"来认识 π。"利润率观"导致利润在阶层之间逆向转移——这有利于投资阶层;"利率观"导致直接投资配置以及官僚机构的干涉,从而取代利率作为配置机制。这种现象在社会主义国家尤其常见,而且在尚未改革的混合经济的欠发达国家也典型。在东亚成功的国家中,利率干预的作用是当前大量的政策争论的主题。

6.5 哈罗德的"充分就业增长理论"

6.5.1 历史背景

所有关于成熟资本主义经济的增长理论(例如熊彼特和马克思)都必须面对技术变迁——现代增长的必要条件——的问题。哈罗德-多马模型(此模型再次引起学术界对于二战后增长的兴趣)也同样如此。在大萧条时期严重的失业问题影响下,哈罗德针对大规模失业的可能性,借助于"储蓄的无限供给"的特征,探讨了成熟经济中保持增长的困难。

到20世纪30年代,现代经济增长期已经积累了150年的历史经验——长到足以证明无限技术潜力是存在的。而悲观的古典经济学家和马克思却都没有察觉到该事实。受益于对该历史的认识,哈罗德的中心主题是在一个高储蓄率的社会中实现充分就业增长所需的技术基础。该社会中利润率($\eta_\pi = 0$)和资本增长率($\eta_{\eta_K} = 0$)都稳定。在马克思看来(见6.3节),这是资本主义长期生存的两个重要前提条件。

虽然哈罗德也遇到和马克思同样的问题,但是前进了一步。首先,马克思没有认识到技术潜力能使资本主义长期充满生机。事实上,哈罗德没有注意到上文提到的"马克思补偿效应"。其次,哈罗德确认了一种特殊的技术变迁,即资本-中性创新来解释。哈罗德的中心论断基于以下几点:

1. 投资激励、过度储蓄和充分就业均衡的可行性。
2. "有保证"的资本增长率和"自然"增长率的相互作用。
3. 作为"动态均衡"基础的"哈罗德资本-中性创新"。
下面,我们依次讨论这些观点。

6.5.2 储蓄、投资和充分就业增长的可行性

哈罗德模型中国民收入核算框架与只假定有一个垄断生产部门的熊彼特模型中有所不同。更为重要的是,该核算框架用不考虑阶层问题的凯恩斯储蓄函数替代了有阶层敏感性的古典学派储蓄函数,从而与马克思(以及古典学派)的体系也大不相同。虽然马克思采用了古典学派的储蓄函数,哈罗德选用了凯恩斯的储蓄规则,但是,这两个理论在其他方面是相同的。

哈罗德接受凯恩斯的储蓄函数($S=sQ$)的同时,还接受了以高平均储蓄倾向(s)表示的凯恩斯过度储蓄的概念。由 s 决定的"哈罗德-多马"的资本增长率是有保证的资本增长率:

$$\eta_K^w = sd \tag{6.10}$$

这是有充分就业储蓄推动的相对"高"的"有保证的"资本增长率。如果"充分就业"可持续,那么增长等式 T5(见第四章)就意味着:

$$\eta_K = \eta_K^n - \eta_\pi / \varepsilon_{KK} \tag{6.11a}$$

或

$$\eta_\pi / \varepsilon_{KK} = \eta_K^n - \eta_K^w \tag{6.11b}$$

其中 $\eta_K = \eta_K^w$ 和

$$\eta_K^n = \eta_L + (B_K + J)/\varepsilon_{KK} = \eta_L + H_K/\varepsilon_{KK}(\text{资本的"自然"增长率})$$

(6.11c)

哈罗德将等式 6.11c 中的 η_K^n 视为是资本的自然增长率,其大小由以下四个外生增长动力决定:

1. 高的人口增长率(η_L)。
2. 高的创新强度(J)。
3. 强的资本使用倾向(B_K)。
4. 弱的资本回报递减规律(ε_{KK})。

因此,资本的"自然"增长率就部分以技术特征和部分以人口统计特征的外生力量得到解释。

6.5.3 自然增长率和有保证的增长率之间的相互作用

两个并列的增长率(η_K^w, η_K^n)——自然和有保证的增长率——意味着通过投资来完成的资本累积受到"拉力"或是"推力"的调节。一方面,有保证的增长率(η_K^w)表示储蓄供给的"推力";另一方面,自然增长率(η_K^n)表示投资需求的"拉力"。等式 6.11b 指投资资金供求之间的相互作用得出的结果:

$$\eta_\pi \lesseqgtr 0 \longleftrightarrow \eta_K^n \lesseqgtr \eta_K^w \quad (6.12a)$$

$$\eta_\pi \lesseqgtr 0 \longleftrightarrow \eta_K^n = \eta_K^w = \eta_K \quad (6.12b)$$

当且仅当有保证的增长率(由"高"充分就业储蓄决定的)超过自然增长率(由"低"的人口统计的和/或技术的增长推动力决定的)时($\eta_K^n < \eta_K^w$),利润率随时间变化而降低($\eta_\pi < 0$)。

作为增长理论历史中的第一次,"适度"的技术进步直接与丰富的储蓄能力、适当的投资激励相关。而且,由于以高储蓄所代表的节俭使得有保证的资本增长率常常是诅咒而非祝福——在"投资需求"低迷时会导致利润率的下降。

有必要回顾一下,在马克思所接受的古典储蓄规则($\eta_K = \pi$ 和 $\eta_\pi = \eta_{\eta_K}$)中,保持利润增长和资本增长所需承担的社会问题是等同的。哈罗德用现实的前沿理论,即凯恩斯储蓄规则来替代古典储蓄规则。然而,由于 $\eta_\pi \neq \eta_{\eta_K}$,问题变得更为复杂。

从等式 6.12b 可以看出,当且仅当"自然"增长率等于有保证的增长率时,利润率是稳定的。由此我们得出以下结论:

$$\eta_K^n = \eta_K^w \longleftrightarrow \eta_\pi = 0 \longleftrightarrow H_K = \eta_{KK}\eta_{K*} \tag{6.13}$$

证明 以下可由 $\eta_K^n = \eta_L + H/\eta_{KK}$ 和 $\eta_K^w = sd$ 直接得出。证毕。

因此,对于利润率的稳定性来说,与 6.9b 式中的马克思补偿效应有关的技术变迁是十分必要的。

资本主义若要保持长期存在,除了要有稳定的利润率之外,资本增长率还不应随时间变化而持续降低。在马克思的理论系统中,古典学派的储蓄规则意味着,稳定的利润率与稳定的 η_K 是一致的。如果古典储蓄规则被放弃,这种一致性就消失。换句话说,到了 20 世纪,当所有的阶层都有能力(按凯恩斯储蓄函数)进行储蓄时,则哈罗德唯有寻找一种与 $\eta_\pi = \eta_{\eta_K} = 0$ 一致的特殊的创新特征。由于金融机构的发展和储蓄基础的拓宽,马克思所接受的古典储蓄规则和哈罗德接受的凯恩斯储蓄规则,是这两个理论唯一的显著区别。

6.5.4 哈罗德资本中性和动态均衡

哈罗德提出的"动态均衡"定义如下:

定义 (哈罗德意义上的)动态均衡是指这样一种增长的状态,当充分就业储蓄全部持久地用于投资时,利润率(π)和资本增长率(η_K)将长期($\eta_\pi = \eta_{\eta_K} = 0$)保持稳定。

哈罗德的主要贡献是,确认了动态均衡的技术基础的定理:

定理 当平均储蓄倾向(s)稳定时,哈罗德意义上的资本中性创新是动态均衡的必要条件:

$$\eta_\pi = \eta_{\eta_K} = 0 \rightarrow H_K = \varepsilon J \quad (\text{参见等式 5.20}) \qquad (6.14)$$

证明的关键在于,哈罗德动态均衡的含义:

$\eta_\pi = 0$ 意味着

$$H_K = \varepsilon_{KK} \eta_{K^*} \quad (\text{由 T5 得出}) \qquad (6.15a)$$

$\eta_{\eta_K} = \eta_d$ 意味着

$$\eta_{K^*} = J/\phi_L \quad (\text{由 T3 得出}) \qquad (6.15b)$$

$$H_K = \varepsilon_{KK} J/\phi_L = \varepsilon J \quad (\text{由等式 6.15ab 和 4.30 得出}) \qquad (6.15c)$$

然而,哈罗德资本中性并不是哈罗德动态均衡的充分条件,而是必要条件。马克思补偿效应是另外一个必要条件。哈罗德动态均衡的必要条件集是:

$$H_K = \varepsilon J \qquad (6.16a)$$

$$H_K = \varepsilon_{KK} \eta_{K^*} \text{ 或者 } B_K = \varepsilon_{KK} \eta_{K^*} - J \quad (\text{从 6.9 式得出}) \qquad (6.16b)$$

这说明了,高储蓄率将"推动"经济沿着资本深化的增长途径发展,因此,技术变迁必定是达到哈罗德均衡的一种特殊方式。

尽管哈罗德提出动态均衡的概念从短期来看,是为在高储蓄社会中实现"充分就业增长"建立技术基础,但是这个概念有深远的长期历史意义。自200多年前的现代增长时代到来之后,成熟资本主义经济发展带有长期的程式化特征。其中突出表现为:持续增长的劳动生产率、人均消费、人均资本和实际工资。而资本—产出比率(K/Q),利润率(π),劳动力所占份额(ϕ_L)和资本增长率(η_K)都表现出长期稳定性,即在一个狭窄的幅度范围内围绕一个稳定趋势变动。由于哈罗德中性创新概念——定义为利润率和资本增长率的稳定性——是已观察到的成熟资本主义长期程式化特征的技术前提,所以哈罗德中性创新概念作为动态均衡前提有重要的历史意义。

6.5.5 第二次世界大战后成熟经济的增长理论

第二次世界大战后增长理论的复兴沿着两个方向:一是古典学派"转型理论"的复兴,另一是与马克思、熊彼特和哈罗德一脉相承的成熟增长理论。

近几十年来,增长分析沿着经验和理论两条线展开。在经验分析中,库兹涅茨和丹尼森尝试用统计方法来分析长期程式化的特征。在理论分析中,卡尔多、索洛以及其他一些经济学家们建立增长理论模型来解释这些长期程式化特征。其中,值得一提的是索洛的计量经济研究成果。原因是他的研究首次使得一些看来直观的事情(如库兹涅茨描述的)有了正式的统计证据。事实上,对于索洛的诺贝尔奖演讲的一点重要评论恰恰在于:"他在1957年

表6.1 发展中国家工业部门中的转型式增长状况（w是外生的）

各变量增长速度的分析	增长率(Ⅰ)	分解为以下系数				增长率(Ⅵ)	劳动力无限供给下的分解($\eta_w=0$)			增长率(Ⅹ)	当 $\eta_w=F_L=0$ 时的分解	
		J(Ⅱ)	B_L(Ⅲ)	η_K(Ⅳ)	η_w(Ⅴ)		$J_K=J/\phi_K$(Ⅶ)	F_L^*(Ⅷ)	η_K(Ⅸ)		J_K(Ⅺ)	系数(Ⅻ)
a) 劳动力的吸收	$\eta_L=$	$1/\varepsilon_{LL}$	$1/\varepsilon_{LL}$	1	$-1/\varepsilon_{LL}$	$\eta_L=$	1	$1/\phi_K$	1	$\eta_L=$	1	1
b) 产出扩张	$\eta_Q=$	$1+r/\varepsilon$	r/ε	1	$-r/\varepsilon$	$\eta_Q=$	1	r	1	$n_Q=$	1	1
c) 资本深化	$\eta_{K^*}=$	$-1/\varepsilon_{LL}$	$-1/\varepsilon_{LL}$	—	$1/\varepsilon_{LL}$	$\eta_{K^*}=$	-1	$-1/\phi_K$	—	$\eta_{K^*}=$	-1	—
d) 劳动生产率增长	$\eta_p=$	$(\varepsilon-1)/\varepsilon$	$-1/\varepsilon$	—	$1/\varepsilon$		—	—	-1		—	—
e) 资本生产率增长	$\eta_d=$	$1+(r/\varepsilon)$	r/ε	—	$-r/\varepsilon$	$\eta_d=$	1	r	—	$\eta_d=$	1	—
f) 利润率的变动	$\eta_\pi=$	$1/\phi_K$	—	—	$-r$	$\eta_\pi=$	1	—	—	$\eta_\pi=$	1	—
g) 分配状况的变动	$\eta_r=$	$-(\varepsilon-1)/\varepsilon_{LL}$	$1/\varepsilon_{LL}$	—	$(\varepsilon-1)/\varepsilon_{LL}$	$\eta_r=$	—	$1/\phi_L$	—	$n_r=$	1	—

$^a F_L=B_L/\varepsilon-(\varepsilon-1)J/\varepsilon=H_L/\varepsilon-J$。

的计算成果是令人吃惊的。在1909至1949年期间，美国经济中每小时产量的增长增加了一倍；其中，7/8是由于广泛意义上的技术变迁带来的"。[①]

最近的"新增长理论"集中研究了内生性技术进步，将教育投资和R&D（卢卡斯，罗默，巴罗）的外部性视为维持资本主义经济活力的一种方式。其基本观点是，现代增长时代的主要增长动力在于科研机构对知识的运用以及在此基础上持续的技术突破。虽然本章关注于那些趋向于经济成熟的发展中国家转型式增长过程，读者应清楚地认识到，所谓"成熟"仅仅是相对于社会的技术

---

① 参见索洛（1988，p.313）。

能力而言的概念。

6.6 结构二元性

6.6.1 K 和 L 的对称性

在第四章表 4.1 中所给出的增长等式中,资本和劳动力之间存在基本的对称性。而且,通过改变因果顺序,我们可以确定两类现实经济问题:

$$\eta_L = \eta_K + (B_L + J)/\varepsilon_{LL} - \eta_w/\varepsilon_{LL}(欠发达国家的劳动力吸收)$$
(6.17a)

$$\eta_K = \eta_L + (B_L + J)/\varepsilon_{KK} - \eta_\pi/\varepsilon_{KK}(发达国家的资本积累)$$
(6.17b)

等式 6.17a 反映的是,当代二元化的欠发达国家中决定 η_L(劳动力吸收速度)的劳动力吸收过程分析。等式 6.17b 涉及的是,成熟资本主义经济中决定资本增长率(η_K)的经济力量。K 和 L 的对称性使得我们可以将一个增长体系的分析用于另外一个增长体系。

从等式 6.17a 中,我们可以看出,η_L 受 η_w,(实际工资的行为)影响,而在等式 6.17b 中,η_K 受 η_π(利润率的行为)影响。要深入理解二元性的概念,我们有以下特例:

$$\eta_L = \eta_K + (B_L + J)/\varepsilon_{LL}(由 \eta_w = 0 得出)(无限劳动力供给)$$
(6.18a)

表 6.2　成熟经济增长分析

各变量增长速度的分析	增长率 (I)	分解为以下系数				劳动力无限供给下的分解($\eta_w=0$)				当 $\eta_w = F_L = 0$ 时的分解		
		J (II)	B_L (III)	η_K (IV)	η_w (V)	增长率 (VI)	$J_K = J/\phi_K$ (VII)	$F_K^·$ (VIII)	η_K (IX)	增长率 (X)	J_K (XI)	η_K (XII)
a) 资本积累	$\eta_K =$	$1/\varepsilon_{KK}$	$1\varepsilon_{KK}$	1	$-1/\varepsilon_{KK}$	$\eta_K =$	1	$1/\phi_K$	1	$\eta_K =$	1	1
b) 产出扩张	$\eta_Q =$	$1+(1r\varepsilon)$	$1r/\varepsilon$	1	$-r/\varepsilon$	$\eta_Q =$	1	$1/r$	1	$\eta_Q =$	1	1
c) 资本深化	$\eta_{K^·} =$	$1/\varepsilon_{KK}$	$1/\varepsilon_{KK}$	—	$-1/\varepsilon_{KK}$	$\eta_{K^·} =$	1	$1/\phi_L$	—	$\eta_{K^·} =$	1	—
d) 劳动生产率增长	$\eta_d =$	$(\varepsilon-1)/\varepsilon$	$-1/\varepsilon$	1	$1/\varepsilon$	$\eta_d =$	—	-1	—	$\eta_d =$	—	—
e) 劳动生产率增长	$\eta_p =$	$1+(1/r\varepsilon)$	$1/r\varepsilon$	—	$-1/r\varepsilon$	$\eta_p =$	1	$1/r$	—	$\eta_p =$	1	—
f) 工资率的变化	$\eta_w =$	$1/\phi_L$	—	—	$-1/r$	$\eta_w =$	1	$1/\phi_L$	—	$\eta_w =$	1	—
g) 分配状况的变化	$\eta_r =$	$(\varepsilon-1)/\varepsilon_{KK}$	$-1/\varepsilon_{KK}$	—	$-(\varepsilon-1)/\varepsilon_{KK}$	$\eta_r =$	—	$-1/\phi_K$	—	$n_r =$	1	—

$^a F_K = B_K/\varepsilon - (\varepsilon-1)J/\varepsilon = H_K/\varepsilon - J$。

$$\eta_K = \eta_L + (B_L + J)/\varepsilon_{KK} \text{（由 } \eta_\pi = 0 \text{ 得出）（无限资本供给）} \tag{6.18b}$$

6.18a 式是在劳动力"无限"供给情况下的劳动力吸收等式。而 6.18b 式是在资本"无限"供给情况下的资本累积等式。

表 6.1（基于等式 6.17a）和表 6.2（基于等式 6.17b），都列出了若干增长等式，由于在两个表中资本和劳动力是完全对称的，因此，根据对称性规则，我们可以集中对一张表（如表 6.1）中等式推导，以此就可以理解另一张表中公式的推导。我们首先分析转型过程中的二元经济（等式 6.17a）中的劳动力吸收。

6.6.2 二元经济中商业化部门的发展

在劳动力过剩的经济中对转型式增长的分析,对经济的二元结构有一个共识,即"非商业化部门"和"商业化部门"共存。这两个行为有差异的部门之间的相互作用使得古典学派的"工资铁律",甚至是阿瑟·刘易斯的分析与我们的方法之间存在着根本的区别。

我们的一般增长等式可以应用于劳动力过剩经济中商业化部门,也可用于总体一元化的新古典经济。遵循这一解释,等式 6.17a 式,即劳动力吸收等式反映了,当实际工资率的增长由外生变量决定时,决定劳动力吸收速度的因素。

在劳动力无限供给($\eta_w = 0$)的极端情况下,我们设想一个如 6.18a 式中列举的特殊情形。或者,当 $\eta_w > 0$ 时,我们也可以设想较为一般情形:随着劳动力剩余情况逐渐消失,如果工业实际工资缓慢上升,则解释为劳动力吸收等式。当到达商业化的点时,非农业部门中实际工资更有可能持续地增长。出于分析上的考虑,这两种情况必须在概念上区分清楚。在应用增长等式 T1—T9(表 4.1,第四章)时,所有的指标都涉及到二元经济中的商业化或非农业部门,例如,η_Q 是该部门的产出增长率,而 ϕ_L 是该部门劳动力比重。

6.6.3 对劳动力吸收过程中增长等式的推导

从等式 T1—T9 中可见,所有的增长率,$\eta_Q, \eta_p, \eta_d, \eta_w, \cdots$ 均由

外生变量 η_K 和 η_L 决定。尤其是，除了 T1 中 η_Q，所有增长率 (T2—T9) 与 η_K 有关。当 η_K 被视为外生变量时，则等式 6.17a 被视为劳动力吸收等式：

$$\eta_L = \eta_K + H_L/\varepsilon_{LL} - \eta_w/\varepsilon_{LL} \qquad (6.19a)$$

$$\eta_{K^*} = \eta_w/\varepsilon_{LL} - H_L/\varepsilon_{LL} \qquad (6.19b)$$

$$H_L = B_L + J \qquad (6.19c)$$

当这些等式右边各项被看作外生变量时，增长等式（表 6.1 中）就由内生的 η_{K^*} 和 η_L（代入 T1—T9）决定的。表 6.1 的每行中，每个变量的增长率是分别隶属于 η_w、η_K、B_L、J 的各项之和。这个增长等式集有助于分析所有与劳动力吸收中相关的内生变量的增长率（如表 6.1 中 I 列所示）。

6.6.4 劳动力吸收（η_L）与产出增长（η_Q）的速度

劳动力吸收（η_L）与工业产出增长（η_Q）的速度如下：

$$\eta_L = (1/\varepsilon_{LL})J + (1/\varepsilon_{LL})B_L + \eta_K - (1/\varepsilon_{LL})\eta_w \quad (6.19\text{ 得})$$

$$\qquad\qquad\qquad\qquad\qquad\qquad\qquad\qquad (6.20a)$$

$$\eta_Q = (1 + r/\varepsilon)J + (r/\varepsilon)B_L + \eta_K - (r/\varepsilon)\eta_w \qquad (6.20b)$$

证明：

$$\begin{aligned}\eta_Q &= J + \phi_K \eta_K + \phi_L(\eta_K + J/\varepsilon_{LL} + B_L/\varepsilon_{LL} - \eta_w/\varepsilon_{LL})\\ &= J + \eta_K + (r/\varepsilon)(J + B_L - \eta_w) \quad (\text{由 } \phi_L/\varepsilon_{LL} = r/\varepsilon \text{ 得})\\ &= \eta_K + J(1 + r/\varepsilon) - (r/\varepsilon)\eta_w + (r/\varepsilon)B_L \quad 证毕。\end{aligned}$$

等式 6.20ab 的证明只需要把 6.19 式代入第四章 4.1 节中相关的增长等式。等式 6.20a 和 b 列表 6.1 的 a 行和 b 行，I 列的

第六章 现代经济增长的应用

η_L 和 η_Q 分解成与系数 (J, B_L, η_K, η_w) 相应的四个效应,列在 Ⅱ-Ⅴ 列中。

列 Ⅱ 和 Ⅲ 中列出了技术效应,列 Ⅳ 中表示的是资本积累效应。列 Ⅴ 中列出的是不断上升的工资率(假定 $\eta_w > 0$)的效应。如果存在严格的劳动力无限供给,那么由于 $\eta_w = 0$,Ⅴ 列中表示的所有效应都消失。在商业化点之前,由于农业中的制度性实际工资"爬行上升",所以 $\eta_w > 0$ 可能性很小。此后,$\eta_w > 0$ 的可能性会较大。

从等式 6.20ab 中得出,在劳动力无限供给条件给定的情况下 $(\eta_w = 0)$,高创新强度 (J)、高劳动力使用倾向 (B_L) 和高资本增长率 (η_K) 推动了较快的劳动力吸收速度 (η_L) 和产出增长速度 (η_Q)。而且,在劳动力过剩经济中,我们对下面情况不感到奇怪,即强烈的储蓄倾向(高 η_K)和劳动力使用倾向的创新(B_L)对工业产出增长 (η_Q) 和"不充分就业"(η_L)问题的解决都起到了很好的作用。因此,在产出效应和失业效应之间就不可能存在冲突。但是,在转折点来临之前,实际工资中一定程度上"爬行"上升,然后是"陡然"上升,工业中就业扩张和产出增长速度放缓。

6.6.5 资本深化率(η_{K^*})

等式 6.19b 中给出的资本深化率在表 6.1 中 c 行再次列出。当无限劳动力供给存在时,等式简化为以下特例:

$$\eta_{K^*} = -H_L/\varepsilon_{LL} \qquad (\eta_w = 0) \qquad (6.21a)$$
$$\eta_{K^*} = -J/\varepsilon_{LL} - B_L/\varepsilon_{LL}(\eta_w = 0) \qquad (6.21b)$$

人均资本 (K^*) 是否应随时间变化而增减是一个值得争论的

问题。在成熟经济中，K^*持久、全面地增长是一个众所周知的程序化事实。而在无限劳动力供给普遍存在的二元经济中，商业化部门K^*的增长是一个有缺陷的发展战略，正如等式6.21a中重申提到的：

$$\eta_{K^*} \lesseqgtr 0 \longleftrightarrow H_L \lesseqgtr 0 \quad （从等式6.21a） \tag{6.22}$$

换句话说，当实际工资恒定时，当且仅当技术变迁是劳动力节约型($H_L<0$)，资本深化过程($\eta_{K^*}>0$)发生。w的爬行上升也有同样作用。根据战后欠发达国家的经验，旨在增加K^*的发展战略通常与现代化所需"大推动"联系在一起，后者体现在引进"关键性"项目，以反映出劳动力非常节约型的创新。但是，它忽略了可能的技术引进选择和对该改善劳动力使用的技术的开发。"大推动"战略的谬论是显然的，因为它导致了产出扩张和劳动力吸收速度减慢(如等式6.21ab中负H_L意味着负B_L)。对于资本深化或浅化，我们将根据日本历史和印度战后发展历程在第七章作更为全面的分析。

如表6.1中Ⅳ列所示，资本增长率(η_K)与η_L和η_Q成正比例关系，但是对η_{K^*}和η_p,η_d,η_π,η_r基本不起任何作用。因此，储蓄率也不会影响这些指标。

6.6.6 劳动生产率(η_p)和资本生产率(η_d)的增长

在劳动力剩余的经济中，商业化部门中劳动和资本生产率的增长率再次列在表6.1的d行和e行中。较大的J和(或)B_L明显引起了资本生产率的增长(较大的η_d)。相反，较大的J和(或)

B_L 对劳动力生产率的影响却不同。劳动力使用倾向($B_L > 0$)降低了劳动生产率(η_p)。如果报酬递减率没有发挥很强作用(即, $\varepsilon < 1$)甚至 J 都可以降低劳动生产率。因此,如果欠发达国家致力于劳动力使用型创新或是改善劳动力报酬递减规律(即更加充分地使用剩余劳动力),工业部门吸收越来越多的劳动力,平均劳动生产率将会降低。

到达商业化点之前,会出现这样一个有争议的问题:劳动力就业增长(η_L)和与技术选择相关的产出或生产率增长(以 η_Q 或 η_p 表示)之间可能存在的冲突。问题是追求高产量目标是否一定要以减少劳动力就业为代价。这类冲突存在的可能性将在第七章中作进一步分析。

6.6.7 利润率的变化

在转型式增长过程中,利润增长率列在表 6.1 的 f 行中。给定 $\eta_w = 0$:

定义:利润增长率(η_π)不受要素使用倾向和(或)资本增长率的影响。

因此,B_L 和 η_K 的系数为零。该结果的经济意义在于:当企业家面对完全无限的劳动力供给,即固定的实际工资率时,他们感兴趣的是可能达到的最高的创新强度,而不是关注于这些创新是劳动力节约型还是劳动力消耗型。当"爬行"上升或是"陡然"上升的实际工资反过来影响利润率时,这种情况也不会改变。利润率变化的方向仍然不受创新的要素使用倾向的影响。这在创新的微观经济学文献中常见。

6.6.8 分配份额的变化($r = \phi_L/\phi_K$)

分配份额的变化($r = \phi_L/\phi_K$)见表 6.1 中 g 行。劳动力使用倾向($B_L > 0$)将引起工资份额(ϕ_L)增长,进而导致了 r 的变化。在"正常"条件下($\varepsilon > 1$),工资份额将随着实际工资($\eta_w > 0$)的上涨而增加,而创新强度(J)越高,工资份额越低。当报酬递减规律作用不太强时($\varepsilon < 1$),$B_L > 0$ 和 J 都会使工资额增加。我们在第九章中分析收入分配时,会再次对此问题作一详细的讨论。

6.6.9 劳动力无限供给条件下的创新特征

在严格使用劳动力无限供给条件时,表 6.1 中 V 列的条件不成立。(p,d,π,r) 的增长等式可以用简化的形式表示出。我们作如下定义:

$$J_K = J/\phi_K > 0 \quad (\text{资本扩张式创新强度}) \qquad (6.23a)$$
$$F_L = 1/\varepsilon(H_L - \varepsilon J) \quad (\text{哈罗德劳动力使用倾向}) \qquad (6.23b)$$

等式 6.23 可得出以下定理:

定理 在劳动力无限供给条件下($\eta_w = 0$),$(\eta_p, \eta_d, \eta_\pi, \eta_r)$ 的增长等式采用以下形式:

$$\eta_p = -F_L \qquad (6.24a)$$
$$\eta_d = J_K + rF_L \qquad (6.24b)$$
$$\eta_\pi = J_K \qquad (6.24c)$$

第六章 现代经济增长的应用

$$\eta_r = F_L/\phi_L \tag{6.24d}$$

该定理的证明可以直接由 I 至 IV 列所示的等式得出：

$F_L = B_L/\varepsilon - (\varepsilon - 1)J/\varepsilon$（由等式 6.23b 和 $B_L \equiv H_L - J$ 得出）

$$\tag{6.25}$$

6.24 式中的等式列于表 6.1 中的 VI 列至 IV 列。无限的劳动力供给条件下，根据这些等式可以方便地分析工业部门的绩效。

在第四章 4.1 节中，J_K 和 F_L 很自然会从表 4.1 中增长等式的推导中，当人们先研究这些等式的直观意思时，它们的经济意义很容易表达了。

6.6.10 哈罗德创新强度和要素使用倾向

前文已对下面的一对等式作过经济学的解释：

$J_K = J/\phi_K$ （资本扩张式创新强度） $\tag{6.26a}$

$J_L = J/\phi_L$ （劳动力扩张式创新强度） $\tag{6.26b}$

另外一对等式：

$F_L = 1/\varepsilon(H_L - \varepsilon J)$ （哈罗德劳动力使用倾向） $\tag{6.27a}$

$F_K = 1/\varepsilon(H_K - \varepsilon J)$ （哈罗德资本使用倾向）[①] $\tag{6.27b}$

在第五章的 5.3.4 节中，我们定义了哈罗德意义上创新的要素使用倾向的方向。在考虑哈罗德-中性的要素使用倾向时，$F_L =$

---

① 以"哈罗德"冠名是指 F_K 概念（哈罗德意义上的资本使用倾向的创新）由哈罗德在研究成熟经济增长中首次提出的。与 F_K 对应的 F_L 是费和拉尼斯（1965）首次提出的。

$F_K=0$。正的 $F_L(F_K)$ 表明了哈罗德劳动力使用(资本使用)或资本节约(劳动力节约)倾向。对于 $\varepsilon>1$ 的"正常"状况,哈罗德中性与希克斯中性的相关性已在第五章图 5.6(c) 中作过分析。

6.6.11 劳动力无限供给条件下的转型式增长

通过使用 J_K 和 F_L,表 6.1 中的等式提供了由表格各行的标题所表示的商业化部门转型式增长的完整轮廓(比如:"劳动力吸收"、"产出扩张"、"资本深化"、"分配份额变化"等)。在所有的情况下,增长速度都由 $(J、B_L、\eta_K、\eta_w)$ 决定。然而,在劳动力无限供给的情况下,这些因素也可以用Ⅵ至Ⅸ列中的 $(J_K、F_L、\eta_K)$ 桌表述。而且,当技术变迁为哈罗德劳动力中性时 $(F_L=0)$,增长等式就简化为Ⅹ、Ⅺ和Ⅻ列中的特例。

对于 (p,π,r) 三者,有:

定理 在劳动力无限供给的条件下:

$$\eta_\pi = J_K \quad (意味着 \eta_\pi \geq 0) \qquad (6.28a)$$

$$\eta_\pi = -F_L \quad (意味着 \eta_\pi \lessgtr 0 \longleftrightarrow F_L \lessgtr 0) \qquad (6.28b)$$

$$\eta_r = F_L/\phi_L \quad (意味着 \eta_r \lessgtr 0 \longleftrightarrow F_L \lessgtr 0) \qquad (6.28c)$$

等式 6.28a 表示,在无限劳动力供给条件下,工业企业家总是可以通过正的创新的资本使用强度来确保利润率的不断上升。等式 6.28b 表示,工业中的劳动力生产率的增减与创新属于哈罗德劳动力节约型还是哈罗德劳动力使用型相关。等式 6.28c 说明,相对分配份额也取决于哈罗德的要素使用倾向的方向。

对于劳动力无限供给条件下的 (η_{K^*},η_d):

$$\eta_{K^*} = -J_K - F_L/\phi_K = H_L/\varepsilon_{LL} \quad (\text{意味着 } \eta_{K^*} \gtreqless 0 \longleftrightarrow H_L \gtreqless 0)$$
(6.29a)

$$\eta_d = J_K + rF_L \quad (\text{意味着 } \eta_d \gtreqless 0 \longleftrightarrow F_L \gtreqless -J_K/r) \quad (6.29b)$$

等式6.29a意味着,当且仅当创新是依据希克斯的劳动力节约型时,资本深化的情况会发生。而等式6.29b说明当且仅当创新完全符合哈罗德的劳动力节约型的条件时,资本的生产率保持不变。

最后,当 $\eta_w = F_L = 0$ 时:

$$\eta_L = \eta_Q = J_K + \eta_K \tag{6.30a}$$

$$\eta_d = \eta_\pi = -\eta_{K^*} = J_K \tag{6.30b}$$

$$\eta_r = \eta_p = 0 \tag{6.30c}$$

这样,当估算到经济中出现劳动力过剩或是哈罗德劳动力节约中性的情况时,工业劳动力生产率是稳定不变的(6.30c);"资本浅化"的情况下,资本生产率和利润率都会上升(6.30b);而在出现正的 $J_K + \eta_K$ 时,产出增长等于雇佣量的增长(6.30a)。以上概括了劳动力极端过剩经济中的增长状况。而如果劳动力和资本保持对称,则表6.2的内容可用来分析成熟经济中的增长状况。

6.7 成熟经济中的增长

6.7.1 长期和短期的资本增长率

表6.2含有可用于分析成熟经济增长模式下的增长等式。我

们从对等式 4.58b(a 行中再现的资本积累等)的解释作为出发点。资本迅速积累指标 K 的原因可分为四个部分:附加系数 J,B_K(技术的正面影响), η_L(人口增长的正面影响)以及 η_π(实际利息率的负面影响)。显然,较高的外生变量 J,B_K 和 η_L 会引起更快的资本积累。

对于外生变量利息率(η_π)存在短期和长期两种解释。在现代凯恩斯的宏观经济学中,从短期看,传统认为利息率(π)外部受制于货币当局控制下的货币因素。如此,利息率的变动决定了基于资本边际生产率假设前提的短期投资价值($I = dK/dt$)。在"原始资本"给定的情况下,资本增长率由利息率决定。

我们最终要追溯到这样一个客观事实来看待短期资本回报的外生因素:即存在两种截然相反的利息率概念———一个与流动性资产有关,另一个与存款率有关。假定其兴趣在短期上,凯恩斯学派的经济学家(如托宾)会认为存款与利息率的高低无关,这为 π 在短期是外生因素奠定了基础。与此成鲜明对比的是,从长期来看,利息率与"流动性资产"是不相关的,任何时刻的利息率都由存款能力所接近的"紧缩"所决定。例如,高存款率会降低长期利息率。因此,从长期情况来看,我们接受古典学派的存款影响利率的理论。

无论我们接受以上的短期还是长期解释,利息率的增长总会对资本积累产生负面影响,其系数的倒数($1/\varepsilon_{KK}$的绝对值)与资本报酬递减率(ε_{KK})呈反向关系。当报酬递减规律起作用时,资本的边际产量曲线非常陡峭,利息率的变动不会影响投资和资本积累。同样的存款系数($1/\varepsilon_{KK}$)也适用于对 J 和 B_K 的正面影响———同样,可以根据报酬递减规律作用强度来解释此类问题。以上讨论的就是增长理论对短期宏观经济分析所产生的影响。

6.7.2 增长分析

根据二元结构原则导出的 η_Q, η_{K^*}, η_p, η_d, η_w 和 η_r 的等式(见表6.2,b行至g行)描述了成熟经济中长期和短期的增长状况。理论上认为,(外生变量)利息率的政策的应用对所示的一切变量都会产生影响。人口增长率 η_L 只会影响 η_K 和 η_Q,不会影响其他变量值。在"正常"替代无弹性的情况下($\varepsilon>1$),较高的创新强度(Ⅱ列中的 J)对所有的变量都会产生正面影响。较高的利润增长率(η_π)会降低劳动力生产率(e行)和工资率(f行)。因此,旨在降低 η_π 的扩张性货币政策(特别是使 η_π 为负时)总会受到工薪阶层的欢迎——工资率上升了,同样也受到企业家阶层的欢迎——资本积累也增加了。然而这有违我们的公平感,因为根据凯恩斯的货币发行理论使我们获得的收益逐渐消失了,下一节将谈到这一点。

6.7.3 成熟资本主义的长期增长分析

表6.2的Ⅵ—Ⅻ列表明了在利息率稳定时($\eta_\pi=0$)成熟资本主义的长期增长状况——即在工业革命后的近200年中,一直保持稳定的实际利息率(如在3%—5%之间)状态下的经济状况。外生因素分别用三个条件表示:J_L(劳动力增长强度的影响),F_K

(哈罗德资本使用偏好的影响)及 η_L(人口增长的影响)。

正的哈罗德资本使用创新($F_K>0$)会像预期那样损害资本生产率(d 行中 $h\eta_d<0$)和劳动力份额(g 行)。正 F_K 的和 J_L 对所有变量的影响都是非负的,在利润稳定的经济中,工资率总是以正的 J_L 率增长——即劳动力增长创新强度。

6.7.4 哈罗德的动态均衡

从长期观点来看,成熟资本主义经济的发展是以恒定的资本增长率(η_K)和稳定的利息率为特征的。根据经验,资本增长率 $\eta_K = sd = s/(K/Q)$ 长期以来一直在 2.5% 左右,其中 s 的变动范围是 10%—20%,K/Q 的变动范围是在 4%—5% 之间变动,从而得出 η_K 在 2%—5% 之间的窄幅变化。所谓的哈罗德"动态均衡"理论(等式 6.13 中 $\eta_\pi = \eta_{\eta_K} = 0$)是在稳定的资本增长率($\eta_{\eta_K} = 0$)这个附加条件得以实现时的情况下,稳定利润经济中的特殊情况。定理 6.14 和等式 6.16 确立了创新是哈罗德动态均衡理论的必要条件,而创新是在哈罗德资本中性($F_K=0$)以及马克思补偿效应($H_K = \varepsilon_{KK}\eta_K^*$)起作用的条件下发生的。当以上条件成立时,增长等式可简化为表 6.2 的 X—XII 列所示:

$$\eta_K = \eta_Q = J/\phi_L + r \quad (长期增长速度) \tag{6.31a}$$

$$\eta_p = \eta_w = \eta_{K^*} = J/\phi_L > 0 \quad (p, w \text{ 和 } K^* \text{ 的增长率连续性}) \tag{6.31b}$$

$$\eta_\pi = \eta_d = \eta_{\phi_L} = \eta_{\eta_K} = 0 \quad (d, \pi\phi_L \text{ 和 } \eta_K \text{ 水平的连续性}) \tag{6.31c}$$

第六章 现代经济增长的应用

哈罗德动态均衡理论的充分条件就是 J, ϕ_L 和 r 的恒定。

哈罗德动态均衡理论描述了当资本和 GNP 以稳定速度增长时 $(J/\phi_L + r)$——一个人口统计和技术方面的现象(6.31a)——成熟工业资本主义的长期发展现象。当 $\eta_{\eta K} = \eta_\pi = 0$ 时,哈罗德动态均衡理论的必要条件成立。但由于 J 在大多数情况下不是恒定的,所以缺少充分条件。从长期来看,p、w 和 K^* 都以 J/ϕ_L 的稳定速度增长,这完全是由技术进步推动的。在劳动力福利、劳动力生产率和资本深化方面也有持续的收益。同时,由于储蓄和人口统计是不相关的,因此,也存在一个由技术进步引起的福利领域。最后,在规模持续扩张(6.31)和消费者福利增加(6.32b)的背景下,成熟的资本主义是以 π, d 和 ϕ_L 三者的长期稳定为特征的,这就是著名的卡尔多恒定论。这种均衡代表了索洛的长期条件下的分析结果。假定 $J = 0$,

$$\eta_Q = \eta_K = r \qquad (通过 6.31a)(6.32a)$$

$\eta_w = \eta_p = \eta_{K^*} = \eta_\pi = \eta_d = \eta_{\phi_L} = \eta_{\eta K} = 0$ (通过 6.31b)(6.32b)

我们的一般模型(包括 $J > 0$)更加符合实际情况,使得我们能够把结构二元性的概念应用到 6.1,6.2 中。

第四篇

在二元经济中对增长和发展的应用

第七章 封闭二元经济的转型式增长

7.1 导言

前三章针对不同经济体系的增长与发展构建了一系列概念工具。本章专门研究封闭的二元经济转型式增长。第三章有关转型式增长的全部分析为本章提供了理论框架,第四章的理论工具用于分析劳动力再配置过程。由于劳动力吸纳是反映潜在的劳动力和商品市场平衡增长的主要指标,所以本章着重研究劳动力吸纳就显得重要。我们已经知道,劳动力吸纳由两个因素驱动:资本积累 η_K 和技术变迁(J 和 B_L)。本章分两种情况来考虑这两个因素的作用(在第四章已重点讨论),即一种是两个因素相互独立的,另一种是两个因素之间在一定程度上相互依赖。

7.2 节考察连续的劳动力再配置的逻辑必然性,我们将连续的劳动力再配置作为部门间劳动、商品和金融市场平衡增长的指示器。7.3 节提出发展成功的最低努力标准,并深入细致地研究技术变迁和资本积累对劳动力再配置的影响。7.4 节运用两个发展中国家的经验证据来说明理论与现实的相关性。7.5 节分析在劳动力再配置过程中最大化产出目标和就业目标之间的潜在冲突。

7.2 平衡增长与劳动力再配置的必要性

第三章详尽地阐述了典型的劳动力过剩二元经济起初所面临的不利的资源禀赋,即一个高的劳动/土地比率和边际上日益增长的人口压力。在这种情况下,基本的政策目标是把农业部门的剩余劳动力"平稳地"再配置到工业部门。如果商业化即将发生并且发生得足够迅速,那么这样一个劳动力再配置过程必须足够迅速以使经济重心转移。在这个过程中,农业生产率必须提高,才能容许农村劳动力流出,因为必须还要有较少的劳动力能够生产出足够的农产品供给所有的人。同时,工业部门必须足够迅速地扩大其资本存量或促进技术进步为转移过来的劳动力提供就业机会。如果这个过程的任何一个方面失败,则成功的经济转型不会出现。

为了说明劳动市场中的平衡增长概念,用 $P(t)$ 表示总人口或总劳动力的时间路径,用 $W(t)$ 和 $L(t)$ 分别表示工业部门劳动力和农业部门劳动力:$\theta = W/P$ 表示工业部门的劳动力占总人口的比例,$(1-\theta) = L/P$ 表示余下的在农业部门的劳动力所占的总人口比例。θ 近似地表示劳动力再配置程度,$W/L = \theta/(1-\theta)$ 表示由一个农业部门劳动力"支持"的工业劳动力的数量。劳动力再配置 θ 的目标是以一个超过人口或劳动力增长比率的比率增长。

用一个简单的框架表示现实世界可能出现的三种情况:

$$\eta_p > \eta_w \quad (失败) \tag{7.1a}$$

第七章 封闭二元经济的转型式增长

$$\eta_p = \eta_w \quad (停滞) \tag{7.1b}$$

$$\eta_p < \eta_w \quad (成功) \tag{7.1c}$$

三种情况如图7.1(a)所示。在失败情况下，由于总人口增长比率超过了劳动力再配置，总劳动力中由非农部门吸收的份额在下降。导致这种结果的原因可能是非农部门的需求不足，也可能是人口（和劳动力）增长过快。在停滞情况下，两者持平，由一个不变的 θ 来表示。在成功情况下，如等式7.1c所示，θ 在增加，表明从事商业活动的劳动力比率在增加。

图7.1(b)强调再配置过程的时间维度。与人口或劳动力增长曲线相关的 RIC，表示"必要的工业部门劳动力曲线"，即在每一个可能及时出现商业化的时点上，必须实现的劳动力再配置，AIC 表示"实际的工业部门劳动力曲线"，即实际已发生的再配置路径。失败和停滞情况在图7.1(a)中都表示为永远不会"赶上"RIC 曲线的 AIC 曲线，即劳动力过剩为零的情况永远不会实现。而 AIC″ 表示这样一种可能性。此外，AIC 和 AIC′ 均表示一个可能成功的情况。但是，与 AIC′ 相比，在 AIC 情况下，商业化出现得更早，显然，后者更有优越性。事实上，如果所需的时间太长，即使是 AIC′，也被视为政治上不可持续的。

在大多数一般和简化的框架中，这些动态效应为经济发展可能性提供了一个符合逻辑的概况。为了分析特定劳动力重新配置过程，我们必须深入研究这些条件。运用第三章的等式3.4a和3.18a，我们可以把总劳动力的增长率分解为：

$$\eta_p = \theta \eta_w + (1-\theta) \eta_L \tag{7.2a}$$

其中，当 θ→1 时

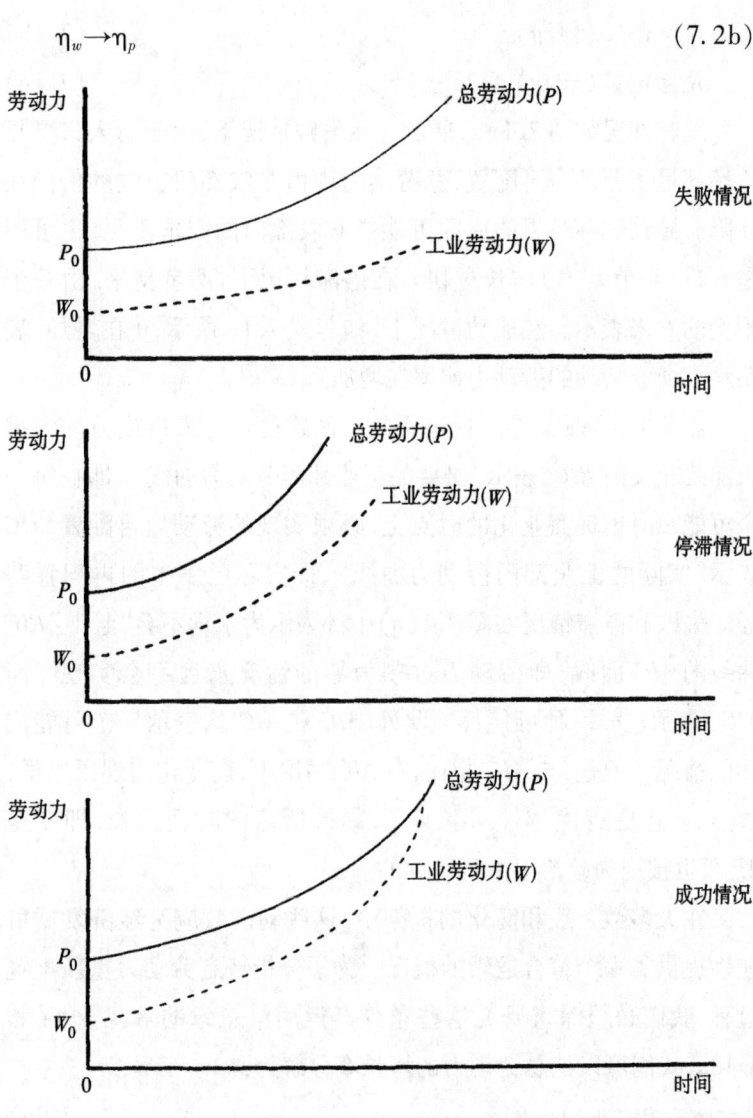

图 7.1(a) 不同的再配置情况

总人口增长率是 η_w 和 η_L 的加权平均数(7.2a),其中,当 θ 接近 1 时,η_w 接近 η_p(7.2b)。在成功情况下,经过一定时期,当 L 绝对地下降,η_L 甚至可能变为负数时,农业部门中人口对土地的历史压力将会改变。

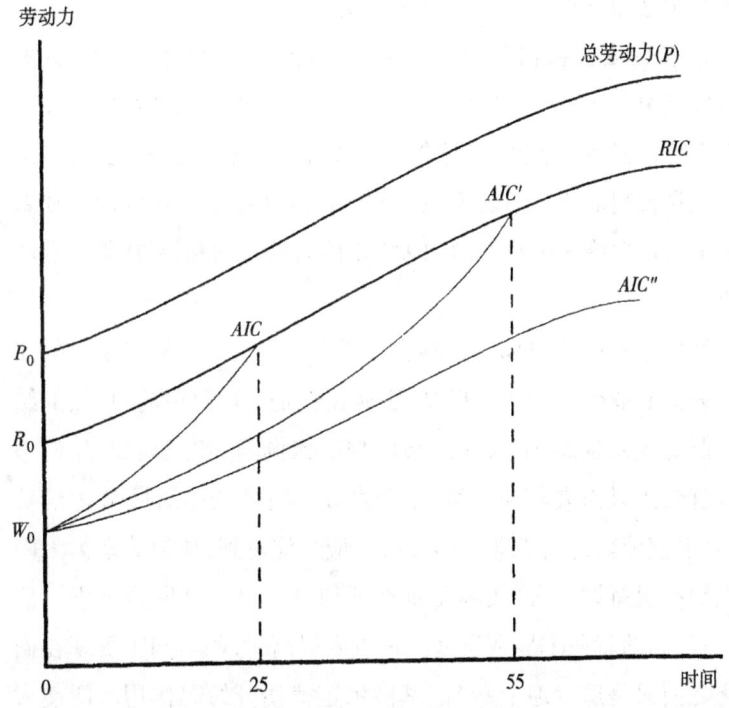

图 7.1(b)　再配置和时间维度

在任何存在人口压力的二元经济中,只有等式 7.1c 可以定义为成功的情况。在停滞的情况下,待业人口中的"剩余人群"没有被"抹平"。失败情况下,"剩余人群"在增加。虽然被再配置到工业部门的劳动力比重变化不是经济发展成功或失败的唯一衡量指标,但是该比重的变化却是衡量部门间平衡增长使经济摆脱初始的劳动力剩余状况的最重要绩效指标之一。重要的是,要认识到 θ 仅仅代表平衡增长的潜在动力,即农业生产率增长和非农劳动力吸纳。商业化过程也应仅仅被视为两个部门在部门间商品、劳动力和金融市场中充分的相互作用。

日本的发达经济和韩国、中国台湾等新兴工业化国家和地区的经验可以用于证明,成功的经济发展与一个平衡增长环境中农业劳动力充分迅速地再配置是等价的。经验表明,现代经济增长可以与成功地吸收剩余劳动力联系在一起。这反映在由非技术性劳动者实际工资首次持续地增长,如 1920 年前后的日本和 1970 年左右的东亚。

经济重心向非农部门转移这个观点也得到了恩格尔定律的支持。只要农业劳动生产率提高,工业化就是不可避免的、自然的结果。假定收入越高,个人就喜欢按相应比例增加对非农产品的消费,这样,当只需要较少的农村劳动力来满足全体居民食物消费时,就迫使劳动力向工业部门转移。应当注意到,如果劳动力无限制供给状况持续下去,实际工资在任何部门就不会明显上涨。但是,当较高的就业率导致家庭工资收入提高时,甚至当工资率在商业化之前只是适度地上涨时,恩格尔定律便开始起作用。即使大部分经济盈余被储蓄和投资,我们仍可以预期工资会在另外两个因素作用下适度地上涨,首先,农业生产率提高可能引发工资率向上爬升。其次,最低工资立法、工会组织等可能引起部门间工资差异的变化。

我们对农业生产率提高和劳动力再配置的强调并不依赖封闭

经济的假设前提。二元经济对贸易的开放提供了另一个生产功能，使得经济更便宜地获得商品，甚至包括食品。但是，正如在第八章所指出的，这不会破坏三个部门间市场平衡增长的必要性。

图7.2提供了一个有关封闭二元经济运行的概况，它显示了农业部门和非农部门间的各种内在联系。每一个部门被分成一个生产部

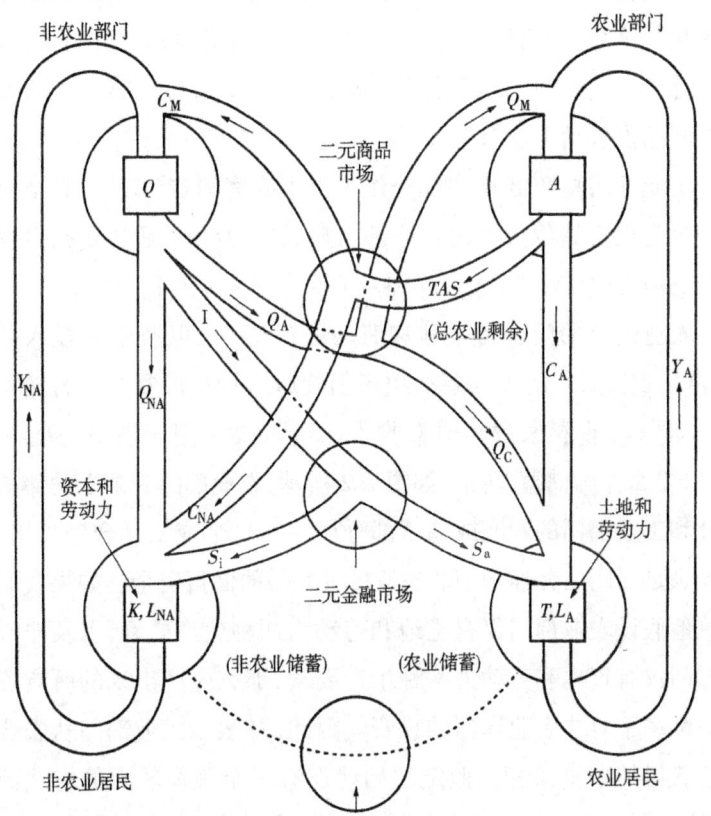

图7.2 封闭的二元经济

部门和一个家庭部门。其联系被分为三类,由图中的三个圆圈表示:(1)二元商品市场;(2)二元金融市场;(3)二元劳动力市场。箭头表示实际商品和劳务的流向,箭头的反方向表示货币支付的流向。

对于部门间商品市场,农业部门 A 总产出的一部分由农民家庭自行消费,C_A,一部分流入非农部门,标有 TAS 的流量表示总农业剩余。这是一个商品剩余——农业总产出超过农业部门自行消费的部分。其中的一部分由非农家庭消费,C_{NA},另一部分,C_M,作为中间品投入到工业部门。

工业部门总产出 Q 中部分作为工人家庭消费(Q_{NA}),其余的部分分为投资品(I),和由农业部门购买的(Q_A)。后者要么由农民家庭消费(Q_C),要么作为农业生产的投入品(Q_M)。

农业生产部门获得土地和劳动服务(Y_A),以及中间投入品(Q_M)。农民获得的收入要么用于消费($C_A + C_C$),要么作为储蓄(S)。同样,非农家庭的要素收入(Y_{NA}),要么用于消费(Q_{NA} + C_{NA}),要么作为储蓄(S_i)。如图 7.2 所示,农业部门剩余中的储蓄部分和工业部门的利润或储蓄部分($S + S_i$),形成二元金融市场,以此满足封闭二元经济中非农业投资所需的储蓄资金。如果我们简单地假设农业部门仅有土地和劳动力两种生产要素,以及非农业部门仅有资本和劳动力两种生产要素,那么生产出来的所有资本品都用于对非农业部门的投资。因此,S_a 表示工业部门从农业部门获得的融资总额。假定初始状态有一个规模较大的农业部门,那么源于农业部门剩余的储蓄起初是二元经济持续增长的主要动力。而非农业部门在早期阶段的储蓄则相对不足。

在部门间商品市场中，一方是出售剩余食物的农业剩余所有者，另一方是新配置的工业工人，他们以工业品形式获得工资收入，并且渴望与"剩余的"食物进行交换。一旦这些交换实现，新配置的工人发现他们自己拥有他们想消费的农业品。因此，对于新配置工人的工资基金来说，部门间商品市场是必不可少的。同时，农业剩余所有者由交易成为部分新产生的工业产品所有者而获得补偿。随着金融网络深度和广度的发展，这些所有权将会采取银行存款、邮政存款、股票和债券形式，当然也可以采取直接的所有权形式。金融网络必须向各类农业剩余所有者提供可接受的金融资产，使二元经济能够将其农村储蓄转化为生产性工业投资。显然，这两个市场的有效运行成为一个互相关联的统一体。

第三个部门间市场是劳动力市场。通过该市场，低边际生产率的农民必定被再配置到高边际生产率的工业部门。如前面指出的，经验表明，80％的劳动力起初可能在非商业化部门。在成功的发展努力中，经过几十年，这个比例会大幅度下降。部门间劳动力市场基础是农业部门的初始条件，即人口/土地比率、传统的技术和作为生产单位的家庭。在工业部门中，商业化活动起支配作用，尤其是以现代技术和专业化为基础的城市大规模活动。我们在第三章对二元劳动力市场的讨论中，对此已作了全面深入的分析。

通过对这三个部门间市场及其平衡增长含义的考察，我们明白了平衡增长有两方面需要：一方面是，农业部门要生产出并维持充足的农业剩余来满足工业部门的生产性投资；另一方面是，从农业剩余和工业利润再投资中融资的工业部门必须发展得足够快，以吸收不断再配置的劳动力。显然，要实现平衡增长，在主要配置到工业部门的资本积累与用于两个部门的技术努力之间必须有一个平衡。如我们已经讨论过的,这种平衡增长还必须要有一定的速度,不仅要超过不断形成新劳动力的人口增长速度,而且还必须解决产生于二元状况的社会不满问题。

概括地说,判断平衡增长有三个标准。一是由农业生产率提高解放出来的农业劳动力数量不能过多地高于由非农业部门创造的就业岗位数量。二是在部门间贸易条件没有重大变化的情况下,农产品和工业产品的部门间市场出清。三是部门间金融市场出清,即农业储蓄和非农业储蓄转化为非农业投资。

在市场经济中,相对价格为两个部门的投资机会和技术努力提供信号,我们可以在上文讨论的二元经济框架中增加消费者偏好和农产品与非农业产品的贸易条件,以此来说明二元经济平衡增长路径的动态变化。

在不考虑中间投入品流动的情况下,图7.3可用于解释我们三个部门间市场的平衡增长。为了准确地说明这一点,"平稳"标准对于三个市场中的任何一个均保持不变。在假定土地供给固定的条件下,我们可以用第Ⅱ象限中 Q_A^* 曲线表示经济总体水平上的人均农业产出,用横轴表示总人口或总劳动力。也就是说,在农业生产技术既定的情况下,Q_A^* 的每一点表示与不同水平的总劳动力配置 OP_0 相对应的人均食物供给。在一个可能的配置点上,P_0L_0 的劳动力被重新配置,OL_0 的劳动留在农业部门。

假定农业工人平均获得以农产品表示的制度性工资 $c = Ow_a$,且消费部分农产品(纵轴上的 A)和部分非农产品(横轴上的 NA)。典型的农业工人实际消费组合取决于其偏好和贸易条件或预算线

第七章 封闭二元经济的转型式增长 319

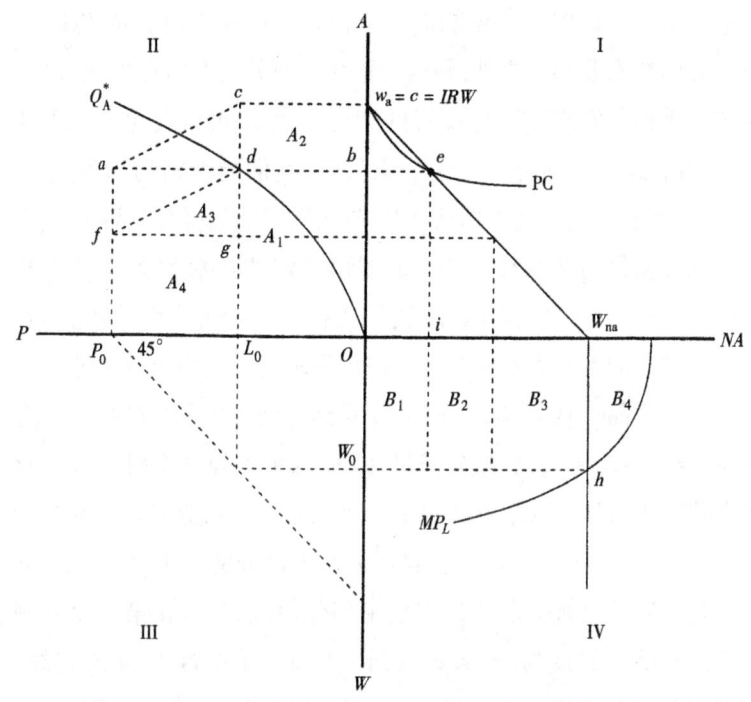

图 7.3 封闭二元经济中的平衡增长：均衡位置

$w_a w_{na}$ 的切点,如第 I 象限所示。在这些贸易条件下,用非农业产品表示的非农业实际工资等于 Ow_{na}（假定部门间非技术性工资不存在差异）。假定农民和已配置的劳动者面临同样的无差异图,不同贸易条件给定的情况下,我们可以画出的价格—消费(PC)曲线,用来描述所有可能均衡点的轨迹。

对于无论是农业生产,还是非农生产中的非技术劳动力而言,PC 曲线上的 e 点表示商品市场上一个可能的均衡点。在特定的贸易条件下,与人均食物需求 Ob 相一致,人均食物供给 $L_0 d$ 描述了平衡增长路径中一个可能的均衡位置。这种均衡假定 P_0L_0 的劳动力已在农业部门之外得到配置，OL_0 的劳动力留在农业部门。通过第Ⅲ象限的45°线，已配置的劳动力 P_0L_0 可以转化为第Ⅳ象限的 OW_0 部分劳动力。在这个象限中，我们能观察到均衡点 h。在 h 点，非农劳动力需求曲线 MP_L 与在固定的制度性工资 Ow_{na} 水平下的劳动供给线相交。MP_L 曲线由既定的技术和资本存量 K_0（此处没有显示）生成。因此，我们就得出劳动力市场均衡，即农业部门供给的劳动力数量与非农部门需求的劳动力数量相等。

对于商品市场均衡，我们可以看到，经济中总的农业产出为 $ObaP_0 = A_1 + A_3 + A_4$，能充分满足在 Ob 水平上经济中每个人的食物消费需求。这个农业食物总供给可以划分为农业劳动力部分和地主部分。在 Ow_a 资水平上，农业劳动力部分的总额为 $Ow_acL_0 = A_1 + A_2$。为了判断剩余部分或地主部分，我们可以在第Ⅱ象限画一条由 c 至 a 的直线，再从 d 点到 f 点画一条平行于 ca 的直线。根据相似三角形定理，$gd/db = cd/ad$，因而 $dbcd = gdad$。因此，$A_2 = A_3$，农业劳动力部分的总额也可以表述为 $A_1 + A_3$ 区域。农业产出中属于地主的剩余部分为，$(A_1 + A_3 + A_4) - (A_1 + A_3) = A_4$。

在非农部门，其总产出分为 $B_1 + B_2 + B_3 + B_4$。工业工人获得的部分为 $B_1 + B_2 + B_3$，在工资水平 w_{na} 下被雇佣的工人数量为 OW_0。资本家获得的剩余利润部分为 B_4。

现在，我们可以指出部门间商品市场与金融市场上所需的均衡。为了使每个人处于相同的均衡消费点 e 点，在特定的贸易条件下，每一个工业工人想用 $W_{na}i$ 单位的工业品换取 ei 单位的食物。同样，每一个农民愿意用 bO 单位的食物交换 be 单位的工业品。总体上,工业工人希望用 $B_2 + B_3$ 的工业品交换 $A_1 + A_3 + A_4$ 或 $A_1 + A_2 + A_4$ 的农产品。可以认为,工业工人用 B_2 与农民交换 $A_3(=A_2)$,用 B_3 与地主交换 A_4(农业剩余)。这就确定了部门间商品市场均衡:所有的工人(假定不储蓄)在 e 点消费,地主(类似于资本家,假定不消费)拥有工业品存货 $B_3(=A_4)$。从金融市场上看,下一期的投资资金等于农业储蓄(此处是指农业剩余)A_4 加上非农业储蓄(等于资本家利润),即 $I = A_4 + B_4 = B_3 + B_4$。

我们可以重画图 7.3(如图 7.4(a)所示)来描述封闭二元经

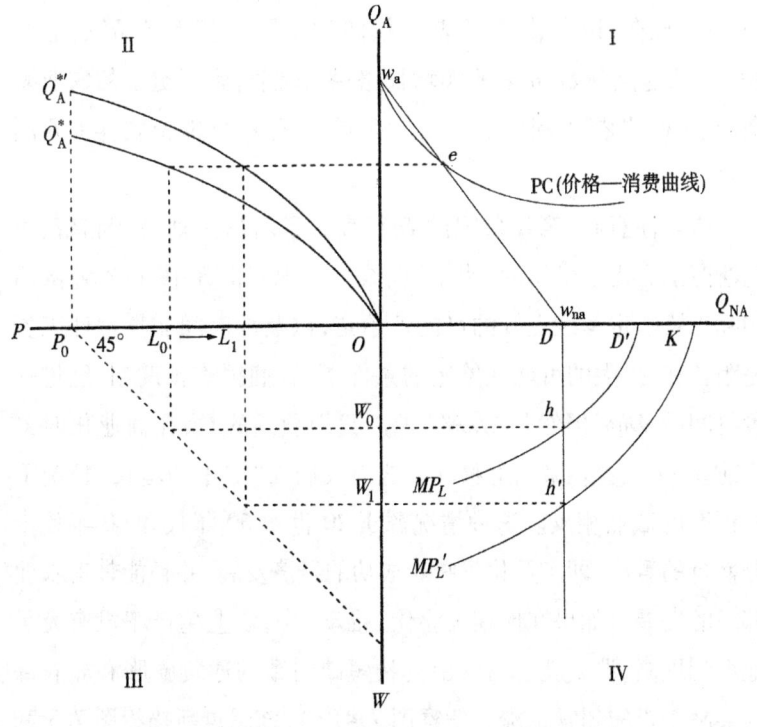

图 7.4(a) 平衡增长:比较静态均衡

济的平衡增长过程。我们已经注意到,当商品市场在初始贸易条件持续出清时,一个"平稳"的维持条件是农业劳动生产率和非农劳动生产率的提高使从农业部门释放出来的劳动力数量等于工业部门吸收的劳动力数量。考虑这样一种情况,农业劳动生产率的增加允许农业劳动力被"释放"至工业部门(θ 的增加),在图 7.4(a)中表示为,Q_A^* 向上移至 $Q_A^{*\prime}$。在这个较高的生产率水平下,要使平均食物消费水平维持在 e 水平上所需的农业人口会较少(OL_1)。已配置的非农劳动力上升至 P_0L_1。(等于第Ⅳ象限的 OW_1)。现在,以非农商品表示相同的实际工资等于 h' 点上的 MP_L。从这点开始,沿着平衡增长路径,我们得到了更多的农业剩余(A_4)和非农业利润(B_4),从而得到更多的投资资金(见图 7.3)。

应当注意到,第Ⅳ象限的 Dhh' 表示了阿瑟·刘易斯和费、拉尼斯劳动力无限供给的"水平"曲线。在现实世界中,在农业部门实际工资一定程度上升的可能性给定,以及部门间非技术性工资差距存在、扩大的可能性给定的条件下,我们很难预期到,经过一段时间后,Dhh' 仍然是"水平"的。我们预期的是,在商业化时刻之前,Dhh' 只会轻微向上移动。这与我们在"非平衡增长"情况下所预期的截然相反。这种情况源于 20 世纪 50 年代和 60 年代十分盛行的看法,即工业化意味着成功的经济发展,并且能带动农业部门的发展。如果在伴随工业化"推动"中,农业生产率没有充足地得到提高,那么就会出现由食物短缺引致的通货膨胀和非农部门实际工资的超常上涨。考察图 7.4(b),该图重新描绘图 7.3 和图 7.4(a)中三个部门间市场的初始均衡。而我们现在考虑,在农

第七章 封闭二元经济的转型式增长

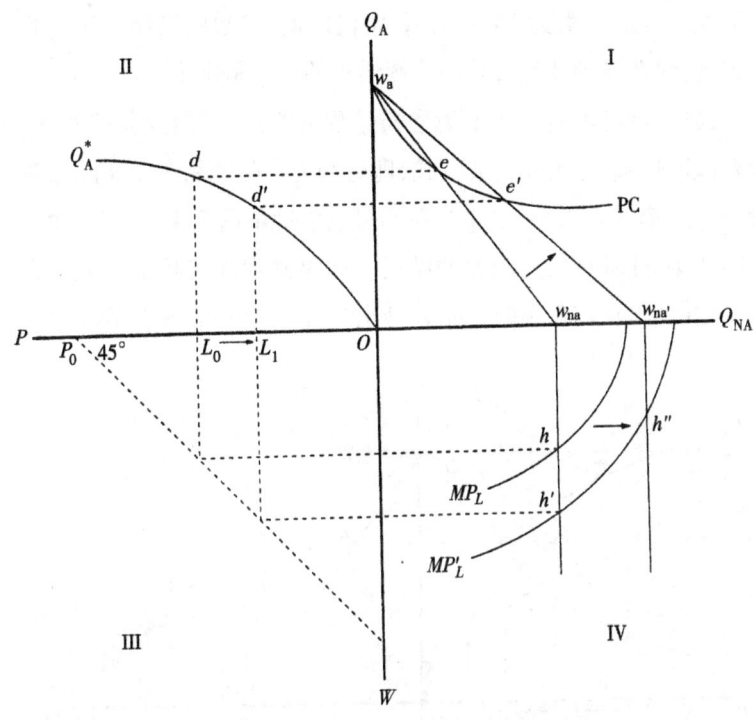

图7.4(b) 不平衡增长：比较静态

业生产率没有提高的情况下，重新配置相同数量(L_0L_1)工人的努力。通过改变贸易条件，把 w_a—w_{na} 线向右移至 w_a—w'_{na}，通过均衡点 e' 点的形成，人均食物需求向下移至目前更低的人均供给水平。现在，新的非农实际工资 Ow_{na}' 与非农劳动力需求曲线 MP_L' 相交于 h''，而不是 h'。因此，非农业劳动力供给曲线 $w_{na}hh''$ 不再是水平的(或轻微向上倾斜)，而是迅速地上升，使得整个转型式增长过程在实现商业化或达到刘易斯转折点之前处于危险境地。由于货币供给事后的扩张，食物短缺导致的通货膨胀通常导致进一步的通货膨胀。直到20世纪70年代以前,多数政策制定者没有认识到,农业流动性是成功的平衡增长的一个基本要素。

最后,我们需要说明平衡增长过程的终点,即商业化的实现。读者能回忆起,当由新古典等式,即劳动力边际产品等于实际工资时,该点(商业化点)就到来。我们可以借助由图7.4(a)扩展而来的图7.4(c)说明二元状况的结局。如果制度性实际工资固定在w_a,第Ⅱ象限和第Ⅳ象限显示农业劳动生产率和非农业劳动生产

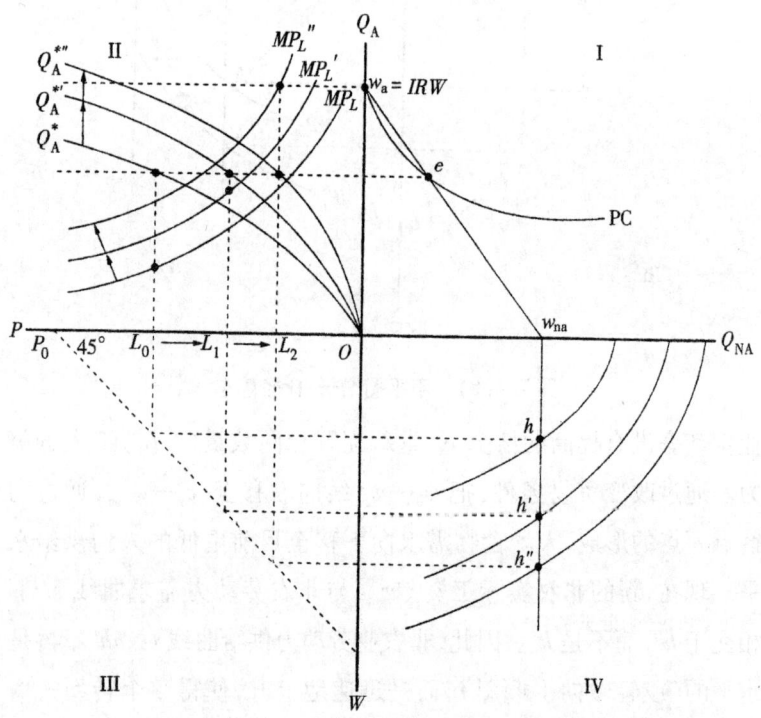

图7.4(c)　平衡增长路径终点的商业化

率连续的、平稳的增加,随着农业劳动力减少,每个被释放的劳动力都转移到工业部门。我们可以在第Ⅱ象限画出对应于不同人均食物供给水平($Q_A^*,Q_A^{*'},Q_A^{*''}$)的农业劳动力边际产品曲线(MP_L,MP_L',MP_L'')。随着边际产品增加,在每一配置点上,它与 IRW 的差异逐步缩小。最后,当农业生产技术变迁使边际产品(沿着 MP_L'')与(不变)农业劳动力工资相等时,经济实现了商业化,二元经济结束,农业以及非农业劳动力将得到等于其边际产品的工资。

应当注意,在这种情况中,我们明确地假定农业实际工资不变;如前文所述,如果它轻度上升,但慢于平均农业生产率的增加,图 7.4(a)中 w_a 水平会上升。在这种情况下,平衡增长过程如以前一样继续下去,除非现在 IRW 成为一个不断变化的目标,因此平衡增长过程要花费更长的时间实现商业化,其中,伴随着一个更高的 MP_L,而这是配置点新古典等式成立所必需的。

7.3 发展成功的基本条件

我们把发展成功的必要条件定义为工业部门劳动力增长率超过总人口或总劳动力增长率(等式 7.1c)。假定极端的劳动力过剩状况,即制度性实际工资不变,我们可以把发展成功的标准与增长等式结合起来。利用第五章的劳动力吸纳等式 5.13a,发展成功的最低劳动力再配置条件(见 7.1c 等式)变为:

$$\eta_p < \eta_w = \eta_K + (B_L - J)/\varepsilon_{LL} - \eta_{wna}/\varepsilon_{LL} \tag{7.3a}$$

这个等式表明发展努力与五个因素相关,即成功的发展要求这些因素综合量值必须超过总劳动力或总人口增长率。也就是说,工

业资本积累率 η_K 必须足够大，创新强度 J 必须足够高，劳动力使用倾向的创新 B_L 必须足够强，工资增长率 η_{wna} 必须足够小，以及劳动报酬递减律 ε_{LL} 足够弱，以至于它们对工业部门劳动力需求的综合效应才能超过人口增长率。

实际工资上涨到一定程度（$\eta_{wna} > 0$），需求强度 η_K，B_L 和 J 被弱化，即它们在价格上，而不是在数量上下降。由于农民劳动生产率提高，以及非农部门制度性干扰（包括最低工资立法和工会压力），农业劳动力工资有一个向上爬升过程。实际上，经过一段时间，w_{na} 可能会轻度增长，即使在劳动力无限供给的情况下也是如此。在劳动力无限供给的极端情况下（$\eta_{wna} = 0$），等式 7.3a 修正为：

$$\eta_p < \eta_w = \eta_K + (J + B_L)/\varepsilon_{LL} \qquad (7.3b)$$

这表示了一个简化了的成功发展条件。

在上述最低努力标准不可能每年都能满足的情况下，如果成功的发展即将出现，上述标准不能长期得不到满足。这种不满足意味着，农业部门中由人口压力产生的待业人数增长率快于劳动力再配置的速度。如果经历一段长时期，等式 7.3b 被满足的话，经济重心就会改变。

因此，在外生人口压力给定的情况下，成功的发展主要由两个最主要的因素决定，即资本积累（η_K）和技术变迁（$B_L + J$）。实际上，对等式 7.3b 可进行进一步的分解。运用第四章描述的生产函数，与等式（4.22a）相对应，我们能更加准确地解释资本积累率和它对成功发展的最低劳动力再配置条件的效应：

$$\eta_p < \eta_w = \eta_K + (B_L + J)/\varepsilon_{LL} = sd + (B_L + J)/\varepsilon_{LL} \qquad (7.3c)$$

其中 s 表示国民储蓄状况(平均储蓄倾向),d 表示资本的生产率水平,这个分解是重要的,因为 $\eta_{\eta K} = \eta_s + \eta_d$。因此,在增长过程中,资本减速或加速可由这两个变量的相互作用所决定。由于资本的生产率直接取决于技术进步,所以在这个框架中,技术扮演一个更为重要的角色。

在 η_p, η_K, J, B_L 背后的因素,和经济多大程度上维持劳动力无限供给条件 $\eta_{wna} = 0$,明显地决定了特定的经济发展努力的成功或失败。其中,有一些因素更容易地通过政策发生作用。例如,资本积累可以通过国内储蓄计划得到提高,即把更大数量的工业利润进行再投资,和/或把更多的农业储蓄转移到工业投资。但是,其他一些因素很难为政策制定者利用。如有关创新强度以及劳动使用倾向创新程度的现有知识不是十分确切,尤其在这两个因素不必相互独立的情况下。创新的质量与工业企业家面临的激励、政府的行动有关(政府的活动可能改变创新的方向)。事实上,盛行的"所谓新增长理论"试图使这个暗箱更透明。

同理,人口增长率的内生解释也不令人满意。在死亡原因得到很好理解的情况下,事实上还没有一个完全可靠的理论解释生育率的变化——虽然近几十年来在微观或家庭层次上作了大量研究。我们已经十分清楚地知道有关妇女教育与工资,以及婴儿死亡率对生育率的重要性。但是,我们还不确切知道什么决定家庭对小孩的需求。因此,旨在减少人口增长的政策有一个混合式的成功记录——在有些国家实施效果较好,在其他一些国家实施效果不好。

最后,接近于不变的制度性实际工资假设($\eta_{wna} = 0$)意味着农业就业存量不变。实际工资近于固定,即在转折点到达之前,实际工资仅有一个被合理预期到的轻微向上移动,这意味着需求因素,即资本积累和技术变迁,主要是对劳动力吸纳数量产生影响,而不是对其价格,即非农实际工资产生影响。

因此,等式7.3a中的最低努力标准给出一个决定二元经济发展成功或失败的合适框架。即使我们对等式7.3a中的每一个决定因素的理解不是完全的,但是该框架却能容纳大量的归纳分析。通过归纳分析,我们可以评估资本积累、创新活动以及"不成熟"的工资增长对工业部门劳动力吸纳的绝对和相对重要性。

借助图7.5,我们更全面地考察工业部门劳动力吸纳是有益的。图7.5(a)表示工业部门(Q_i)在不同的资本和劳动力组合条件下的等产量曲线。图7.5(b)表示在工业工人实际工资$\overline{w}_{na}$不变的条件下的劳动力无限供给曲线(ST)。对于任一初始的资本存量,例如K_1,我们可以画出相关的劳动需求曲线或MP_L曲线,即图7.5(b)的I曲线,由此得到均衡点E_1和P_1,K_1和W_1单位的投入得到Q_1单位的产出。

现在我们假设创新在这个初始点发生。在这种情况下,MP_L曲线由I移至II,意味着形成新的均衡点E_1'和P_1'。如果资本存量固定在K_1水平上,如图7.5(b)所示,在劳动力轴线上显示的新均衡点上,仅仅由于创新活动,额外增加的ΔW_1单位劳动力被工业部门吸收。为了确定创新程度和倾向的相对贡献程度,我们可以画一条参照线(III曲线),表示中性创新,即创新强度J等于实际真实世界的创新强度,即两个阴影三角形相等。由于G点位于F点上面,即如果创新是中性的,位于创新前投入点的MP_L的上升

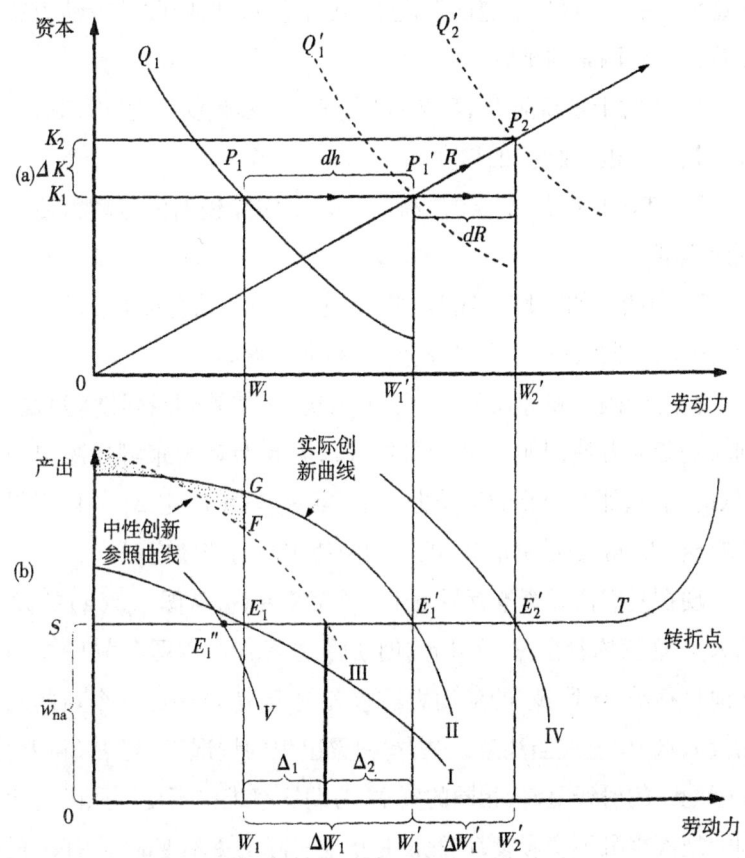

图 7.5 工业部门等产量曲线图

超过了它应处的位置,实际的创新是劳动力使用倾向型的(或资本节约倾向型的)。如果已发生的创新是中性的,额外增加的劳动力 Δ_1 会因创新所吸收。但是,由于实际的创新是劳动力使用倾向型的,实际被吸收的劳动力数量为 $\Delta_1 + \Delta_2$,Δ_1 表示创新强度效应,Δ_2 表示劳动力使用倾向的效应。一般而言,我们可以运用7.5(a)

来说明,在资本存量给定的情况下,由于创新,所吸收的劳动力总数量是下列因素的函数:

1. 相对于创新前 E_1,F 点的"高度",表示创新强度,即起始的等产量曲线被"改变"的程度。

2. 相对于 F 点,G 点的"高度",表示实际创新的劳动力使用倾向程度。

3. 曲线Ⅱ的"倾斜"或"水平"状态,表示劳动力报酬递减律的相对强弱。曲线越"平",均衡点 E_1' 越向右偏离。

在这个函数和等式 7.3 给定的情况下,如果创新强度(J)高,创新是劳动力使用倾向型(高的 B_L),并且劳动力报酬递减律弱(低的 ε_{LL}),那么吸收的劳动力越多。J/ε_{LL} 表示决定 Δ_1 的创新强度效应,B_L/ε_{LL} 表示决定 Δ_2 的劳动力使用倾向的效应。

现在我们假设资本存量发生一个 ΔK 变化,从图 7.5(a) 的 K_1 到 K_2。这意味着在一系列新的创新后,边际产品由图 7.5(b) 中的Ⅱ向Ⅳ移动,导致 E_2' 的劳动力需求和图 7.5(a) 中的一个新的均衡投入点 P_2'。应当注意,在资本积累出现的情况下,当 P_1' 和 P_2' 位于同一的射线上时,相同的资本-劳动比率维持不变。原因是我们的规模报酬不变假设,该假设是指在实际工资不变时,在任一射线上存在不变的 MP_L。同时还要注意,由于资本积累,额外增加的 ΔW_1 单位劳动力被工业部门吸收。等式 7.3 的图解表明了一定程度和要素使用倾向的技术变迁与资本积累所产生同步的影响。

仅由技术变迁所产生的劳动力吸纳表示为一个向右的水平移动(dh),而仅由资本积累所产生的劳动力吸纳表示为一个沿射线的移动(dR)。同时考虑这两个方面——当然他们可能存在内在关联——我们能够探讨持续的创新和资本积累活动对劳动力吸纳的跨时效应。

图 7.6 说明了,只要创新不是劳动力节约型的,跨时的资本-劳动力比率所可能产生的情况——在这种情形中,水平移动的方向向左。水平效应由 dh_1 表示,沿射线移动的效应由 R_1 表示。等产量曲线图(Q)反映了由技术变迁所导致的生产函数变化,例如从 Q_1 到 Q_1',以及由资本积累所导致的在相同生产函数条件下增加的产出,例如从 Q_1' 到 Q_2'。

只要我们保持实际工资不变这个简化的假设,如果创新不是劳动节约型的,资本浅化式增长,即递减的资本-劳动比率情况就会出现。这就是说。当每次沿射线移动 R_1 不影响资本-劳动比率时,每次水平移动 dh 会减少这个比率。

但是,劳动力节约型的创新会导致资本深化式增长。例如,回到图 7.5(b),劳动力节约型的创新意味着,创新后 MP_L 曲线(V)与供给曲线在位于 E_1 左边的 E_1'' 点相交;既然在初始投入点 K_1W_1 的边际产品现在处于创新前的水平之下,那么对劳动力的需求会更少。这种结果通过重新表示等式 7.3 得到:

$$\eta_{K/W} = -(B_L + J)/\varepsilon_{LL} \tag{7.4}$$

在 ε_{LL} 总是大于零的假定下,如果($B_L + J$)正好是负的,那么会出现资本深化。这就是我们对劳动力节约型创新的定义。

如果不再坚持实际工资不变的假设,等式 7.3a 变为:

$$\eta_w = \eta_K + (B_L + J/\varepsilon_{LL}) - (\eta_{wna}/\varepsilon_{LL}) \tag{7.5}$$

其中,在不存在劳动力无限供给的情况下($\eta_{wna} > 0$),如果资本积累,创新强度,或劳动力使用倾向同时引起实际工资移动,即

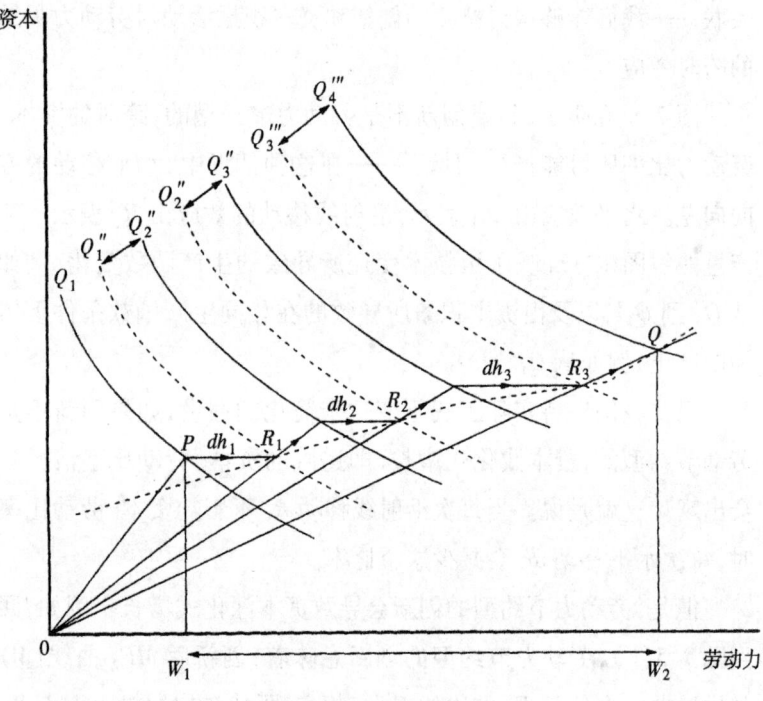

图 7.6 增长路径的分解

对数量和价格都调整,那么他们的增强对劳动力吸纳比率的效应会弱化。

这个部分已经考察了在封闭劳动力过剩经济中,作为平衡增长过程一部分的基本的劳动力需求效应。本章的剩余部分从历史角度考察现实经济生活中所发生的情况,并说明在类似于实际工资不变的假设情况下,或在放松封闭经济假设的情况下所产生的结果。

7.4 劳动力再配置过程的历史分析

7.2节分析了劳动力再配置过程作为二元经济中发展成功指标的重要性。通过比较历史上的日本(1880—1930年)和独立后的印度(1950—1980年)相关阶段的发展经历来分析成功或失败的两种可能的模型。我们之所以选择这两个国家和这两个时期是因为它们代表了导致截然不同结果的两种发展过程中类似的阶段。分析表明,日本通过调整二元经济中充分的劳动力再配置需求,同时避免实际工资的大幅度上升,从而达到了经济发展的关键性最低努力标准。

独立后的印度也代表了一种二元经济,追求和日本在20世纪后半叶相同的发展目标。然而,印度在其平衡增长过程中并未实现关键性最低努力标准。以劳动力再配置比率作为分析成功与否的指标,印度可能,至少到近期,被认为是经济发展未实现商业化,呈现停滞或失败的案例。

这些一般性的命题可以运用经验来验证。劳动力再配置过程的归纳分析的第一步,是将工业劳动力吸纳分解为水平效应(因创新导致的劳动力吸纳)和辐射效应(因资本积累导致的劳动力吸纳)。运用等式7.3,由于工业就业增长率η_w和工业资本存量增长比率η_K可相互独立地测量,因资本积累η_K而产生的劳动力吸纳比率是辐射效应(R),η_w和η_K之差是水平效应(h),因技术创新而导致的劳动力吸纳比率可表示如下:

$$\eta_R = \eta_K \qquad \text{(辐射效应)} \quad (7.6a)$$

$$\eta_h = \eta_W - \eta_R = (B_L + J)/\varepsilon_{LL} \qquad (水平效应) \qquad (7.6b)$$

正如我们看见的,成功的发展要求 η_W 总是比 η_P 大。在人口增长率给定的情况下,成功的发展明显依赖于资本积累率,技术变迁的质量和在劳动力剩余情况持续条件下非技术的实际工资增长的程度。

7.4.1 日本的案例

图 7.7(a)显示,日本在 19 世纪晚期和 20 世纪初期是劳动力无限供给阶段,η_w 大于 η_P,满足了关键性最低评价性标准。日本成功地脱离马尔萨斯陷阱是非常引人注目的,因为农村劳动力(η_L)不仅相对减少了,而且 1897 年后是绝对降低了。

将劳动力吸纳的整个数量(η_w)分解为辐射部分(η_R)和水平部分(η_h)就产生了图 7.7(b)。这里我们清楚地看到,在早期的劳动力吸纳过程中,创新(水平移动)相对于资本积累(辐射移动)来说发挥了重要的作用,占整个劳动力再配置总量的 80%。经过一段时间后,这两个因素的作用发生了相反的变化。显然,日本是分析成功地平衡增长的典型案例。有趣的是,甚至在工业总水平上,直到约 1920 年才有资本浅化的现象发生(见图 7.8);这意味着尽管产出有震荡(假定这一震荡更倾向于资本密集型),创新是具有充分使用劳动力倾向(或至少不节省劳力)的,从而导致经济整体上的资本—劳动力比率下降。

如果我们撇开整个工业,也就是,仅仅集中在一种产业,例如纺纱业,即可撇开复杂的产出组合变化问题(见图 7.9),我们就能

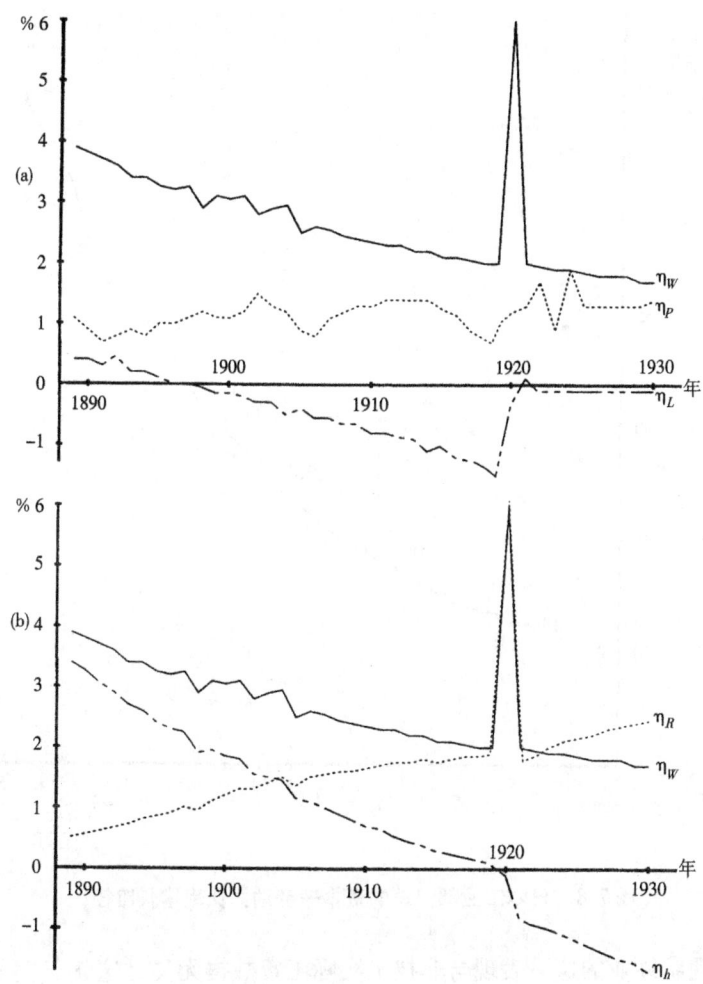

图 7.7 日本劳动力的吸收—分解分析

观察一个类似的趋势。起初,日本的纺纱业也显示资本浅化的特征,直到 1915 年后才转变为资本深化的趋势。幸运地是,我们也

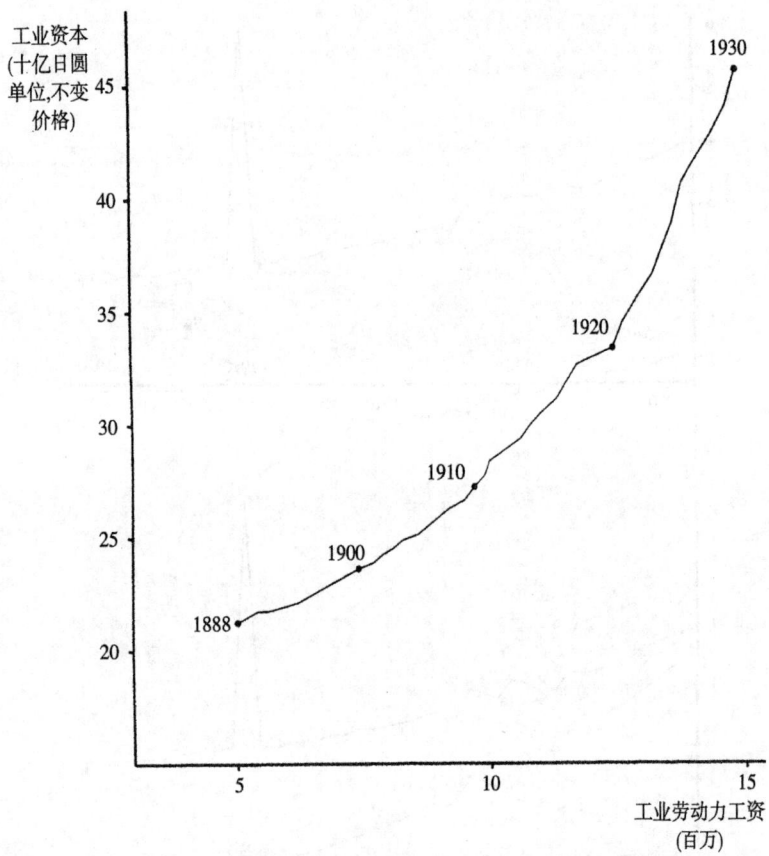

图 7.8 日本工业部门总的资本—劳动力比率增长路径

发现纺纱业的这一表现与非技术实际工资数据无关。这就产生了图 7.10,表明至少直到 1895 年才出现了严格的劳动力剩余情况。第三章附录中的整个工业的非技术实际工资数据提供了有力的支持。

第七章 封闭二元经济的转型式增长

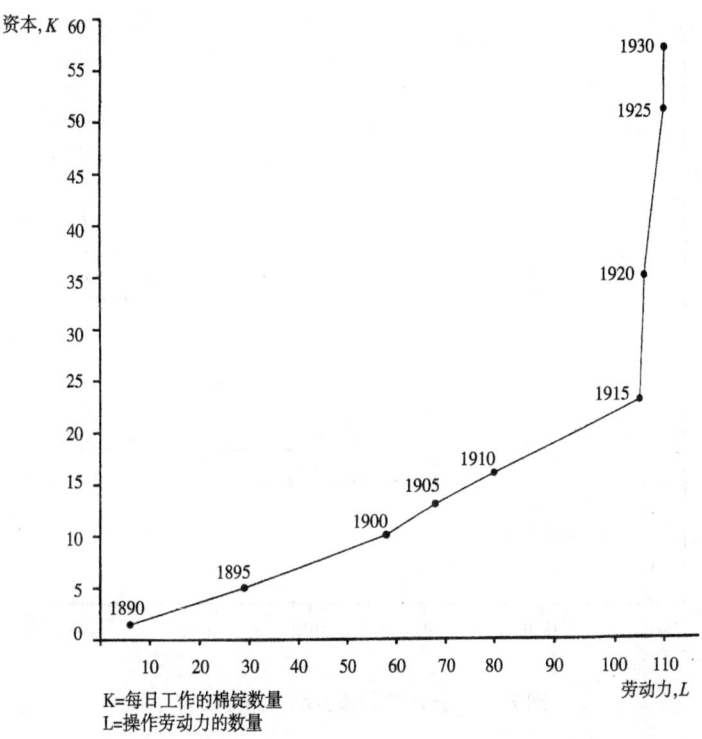

图 7.9　日本纺织业中的 K/L 比率

资料来源：日本国家统计局《日本统计年报》第 10—40 号，东京。

7.4.2　印度的案例

运用同样的方法分析 1950 年至 1985 年这一时期的印度却得出不太满意的结果。图 7.11(a)表明关键性最低努力标准经常无法满足。除 20 世纪 50 年代的某一年、60 年代和 70 年代的很短一

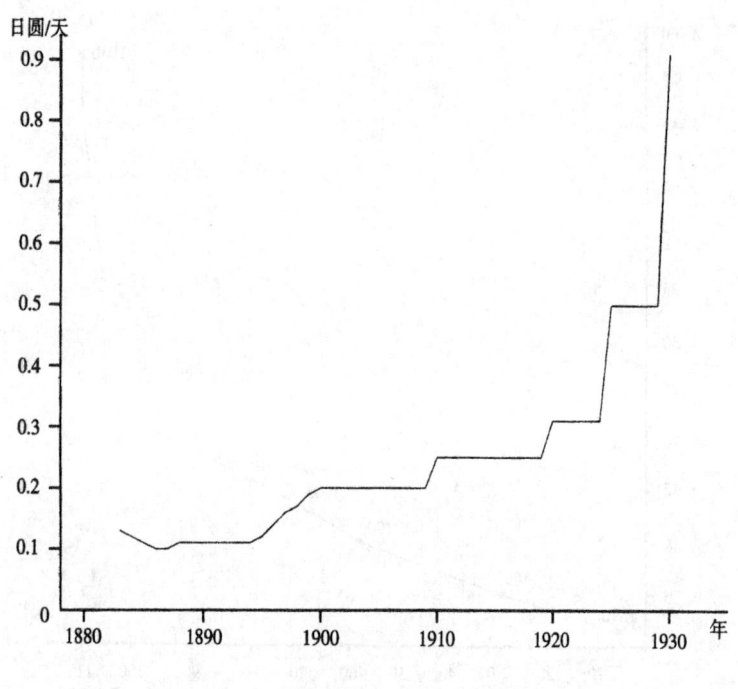

图7.10 日本非熟练劳动力实际工资

资料来源:大塚(Otsuka, K.)、拉尼斯(Ranis, G.)和萨克森豪斯(Saxonhouse, G.):《发展中的比较技术选择》,伦敦:麦克米兰,1988年。

段时期外,人口增长(η_P)大大超过被工业的劳动力吸纳比率(η_W)。图7.11(b)清楚地反映了失败的主要原因——除了较高的人口增长率之外。这就是,当资本增长比率(辐射移动)适当和非技术工业实际工资不允许增长时(见图7.13),创新总是呈现劳力节约型(向左水平移动),产生一个低的η_w。因此,从一开始,印度工业部门就经历了资本深化也就不足为奇(见图7.12),尽管这一时期非农实际工资仍保持着稳定。

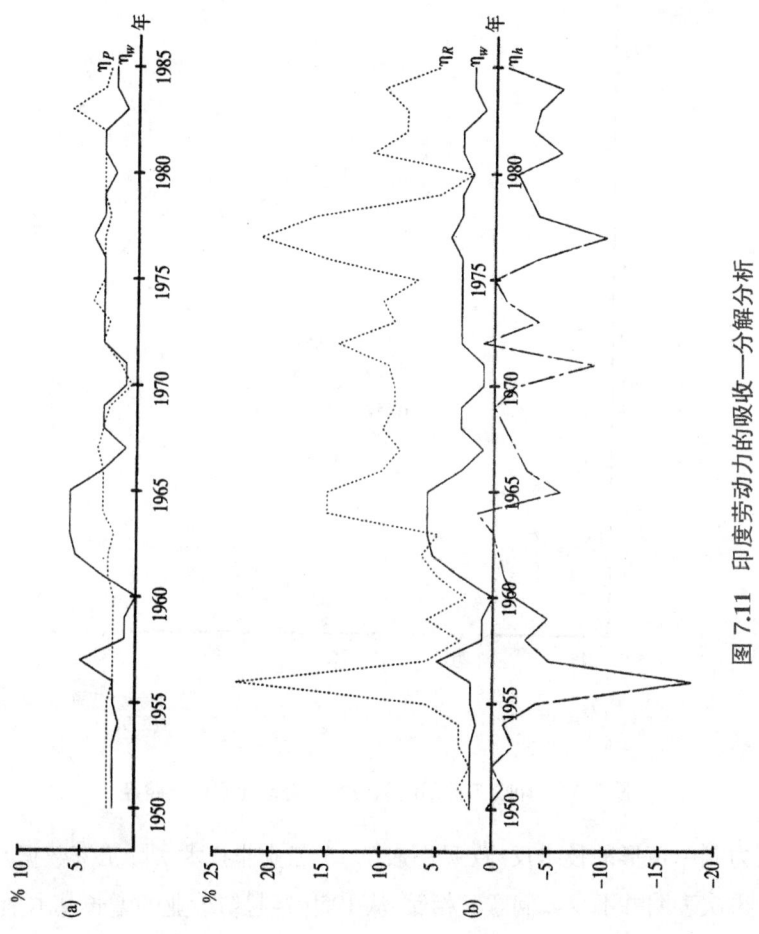

图 7.11 印度劳动力的吸收—分解分析

再次撇开整个工业,仅集中在纺纱行业,也会产生相似的结果。图 7.14 反映了经过一段时间后该产业的资本—劳动比率,与整个工业领域相比,纺纱业的资本深化问题并不十分严重,对劳动

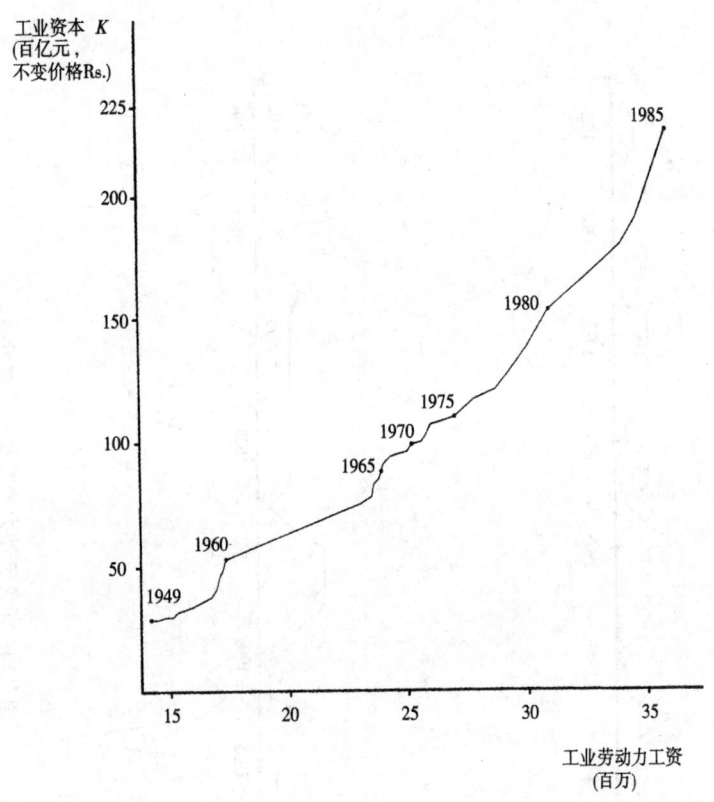

图 7.12　印度工业部门总资本—劳动比率增长路径

力剩余情形的技术反应（见图表 7.15 工业非技术实际工资数据）再次表明并不令人满意。相反，从 1950 年起纺纱业的增长基本上有赖于资本深化。在劳动力剩余时期，总体和单个工业水平上的资本深化现象与我们前面分析的成功的平衡增长模型相悖。

因此，日本和印度这两个国家在整体和某一工业水平的比较是十分清楚的。日本在 1888 年到第一次世界大战末这一期间持

第七章 封闭二元经济的转型式增长　　341

图 7.13　印度非熟练工人实际工资

资料来源：联合国《国际劳动力统计年鉴》，各年，日内瓦。

续的资本浅化式增长经历，表明日本通过劳动力使用倾向的创新使其丰富的非技术劳动力得到了最大限度的利用。只有当剩余劳动力的情况不存在，实际工资开始大幅度上升时，在由创新导致的持续的正的劳动力吸纳比率（η_h）和最初的资本浅化式增长之后，才出现资本深化。另一方面，印度在整体工业和某一工业水平上从发展的开始就依赖于劳力节约型创新，在劳动力过剩现象普遍存在的情况下，产生了递增的资本密集型产业结构，并且忽视了充

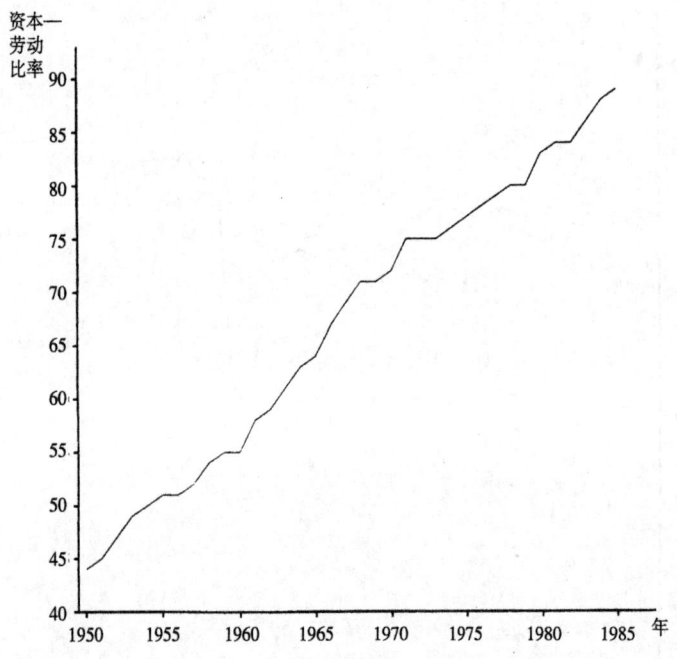

图 7.14 印度棉纺织业资本—劳动比率

资料来源:《英属印度统计摘要》,各年,新德里;A. 皮尔斯(Pearse):《印度棉纺工业》,曼彻斯特,英格兰,1929 年版;德·科斯塔(De Costa, E.):《棉纺织品工业》,转于 M. 甘地编:《印度棉纺织工业》,加尔各答;G. N. 米特拉出版社,1930 年版。

裕的非技术劳动力的使用。总的来说,这两个案例是在封闭的二元经济中平衡增长成功与失败的两个极端情况。技术变迁在质量和数量上的差别是产生这一结果的关键。

第七章 封闭二元经济的转型式增长

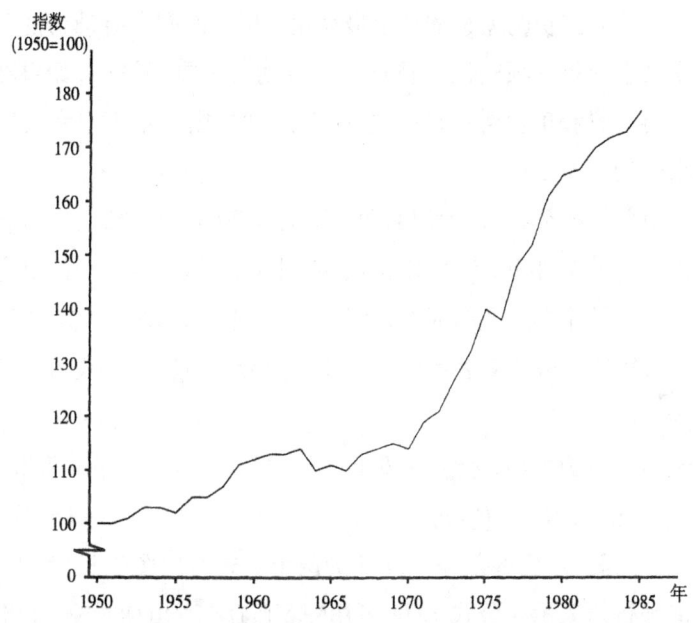

图 7.15 印度(棉纺织业)非熟练工人实际工资

资料来源:K. 墨克维杰(Mukevji):"棉纺织业真实工资发展趋势",网尔塔·维加纳,1959 年,第 1 卷,第 1 期。

7.5 就业/产出之间的权衡

我们的分析和政策的结论是在劳动力再配置到工业部门的比率基础上得出的,这一劳动力再配置率是"成功"发展的总指标。大部分政府把"最大工业就业增长率"作为优先发展的目标之一,但通常最为优先考虑的目标往往是使产出增长的最大化。如果在最大化就业和最大化产出之间有矛盾,不论是假想的或真实的,通常优先解决看来更为紧迫的产出最大化目标。而剩余劳动力的吸收则常被看成是一项辅助的目标。在劳动力过剩经济中，如果在劳动力再配置和工业增长目标之间有冲突时，则根本不会考虑吸收剩余劳动力的目标。

要对此进行分析，让我们回顾一下第四章的增长等式，在劳动力无限供给的条件下，资本积累 η_K 和创新活动 (J, B_L) 不仅决定了劳动力吸纳率和工业就业率，而且决定工业产出增长率。在 $H_L = J + B_L$，第四章表 4.1 表示的产出和工业劳动力增长等式可重新表示为：

$$\eta_Q = \eta_K + J(1 + \phi_L/\varepsilon_{LL}) + B_L(\phi_L/\varepsilon_{LL}) \tag{7.7a}$$

$$\eta_W = \eta_K + J/\varepsilon_{LL} + B_L/\varepsilon_{LL} \tag{7.7b}$$

在 η_K 保持不变的条件下，7.7 的两个等式可用图 7.16 (J, B_L) 空间的平行线表示。公式 7.7a 可用"等于工业产出增长率"的虚线部分表示。而公式 7.7b 可用"等于工业就业增长率"的实线部分表示。一国应将其资源和政策用于确保 J 和 B_L 的值尽可能靠向"东北"方，因为 J 和 B_L 的值越高，就业和产出就越高。

然而，在任一时点的 η_K 值给定的条件下，不可能无限地增加 J 和 B_L 的值。否则，所有经济问题都可同时解决。事实上，某一年的投资资金和创新力量用于或适应于最近引进的"现代"生产手段和产品以及国内的生产手段或产品。前者的特点可能是，高的创新强度 (J) 和适度的或负的劳动力使用倾向 (B_L)，后者则是相对低的 J 和高的 B_L。在创新活动有限时，这一选择代表图表 7.16 中负斜率的创新边界，表明 J 和 B_L 在数量和可替代性方面是有限的。这一创新边界表示特定的资本积累率，也就是，较高的

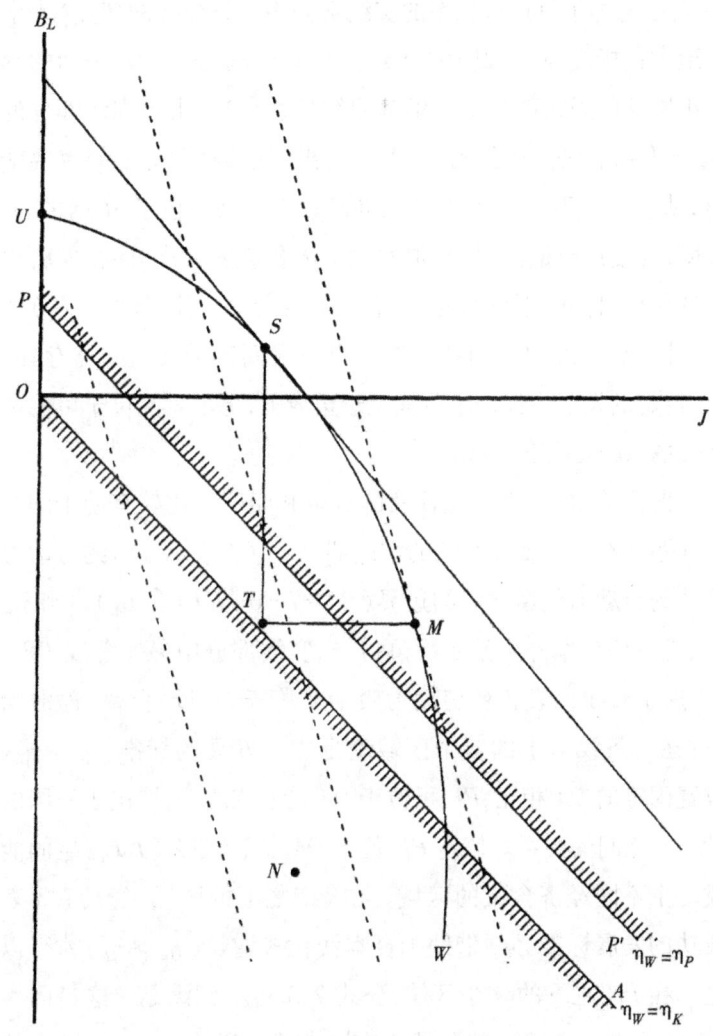

图 7.16 增长方程式的图示

η_K 将使整个边界向外移动。在这种创新边界既定下,S 点(公式

7.7b 表示的等于就业增长率的实线部分中一条曲线的切点)表示就业最大化标准,M 点表示产出最大化标准(公式 7.7A 表示的等于产出增长的虚线部分中一条其曲线的切点)。由于虚线部分的斜率($=1+\varepsilon_{LL}/\phi_L$,从公式 7.7A 中得出)比实线部分的斜率要陡($=1$,从公式 7.7b 中得出),S 在创新边界上必定位于 M 点之上。这表明,要使产出最大化,必须牺牲最大化就业标准,即在创新边界上选择相对高的创新程度(J)和较低的劳动力使用倾向(B_L)的创新。因此,产出增长和就业增长目标之间的冲突就必然存在。然而,特定的发展中经济不可能位于边界上,更不可能位于可能产生冲突的 SM 线段下的弧上。

借助图 7.16,有关上文提及的日本和印度的比较有助于阐明以上问题。在等于就业增长的实线部分中,OA 表示在节约劳动力和非节约劳动力创新之间的边界($B_L+J=0$ 或 $J=-B_L$)。当 $\eta_W=\eta_P$,人口增长率外生给定下,可得出实线部分中另一条线 PP'。由于,这条实线代表工业劳动力吸纳率等于人口增长率(停滞状态)。在这条线以上的整个区域满足成功发展的标准,$\eta_w>\eta_P$。与位置固定的 OA 相比,PP'可位于 OA 之上或之下,取决于一国的 η_K 和 η_P 之间的关系。假定 PP'位于 OA 之上,那么(J,B_L)空间能分成三个不同经济含义的区域。在 PP'之上的区域,公式 7.3 表明成功的发展标准必须借助于资本浅化式增长($\eta_w>\eta_K$)才得以满足。在 PP'之下的整个区域,公式 7.3 得不到满足。这是因为 OA 之下的这一区域大部分地方存在着资本深化($\eta_K>\eta_w$)。然而,在某些情况下,在 PP'和 OA 之间的区域——即使存在资本浅化式增长,公式 7.3 也不可能得到满足。在这一区域,人口增长

η_P 相对于资本积累 η_K 如此高,以至于资本浅化并不足以使经济达到其关键性最低努力标准。

在前一部分的分析表明,一战前日本可能位于 PP' 之上的成功区域中的一点。而且它是历史上 PP' 位于 OA 之下的情形。假定日本已开始处于或接近于创新边界,我们可以将之确定在就业最大化标准 S 和产出最大化标准 M 之间的某处。另一方面,如果我们对印度也建立了相似的图表,我们经验分析的结果表明,当在资本深化出现的情况下,公式 7.3 不满足时,印度的绩效位于在图表 7.16 中 OA 之下的某处,可以用一点,如 N 点表示。之所以位于边界之内,是因为企业家或管理者没有认识到这样一种事实,即在 J 和 B_L 之间,在无需为其中一个而牺牲另一个情况下,可以实现同时增加。随着政策的改善,即向 M 点上移可能实现更多的就业和产出目标,因此,无论哪种情况,印度的绩效是次优的。因此,我们得出一个启发式结论,即在商业化出现之前,在典型的发展中国家中,就业最大化和产出最大化目标不会有冲突。

想脱离劳动力过剩陷阱的欠发达国家不应忽视劳动力使用倾向的创新的可能性。19 世纪日本的经验表明,在一国发展初期,有许多机会采用只需要适度的资本的创新,因而在创新程度方面的损失最小。在日本,这些创新包括:使 Z 货物现代化的创新、多种用途之间的转换、与核心过程相关的创新以及机械化进程中各种活动中对剩余劳动力的广泛替代。① 大部分这种类型创新表示

---

① 详见拉尼斯(1973)。有关历史上日本和印度在技术选择和技术变迁方面的比较也可参看大塚、拉尼斯和萨克森豪斯(1988)。

一般的再调整或生产过程的再安排,只需要企业家的关注或官方政策导向,而非大量资金。它包括:引进技术的调整以及整个本土生产函数的采纳。如果经济中过剩要素——过剩农村劳动力得以有效地使用,关键是采用这种创新观。不这样做,由于过早地重视现代工业、技术形态,资金密集型生产以及对国内创新的忽视,可能招致经济发展连续地失败。

第八章 开放条件下二元经济的转型式增长

8.1 引言

第七章列举了在一个封闭的劳动力过剩的二元经济中成功地实现平稳的转型式增长的例子。基于在第四章所导出的生产函数,劳动力吸纳及其增长均由资本积累(η_K)和技术变迁(J 和 B_L)推动的,而相关商品价格则是由农业与非农业部门之间的贸易条件决定的。当然,这个封闭型经济的例子只是我们初步考察经济增长所遇到的一种自然情况。随着典型的欠发达国家日益融入"世界"经济体系,分析这些国家转型式增长的国际性,逻辑上已是不可回避的。

贸易为一国建立了有力的、附加的生产函数,通过该生产函数,传统的和非传统的物品能够转换成进口的资本品与原材料。这个新增的生产函数使得发展中国家通过贸易获取的常见静态与动态利益。它进而还说明,欠发达国家可以按"过剩释放"原理,将本国原先以原材料和/或非熟练劳动力形式存在的过剩资源转换成可进口的资源,从而使本国在生产可能性曲线内部良好地运行。

同时,经济的开放还可以使欠发达国家获取国外公共的与私人的资本,以支撑本国经济的平衡增长过程。虽然在殖民时期,外国资本流入在欠发达国家就已出现,但那时外国资本流入的目的和影响是受到限制的。当然,利用外资对欠发达国家的一个突出优势是:欠发达国家在利用设备进口和对外交流时,它们可选择的技术范围扩大了。欠发达国家引进技术最成功的选择,应是选择那些能被本国消化吸纳的技术。但是,实践中这些技术引进的想法却经常仅是来自于最初的引进动机。欠发达的二元经济可以从国际技术货架上挑选技术并以此为基础进行创新,然后在资本积累率不变的情况下,利用 J 和 B_L,最充分地吸纳劳动力,以实现产出的增长。

正如上文所述,开放的二元经济成功的转型依赖于农业与国内非农业部门之间的共同努力,成功地推动两者之间的平稳地互动。国内经济的平衡增长仍是开放经济成功的最关键因素,这一点即使对相对较小的国家也不例外。但是,开放经济对缓解本国资源紧缺和摆脱传统自给自足型经济束缚显然是有益的,同时对二元欠发达国家依靠国内力量推动经济的增长,也能提供帮助。

为了分析经济开放的潜在利益,我们这里考察典型性的二元经济国家,其特征是经济处于早期发展阶段、劳动力过剩但国内资本稀缺。假定贸易发生,那么,这个国家将出口劳动力密集型商品、进口资本密集型商品,以加速国内经济的平衡增长和向工业化国家的转型。要素的流动增加了资本获取的可能性,同时也能促使本国产业对劳动力的吸纳,因为外国资本能增加本国资本积累和技术变迁。因此,封闭经济国际化的四个要素——贸易、资本、劳动力流动和技术——在劳动力过剩国家将促进成功的平衡增长和发展。

但是,以上乐观的例子并不意味着在劳动力过剩的欠发达国家,国际化部门对成功的转型式增长是必不可少的,或者能够发挥足够作用。特别是考虑到已有的——经常是悲观的——国际经验尤其如此。第七章在强调依靠国内力量驱动经济平衡增长的时候,我们也指出了经济国际化所形成的巨大风险(如荷兰病和进口替代导向型经济的崩溃)。将国际部门和国内市场成功的必要性结合起来分析是重要的,其原因有二个:考虑经济发展和增长的国际性,可以更准确地描述真实世界,并能更好地理解发展中国家面对的相互关系。更重要的是,欠发达国家面临的主要矛盾仍来自于国内,尤其是农业过剩劳动力怎样向工业部门的转移。同时,仅靠国际经济是无法解决这些矛盾的,它只能发挥辅助性作用。这个事实也表明:研究开放经济的转型式增长的重要性。

目前在大多数欠发达国家发展战略中,随着国际性问题的日益突出,将国际贸易和要素流动与经济增长理论结合起来进行研究的重要性也在增加。考虑到在当今国际环境中存在众多可选择的发展策略——包括利用机构援助、进口替代、出口激励、有利的贸易地位等——任何关于开放经济增长的讨论都会立即牵涉政策内涵的规范性方面。由于欠发达国家之间缺乏同一性——而且比较优势也在随时间而变化,这样政策在国际上的差异就可能显得更加复杂。然而,虽然对增长理论的开放经济方面的研究存在很大困难,但我们仍然确信:在第一到七章中反映的国内经济因素,仍是有效、真实、近似地反映了目前劳动力过剩的欠发达国家面临的一个世界性问题,同时,新增的国际生产函数也仅仅是根据已有基本方法所作的一种修改。

本章的8.2节重点是国际贸易的重要性,是在分析开放型劳动力过剩二元经济的增长之前,研究国际贸易的静态利益和动态利益。在深入探讨了这个模型之后,我们将把它与出口悲观论和农业忽视论进行比较。接着,我们将重点研究国内贸易和国际贸易关系,并且探讨新的贸易理论。8.3节集中分析开放经济造成了不断增加的要素流动。这个发展维度有两个方面:首先,不断增加的资本流入将从数量上扩大对劳动力的吸纳和增加产出。还有,要素使用的成功依赖于要素质量和所使用的时间。其次,国际要素流动将带来非常突出的劳动力问题,即不管是具有还是不具有熟练劳动技能的移民,其流动都受到关注。最后,8.4节着重强调了国外技术对开放的二元欠发达国家的重要性,特别是考虑这些国家引进技术对本国具体要求的适应性和可引进性。这一章的研究基于第四章和第五章中建立的增长方程体系,其中,开放经济的平衡增长被作为基本问题。本章虽然对某些具体观点提供了经验支持,但关于开放经济总体增长绩效的实证分析,留到第十章的政策探讨中研究。

8.2 劳动力过剩型经济的国际贸易与增长

8.2.1 贸易利益

自由贸易的经济利益在经济学理论中已是老生常谈,其根源可追溯到一些古典经济学家(例如,李嘉图,1897)的著作。简单来说,贸易可使一国在劳动力投入不变的情况下,拥有更多的消费可能性。比较规范的表述是,贸易可使资源在世界范围得到优化配置,从而增加国民收入——帕累托国际效率。贸易利益的大小取决于一国的比较优势和贸易条件——它由商品和收入两者决定,同时,后者可调整前者以改变出口/进口量。然而不幸的是,单独依据国际贸易条件的变化还不能解释我们所观察到的贸易利益的变化——我们还必须考虑那些既影响贸易条件又影响出口量的潜在因素。

古典和新古典贸易理论实质上是静态的,因在贸易中还存在着同样重要的动态利益。贸易静态利益基本上是着眼于需求方的利益,而动态利益则是关注通过贸易对供给方的影响。具体地说,从动态角度,自由贸易是促进了生产效率或"X效率"(莱宾斯坦,1966)的提高,因为国际贸易通过改进生产函数而提高了效率。贸易动态利益可以概括为:在不改变成本条件的情况下的生产函数的移动。根据哈伯勒(Haberler)(1959,p14)的观点,由于国际贸易动态利益超越了国际贸易静态利益,并在国际贸易静态利益之外,生产函数随着时间推移向外和向上的转移。

8.2.2 开放的二元经济和平衡增长

这一节将拓展第一到七章中对封闭二元经济的分析,包括国际贸易对剩余劳动力的动态再配置。分析的目的是为了证明劳动力过剩的二元经济中在开放一段时间后经济结构的变化。这种结构可以用第四章的理论增长模型所导出的指数来描述,它包括生产、消费、劳动力配置、储蓄、投资和国际贸易或要素的流动——后面另加的指数便是本章对增长模型需讨论的内容。

第七章分析了封闭二元经济,该模型可被扩展,用于解释开放经济情况。假如出口得到允许,一个三角形关系便在经济作物(cash crop)出口部门、国外部门和国内食品生产部门之间形成。经济作物出口部门将经济作物出口国外,它能换回两部分物品,一部分是为今后进一步扩大出口交易所需的生产性资本品,另一部分是工业消费品,这将引导农业工人从生产食品的农业部门转向出口导向型的经济作物生产经营中。出口导向型的经济作物部门,可以利用前面的出口创汇来进口建立新工业部门所必需的资本设备,而该新工业部门又是用来生产以前靠进口才能满足国内市场需要的消费品。因此,农业部门的出口最后是转化成工业资本品的进口,同时还产生了农业过剩的第二个来源——得到外国资金流入的辅助——有助于在平衡增长背景下资助非农业部门的增长。这种建立在两类商业化活动,即一种是农业的,另一种是非农业的,及其与内地食品生产部门之间的三角关系,替代了第七章所提到的殖民地三角关系。

与封闭型经济情况一样,虽然现在国际贸易改变了这个变迁过程,但开放经济的平衡增长也要求部门间商品、劳动力和金融市场必须出清。图8.1表示了开放经济下的平衡增长,这里我们忽略了中间投入品的流动。在图8.1中,单个工人消费两种商品——农产品(A)和非农产品(NA),它们分别用第I象限的纵轴和横轴来表示。其中,$Ow_a(Ow_{na})$分别是以农业(非农)产品表示

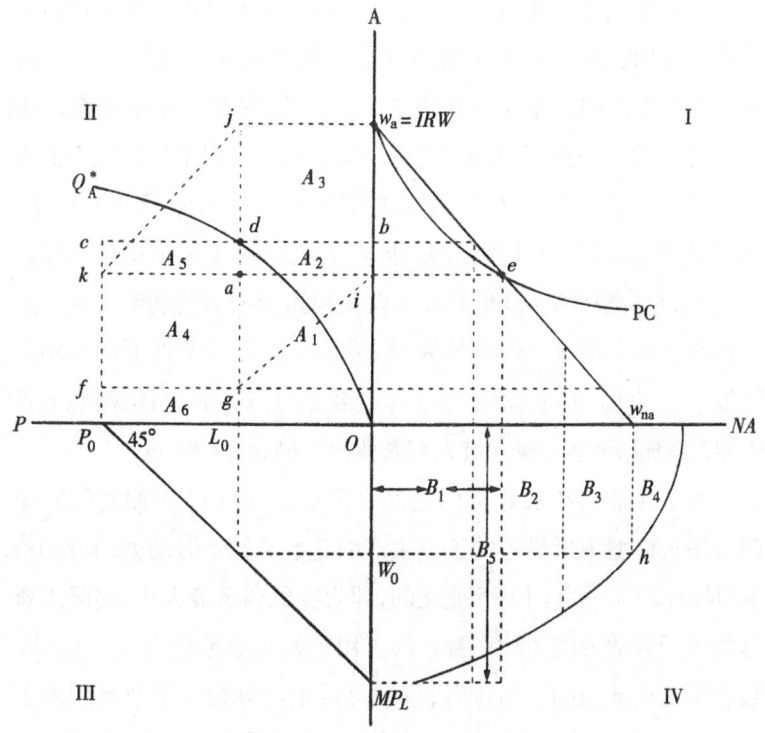

图8.1 开放二元经济中的平衡增长

的实际工资,预算线 $w_a w_{na}$ 斜率表示农业和工业部门之间初始的贸易条件。在劳动力过剩的二元经济中,以农产品所表示的实际工资 Ow_a 是农业部门中的制度因素所设定的制度性实际工资(IRW)。在第Ⅰ象限内,加入农业和非农工人的无差异曲线,我们就得出一个典型的工人消费两种商品的实际消费组合。通过改变贸易条件我们可以画出价格-消费线(PC),它表示该市场中一切可能的均衡状态组合。

在土地供给一定的情况下,我们就可以用图 8.1 来表示经济总体的人均农业产量,即用第Ⅱ象限中的产出曲线 Q_A^* 来表示,这里劳动力投入的变化反映在横轴上。这样,在技术水平给定的前提下,Q_A^* 的每一点就描述了与劳动力配置的不同水平相对应的人均食品供给量。在该图中,工人总数为 P_0。其 OL_0 留在农业中,他们提供的人均食品供给量为 $Ob = (L_0 d)$。第Ⅰ象限中工人预算线 $w_a w_{na}$ 和价格-消费线的交点 e 就是初始的消费均衡点。在 e 点上相对应的人均食品需求量为 O_i,它小于此贸易条件下的人均供给量 Ob。此时,在农业劳动力 OL_0 给定的情况下,当均衡点 e 低于 Q_A^* 线时,就会出现大量人均农业出口剩余 ib(或 ad)。

在工业部门和农业部门之间有两点不同:(1)正如我们在第四章增长模型中所描述的工业生产的基本要素是劳动力(W)和资本(K);(2)工业部门是商业化的,即为实现利润最大化,实际工资总要等于劳动力的边际产量。为了用初始农业劳动力投入量 OL_0 来表示工业部门的均衡位置,我们可以把已分配到工业部门的劳动力 $P_0 L_0$ 向下投射到纵轴上。通过第Ⅲ象限的45°线,投入到工业中的劳动力 $P_0 L_0$ 转换成了第Ⅳ象限中的劳动力 OW_0。利用非农部门的初始实际工资水平 Ow_{na}，OW_0 的劳动力供给就和 MP_L 线在第Ⅳ象限相交于均衡点 h。这里 P_0L_0 单位的非农劳动力正好被 MP_L 线所吸纳，也正好等于已固定的工业部门实际工资 Ow_{na} 所决定的劳动力供给量。这就形成了劳动力市场均衡，农业部门提供的剩余劳动力正好与非农业部门所需要的劳动力相等。

在这样一个出口的情况下，即消费均衡点 e 低于人均农业供给量 Ob，此时也存在三角关系模式。农业部门生产可供出口的剩余产品（人均 ib），从而为进口两类工业品（消费品和生产性资本品）提供了可能性。同样地，这部分农业出口能形成新的收入，同时也形成对国内正在生产的工业消费品的更大需求。以这种方式，农业部门可加速进口替代（IS）式经济增长，因为生产性资本品的进口，能不断地用逐步替代消费品进口的形式增强本国进口替代能力。

在商品市场均衡的情况下，我们可以考察一下储蓄在整个过程中的作用。在图 8.1 中，基于农业劳动力 OL_0，我们得到了开放经济下的初始均衡位置。这些农业劳动力提供了人均农产品供给 Ob，这样总的农业产出就可以用面积 $OP_0cb = A_1 + A_2 + A_4 + A_5 + A_6$ 来表示。在这一产出的分配上，我们可以看到，由于以农产品表示的实际工资是 Ow_a，所以，农业劳动力所得到的份额是 $Ow_aJL_0 = A_1 + A_2 + A_3$。我们仍然假定工资收入者都不储蓄，根据 e 点所决定的农产品的消费标准 Oi，农民所消费的食物就应是 A_1，而他的收入中能用来交换工业消费品的就是剩下的部分 $A_2 + A_3$。下面看土地所有者或出租人的收入份额。先画一条辅助线 jk，然后从 i 点作 jk 的平行线与农业劳动力供给量 L_0 交于 g 点，这样 $A_4(=gfka)$ 就

等于 A_2+A_3。因为工资收入为 $A_1+A_4(=A_1+A_2+A_3)$,剩下的总产出或称为租金收入就为 $A_2+A_5+A_6$。假定所有的租金收入都储蓄且没有其他漏出,这就形成了农业储蓄(S_a)。

因此,农业的总产出是按照以下的方法进行分配的:A_1 在农业劳动力消费掉,A_2+A_5(人均 ad 或 ib)用于出口,剩下的产出 A_4+A_6 就由工业部门的劳动力消费。后两部分归纳了农业对非农业发展的贡献:首先提供了进口能力(A_2+A_5),其次提供了工业劳动力的食物(A_4+A_6)。

我们可用类似的方法来考察工业产品的分配,均衡点 h 位于 MP_L 线和以工业品表示的实际工资 Ow_{na} 的交点。在工业劳动力量 P_0L_0 给定的情况下,总的工业产出可分为工资部门($B_1+B_2+B_3$)和利润部门(B_4),B_4 形成了工业储蓄(S_i)。基于消费均衡点 e 的总工资分配,B_1 被工业劳动力消费掉,B_2+B_3 则用来交换农业产品以满足消费需求。在既定的贸易条件下,B_2+B_3 的交易价值就是 A_4+A_6。工业消费品 B_2 去交换农民提供的农业产品 A_4,投资品 B_3 去交换土地所有者的农业储蓄 A_6。由农业剩余所有者拥有的农产品出口(A_2+A_5)使整个系统得以进口 B_5 单位的资本品。因此,总的国内投资资金为 $B_3+B_4+B_5$,并且是通过以下方式获得融资的:$I=S_a+S_i$,其中 $S_a=B_5+B_3$,$S_i=B_4$。

以上是农业出口的例子,通过简单的改动我们就可以推断出进口的情况。在进口的情况下,消费均衡点 e 位于人均农产品供给量 Ob 之上,就有必要进口食品。在这种情况下,农业部门就不再是增长过程的动力因素,而是一种障碍。食物的进口不仅限制了农业生产率的提高,而且延续了工业化的进程,因为它不仅要求工业提供可供出口的剩余来为进口资本品提供资金,还要支持对食物的进口。最后,关于开放经济下农业中的生产率提高,非平衡增长以及实现商业化的分析,可利用图 8.1 参照第七章中对封闭经济的分析来进行。

在收入分配的问题上,根据第三章的讨论,任何部门 s 劳动力所得到的收入份额为 $\phi_s = (L_s W_s)/Z_s$,其中 Z_s 为该部门的总产出。因此,ϕ_s 的增长率为:

$$\eta_{\phi_s} = \eta_{w_s} - \eta_{Z_s/L_s} \tag{8.1}$$

等式 8.1 表示了实际工资的增长率与该部门劳动力生产率的增长率之间的差额。这样,在各个部门,包括国际化部门,当实际工资的增长落后于生产率的增长时,收入分配就表现出对劳动力的不利。我们在第四章和第五章对处于无限制劳动力供给阶段的二元欠发达国家的模型分析就隐含着这种现象。

下面在同样的相对静态背景中考察非农业部门的情况,不论是工业人口比例的大幅增加,还是农业生产率的提高,都将导致人均工业品产量的巨大增加。虽然这时国内对工业品的使用也有所增加,但工业品出口的增加却是最明显。工业部门外向度的提高带来了外贸结构的相应变化。首先,用总体的贸易参与程度——用出口比例来衡量——大致增加了;其次,初始的农业部门的出口主导地位完全改变了,随着持续的发展,大多数出口商品明显地变成了非农业部门的产品。

上述分析框架是从国际的角度论证二元经济中转型式增长的始末状况。但是我们并没有得到一个按时间序列变化的完整过程,从这个意义上说,该分析框架是不完整的。然而,我们可以通过转折点来突出这个过程,这样,转型式增长可以被划分出几个阶段,衡量上面所论述的经济活动。下面我们就来考察在开放二元欠发达国家中四个转折点的经济意义,它们分别是:商业化点、逆转点、出口替代点和转型点。

利用第七章的转型式增长分析可知,在一个封闭的劳动力过剩的二元经济中,商业化点表明劳动力供给过剩的消失。从该点开始,农业部门的实际工资等于劳动力的边际产量,这表明劳动力现在成了稀缺要素,工资迅速上涨。这个概念对开放二元经济也同样适用。

在开放经济中,商业化点的实现同时取决于农业技术变迁的"推动"效应和工业劳动力需求的"拉动"效应,这两种力量都因加入世界经济体系而得以增强。图 8.2 是对图 8.1 第 II 象限的放大,在图中 M_l 表示随技术变迁而变化的农业劳动力边际产量线。劳动力再配置的动态过程就由一系列的 e 点来描述,从 e_1 到 e_4 表明农业人口的绝对量增加,而 e_4 以后绝对量就开始下降。因此,开放经济的商业化点就位于 MP_L 线刚越过在 w_a 处的 IRW 那一点,商业化点到来的越快,MP_L 线上移就越快,人口增长率就越慢,制度性实际工资上浮的速度就越慢,工业部门对劳动力需求的增长就越快。

当经济朝着商业化点移动时,实际工资的增加对收入分配、储蓄能力和经济的消费模式都有深刻的影响。当收入分配朝着有利于劳动力的方向变化时,储蓄倾向的减少总是伴随着国内市场对消费品需求的持续扩张。换句话说,开放经济的商业化点就是典型的劳动力无限供给情况下自然的储蓄状况的终结。在商业化点

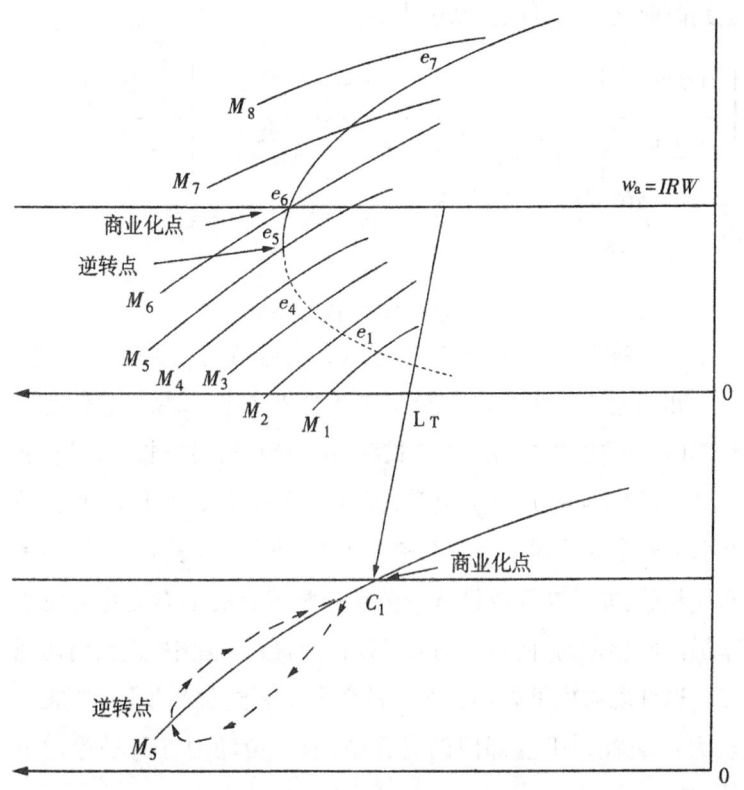

图 8.2 农业和商业化中的技术变迁

之后,储蓄率和 GDP 增长率就变得平缓。而且,在劳动力富余的开放二元经济中,商业化点也很可能改变国际贸易的结构。工业部门外向性的基础原先是基于企业家对廉价劳动力的利用,现在则让位于技术和资本品的结合。同时,工业部门的导向目标也转向满足国内市场对工业消费品的不断增长的需求。每一个转折点的增长阶段和资源流动状况都显示在图 8.3 中,图 8.4 则描述了为达到商业化点的详细流动过程。

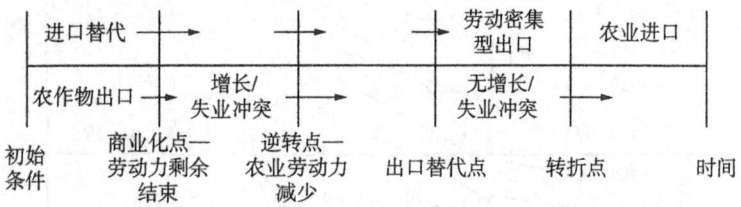

图 8.3 增长阶段和资源流动

第二个转折点是逆转点,它意味着农业劳动力的绝对下降。第三章和第七章利用等式 7.3a 和 7.5 分析指出,如果工业劳动力增长率(η_W)超过总体劳动力增长率(η_P)能维持足够长的时间,那么,不仅会使 $\theta = W/P$ 持续上升,而且可到达逆转点,即农业劳动力绝对上升变为绝对下降。在图 8.2 中,初始劳动力配置点 e_1 是不断变化的,并且在开放经济中劳动力配置点的动态变化是由生产率提高所导致的,使得劳动力可以再配置到工业中,直至到达逆转点。这种现象也可以用图 8.5 的资源流程过程来说明,在农业劳动力再配置到工业部门的过程中,农业劳动力本身是绝对下降的。

在土地供给量一定的情况下,到达逆转点意味着收益递减法则开始在反转方向发生作用,劳动力的边际生产率和平均生产率在两个部门都提高了,即使此时技术并没有发生变化。这意味着,在农业中存在需要采用节省劳动力技术的压力,因为在初始技术状态下存在人力资源的"短缺"。

在国际化背景下的第三个转折点是出口替代点,它的资源流动情况可参见图 8.6。在转型式增长到来之前,经济发展是基于

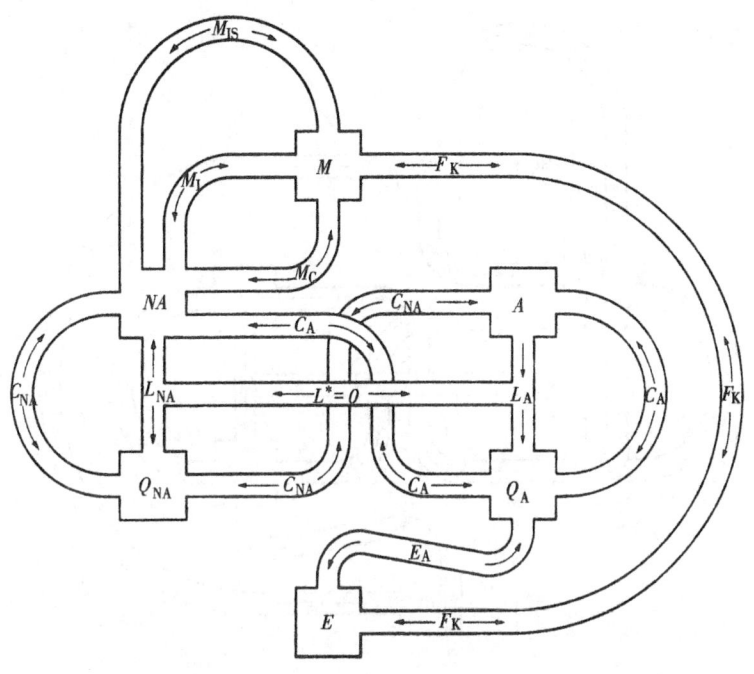

A	农业部门	M	进口
L_A	农业劳动力	M_C	进口消费品
Q_A	农业产出	M_I	工业品进口
C_A	农业劳动力的消费品	M_{IS}	进口替代品
F_K	旨在平衡进出口的外资流动	M_A	农业进口
L^*	从农业部门转向非农业部门的剩余劳动力流动	NA	非农业部门
		L_{NA}	非农业劳动力
E	出口	Q_{NA}	非农业产出
E_A	农业出口	C_{NA}	非农业劳动力的消费品
		E_{NA}	非农业出口

图 8.4 再配置的终结:商业化点

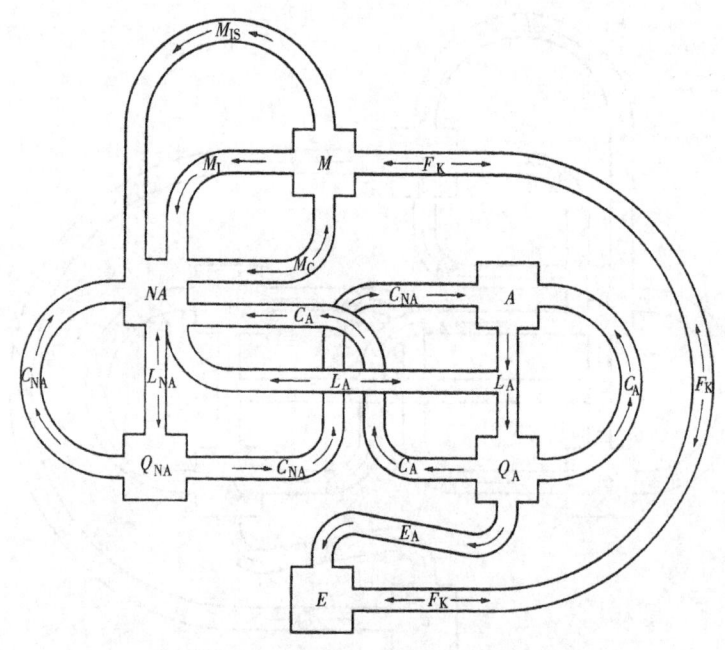

图 8.5　农业劳动力的绝对减少：逆转点

土地资源以及初级产品出口来推动。进口替代是转型式增长最初阶级的典型特征，在此阶段中，开放型经济是依赖于建立在土地资源基础上的农产品出口来建立和维持其进口替代型工业。进口替代战略通常由政府推动实施，如政府可以征收高的关税保护国内的工业进口替代，也可以运用在国际市场上高估本币官方汇率，或人为地降低国内的市场利率等，以鼓励运用传统出口赚得的外汇发展和补贴本国的进口替代型工业。当出口主导产品中由劳动力密集型制成品替代了传统出口产品时，则发生出口替代。

当国内市场对工业消费品的需求几乎完全由进口替代型工业

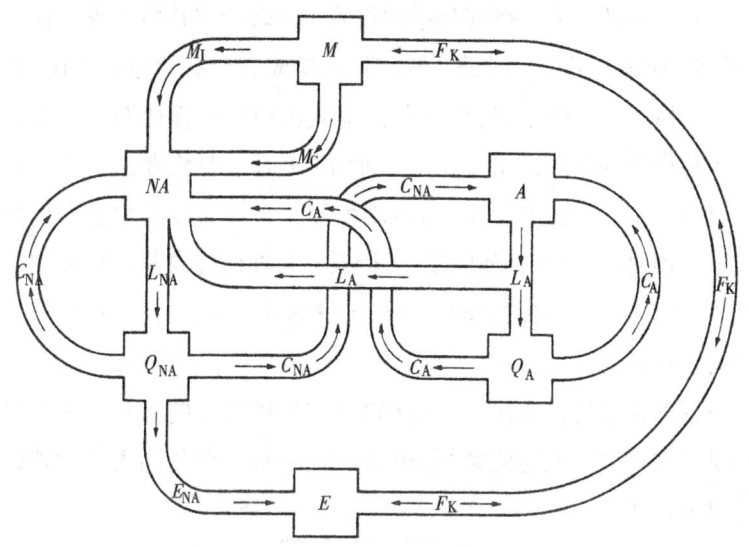

图 8.6　非农业出口替代农业出口：出口替代点

来供给时，进口替代阶段也就走到尽头了。在劳动力过剩的小国，经济中发展结果自然是出现一个出口替代阶段——在世界市场销售劳动密集型的制成品。这种转型受到了基于劳动力效率、鼓励出口的政府政策（如实行实际汇率）的推动。

这里，由出口替代取代进口替代阶段，对于分析劳动力过剩型经济是非常重要的。经济处于进口替代阶段并不能实现充分就业——从而导致就业和增长之间"必然"的冲突——而在出口替代阶段则不会发生这样的冲突。因为过剩劳动力可为出口部门所吸纳，从而既有利于经济快速增长又有助于充分就业。这个过程一直持续至"商业化点"和"逆转点"，即直到劳动力过剩现象的消失，这种情况尤其出现在农业部门。

在开放的二元经济转型中的最后一个转折点是转型点。这是基于这种看法，即一国在某个时期，会变成农产品的净进口国，如图 8.7 所示。一般来说，在向现代工业转型的过程初期所出现的以土地资源为基础的出口只是一种暂时现象。从农业出口向农业进口型经济的"转变"，是经济成功发展中某一阶段必然会出现的现象。但是，这种转换何时发生，以及它是在何种农业运行基础上发生，仍是至关重要的问题。对于欠发达国家而言，在成功实现平稳的转型式增长的过程中，现有的农业生产力潜力是否得到了充分发挥非常关键。否则，就会导致全部发展努力的失败——这确实是当代许多欠发达国家所处的现实——要不就是陷入了对外资的过分依赖。

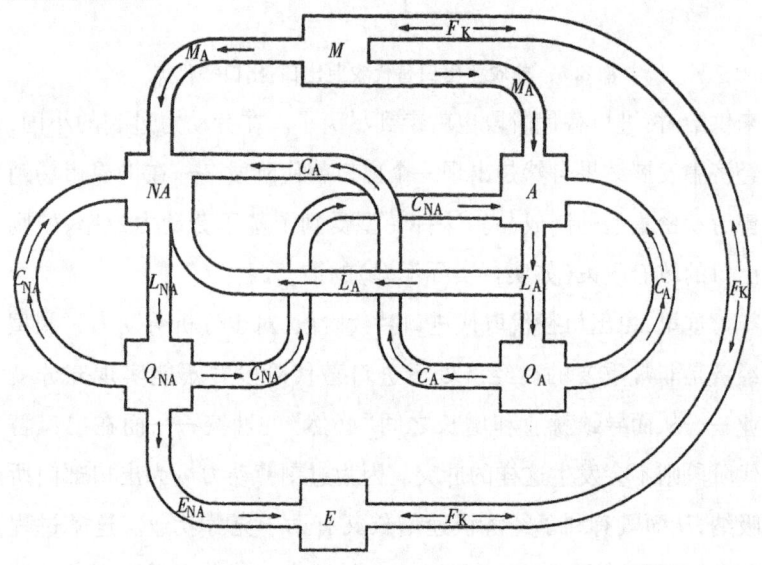

图 8.7　农业品进口替代工业品进口：转折点

通过排斥来自国外的竞争和增加国内工业化利润,这种加快进口替代进程的政府政策措施(如关税、外汇控制等)常发生变化。一个既稳定又没有政府直接控制的贸易和汇率政策,将会形成市场导向性更强的经济,而它将有助于利用本国富余资源——过剩劳动力——发展劳动密集型工业品的出口。与此同时,随着工业部门的发展,开放的劳动力过剩的二元经济很可能由过去成功地挖掘本国农业潜力模式转向长期的农业进口国模式。到达了转型点则说明,欠发达国家最终会通过加速工业品的出口以获得本国所必需的食品和原材料。最后,当经济为进入技术和资本密集型发展阶段做准备时,农业人口的绝对下降将使政策转向农业中劳动力节约型技术,从而延长工业中劳动力使用阶段。

这一节集中在我们扩展的增长模型上,在开放的二元欠发达国家中国际贸易也成为生产函数的一个另外的投入变量。在存在国际贸易的情况下,转型式增长过程的特征是由初始的消费均衡点的位置决定的,并且是技术变迁、资本积累和人口增长的函数。在这个理论分析框架中,在要素行为既定的情况下,开放的转型式增长是成功的。然而,目前还存在一些将国际贸易包含进生产函数后,转型式增长结果却不一样的其他观点。其中两个被称为是农业忽略论和出口悲观论。为了对开放的二元经济中国际贸易分析更加全面,我们将对上述论点进行简单评述。

在两次世界大战期间(1920—1940年),源自发展中国家的对外贸易并不令人乐观,使得许多欠发达国家采取"内向型"的发展战略,尽管本章所展示的模型和几乎所有传统的"外向型"贸易理论都表明,通过贸易将获得充分的收益,并可作为国内经济活动的有力补充。发展中国家早期的这种实际表现使得这些国家产生了出口弹性悲观论。该观点认为,无论从贸易中获得的收入看,还是从国外对欠发达国家出口的需求看,都是明显缺乏弹性的。再加上当时可看到的市场需求不足,这一论点阻碍了缺乏创汇能力的发展中国家的工业化发展,并且在很长一段时间内不可能依靠工业部门的出口来对经济增长作出贡献。

出口悲观论的主要特点是:外汇的明显短缺成为经济实现成功增长和发展的主要障碍。出口悲观论的一种表述是:

> 大多数欠发达国家是……依赖于单一商品出口获得外汇。这些收入是严重缺乏弹性的……。同时,几乎所有所需要的工厂和机器都必须依靠进口,致使工业发展被外汇支付能力所限制了(Cairncoss,1960)。

尽管这种观点在早期国际贸易增长模型中广泛存在,但随着内向型发展(比如进口替代)在20世纪60年代后期明显失败,该论点在战后也变得没有适用性了。

出口悲观论与我们的发展模型是一点儿也不相关的。在我们的模型中,工业发展的约束因素不是外汇,而是国内剩余劳动力能否成功地被利用。我们的模型更贴近现实世界情况,因为不论在农业还是工业部门中,我们都没有假定外国对本国出口品的需求是严重缺乏弹性的。相反地,我们关于成功实现转型式增长模型经历了一系列的演变阶段,这在图8.5中已作了说明。所有这些阶段都显示了进出口构成的动态变化。只要外汇条件许可,进出口的构成会随着本国对资源需求及可获取性的变化而变化。举例说,为了保证转型式增长的成功实现,就要通过初级产品出口来获取足够的外汇,以支付工业资本品的进口。在我们的模型中,不同"阶段"的出现并不是无序的——每一个阶段的具体的进出口结构都取决于上期所产生的外汇收入状况。这并不意味着我们的模型中就不会发生外汇短缺的现象,但是,它仅是暗示着这种现象的发生,其原因并不是出口悲观论所持的理由,而是在于对正常的转型式增长阶段的偏离(例如,当农业部门还存在未配置的过剩劳动力时,就企图过快地进入出口替代阶段)。这一点是我们模型所得出的结论同出口悲观论最主要的区别所在。

建立于农业忽视论基础上的论点,[①] 是另一个与开放条件下经济增长和发展理论不相容的观点。我们的模型强调资本积聚、技术改变和劳动力再配置。这些因素的结合使得农业部门存在劳动力过剩的二元欠发达国家能成功地实现非农业部门和农业部门的平衡增长和发展,其表现特征是在农业和非农业部门共同实现了产出、人均消费量的平稳性增长以及生活水平的提高。然而,农业忽略论却不赞同这个结论。相反地,它认为,注重工业/城市经济活动及对农业部门忽视的做法,即使经济总体上有增长,但是,欠发达国家中大多数穷人处于农业部门,仍然将处于贫穷的境地。

农业忽略理论是建立在两种认识偏差,即对支持城市经济——效率和公平的认识偏差基础上的。对非农业经济有利的效率认识偏差——它是以产出的最大化为基础的——这里据说是被

---

① 参见利普顿(Lipton,1976)的全面考察。

表述为:如果资源转向农业部门,产量随着时间推移将会增加。这一概念同我们的模型是直接对立的,因为在二元欠发达国家,广泛存在的资源是最初位于农业部门的剩余劳动力,这种资源的配置只会是从农业部门转向生产率无疑更高一些的工业部门。在我们的研究中,将劳动力从农业转移到工业的这种再配置,将增加经济的长期产出(而且也是实现平衡增长的推动力)。因此,在效率方面我们理论同农业忽略论是针锋相对的。

公平是农业忽略论的另一个度量方法——它被陈述为:假如"农业从业人员比城市工人富裕速度来得慢……"(Lipton,1976,p.56)。这是一个规范性很强的度量方法,在我们的模型中,当存在着平衡增长时,这种情况根本就不会发生,因为两个部门都共同经历着工资的上涨直至达到商业化点,而且此时农业和工业的区分不再适用。

在开放经济中,从农业忽略论中得出的结论就更加极端了:它认为国际贸易使城市中心富裕起来是以牺牲/掠夺农村的农业为代价的,并导致对农业的更加忽视。与之相反,我们的理论认为,贸易是对平衡增长的积极的补充因素。总的来说,从方法论上很难将我们的理论与农业忽略论进行比较,因为我们是在不同的前提下来讨论发展问题的。我们承认大多数欠发达国家的二元经济性质,但是,农业和工业间的差异可被看作是一种动力,原因是两个部门之间的相互作用以及随之而发生的劳动力再配置推动了两部门的平衡增长,而这对经济中农业和工业部门都是有益的。然而,农业忽略论则认为,由于对有限资源的争夺,经济中这两个部门必然是相互冲突的。在这种情况下,两个部门之间根本就不会有积极的相互作用——工业的发展是以农业部门的牺牲为代价的,工业在公平和效率方面损害了农业的发展。

这一节我们提出了开放二元经济的平衡增长模型,并分析了其多项错综复杂的内容,还将它与另外两种和它相对立的观点进行了比较。这里需要强调的一点是:我们并没有说国际贸易是增长的源泉,它只是对国内经济联系一个补充,而国内经济内在联系才是经济平衡增长的主要来源,下一节我们还要讨论这个问题。

8.2.3 开放经济中的国内经济联系

国际贸易是开放的劳动力过剩二元经济中经济增长和发展的重要因素——它给出附加的生产函数,使该国更容易获得资本品、新技术,也为私人资本和储蓄提供了新的来源——但在我们的模型中,国内部分成功实现转型式增长的必要条件,同样必须得到满足。如果忽略了国内经济联系而单靠国际贸易,是无法驱动经济增长的。在二元的欠发达国家,国际贸易只有和成功的国内政策结合,才能促进经济增长。为了说明国内经济关系的重要性,我们可以回到第二章中提及的 Z-商品模型,并将其扩展到包含国际贸易的开放经济中。这一节也将论述许多与国际贸易相关的政策,它们是与实现增长和发展的努力能否成功无法分离的。

第二章的2、3节显示了在含有已经存在 Z-商品活动的殖民经济的增长动态。海默(Hymer)和罗斯尼克(Resnick)(1969)解释了殖民时代农村非农业活动(RNA)的衰落。罗斯尼克(1970)还提供了经验上的支持,但他们都没有将他们的模型扩展到后殖民时期。这种扩展是十分重要的,因为在殖民时期之后国际上农村发展经验千差万别,一些国家快速实现了农村工业化,而另一些国家实际上只有数量有限的农村非农业活动。①

这一节将 Z-商品模型拓展至开放的二元经济中后殖民时期,在有国际贸易的情况下,考察国内经济联系的重要性。同时分析对推动农村发展起决定性作用的主要因素。这一动力机制非常关键,它决定着经济发展进程全局的成败。这里所谓成功,是指家庭、地区以及经济增长之间的公平合理程度。因为基本的 Z-商品模型已经在第二章中给出,因此,我们这里不再重复。我们要做的是将该模型进行拓展,使之能适应原假定条件的必要变化。这个模型将分析后殖民时期的情况,包括有利的与不利的两方面的发展情形。在我们的政策章节——即第十章中,中国台湾和菲律宾的经验将被分别作为有利与不利的典型案例加以讨论。

假定:海默-罗斯尼克(H-R)殖民时期的模型是建立在一系列假设基础上的。然而到了后殖民时期只要国际贸易机会增加,这些假设既不适用于国际贸易条件可能的变化,也不适用于 Z-商品的低劣特征。为了从国际的视角分析增长的动力和农村非农业活动,我们对原来基本模型作了三次变更。

首先,后殖民时期的发展主要是在城市地区形成了现代化工业部门。在进口替代阶段,这个部门(U-部门)的作用是致力于替代进口。在存在 U 部门的情况下,在 H-R 模型中用进口来替换

---

① 从下列文献中可以找到 RNA 的增加和减少的证据:何(Ho,1976)、安德森(Anderson)和莱瑟森(Leiserson,1980)、香德(Shand,1986)、哈格布拉德(Haggblade)、利德霍尔姆(Liedholm)和米德(1986)以及巴嘎哈瓦(Bagachwa)和斯图尔特(1991)。

Z-商品就不再是经济发展的主要特征。相反,在没有外部经济的帮助下,是 U-部门提供的产品在国内替代了 Z-商品。这种替代性,被标以 U-替代,使得非农业部门中劳动力是唯一的生产要素的结论不再适用,因为 U 部门可以进口资本品而换来农业经济作物的出口(A_E)。

其次,欠发达国家的农业(A)并不是 H-R 模型中假定的同质部门。它是由两个子部门组成的:一个农业经济作物出口部门(A_E)和一个国内食物生产部门(A_D)。在后殖民时期,国内农业由于受到提高生产率的技术变迁的影响,已经具备了动态增长的潜力。A 部门的这种国内特征——恰恰被 H-R 模型忽视了。于是,产生了两个重要的结果:第一,A 部门释放出了土地和劳动力,它可供 Z-商品和农业经济作物(A_E)生产所用,因为这时 A 部门只需用较少的资源就可提供所有需要的食物,这使得生产可能性曲线边界向外扩展。第二,与那些和出口农业的联系相比,动态发展的 A 部门加强了国内农业和农村非农业活动的联系。这种更强化了的关联性既从 A 到农村非农业活动,又从农村非农业活动返回到 A,包括改善了的消费和生产的联系、不断提高的国内贸易条件和额外技术知识的获取。

最后,H-R 模型假定 A_E 部门面临着日趋改善的外部贸易条件。在后殖民时期,这个假设是不符合实际的:因为大多数欠发达国家的贸易条件保持原样,或日益恶化。[①] 事实上,如果在 H-R 模型中出现了国际贸易条件的恶化,Z-商品的生产趋于增加。在下

---

① 参见斯普拉沃斯(Spraos,1980)、格里利和扬(1988)。

面的分析中,我们假定贸易条件不变,在将 Z-商品模型扩展到后殖民时期,并且在对原基本假定作上述变更的情况下,研究农村发展和经济的情况。因为农村中平衡增长的实现并不是一个必然发生的现象,所以,我们将对 Z-商品模型中有利与不利的两种典型情况进行比较。

处境不利的后殖民时期的典型情况:后殖民时期的一个主要发展是,随着致力于进口替代,发展中国家出现了 U-部门。在这个不良的例子中,鼓励城市工业发展是以损害 Z-商品生产和国内农业活动为代价。这种鼓励城市工业发展的政府政策在忽视国内经济的关联性的同时,将会影响国内贸易条件、汇率、利率和外汇的配置。在这个例子中,U-部门是由大规模的国内企业和外国机构投资的跨国公司所组成的,而这些外国机构对加快城市导向型进口替代进程是感兴趣的。由于在农业内部相对于食品作物,出口农业经济作物可以挣得外汇来支持进口替代的发展而获得青睐。土地和收入分配仍是不平等的,尤其在 A_E 活动中,转向对 U-商品的购买力提高了。由于忽视了生产食物的农业部门和 U-部门替代过程(即用新开发出的城市消费品工业来替代 Z-商品的生产),因此,国内经济和农村的联系变得很脆弱。尽管某些 Z-商品的生产仍在继续——是得益于农村地区仍然存在的贫困和运输成本过高而带来的自然保护——但 Z-部门的发展潜力受到严重的制约。

图 8.8 说明了处境不利的后殖民时期情况。在原点右边的横轴表示 U-商品和进口消费品(M_C)的结合,随着进口替代的进行,进口商品占总消费品供给的比例下降。A_E 部门的生产率用第 Ⅱ

象限的 $A_{E^0}Z^0$ 曲线来表示。从农业出口中获得的收入越来越多地用于资本品的进口（M_K）而较少地用于消费品的进口（两者都在原点以下的纵坐标上得到体现）。资本品用来生产国内城市生产要素——消费品或 U-商品，两者都在第Ⅰ象限的横轴上得到体现。第Ⅲ象限中的 $M_K U^0$ 线的斜率很可能小于 $45°$，它取决于资本—产出比率。第Ⅰ象限的消费可能性曲线代表 Z-商品和 U-商品所有可能的消费组合。如图 8.8 所示，一旦进口消费品完全被进口资本品所取代，农业出口收入就被转换为大量的资本品进口，然后通过国内生产转化成更大数量的 U-商品。

在这个不利的例子中，即使 A_E 部门的生产率和产出提高，在图 8.8 中从 A_E^0 增加到 $A_{E'}$，Z-部门的生产率仍不会发生任何变化，而生产可能性曲线将外移至 $Z^0 A_{E'}$，消费可能性曲线相应地从 $Z^0 U^0$ 移至 $Z^0 U'$。替代效应是减少了 Z-商品的消费而增加了 U-商品的消费。由于 Z-部门主要集中于传统产品，而因为 Z-商品是劣质品，所以收入效应也是消极的，同时这也减少了对 Z-商品的消费。结果是均衡点从（1）移到（2），Z-商品的生产和消费都减少了。也就是说，即便在存在国际贸易的情况下，整个经济的福利水平还是变差了。

处境有利的后殖民时期典型情况：在较为有利的后殖民时期情形下，随着国内经济关联性的增强，Z-部门与日益成长的生产食物的农业部门会形成相互作用的动态关系。这一结果产生于以下几个方面所具有的较为有利的环境：首先，在这种情况下，政府并不歧视与传统的初级产品出口活动相关的国内农业。因而，随着土地和劳动力资源得到释放，A_D 部门生产率不断提高，从而使

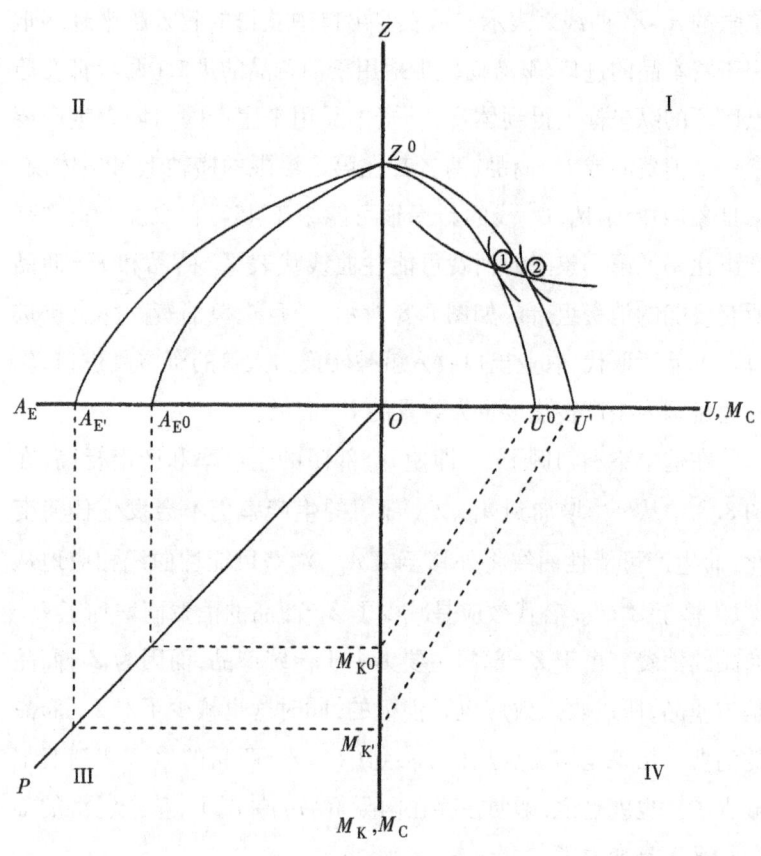

图8.8 不利的战后殖民情况

其他经济部门生产也扩大。第二，A_D 部门产生的收入比 A_E 部门的收入更能得到平等的分配，特别是在采用了节约土地或节约劳动力的技术的情况下。这样，A_D 部门的扩张就会形成对农村非农业活动（RNAS）产出的需求。第三，政府关于基础设施配置和宏观环境的国内政策，在农村和城市之间以及在农业和工业之间，是较为公正的。

不论是从与农业相联系的需求角度看,还是从与投资及采用新技术的动态机制相联系的供给角度看,这种积极的环境都会使农村工业获得更为有利的条件。其结果是 Z-部门日益现代化,从一个生产传统产品的由低生产率的小家庭企业和村镇企业组成的部门,变成一个日益以现代经营活动为特征的部门——小工厂使用现代化的技术(通常是进口后经过改造的技术)和生产出比传统 Z-产品质量更加一致(经常也更高)的产品。相对 U-部门的产出和进口品,这些 Z-产品销售情况更好。现代化的 Z-部门最终会直接出口,或者通过与 U-部门相关的分包合同来出口。现代产品取代了传统产品,Z-商品部门仍可以保持其重要地位直至劳动力过剩情况消失。

在这种情况下,U-替代并不十分明显,因为 U-部门或者被迫与 Z-商品部门进行竞争,或者被引导与 Z-部门建立辅助性联系。在某些时候 U-部门一开始供应国内制造的资本品,而 Z-部门则为 U-部门提供经过加工的农业品,并且/或作为 U-产品生产的分包商。在国内关联度很强的情况下,由于 Z-部门高的资本积累率、技术变迁和就业快速增加,Z-部门就成了工业发展中的一个具有活力的因素,这和 H-R 模型中的停滞大相径庭。这种现象通过从 RNA 到 A 这条联系链刺激了农业增长,而这种发展模式是同经济整体的高速增长、公平的收入分配以及地区间较好的平衡相联系的。这一切都同处境不利的典型情况形成了鲜明对比。

图 8.9 表示的是处境有利的后殖民时期的情况。A_D 部门生

产率的提高释放出土地和劳动力,从而 A_E 和 Z-商品的生产都得到扩大,使第Ⅱ象限中的生产可能性曲线向外扩张。而且,生产率的提高增强了 Z-商品的生产潜力。然而 A_E 的向外扩张幅度比不利情况下的那个例子要小,原因是人们较少地关注该部门,而更多的是关注国内农业 A_D。在这个例子中,因为 Z-商品的现代化特征,其商品消费的收入效应和替代效应都为正,这样在第Ⅰ象限中形成了一个新均衡点(2)。由于和农业密切的国内关联性以及和 U-部门日益扩大的补充关系,Z-商品的生产和消费都增加了。因此,在开放经济中,在成功地实现了平衡增长和发展的同时,欠发达国家的经济福利水平也提高了。

8.2.4　新贸易理论

前面几节论述了国际贸易在劳动力过剩的二元经济转型式增长模型中的重要性。该重要性来自两个方面:一是通过资本和技术品进口,国际贸易为新古典生产函数提供了新的投入要素。二是国际贸易的补充作用。这种补充作用如 Z-商品模型所显示的那样,是由重视国内联系的有利政策带来的。在整个分析中,贸易被明确地看成是增长过程的补充因素——它仅仅是通过对过剩劳动力的利用从而促进了国内因素对经济增长的驱动,即它本身并不直接推动经济增长。然而,第一章讨论过的在产业组织理论和新增长理论基础上,近来国际贸易的一些理论都在强调:贸易可以独立于国内关联之外而作为经济增长的源泉,虽然我们并不全盘接受或完全同意这样的结论。但这里我们仍对之加以提及,以便

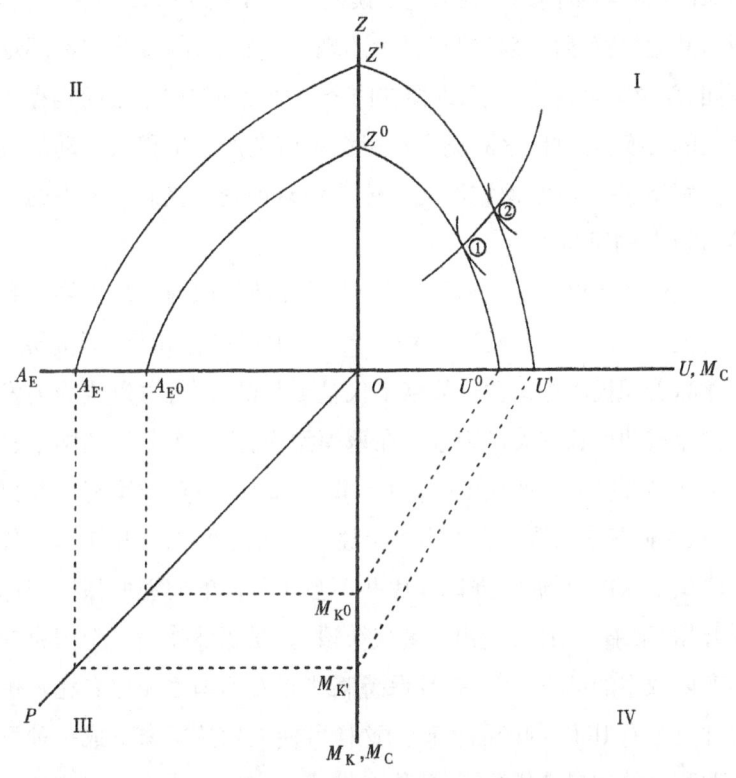

图 8.9 有利的战后殖民情况

对贸易和增长分析提供一个整体性更强的视角。

新贸易理论是建立在克鲁格曼(1979、1980)的研究成果基础之上的。在克鲁格曼的理论中,欠发达国家的工业生产过程是明确地被假设为规模报酬递增(IRTS),而且是在垄断竞争的环境中运行的。新贸易理论模型的出现是为了解释一些偏离了传统贸易理论的现象——产业内贸易、生产中的规模经济以及许多发展中国家的产业集聚问题。因为这个模型在生产中的 IRTS 条件下,利用垄断竞争就能很容易地解释上述现象。而且,与传统贸易理论不同,新贸易理论论证了,即便在两个完全相同的国家之间也存在互利的交换。因此,垄断竞争均衡结果就会产生出积极主动的战略性贸易这一角色,而它不同于传统贸易理论和我们模型中的那种"被动"的贸易。

该模型不仅在假设和结论上,而且在政策取向上也不同于我们的模型。由于在欠发达国家生产过程中存在着 IRTS,新贸易模型意味着积极的进口替代战略不仅是可行的,而且可以成为欠发达国家成功增长的关键因素。在该模型中,当一个欠发达国家进口工业品并扩大生产规模时,由于 IRTS 效应,生产效率将不断提高,从而使其能获取更大的市场份额。在该模型中,当用进口替代战略供给国内市场时,进口替代并不会像我们的模型所指出的那样开始"退缩"并让位给出口替代阶段,而是仍然作为一个国家的生产函数中的动态因素,并且保持某些与发达国家相比有比较优势并且会有 IRTS 的产品生产。这样可使欠发达国家形成一种可采取积极的进口替代政策,并使对发达国家出口成为本国增长率增长动力的机制。

无论是从方法论的角度还是从经验的角度,我们都不同意这种分析和推理。首先,我们的生产函数是基于 CRTS 的,并把 IRTS 作为技术变迁来考虑,其中技术变迁由创新程度和要素使用倾向组成的——如果不考虑这些,我们所相信的增长方程的有用性、实用性便不再存在。其次,我们分析的焦点是欠发达国家二元部门的动态转型式增长,而新贸易理论是对一个同质的静态经济中处于稳定状态的贸易结果的分析。最后,虽然我们从克鲁格曼模型中能导出一些简单的积极的贸易政策,但实际政策与模型导出的结果相去甚远。对于模型中的假设和具体条件,战略性干预是十分敏感的。而且,从这个理论中得出的贸易干预论点(例如,上面提到的进口替代论),并不能对欠发达国家在不同背景下进行特定的政策干预,提供理论依据。

8.3 要素流动性

虽然贸易是开放的欠发达国家经济中最主要也是最明显的国际性内容,在某种意义上,贸易成功地对经济增长和发展的促进,是在潜在的劳动力和资本市场上平衡增长的指示器。在8.2节所提出的包含国际贸易的增长模型是建立在,同时也是受制于潜在资本和劳动力的可获得性基础上。开放经济使得资本与劳动力市场可以得到利用,并且这些市场能提供每种资源的额外来源,从而促使经济按更为快速的路径增长。在这一节中,我们先考察外资可获得性提高之后所产生的量化效果,然后再分析外资可获得性的质量方面。最后,研究劳动力的国际流动,强调时间上的阶段性、熟练劳动力和移民压力。

一个劳动力过剩的二元经济实行开放所带来的巨大潜在利益在我们的模型中是显而易见的。从最宽泛的层次上看,成功的平衡增长的动力来自两方面:一是由于存在剩余劳动力和/或因农业生产率提高从而释放出劳动力到工业部门来,二是由于工业部门资本存量的扩大为释放出的劳动力提供了就业机会。任何一个方面的失败都将使工业化不可能成功。然而,外国资本和资本品的使用,保障了工业部门的资本积累不受约束,这样不仅能实现平衡增长,而且增长速度能比封闭经济的增长速度更快。特别是,当处于劳动力过剩阶段,吸纳农业剩余劳动力的工业部门资本存量成为经济增长主要限制条件时,这一效果更加明显。在这样的研究框架里,在开放的二元经济中,要素被允许国际流动,便产生一个附加的生产函数,它使上述经济类型的国家能更有效地获得资本品,尤其是那些通过国内生产需要很长一段时间才能获得的资本品。

通过利用第四章和第五章中增长方程对增长过程进行更深入分析,可以发现:外资流动对产出增长和劳动力吸纳有着积极的数量效果。从第五章的等式5.31a,我们定义出对劳动力过剩的欠发达国家,成功的经济发展的约束条件是:

$$\eta_P < \eta_W = \eta_K + (J + B_L)/\varepsilon_{LL} \tag{8.2}$$

这个等式表明了,劳动力吸纳的过程是由四个因素推动的——工业资本积累的速度,技术创新强,创新中劳动力使用的倾向,劳动力的边际收益递减规律。一旦欠发达国家的工业部门能获得外资,工业资本积累的速度就会提高,并加快劳动力吸纳速度和经济成功增长与发展的进程。

上一段利用了劳动力吸纳的增长方程,下面我们用第四章中表4.1导出的产出扩张的增长方程来作进一步的分析:

$$\eta_Q = \eta_K + J(1 + \phi_L/\varepsilon_{LL}) + B_L(\phi_L/\varepsilon_{LL}) \tag{8.3}$$

从这个等式能马上看出,外资是如何能在数量上增加产出的增长率。对外资的利用增加了工业资本的积累,它又直接提高了产出增长率——经济成功发展的主要指标。

现在外资对于促进产出增长和劳动力吸纳的重要性已经很明显了，但利用外资对劳动力过剩的二元经济还有其他、更多是质的方面的效应。例如，第七章提到，一个二元经济在企图用劳动力无限供给来促进经济发展时面临着一个矛盾。一方面，自然的储蓄状况迫使工业部门扩张，以生产投资品。另一方面，资本品的生产又必须尽可能多地使用一国较丰富的资源——即过剩的劳动力。这样矛盾就出现了，因为基础性资本品工业是资本使用型的，而不是劳动力使用型的，虽然成功发展的处方是尽可能多地将农业部门的劳动力转移到有劳动力使用型技术的工业部门中去。然而，一旦二元经济有可能利用外国资本品市场，那么，国内生产的劳动力密集型工业品就可被用以出口，以换取对劳动力吸纳较少的外国资本品进口。在这种模式下，开放经济可以在国内生产中，利用本国过剩劳动力禀赋所生产的任何产品，通过与国外交换获取所需要的资本品。这样，在开放的二元经济中，在储蓄能力不断提高的意义上，自然的储蓄状况的优势就可以得到保持，同时，规模巨大的剩余劳动力便可以和从国外所必须进口的资本一起从事国内生产。

要度量开放经济中的要素流动的完整效应，有一点很重要，即经济二元发展中国家也需要考虑国际资本流动性的质的方面。资本流入的质的方面——利用外资的方式上——可能使一国的发展努力化为乌有，也可能减轻发展中国家在平衡增长路径中经常会遇到的某些压力。从质的角度考虑，外资对于一个劳动力过剩的开放二元经济增长和发展的负面效应，在第七章的封闭经济框架中已经以印度为例作了经验分析。

战后的印度继续实行严重依赖于自然的储蓄状况的发展战略来积累资本,资本增长率(η_K)等于国民储蓄率(自然的节俭)与资本生产率水平的乘积。印度的发展战略是在生产中极端地使用的资本密集型投资品——多数来自进口——而忽视了对国内的丰富资源即剩余劳动力的使用。这种在质的方面对较高资本存量的滥用,其中有些资本是由于外资的流动性而获得的,印度没有实现成功的转型式增长。劳动力实际上从工业部门转移到了农业中,就像第七章的经验分析所指出的那样,随着时间推移,工业部门变得更加倾向劳动力节约,这与我们的模型关于成功的发展处方正好相反。印度不断提高的资本水平如果得到正确的利用,本来可以对增长和发展产生量上的积极影响,然而在工业化类型选择上对外资在质的方面滥用,却构成了印度平衡增长路径的障碍。

虽然印度的例子表明了,在一个劳动力过剩的开放二元经济中可能发生对外资在质上的滥用,但是,对国际资本流动的开放仍然可通过质的方面的因素对增长起到积极的作用。如果资本流入能通过增强对国内因素的影响而得到合理利用,就会产生积极的增长效应。虽然这个主题本身就可作为一本书的基础,但我们这里只分析资本流入的积极的质方面的一个应用,这个应用主要源于大量自然资源的发现。

在一个劳动力过剩的开放二元经济中,当发现了大量可用于贸易的自然资源时,资本流入和与这些自然资源开发若能协调一致,并推动经济成功发展,这就表示资本流入在质的方面发挥了积极作用。开发了大量可用于贸易的自然资源的现象通常称为"荷兰病",它对发展中国家有两个特定的影响。首先,从国内角度看,从自然资源出口中获得的收入增加产生了收入效应,增加了消费,并使经济偏离了制造业。当经济的比较优势大幅度转向自然资源部门时,对制造业的"挤出效应"就会发生。其次,从国际角度看,可贸易资源的开发导致了汇率的升值,这也对国内的制造业部门起了挤出的作用,并造成经济重心对工业的偏离。这两个影响产生了这样的一个困境,即一旦自然资源耗尽,该经济将只剩一个未发育成熟的工业基础,从而无法保持长期的平衡增长。

但是,有外资流入的国家是可以避免由"荷兰病"造成的问题。在封闭型经济中,如果存在"荷兰病",则自然资源的高收入和总支出的密切联系将导致对工业部门的挤出。然而在开放经济中,这种联系链条可以利用外资来切断。如果从可贸易的自然资源出口中获得的不断增加的收入能用于外国资产的积累(如以工业部门中使用的资本品这种形式来积累),经常项目就能有效地"持平"支出,并能长期地补贴工业部门。如果这一切得以发生,就算资源耗尽了,经济也不会陷入困境。从外国资产中获得的收入和充满活力的工业部门利用进口外国资本品后制造的产品都能维持经济的平衡增长,尤其是在工业部门选择了倾向劳动力使用技术来吸纳非农业部门的剩余劳动力时,效果就更明显。因而,对资本流入的明智使用就能对国内因素起到积极的影响,并能在质上对成功的长期平衡增长产生巨大的影响,正如前所述,对外资流入的使用减轻了"荷兰病"的压力。

我们的模型扩展到允许外资流入,这相对于封闭经济的理论框架,是向前迈出了重要的一步,但到目前为止,我们仍然明显忽略了第四章生产函数 4.6 中的另一个要素即劳动力流动的可能性。实际上，既然我们认为由国内因素推动的封闭经济的例子是对现实发展过程的一个确切描述，那么，在国际贸易和资本流动的影响更为重要的情况下，考虑劳动力的国际流动就有些偏离了我们的基本模型。然而，在现实世界中，移民是不能忽视的，并且事实上，在战后，移民对某些国家非常重要，比如劳动力从亚洲向美国的转移。从理论的层面上看，经济理论的一个基本思想就是国际要素价格具有趋于均等化的潜在趋向。虽然这种均等化基本上是通过国际商品贸易来实现的，因在这些商品贸易中包括了资本和劳动力的投入，但有些时候这种均等化都是通过资本由富国流向穷国来直接实现的，在穷国资本能产生更高的边际生产率。这种价格均等化最后的结果就是劳动力从穷国流向富国。[①]

从重要性上看，劳动力的流动是排在最后，因为和相对自由的商品和资本流动相比，它要受到更大的限制。这种限制通常是来自两方面的：一是富国限制移民数量，二是发展中国家的人们在心理（即欲望）和生理（即能力）上所受到的约束也造成了移民的障碍。

考虑到国际移民在我们模型中的地位，我们不准备对国际劳动力再配置过程的每一个方面都加以讨论，而是集中讨论对移民的有效需求以及劳动力从劳动力丰裕的发展中国家流向资本丰裕的现代工业国家的决定因素，同时考虑当移民的有效需求超过了

[①] 一旦赫克歇尔—俄林关于技术知识相同的假设被放弃，技术转移也会作用于国际要素价格均等化。

法定允许水平时,非法移民的不利因素和面临的压力。

对移民的有效需求可以分解成个人对移民的欲望和移民的能力。从一国移民到另一国的欲望是三个因素的函数。第一,两国间当前在"平均"收入、公共设施及社会地位方面差异的绝对水平。① 第二,个体行为人拥有信息的程度,尤其是对上述差异信息的掌握或缺乏程度。第三,个体行为人到达新国家后对所能获得的收入和地位的可能性评估。这三个因素都是动态变化着的,因为任何移民的愿望都必须考虑未来的信息,并且这样的决定在将来的每个时点上都可能被重新估计。

移民的能力是个体行为人所面临的最大的障碍,因为大部分限制都是由目标国政府所规定的。有五个因素决定了移民的能力。第一,目标国移民壁垒的确切水平和程度。该壁垒对不同的移民集团有着不同的影响。如美国的移民政策对西欧的移民就比对来自非洲和拉丁美洲的移民宽松得多。第二,移民到目标国的距离、交通和初始的固定成本。第三,家庭在本国和目标国所拥有的金融资源及其支持个人移民决定的愿望程度。第四,官方资本市场对办理移民的金融服务范围和准入程度。第五也是最后一条,本国政府是否鼓励移民的政策。

为了论述这些因素的混合影响,我们将考察在国际移民情况下"成功"和"不成功"增长的例子。② 菲律宾就是一个不成功的例子。菲律宾经济过早地转向了资本密集型产品,却基本没有实现

---

① "平均"收入不必然是算术上的意义,而是两国的人们可能意识到的生活标准的一般比较。
② 更为详细的分析见拉尼斯(1992a)。

平衡增长,因为菲律宾并没有鼓励劳动力从农业部门向城市工业部门的动态再配置。国内几乎没有小规模的工业活动,农村非农业活动也完全被忽略了。这种不平稳的增长导致对劳动力的需求呆滞,城市也产生大量的失业。菲律宾从来没有调整经济结构,使之能利用丰裕的劳动力资源,而是沿着这种缺乏效率的增长道路走了数十年。这种狭窄、隔绝的增长道路,导致了菲律宾人均生活水平的下降,移民的需求随着时间推移而不断增加。

图 8.10(a)描述了这个例子中非熟练工人移民的含义。由于对本国失望程度的增加,不成功的增长路径导致了移民需求的不断上升。而个人的移民能力也由于收入增加而缓慢上升,即使收入增长是不平等地分配的。这些趋势,再加上工业化国家对移民法定限额的缓慢增加,以致移民愿望与制约移民条件的差距拉大,造成过度的移民需求,而移民需求本来变化就很快,结果引起移民紧张和求助于非法移民。

相比之下,东亚国家和地区代表了成功的增长路径的情况。这些国家和地区不仅取得了平衡增长,而且成功地实现了劳动力从农业到工业的再配置,突出了农村的非农业活动和实现了更加平等的收入分配。[①] 在这些条件下,国际非熟练劳动力的移民是通过图 8.10(b)的形式开展的。这些国家和地区对移民的愿望曾一度增加,然而随着劳动力过剩的情况结束,取得了新兴工业化国家的地位,且与现代工业化国家之间的收入差距已经小于移民的

---

① 对东亚成功情况的全面描述和实证分析参见拉尼斯(1978,1992b)、拉尼斯和费(1975)、拉尼斯和斯蒂图尔特(Stewart)(1993)等。

成本时，对移民的愿望就最终下降。实际上，随着净移民回流，很可能存在着一个逆转点——这种净移民回归情况目前正在中国台湾地区出现。随着平等分配的收入不断增加以及许多行为当事人都能利用自由的借贷市场，移民的能力从长期看也得到了提高。至关重要的是，对移民的愿望和供给方约束之间的差距——即过度的移民需求——将不断缩小并最终消失。

至此，我们对劳动力和国际移民的讨论仍然集中在城市部门的非熟练劳动力上，然而熟练劳动力的转移也是存在的。因为现代的发达国家和地区使用人力资本投资的机会比二元发展中国家

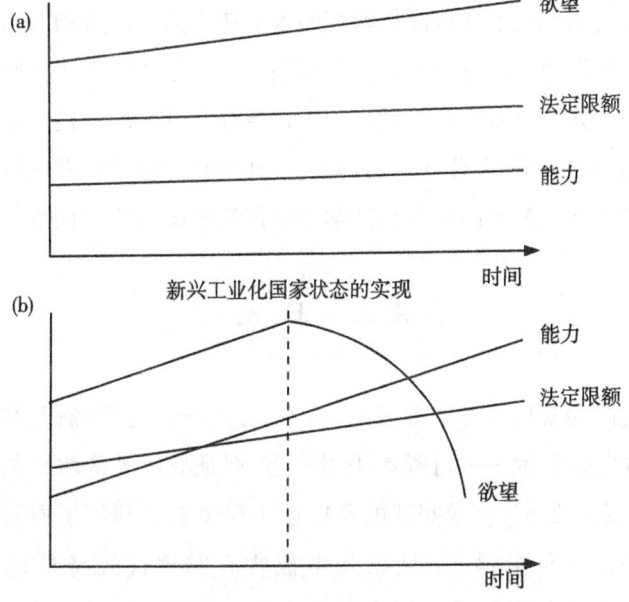

图8.10　(a) 不成功增长路径中非熟练劳动力移民
　　　　 (b) 成功增长路径中非熟练劳动力移民

和地区要大得多,这样,发展中国家和地区的"人才流失"现象就很容易理解了。然而,一些先前的欠发达国家和地区也已开始出现熟练劳动力回流的现象(特别是台湾地区)。

从1951年开始,中国台湾的研究生被允许到国外学习(大部分是去美国),出国学生的人数从1951—1952年的558人增加到1988年的7182人。① 在这些出国学生中,1952年有48人,1988年有2296人回到了中国台湾。受过高等教育的人才的流失减少了中国台湾岛内专业人员的供给量。然而,由于"人才流失"的起因是大学毕业生在中国台湾就业市场中缺少就业机会,这样劳动力的流出就减轻了受过高等教育的人员在中国台湾劳动力市场上寻找工作压力。而且,中国台湾和美国之间的家庭和社会联系也增强了双方的技术交流。现在中国台湾存在着充足的机会和对熟练劳动力的需求,因此,中国台湾现在开发其资源首先考虑的是鼓励在受过外国教育的中国台湾学生能回到中国台湾并且留下来。

8.4 技术

我们的增长方程体系表明,技术变迁——以创新强度及要素使用倾向来表示——与资本积累一道,都是战后经济增长的最重要的源泉。目前,技术变迁的重要性不仅事实上超越了通常经济学方法论上的分歧,而且已几乎被所有的现代经济理论所接受——从索洛(Solow)的新古典增长理论、罗默(Romer)对其所作

---

① 所有的统计数据均来自刘(Liu,1992)。

的"新"的扩展，到按照屈兰德（Kyland）和普莱斯科特（Prescott）所描述的真实商业周期理论，再到我们源于卡尔多（Kaldor）和库兹涅茨的理论模型。然而在我们的模型中，关于开放的二元经济的转型式增长中的技术却存在着一个差异性。虽然大多数经济学家认为，以新发现或新发明形式出现的技术变迁会推动发达国家的经济增长，然而，牵涉到发展中国家时，情况却是大不相同的。

大多数欠发达国家几乎不存在符合发达国家标准的技术变迁，即"新发明"类型的技术变迁。取而代之的，在一个劳动力过剩的二元经济中，技术变迁是体现在对从发达国家引进的技术进行改造、实施和创新。根据我们在第四章的增长模型中使用的方式，就可以对这种技术差异进行区分。在第四章的4.35式中，衡量技术变迁最主要的尺度是创新强度J；它和国内生产过程中对外国技术加以改造程度对应的，反映在国内资本或劳动力存量不上升时的产出增长上。例如，大塚（Otsuka）等人（1988）评论道，在大多数成功的欠发达二元经济国家，这些国内技术发明都是对国外先进技术的修改。

通过等式4.47，技术变迁的另一个方面是生产的要素使用倾向B_L。这是通过对进口技术的选择来决定的，即进口的技术是劳动力节约型的还是资本节约型的。人们日益关注转型式增长和技术之间的关联性，并以此为一个选择变量，因此，对开放的二元经济转型式增长的分析，就必须重点研究劳动力过剩的开放二元经济中技术进口和技术改造的作用。从总体上看，我们必须认识到改善欠发达国家技术质量的重要性，因为它对生产率的提高、平衡增长以及实现就业密集度更高的增长路径都有直接的积极影响。

我们在分析发展中国家的技术选择时,要牢记的最重要的一条是:不管这个国家对世界上其他国家的态度如何,该国总要受到其他国家形势的影响。因此,对发达国家技术的选择,对发展中国家技术实施就至关重要。这是因为,有的技术可以为欠发达国家直接使用而不需作改进,而有的技术是需经过仔细搜寻并加以改造后方能在发展中国家使用。就发展中国家而言,技术引进后对技术的改动就是技术的实际变化。虽然技术选择和对引进技术所作的改进在理论上的区分是很重要的,然而从经验的角度看,它们是难以分开的。尽管我们在这里不涉及经验上的区分,但应该清楚的是,我们既要讨论对不同技术或生产过程的选择,也要讨论在一个或另一个方向上改造技术的能力——比如是劳动力使用型的还是劳动力节约型的——从而使最终的生产过程对国内条件的适应程度达到最佳。

所谓"适用"技术,是指在物质生产能力约束下,使生产过程和产品质量能实现社会增长"最大化"和公平的目标。这个定义规定了发展中国家选择技术(技术变迁)的动态性。这里所讲技术"适用"性,并不是指小项目或大项目的技术、劳动力密集型的或是资本密集型的技术,而是指能够适应某个特定的时点上资源禀赋状况,包括有关技术和产品质量两个方面。既然大多数经济学家和工程师都抛弃了固定要素比例和固定捆绑(fixed attribute bundles)的观点——对发展中国家的政治经济部门来说,就有更多的机会去选择适合本国特定情况的技术以及在企业层面选择适当的创新激励机制。

从开放的二元发展中国家角度看,我们可以从需求方和供给方角度考虑其在技术选择和创新活动方向上的不同。从需求方的角度看，我们是说：宏观经济环境必须得到足够重视，因为它决定着个体经济行为人对技术选择关心的程度——这是其利润最大化计算的一部分。换句话说，如果宏观经济环境为个体行为人提供大量不劳而获的租金而不考虑技术选择如何，这就会很明显地产生一种更强的行为满足倾向，因为人们总会从其他方面使其效用函数最大化。

按照以上所述，对适用技术有效需求是更多，而不是更少的最重要的原因，来自公共或私人部门企业家面临的竞争压力，要求他们必须找到最合适的技术和产品特性。创造并维持一个能对决策者产生竞争压力的环境，对于技术选择和技术变迁方向都是极其关键的。有效需求的第二个重要方面是，关于要素和产品相对价格的扭曲，这种扭曲在私人选择和社会选择之间打入了一个楔子。在这一意义上，利用技术的关键就是政府及企业采用能够减少价格扭曲和竞争障碍的战略及政策，使市场功能更加完善，从而促进不断地吸收新技术。这第二方面，东亚和日本是最好的例子。在发展过程中，它们成功地消除了价格和产出扭曲。但是，其他大多数发展中国家在政府干预和压制的金融市场下，仍存在大量的要素价格扭曲。发展中国家普遍存在的价格扭曲现象，很可能就源于技术选择及技术变迁方向上的不适当。很重要的一点必须记住：在劳动力过剩阶段走向终了的期间及以后，不对市场进行蓄意的干预政策将有利于对引进技术的有效选择和改造。

日本的发展经验也证明了技术选择和改造在质的方面的重要性——这是经常被经济学家忽视的方面，但却是企业家选择的核心。如果企业能在最终产品规格和中间投入品属性方面对生产过程进行改造,那就反映了该企业在从事劳动力密集度更高的生产和创造差别化市场上的主观努力。在发展阶段,日本的努力是十分成功的,部分原因就是日本仔细考察了在整个经济中技术互补性和技术替代的可能性,从而使其可能通过使用更少或更低质量的投入以及更大量的非熟练劳动力来生产出既定质量的产品。这种对剩余劳动力的利用已被引证是劳动力过剩的二元经济实现成功发展的关键。因此,通过利用低资本-劳动力比率,选择劳动力密集型技术,使日本在利用丰裕的劳动力资源的同时,能够"舒展"(stretch)其稀缺的资本。整个国家全要素生产率提高的同时,也表明了:新技术组合选择——用替代和创新相结合的方法——代表了在基本没有要素价格扭曲的竞争环境中,技术改造和技术扩散的强大力量。

类似地,东亚新兴工业化国家(NIC)在其战后发展过程中,也保持着有助于选择适用技术的良好环境。尽管当时大多数欠发达国家的利率都很低或为负利率,而新兴工业化国家仍保持着较高的利率。新兴工业化国家还避免了通过政府干预最低工资立法等方式来人为地提高劳动力成本。换句话说,和世界上其他发展中国家相比,新兴工业化国家的相对要素价格的扭曲程度要低得多。即便是在最初的进口替代阶段,产出的相对价格也没有产生扭曲,因为国内的农业贸易条件是足够有利的,无需采取食物限量或工资/价格控制。总之,在东亚和日本,对最合适技术选择的需求是与产品和要素的影子价格相一致的。而按照这里使用的术语,这种技术也就是更加"适用"的技术。在我们的模型中,这可以被解释成使用较温和的进口替代政策,以及更早地实现向转型式增长的出口导向阶段的政策转变。

从需求方看,在特定制度环境中,能否选择适当技术更重要的是受到不同宏观政策的影响,而不是受到文献及本章中已经讨论过的相对要素价格的简单影响。基本的一条是:进口替代政策——尤其是那些政策长期不变的国家——将对国内工业生产者提供不同程度的保护,使之日趋保守。这可以被表述成:通过计划之中的非竞争因素给予持续的支持,不仅为提供切实的保护,而且在国内市场提供了垄断优势——例如,政府不允许其他公司的自由进入、高估汇率、人为降低利率以照顾贷款方等。所有这些有力措施目的在于:确保不再属于幼稚工业的企业家能继续维持其利润和安全保障。

坚持进口替代政策意味着受保护行业的企业家的利润是有保证的。因此,他去寻找最合适技术的动力就严重降低了。通常的利润最大化假设在这里很可能会失效,因为非最优技术选择只会给利润带来很小的损失,尤其是在存在垄断利润得到政府确保的情况下。这种"惬意的"行为在日本和新兴工业化国家基本是看不到的,因为它们的进口替代阶段是温和而短暂的。应该说,企业集中精力寻找政府提供优惠,以保持其垄断地位而不是再去寻找适用的技术,这种"惬意的"行为的普遍性怎样高估都不过分。然而,经济学家却经常在这一点上并没有适当地重视它,原因是,出于专业研究的需要不情愿抛弃原先利润最大化行为的假设。另一种满意的解释是,从效用最大化的角度考虑,企业家优先考虑其在竞争者中的特性和/或特权。在基本意义上,如果典型的企业家并不是在竞争意义上,而是通过政府政策来保证其丰厚的利润,他几乎就不可能去尽力寻找更好的技术。

总之,宏观政策背景和相对要素价格共同决定了需求方寻找技术改进,最终导致成功发展的积极性。不过,我们这里所关心的是,为什么技术选择会使成功成为可能。必须记住,不鼓励持续进口替代的宏观经济政策会刺激对新技术的需求和确保引进适用技术。但是,成功的发展也要求政府的政策辅助,以保证提供可供选择的大量技术。我们下面要讨论的就是选择技术的可能性和能力。

从技术选择的供给方看,应由一系列组织为那些积极寻找技术的人提供现实的机会。因为通过技术变革对现存的技术选择的扩展,要受制于政府对内部经济和外部经济的政策行为——而这些政策又部分地取决于国际经济环境。

虽然人们观念中通常存在着一个"技术货架",并且一旦投入搜寻成本,就可以从货架上挑选技术,但在现实中并非这样。人们对技术的选择是缺乏指引的,获得信息的能力也是有限的。即便同样的技术,曾经在数年前就已被使用或目前正在其他国家使用,情况也是如此。换句话说,从选择技术时所能利用的有效信息看,技术货架其实是一个错误的概念。实际上,大多数独立决策者手中都缺乏足够的信息,即便是在他们受到鼓励去寻找这些技术选择的情况下。因此,在寻找合适的技术工艺或质量过程中,存在高额的搜寻成本。

到目前为止,我们已讨论了私人企业对技术变迁的需求和供给,但还有公共部门方面的问题。尤其在农业部门,对新技术的寻求以及对通过广泛的服务推广新技术都属于公共部门的活动。既然我们也必须关注非农业部门的平衡增长,私人合理的创新收益就应是一项重要的考虑因素,而且政府的一些措施如专利权的设置也是扩散新技术的重要方法。

关于技术变迁,从供给角度看,最重要的结论是:在发展中国家,无论是从工艺,还是从质量的角度,最可能的技术改进和改造都是发生在修理车间和小规模的企业里。在成功的二元欠发达国家中——比如新兴工业化国家中——这些企业的成长和专利数量的增加都促进了上述活动。有趣的是,全要素生产率的变动十分接近于国内专利数的变化——这反映本土技术变迁的重要性。因此,从发达国家流入的新观念虽构成了欠发达国家技术变迁"供给"的初始动力,但其后的大部分荣誉应归于本土的技术改造。一个例子是:在成功的二元欠发达国家——如日本——国内早已存在对初始进口技术进行改良和改造的机械工业。这个产业成为暂时连接初始引进的外国资本品和改良资本品生产的纽带,而改良资本品则是用来满足其他产业技术适应性的需要。

这类技术变迁的重要性是同工业活动的组织结构相联系的。技术变迁的潜力往往在修理进口机器设备时被发现——即使当这样的技术是从国外"按原样"运来的时候,大多数公司仍然愿意改变要素比例和/或产品规格,以响应"下游"(below)的要求。进口国外的新技术——或包含在资本品中,或直接以技术知识的形式——然后再进行国内创新和大规模生产新的资本品的活动,这一秩序支持了供方技术推动型假说,即新的技术知识是促进技术进一步发展的动力。基于这样的观点,国内创新活动受到了发达国家新技术观念的极大影响,在实现成功的转型式增长的欠发达国家(如日本和新兴工业化国家)中,几乎是不容置疑的。

在一些二元发展中国家成功的例子中,另一个重要的技术供方特征是对外国的技术人员和工程师的使用。在成功的例子中,使用外国咨询专家有个特点——包括使用当地的工程顾问——大多数只使用几年后便把他们送回国。这里关键性好处是,外国的咨询人员走后,接下来的技术改造就可以由当地人根据工作现场的要求来进行。相反地,一些欠发达国家由于长期雇用国外的工程技术人员,不仅没有充分利用好国外技术,而且还丧失了自己根据当地生产需要来改造技术的机会。

因此,我们分析的制度能力不仅要具备在世界其他国家中选择"正确"技术的能力,而且要具备推广进口技术或改造技术的能力。在这一问题上最基本的是人力资本能力,他们必须有能力确保对初始进口技术进行更好的选择,而且能进行重大的创新和改造活动。这就要求他们须具备最低限度的技术能力,而这样的技术能力是以通晓技术为基础的,但并不是所有的国家都具备的。

第九章 增长、公平与人类发展

9.1 引言

在本书的大部分内容中,经济发展的"成功"主要集中在就业及产出增长方面。然而,正如我们在推导和解释增长等式以及在本书的应用章节中所强调的那样,转型式增长对于收入分配的结果同样具有重要的含义,这一点对于理论者和实践者都是有关系的。确实,成功发展的"底线"最终必须这样来衡量:即它对减轻贫困、收入分配的调整、对人类生活质量不断改善的贡献。正是在这些方面,才使得"经济发展"的概念能和众多文献里的简单的"经济增长"概念区分开来。

经济增长与经济发展之间的紧密联系既重要,同时又是经常引起混淆的根源。毫无疑问,像所有其他因素一样,人均收入增加对于大多数人生活质量也许会作出积极的贡献,但决非肯定如此。发展经济学的早期著作首先集中于实现经济增长,增加人均 GNP 和就业,而将可能干扰上述目标实现的收入分配和生活质量问题留到"以后",这种做法很自然。这一态度还隐含着这样一种看法,即既然富人较穷人有着更高的储蓄倾向,要提高储蓄率和投资率,社会首先必须容忍收入分配的恶化,然后才能进行重新分配。早期横截面证据表明,中等收入国家存在着收入分配恶化的情况,这似乎支持了这一观点(库兹涅茨,1995)。该观点的基本内容是,随着经济增长,财产(即租金加利润)份额上升,而这是以工资份额的下降为代价的,工资份额由于廉价劳动力充裕而保持在低水平。因此,伴随着经济发展,当家庭从相对平等化的农业部门转移到相对不平等化的城市工业部门时,整个社会就会因收入分配状况恶化而有望积累更多的资本。只有到后来,当剩余劳动力消失,并且实现了现代经济增长,经济才能"负担得起"更高的工资率和更高程度的公平。因此,库兹涅茨至少含蓄地接受了阿瑟·刘易斯的二元化经济理论框架,即两位诺贝尔奖获得者都持这样的看法:在公平的问题上,需"否极方能泰来"。

然而,最近几十年来,下述观点变得越来越清晰:关于收入特别是对基本生活必需品的支配权如何分享这一问题目前很重要,因而不能推到某个不确定的将来再考虑,而且增长与公平目标在长期必然发生冲突的假设也许是非常错误的。当然,一国有可能在达到人均 GNP 增长的同时,GNP 的分配变得更加不平等,最贫穷的阶层可能变得更加绝对贫困化。但这并不是不可避免的。在基于 GNP 增长的经济发展的同时,可以不提及收入及其他与公平相关的因素的变化,这样的观点今天几乎没有分析家或政客会接受。

在战后早期的国家计划和方案中,单纯的经济增长一般是已确定的主要目标。虽然存在着一些明显的例外——如印度早期的五年计划就广泛提及减少贫困,斯里兰卡的六年计划则强调创造就业机会——但其他任一国家构总体经济绩效却几乎总是按照联合国 2.5% 的人均收入增张目标来衡量的。虽然这一目标总是能够超额完成——至少在平均水平上——但是在收入分配的范围内绝不可能实现相同的成功。在多数发展中国家,收入分配状况一般一开始就不好,并且随着时间推移,很可能变得更加恶化。但上述疑虑并没有成为关注的中心。

在 20 世纪 60 年代末和 70 年代初,上述观点开始失去市场。部分原因是对绝对的和相对的整体生活质量的关注增强了,另一部分原因是,穷人及贫困地区对于"以后"实施重新分配的政治意愿和技术能力的信心开始动摇。但是,最重要的原因是,要实现更平等分配,储蓄率则一定要低的假设,在经验上被证明是错误的。而且,在现实世界中也出现了一些反例,特别是在东亚地区,随着公平增进和增长的加快,可以观察到储蓄率也上升了。

因此,公平与储蓄之间以及公平与增长之间被假定会发生冲突的"铁律",已被证明不是不可避免的(参见拉尼斯,1978)。与此同时,许多第三世界国家的经验和实际状况依然是,在史无前例的 40 多年的高速增长中,收入分配一直保持在不利的水平上。人均收入有了实质性增加,同时穷人的收入相对增加得很少,这一典型事实使得穷人的绝对境况变好,但在相对意义上境况却变得更差了。

用欠发达国家位于某些经济贫困线以下人口百分比来表示,绝对贫困无论实际上是下降了,还是增加了,都是一个存有更多争议的课题,并且毫无疑问因国家的不同而出现显著的差别。已存在着这样的推测,即伴随着某些国家人均 GNP 的提高,最低收入阶层中绝对贫困水平实际上在不断上升。例如,费斯尔德(1980)提出了以下证据:在印度,经济总体上几乎未增长,但绝对贫困上升了;在阿根廷,经济总体上增长水平一般,但绝对贫困却上升了;在菲律宾,经济总体上大幅增长,而绝对贫困也在上升。印度的例子最不让人感到吃惊,但是像在菲律宾这样的国家,在经济合理增长的同时确实出现绝对的贫困化,这样的可能性明显使人感到不安,需要进行更深入的研究。一般都认为,在20世纪60年代和70年代出现的对收入分配的兴趣,在20世纪90年代又表现出来;而且,此类关注现在越来越与对包括如寿命、识字率以及其他福利因素在内的人类生存状态度量方法的探求结合在一起。联合国开发计划署(UNDP)于1990年开始发布的《人类发展报告》就反映了这一趋势。即使是传统上采取增长导向的世界银行行长普莱斯顿(Preston)也将减少贫困称为是所有国际援助努力的基本目标。

当然,这些对于人类发展"底线"的关注,在经济学说史上并不是新鲜的东西。事实上,可以这样认为,增长方式(Growthmanship)在经济思想史上一直扮演着临时干预者的角色(如斯密(1776)、马克思(1875)、庇古(1912,1920及1955))。在20世纪80年代,收入分配和与贫困相关的问题被当时盛行的债务和调整危机暂时赶出了国际研究和政策领域。大多数OECD国家对国内收入转移支付方案不再迷恋,而且在意识形态上趋向右派,似乎使得不再直接关注贫困及收入分配目标或制定经济政策的约束等行为合法化了(阿德尔曼和罗宾逊,1989)。然而,最近对于基本的更长期发展关注的回归,再加上在债务危机后对于"安全网"问题与日俱增的敏感,使注意力焦点重新回到需要关注收入分配底端的人们的生活质量的增长上来。①

随着穷人绝对收入下降的社会和政治容忍限度日益受到关注,调整及减免债务取得了进展,再加上全球通货膨胀率及利率的下降,注意力焦点似乎又重新回到了欠发达国家的发展问题上。结果是,相对于没有结构调整计划时的情况而言,现在的公共政策对于过去及当前的结构调整计划对社会弱势群体产生的影响更加敏感了。同样,对于可选择的宏观经济增长及结构调整模式中的收入分配、贫困及人类发展问题也正在得到仔细的研究,甚至国际货币基金组织(IMF)现在也将这些问题列为其研究及政策关注的重要方面。

对于上述一些问题的分析框架,最初是集中在这样一个问题:随着经济增长,长期收入分配会怎样,即相对贫困是怎样形成的,以及贫困家庭比例会怎样,即绝对贫困的经历是怎样发生的。当然,上述贫困可以用收入来衡量,可以用某些由私人及公共物品共同提供的基本需要满足的缺乏来衡量,或者用森(Sen)的话说,可以用某些"能力"实现来衡量。归根到底,真正重要的是个人或家庭生活质量的改善,而不是他们的收入或者消费状况如何。

本章通过将转型式增长与公平及人类发展的不同方面联系在一起,补充了先前对于转型式增长的分析。我们在下面(9.2 节)首先分析收入分配"频谱"中较严峻的一端,在分析方法上,可以与本书前面探讨过的增长理论体系更好地联系在一起。然后(在

---

① 围绕这一主题有大量的文献,其中开创性研究是科尔尼亚(Cornia)、乔利(Jolly)和斯图尔特(Stewart,1987)。

9.3节)我们转到贫困、人类基本需要的满足以及生活质量等相关方面,这些方面都非常关键,但在分析上也更加困难。

9.2　收入分配与经济增长

众所周知,人均 GNP 本身并不能表明谁从经济增长中受益。将实际增长率作为长期社会福利指数和/或不同欠发达国家经济绩效的一种比较方法,要作为给每个家庭或每个收入群体的收入增长赋予同样的福利权重的假设。在现实中,这些权重很可能差异很大。一个极端的情况是,人们可以用最低收入群体的收入增长来定义社会目标,较少考虑或不考虑高收入群体的收入增长的意义。可供选择的方法是,我们可以按照收入分配由高到低的次序而采用一组由低到高的权重。

阿特金森(Atkinson,1970)已清楚地说明,对不平等的每一种衡量方法都隐含地假设存在一个社会福利函数。任何收入分配指数都是一个多维的目标,包含尽可能多的人类和种类的变量。这些变量仅能通过被转化为标量的方法来排序,而这正是社会福利函数要做的。新近开展的工作是采用传统的不平衡测度方法——例如基尼系数,希尔(Theil)系数,库兹涅茨系数,变异系数——来调查福利判断实际上意味着什么(参见费及菲尔德斯,1978)。指数的选择与分析目的相关。一种使用得既普遍又有所需的线性附加特性的数量分析方法是基尼系数。费和菲尔德斯(Fields,1978)分析了该系数(隐含的)的福利特性。这是应用最为广泛的测度方法,本书也同样采用。

尽管与工业化国家相比,第三世界国家在战后的经济增长率更快一些,即 GNP 每 25 年翻一番,[①]但是普遍的认识是,在大多数欠发达国家,GNP 的分配越来越不平等。确实,根据库兹涅茨(1955)开创性的论文,形成了一种一般性的观点,即在转型式增长阶段,增长与公平之间存在矛盾是自然的,不可避免的。库兹涅茨的横截面证据表面上看起来的无可争议性,再加上一些貌似合理,其实不严谨的假设,就显得更加充分——特别是在没有将各个时期的增长理论与已度量的收入分配联系起来的情况下。

这里可将相关的主流学派分为古典学派或新古典学派。马尔萨斯、李嘉图和穆勒的古典模型集中在收入的功能分配上,并且假定权力和收入在各阶级之间的分配是由他们在农村及城市各自拥有的生产要素所有权决定的,例如地主阶级中的精英分子,正在壮大的工业企业家集团,以及那些由于供给"过剩"而仅获维持生计工资的农民和工人。这些古典模型植根于生产过程的自身特征及其随时间的演进过程。例如,在李嘉图的分析中,在固定不变的土地上,资本与劳动力的收益递减使得利润率为零;而马尔萨斯假设则反对实际工资的提高。地主阶级的获益是以牺牲资本家和工人的利益为代价的,并且随着时间的推移,他们不愿意储蓄,再加上缺少技术变迁,使得本来好转的情况终止了。

在马克思的理论中,工业资本家通过采用劳动力节约型创新以及维持一个工业"失业储备军"来降低工人工资。不断增加的不平等是资本主义灭亡的明显原因,深层次原因是劳动力贫困化、需求

---

① 参见阿鲁瓦拉(Ahluwalia)、尼古拉斯、卡特和钱纳里(Chenery,1979,p.294)。

扩张的限制以及反映在利润率下降上的社会发展潜力的限制。

卡尔多(1956)基于凯恩斯分析提出了另外一种收入分配理论。该理论认为,工人和资本家的储蓄倾向差异与投资率变化的相互作用,决定了收入的功能性分配。假定资本家和工人具有不同的储蓄倾向,且投资占国民收入的比率是外生的,那么所要求的储蓄与投资的事后相等就意味着工人与资本家之间仅有一种收入分配,使得按照结果调整过的平均储蓄率等于投资率。

卡尔多(1956)与卡莱茨基(Kalecki,1971)的著作具有相似之处,都很精妙。这些著作被费勒(Faylor)等人(1980)以及泰勒(1991)用来构造模型,将经济的宏观经济行为与必然恶化的收入分配状况联系起来。该方法的最新发展是拉美结构主义学派的研究,该研究主要集中在稳定和调节方案对欠发达国家中公平"必然"复归的影响。

在新古典理论中,基于瓦尔拉斯(Walrasian)的竞争均衡模型,所有要素均按其边际产品价值得到支付,所有市场出清,最后的均衡结果为帕累托有效。在该理论中,要素使用数量和技术变革的共同决定要素报酬相对比例的变化(参见克拉克,1899)。新古典理论表明,在单一部门的商业化社会中,当稳定的工人人均资本增长率有保证时,正如第四章的增长等式所表明的,如果替代弹性(ε)小于1,这种资本深化就提高劳动力报酬的份额,而且减少节约劳动力型的创新,从而解释了观察到的要素报酬相对比例的稳定性。

库兹涅茨的经验观察至少能在两个重要方面区别于流行观点。一是他针对的是收入的家庭分配或收入的规模分配,而不只是收入在各阶层的分配或收入的功能分配。二是他以非同质的两部门体系来看待发展中国家。相应地,他自己对经验观察到的倒 U 型曲线——基尼系数在纵轴上,人均增长在横轴上——现象的解释,依赖于发散的部门间和部门内的现象。通过用对当今发达国家的长期分析来补充欠发达国家的截面数据,库兹涅茨发现,虽然早期的经济增长造成了不平等的增加,但这些国家的收入的规模分配最终还是改善了。威廉姆森(Jeffrey Williamson)最近对英格兰及威尔士的研究(见表9.1)以及20世纪70年代大量涌现的截面经验研究,即使其中不可否认有一些是基于不可比的数据,也验证了库兹涅茨的假设。①

世界银行和许多研究人员曾经描绘出一幅发展中国家的未来几十年里不平等加剧的情形。② 而库兹涅茨本人则比许多其追随者要谨慎得多,对于自己发现的必然普遍性一直保持怀疑态度。③ 到了20世纪70年代后期已经积累了足够的时间序列数据,使人们得以重新审视这一问题。对倒 U 型假设的"第二次审视"具有三个可识别的方面:

表9.1 英格兰与威尔士的经济增长与收入分配

年份	平均收入[a]	基尼系数[b]	收入年增长(%)
1823	15.7	0.400	——

---

① 还可参见保克特(Paukert,1973);钱纳里、阿鲁瓦拉、贝尔、杜洛伊(Duloy)和乔利(1974);阿鲁瓦拉(1976a,1976b);阿鲁瓦拉、卡特和钱纳里(1979);巴沙(Bacha,1978)。尽管在数据统计上有不足之处,但是库兹涅茨的基本假说似乎都得到了验证。

② 参见阿鲁瓦拉、卡特和钱纳里(1979)。

③ 还可参见菲尔茨(Fields,1988)。

(续表)

年份	平均收入[a]	基尼系数[b]	收入年增长(%)
1830	16.1	0.451	0.4
1871	24.3	0.627	1.2
1891	34.9	0.550	2.2
1901	40.4	0.443	1.6
1911	41.7	0.328	0.3
1915	42.3	0.333	0.4

a. 按1890年英镑计算人均收入。

b. 按家庭计。

资料来源:威廉姆森(1985,p.226)。

1. 从长期看,模式对任意国家必然适用的问题;
2. 数据与计量规范的问题;
3. 在增长过程中观察到的平等性变化原因的问题。

在决定论问题上,对这一关系的最严肃横截面经验研究——由阿鲁瓦拉(Ahluwalia),尼克拉斯(Nicholas),卡特(Carter)和钱纳里(Chenery,1979)进行——并未认为库兹涅茨的概括是一条"铁律"。与任何其他"经济定律"一样,它仅仅要求作为"典型"经验概括要有随机规律性。对许多单个国家的观察表明,他们对不平等复归的估计与一个人均收入变化的二次函数有差距。

许多国家在转型式增长的初期阶段的确表现出收入平等性最初恶化的情况。但在像台湾这样的地区,在经济迅速增长的同时不平等也下降到了"世界纪录"般的低水平,这清楚地表明,并不存在所有国家(地区)都必须服从的"自然法则"。不论从实际政策角度还是经济理论角度,中国台湾地区的例子对于理解增长与公平之间关系都是重要的。对任何"历史必然"的成功反例的仔细研究,必然会得到有关准确条件的相关政策结论。在这些准确条件下,"泰来不必否极"。正如斯林纳迈桑(Srinivasan,1979)所表述的:"对个别国家的观察和库兹涅茨估计的曲线的偏离,应该被视为该国采取的政策以及其他特性所产生的效应。"

下一个显而易见的问题——是在给定成功偏离反例的情况下——库兹涅茨曲线是否具有足够的统计上的规律性,以使我们将其称为程式化事实。当今某些发达国家的历史纪录(如见表9.1)是支持这一假说的;而其他发达国家的情况要含糊些。然而,继续用横截面数据来分析欠发达国家战后的演进现象,会存在越来越多的问题。早期的横截面数据由杰恩(Jain,1975)采集,并最初由学习收入分配专业的学生广泛使用。由于以下原因,这些数据受到了广泛批评:收入群体分类的不统一(如按十进位划分,按五进位划分,这将影响基尼系数的水平)、用作比较的收入者单位的异质性(例如:居民、家庭、个人、要素收入获得者)、基本上是以城市家庭调查为基础的数据,这又与其他数据混杂在一起。

到了20世纪70年代末,单个样本国家和地区已经积累了足够的时间序列数据,可以对库兹涅茨假说进行跨时检验,从而避免这些问题。例如,菲尔德斯(1980)分析了13个发展中国家和地区在不平等变动上的可比较数据,结果令人惊奇地发现,经济迅速增长和不平等变动几乎没有联系。像巴西和菲律宾这样的国家经济增长非常迅速,但同时不平等也增加了;然而,在哥斯达黎加、巴基斯坦、新加坡、斯里兰卡及中国台湾地区,收入的不平等下降了。

10年以后,菲尔德斯使用了新的数据,① 又提出了一整套有关贫困、不平等及增长的假说和发现,即随着经济增长,不平等并未表现出增长或下降的系统性趋势。

其他一些批评家也注意到了类似的问题。例如,帕帕尼克(Papanek,1978)指出,虽然库兹涅茨曲线的两个尾部似乎是存在的——非常贫困的国家和非常富裕的国家均相当平等——然而某些国家在人均收入的各个水平上较其他国都要平等得多。也就是说,使用横截面数据来进行时间序列预测并不保险。

萨尔斯(Saith,1983)进而表明,由阿鲁瓦拉的数据中所得到的统计结果并未强烈到足以对样本进行若干合理的重新定义。例如说,一旦将六个社会主义国家排除在外,则对数二次 U 曲线的适用性就迅速下降。帕帕尼克和基恩(Kyn,1987)通过使用不同的经济计量模型和数据样本,检验了若干个相关的假说。他们发现,如果将中国台湾包括在内,纯粹的跨时库兹涅茨曲线的符号则反过来,但在跨国数据中的跨时曲线,仅仅弱化了库兹涅茨效应。虽然台湾在横截面分析中很明显是局外人,但绝没有理由将其排除在外。最后,菲尔德斯及杰克班逊(Jaknbson,1990)通过另外一种经济计量方法估计了不平等与发展之间的关系。虽然绝大多数作者的基本横截面估计仅使用每个国家最新的观察结果,然而他们使用了混成(pools)数据以及新的"固定效应"模型,这可以通过在回归分析中设置各自的截距,使各个国家处在较高的或较低的库兹涅茨曲线上。他们发现,使用这一模型在每一次统计分析中,库兹

---

① 参见菲尔茨(1989);菲尔茨和贾库布森(1990)。

涅茨曲线形状均翻转了。

虽然绝大多数国家和地区的情况均落在 OWZH 型的洛伦兹曲线上(见图 9.1),但明显要做的事不只是描述性的陈述,而是将充分估计的收入分配时间序列与增长过程的性质联系起来。一种由本书作者首创的尝试,如下文描述,是用一种将基尼系数分解成为各个要素的基尼分析法,从而构造上述的联系。作为实证例子,我们使用了库兹涅茨曲线的反例——台湾地区。特别是在1953—1970年期间,台湾地区收入分配的状况得到了显著的改善,同期经济持续迅速地增长(见表 9.2)。也就是说,这些发生在劳动力过剩结束时实际工资上升之前。

表 9.2 台湾地区:伴随着收入分配平等化不断改善的经济增长

年份	实际人均收入增长率[a](%)(按 1981 年 NT$计)	基尼系数[b]
1953	8.3	0.558
1959—1960	3.1	0.440
1961	3.3	0.461
1964	10.1	0.323
1968	6.7	0.326
1970	8.7	0.294
1973	10.1	0.287
1976	12.8	0.280
1978	9.8	0.287
1980	2.8	0.277
1982	2.7	0.283

续表

年份	实际人均收入增长率[a](%)(按1981年 NT$计)	基尼系数[b]
1984	10.4	0.287
1987	12.2	0.299
1988	6.1	0.303
1990	6.2	0.312
1991	3.8	0.308

a. 资料来源:《台湾统计手册》。
b. DGBAS。

以家庭总收入是由不同要素的收入组成这一事实为基础,我们可以对本书前面分析过的成功增长的一些关键特征较为敏感,这些关键特征是:劳动力从农业到非农业部门的再配置以及技术变迁、资本积累对就业和产出的影响。使用这种基尼系数分解法,我们就能够在商业化点或转折点之前或之后探寻经济总体上不平等变化的原因。只要我们能够分析经济在转型式增长过程中的行为,并把该行为与分配结果联系起来,我们就能够接着分析任一发展中国家的"不平等历史",并得出相关的政策结论。我们相信,这种努力是增长过程性质与收入平等之间构造因果关系理论的必要条件。

我们的分析分三步进行。① 首先,我们将总体基尼系数分解成若干要素。然后,推导出增长过程中分析收入分配变化的基本方程式。最后,将基尼系数中的这些变化与增长理论框架联系起

---

① 对该方法及其应用的更为全面的解释参见费、拉尼斯和库(1979)。

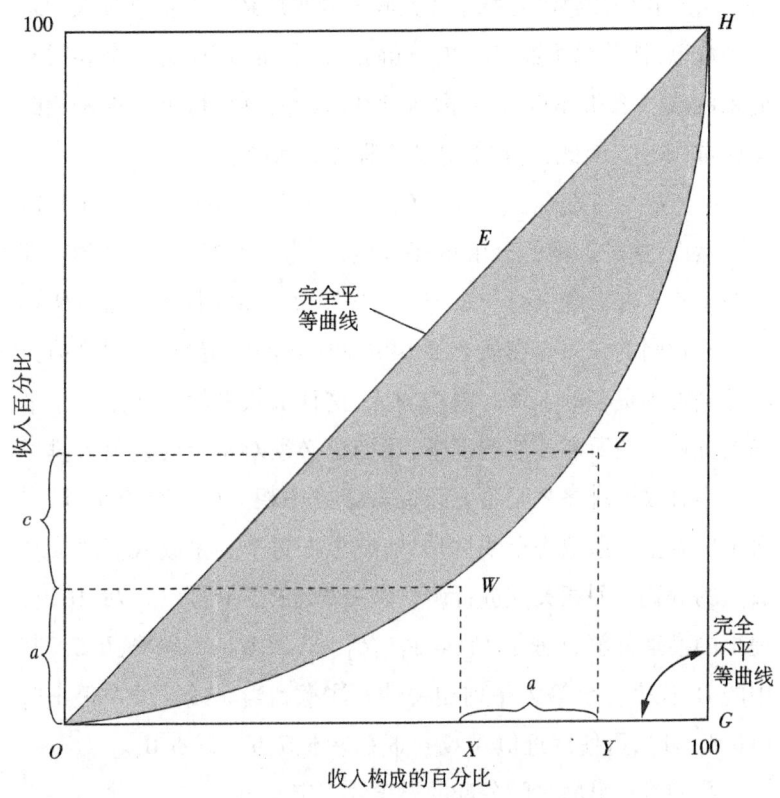

图 9.1　洛伦茨曲线

来,其中有些理论构造具有一些宏观经济特征,也有一些则与特定部门或市场相关。

和家庭从生产要素中取得的收入一样,收入不平等的原因是多方面的。显然,总体的不平等来自于家庭在拥有的各类资产(人力的或物质的)数量及其报酬率上的差异。

由于我们能够测度每个要素收入的基尼系数以及总收入的基尼系数,总体基尼系数(G_y)的分解方法,是将 G_y 作为 n 个要素基尼系数(G_i)之和,例如劳动力、财产收入等,再将每个要素份额赋予权重(ϕ_i)。因此,基本的分解方程可表示如下:

$$G_y = \phi_1 G_1 + \phi_2 G_2 + \cdots + \phi_n G_n \quad (i = 1, 2, \cdots, n) \tag{9.1}$$

然而,这种严格的分解可能有误,因为它忽略了一个事实,即按照总收入将家庭进行等级排序与按照每个要素收入进行等级排序是不相同的。只有在所有要素中排序相同的情况下,即富裕家庭总是得到更多的工资和财产收入,这种加权平均式才是一个准确的方程。在所有其他情况下,我们都必须对每个要素收入排序与作为总收入排序之间不完善的等级排序相关性进行修正,即对每个要素基尼系数进行线性估计,并根据每个要素收入汇总成总收入的等级序列相关性进行调整。由费、拉尼斯和库(1978,1979)提出的准确分解方程是 $G_y' = \phi_1 R_1 G_1 + \phi_2 R_2 G_2 + \cdots + \phi_n R_n G_n$,其中 R_i 代表各个等级序列相关性。注意到当非线性误差很小时(即 $R_i \to 1$),可使用近似式 $G_y \approx \phi_1 G_1 + \phi_2 G_2 + \cdots + \phi_n G_n$。

我们将在家庭之间分配的要素收入定义为一、二、三类。一类收入的特征是较富裕的家庭平均比较贫困的家庭拥有更多的此类收入,不仅在收入的绝对量上,而且在收入的比例上,如财产收入、租金、利润。二类收入的特征是较富裕的家庭平均比较贫困的家庭在绝对量上要大,但在比例上要小,如工资收入、薪水。三类收入是指平均收入随着家庭总收入上升而绝对下降,也就是说,它是收入分配平衡器。如转移支付或非熟练劳动力的收入。

为了对每个要素收入分配与整个收入分配的差异程度进行准

确检验,我们基于下列线性模型,可以估计所有收入的矢量从要素 j 转移到家庭 i, $\{\vec{W}^j = W_i^j\}$:

$$\vec{W}^j = b^j + a^j Y \tag{9.2}$$

约束条件为: $\sum_j b^j = 0$, $\sum_j a^j = 1$。

设 $Y = \{Y_i\}$, $j = \{1, 2, \cdots, r\}$, $i = \{1, 2, \cdots, N\}$, 并且 N 个家庭按其总收入顺序排序, 从而有 $Y_i < Y_i^* \Leftrightarrow i < i^*$。

利用这个框架,我们可以按照系数的符号来区分三类收入:

一类收入: $a^j > 0$, $b^j < 0$

二类收入: $a^j > 0$, $b^j > 0$

三类收入: $a^j < 0$, $b^j > 0$

图 9.9 将这三类收入描述成总收入 Y 的线性函数, b_1, b_2, b_3 为截距, a_1, a_2, a_3 为斜率。在该线性模型中,一个有用的联系方程为 $G_i = e_i G_y$,其中 $e_i = a^i Y / W^i > 0$,是一类收入在均值点的弹性。G_i 大于还是小于 G_y 取决于 e_i 大于还是小于 1,而这又取决于 b^i 和 a^i。利用每一类收入的系数的正负号可得:

一类收入: $G_1 = [a^1 Y / (b^1 + a^1 Y)] G_y$ 意味着:当 $a^1 > 0$、$b^1 < 0$ 时,$G_1 > G_y$

二类收入: $G_2 = [a^2 Y / (b^2 + a^2 Y)] G_y$ 意味着:当 $a^2 > 0$、$b^2 > 0$ 时,$G_2 < G_y$

因此,我们得出:一类收入的分配比总收入更不平等,而二类收入分配的不平等性要小些。而且,第 i 个要素应得的收入份额为:

$$W^i / Y = b^i / Y + a^i \tag{9.3}$$

因此,对于一(二)类收入,由于 $b^i < 0$($b^i > 0$),要素的收入份额随着总收入增加而增加(减少而减少)。

现在我们可以探讨 G_y 衡量的总体收入分配和经济中发生作用的与增长有关的基本因素之间的联系。首先假设一个单个部门经济,有两个要素构成($n=2$)——资本(K)和劳动力(L)——ϕ_W 和(ϕ_π)为分配份额,并忽略非线性误差。有:

$$G_y = \phi_\omega G_W + \phi_\pi G_\pi \tag{9.4}$$

将等式(9.4)按时间求导:

$$dG_y/dt = D + B \tag{9.5a}$$

其中

$$D = (G_W - G_\pi)d\phi_W/dt \text{ (功能性分配效应)} \tag{9.5b}$$

$$B = \phi_W(dG_W/dt) + \phi_\pi(dG_\pi/dt) \text{ (要素基尼系数效应)} \tag{9.5c}$$

该等式将 G_y 随时间的变化归因于两个与增长相关的效应。一是功能性分配效应,描述了 G_y 由于资本与劳动力相对份额的变化而发生的变化。二是要素基尼系数效应,描述了 G_y 由于两个要素基尼系数发生有利或不利变化的效应而发生的变化。因而,整个 G_y 的变化就可以准确地归因于收入的功能分配变化以及家庭对物质和人力资本所有权的变化。

等式9.5b告诉我们,由于工资收入较财产收入总是分解得更平等些($G_W < G_\pi$),在功能性分配上发生有利于劳动力的变化(即增加 ϕ_W)总是会改善总体收入分配。事实上,这支持了下面被接受的流行看法;改善收入的功能性分配(有利于劳动力)同样意味着改善了收入的规模分配。然而,与流行观点不同的是,还要考虑要素基尼系数效应。

分析功能性分配效应的影响,即收入的功能性分配或相对份额的变化方向,是将增长理论与分配结果联系起来的关键。对于任何增长理论——新古典的、古典的,卡尔多的、马克思的、熊彼特的或混合的理论——都是如此。在本书中,我们将功能性分配效应的分析应用于劳动力过剩的发展中国家正在经历两个明显的历史阶段——在转折点之前,工资几乎保持不变,或仅微幅提高;在转折点之后,由于劳动力成为稀缺生产要素,工资迅速上升。利用第4章推导出的增长等式,我们可以提出下列命题:

命题1:在转折点之前——只要实际工资几乎不变——当劳动力使用倾向的创新程度大大超过创新强度效应时,ϕ_W,增加。

命题2:在转折点之后,当实际工资上升时,仅在有资本深化时或在创新是劳动力使用倾向型时,ϕ_w才增加。

在转折点之后,与 ϕ_W 变化方向分析相关的等式,由表4.1得:
$$\eta_{\phi_w} = (1-\phi_w)\eta_{K/L}[(1/\varepsilon)-1] + B_L \tag{9.6}$$
其中,ε 为替代弹性,B_L 为希克斯劳动力使用倾向型创新程度。

将等式9.6代入9.5b,功能性分配效应变为:
$$D = \phi_w(G_W - G_\pi)\eta_{\phi_w} \tag{9.7a}$$
$$D = \phi_w(G_W - G_\pi)[(1-\phi_w)\eta_{K/L}][(1/\varepsilon)-1+B_L] \tag{9.7b}$$

等式9.7b表示,在转折点之后,当工资有上升弹性时,当技术变迁是劳动力使用倾向的($B_L > 0$),或总体上存在资本深化($\eta_{K/L} > 0$)时,家庭收入分配状况改善了。原因是只有在此时,功能性分配效应的影响才肯定是有利的($D<0$)。①

另一方面,只要存在劳动力无限供给,并且像第七、八章所假设的那样,实际工资近于不变,则等式9.6可简化成下列特殊形式:

$$\eta_{\phi_w} = B_L\varepsilon - J(1-\varepsilon) \tag{9.8}$$

这意味着,当且仅当 $B_L > J(1/\varepsilon - 1)$,且 $1/\varepsilon > 1$ 时,$\eta_{\phi_w} > 0$。

利用等式9.8及9.4,我们有

$$D = \phi_w(G_w - G_\pi)[B_L\varepsilon - J(1-\varepsilon)] \tag{9.9}$$

因此,只要劳动力无限供给条件持续下去,当技术充分地倾向于使用劳动力,且克服创新强度效应时,功能性分配效应有助于改善收入分配,这种增长方式与第七、八章提出的平衡增长条件完全一致。在"正常"情况下($\varepsilon<1$),高创新强度能够吸纳更多的劳动力,使得 K/L 比率更低、劳动力收入份额下降。因此,高的 B_L 既有助于就业(进而有助于增长,由第七章的等式7.5得出),又有助于收入分配平等的目标,而高的 J 仅有助于上述第一项目标,而影响第二项目标。在"非正常"情况下,当技术可替代时($\varepsilon>1$),高的 J 有助于改善收入分配,即此时高 J 与高 B_L 都有助于消除失业并改善收入分配。对 ε 进行独立估计很难,但在欠发达国家引进技术并进行大规模改进的条件下,即 $\varepsilon>1$ 可能并非异常的情况下,是可能的。

我们前面注意到,高创新强度(J)和高希克斯劳动力使用倾向创新(B_L)有助于经济达到"关键性最低努力标准",进而有助于

---

① 这适合于生产互补性的"正常"情况,即 $\varepsilon<1$ 的情况。对于生产替代性,即 $\varepsilon>1$ 的情况,如果资本浅化而不是资本深化发生,也同样适合。

消除劳动力过剩和达到商业化点。然而,如果 $\varepsilon < 1$ 且创新强度效应 $J(1-\varepsilon)$ 大于 B_L,收入分配可能更加不平等。在转折点之后,B_L 的值上升,再加上资本深化,都有助于改善收入的家庭分配。

就要素基尼系数效应而言(等式 9.5c),它反映了总体收入分配的变化同样要受单个要素收入分配变化的影响。正因如此,直接针对资本和/或劳动力市场的各种微观理论可以与收入分配状况联系起来。无论是基于新古典理论,还是博弈论的讨价还价原则,这些理论都包括了对物质或人力资本分配变化及其报酬率变化的研究。例如,$dG_\pi/dt < 0$,可以是土地或资本改革的结果,如继承法变化,或金融市场上的歧视减少的结果。类似地,当低收入家庭可以更好地得到教育机会,或者劳动力市场上的歧视减少时,劳动力收入可以得到更平等的分配,即 $dG_W/dt < 0$。

在将上述模型应用于中国台湾地区的例子之前,有必要对经济在商业化之前明显的二元特征进行调节。城市家庭的收入基本上是来自非农业生产(即来自城市工业和服务的工资及财产收入),而农业家庭的收入通常既来自农业生产(即来自农业的混合工资和财产收入)又来自非农业生产(即来自农村工业和服务的工资与财产收入)。这种现实世界的复杂性使得有必要将所有欠发达国家和地区的家庭分成三个子集——城市家庭、农村家庭以及所有家庭。如果我们仅对城市家庭感兴趣,就可以直接应用等式 9.4。但要想了解包括农村家庭在内的所有家庭时,联系增长与收入的分析方法就必须加以修改和完善。

对于非农业生产,可以将其分配性收入明确分为两部分:工资和财产收入,而在农业家庭中,农业收入的种类不能实用地分成来

自劳动力的收入和来自土地的收入,除非采用极端的人为归因方法。为了反映经济的二元特性,我们因此对等式9.4作如下修改:

$$G_y = \phi_A G_A + \phi_X G_X \tag{9.10}$$

其中 $\phi_X = \phi_w + \phi_\pi, \phi_X + \phi_A = 1$;并且

$$G_X = \phi'_W G_W + \phi'_\pi G_\pi$$

其中 $\phi'_W = \phi_w/\phi_X, \phi'_\pi = \phi_\pi/\phi_X, \phi'_w + \phi'_\pi = 1$

其中 ϕ_A 为农业收入份额,ϕ_X 为非农业收入份额,ϕ_X 可分解成劳动力和资本份额,ϕ'_w 及 ϕ'_π 代表劳动力和资本份额在非农业总收入中相对权重。

将等式9.10中的 G_y 对时间求导,可得

$$dG_y/dt = R + D + B, \tag{9.11a}$$

其中

$$R = (G_A - G_X) d\phi_A/dt \text{(再配置效应)} \tag{9.11b}$$

$$D = (G_w - G_\pi)(d\phi'_w/dt)\phi_X \text{(功能性分配效应)} \tag{9.11c}$$

$$B = \phi_A(dG_A/dt) + \phi_w(dG_w/dt) + \phi_\pi(dG_\pi/dt) \text{(要素基尼系数效应)} \tag{9.11d}$$

等式9.11能使我们将 G_y 随时间的总体变化归因于与增长相关的三个效应。其中两个大家已经熟悉了。如上文分析,功能性分配效应反映了资本密集度、替代弹性及技术变迁特征对于收入份额的影响,可以用 ϕ'_w 及 ϕ'_π 来总结。ϕ'_w 及 ϕ'_π 分别与 ϕ_w 及 ϕ_π 沿着同样的方向移动;因而我们前面关于单个部门的讨论依然成立,即只要 $d\phi'_w/dt > 0$,收入分配就得到了改善。至于现在由三部分构成的要素基尼系数效应,同上,除了我们需要单独考虑农业收入分配 dG_A/dt 的变化,例如土地改革或农业产出组合变化导致

的变化。也就是说,不管发现了什么样的相关事实或理论来解释每个明确界定的收入份额的分配,按照这种方法,都能明确地与收入分配变化建立定量的联系。

与9.5式相比,等式9.11中新式子是再配置效应R,该式反映了经济重心由农业部门转移到非农业部门。当这种再配置动态地发生,即$d\phi_A/dt<0$,这种转移被认为是不可避免的,在任何成功的欠发达国家中,都能以ϕ_A即农业收入占总收入的份额的降低来表示。因此,再配置效应对等式9.11b中的G_y(即总体的收入分配平等性)的影响取决于(G_A-G_X)项的符号。当农业收入为二类收入时$(G_A<G_y)$,G_X必为一类收入$(G_X>G_y)$。因而G_A-G_X必为负,这表示再配置效应降低了总体的收入分配平等性。相反,当农业收入为一类收入,G_A-G_X为正,再配置效应改善了收入的家庭分配的总体状况。换句话说,如果库兹涅茨的预测——农业收入的分配要比非农业收入分配更平等——是正确的话,那么再配置效应对总体的收入分配就有消极的影响。如果库兹涅茨的直觉有误,再配置效应就改善了总体的收入平等性。

总之,总体的收入不平等性G_y的变化可以归结为与增长相关的三个因素。一是收入的功能性分配的变化,它以诸如生产函数、资本密集度以及技术变迁等因素为基础。二是要素收入分配的变化,这种变化归因于资产结构、私人及公共储蓄的模式以及在各类市场上对获得收入的歧视程度等方面的变化。三是劳动力从农业向非农业活动的再配置。第一与第三个效应为宏观经济增长理论与测量到的收入分配之间提供了直接联系。第二个更可以追溯到劳动力、土地及资本市场中发生的特定微观经济事件,它们影响了各收入阶层的人力和物质资产的分配及其报酬的竞争性。

等式9.11针对以上这三个方面,为检验发展中国家和地区的增长及收入分配提供了一种分析框架。它使我们可以对既定的增长模式对公平的影响方向作出定性评论。并且,它使我们可以对各种单个效应的重要性作出精确的定量评论,因为这些效应在长期中对收入平等或不平等的总体变化都发挥了作用。

反映我们分解方法在分析及政策方面有用性的最简单方法是考察中国台湾地区的情况,中国台湾地区明显构成了库兹涅茨理论的一个主要反例。如表9.2及图9.2所示,从1953年到1970年的关键阶段,既包括了20世纪50年代的进口替代,又包括了20世纪60年代的出口替代。20年的迅速增长中,收入分配公平性也经历了持续的实质性改善。转折点之后的改善与库兹涅茨的理论是一致的,这并不奇怪。20世纪80年代后期情况的稍许恶化与我们的理论实际上是无关的,这无疑是事实上已成熟的经济中政策变化所造成的。

我们可借助基尼系数分解方法来理解这一不同寻常的模式的潜在原因。分析的时期是从1964(从这一年开始有详细的家庭调查资料)至1968年,以及1968至1972年,即达到商业化点的前4年和后4年。表9.3显示了上文提到的各种"效应"对总体收入分配改善的定量贡献,而图9.3、9.4反映了通过各类基尼系数和各类收入份额的长期变化情况。表9.3显示了以劳动力相对份额变化来概括的功能性分配效应,这在整个阶段都是有帮助的(即$d_w/dt > 0$,意味着$d\phi'_w/dt > 0$),在转折点以后就更明显。正如上文我们所指出过的,劳动力的相对份额代表着非农业生产的劳动力密集度，它极大地取决于在工艺和产品方面对技术的选择。

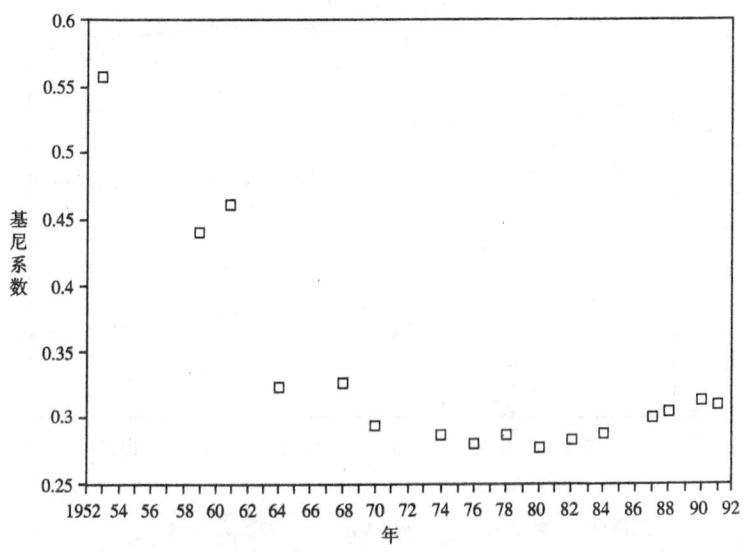

图 9.2　台湾地区收入再分配

资料来源：《台湾统计数据手册》，预算、会计及统计总会。

表 9.3　分解在各种效应上的总基尼系数变化的分布　（%）

	1964—1968	1968—1972
总基尼系数降低	-100	-100
再配置效应	-20	23
功能性分配效应	-2	-18
要素基尼系数效应	-78	-105
农业的基尼系数	-183	-30
非农业的基尼系数	105	-75
财产基尼系数	10	-28
工资基尼系数	95	-47

资料来源：费，拉尼斯，库(1979)中表 3.5。

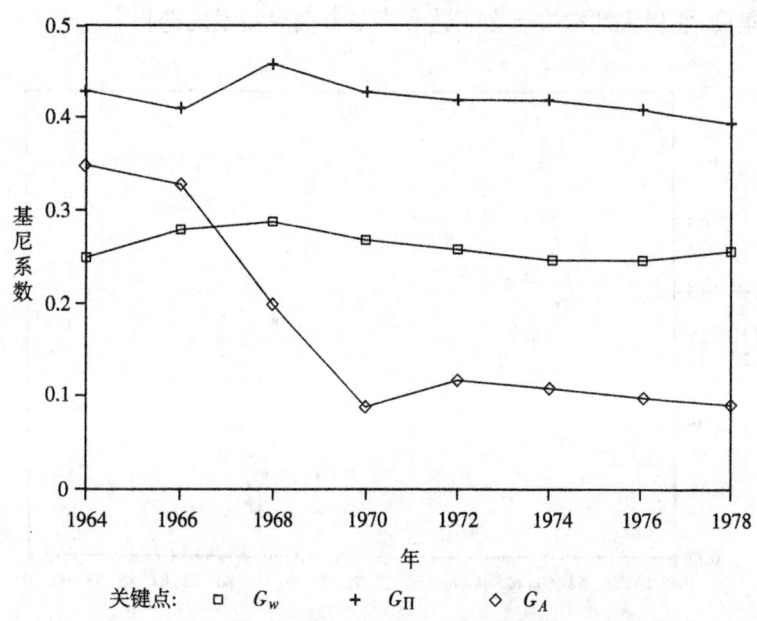

图 9.3　工资收入(w)、财产收入(π)和农业收入(A)的基尼系数：台湾地区

工艺选择的范围包括三个方面：一是选择劳动力密集型技术并在核心生产过程中进行劳动力使用型改进；二是在核心过程的辅助活动中选择类似技术，如原材料采购、储存、中间品运送及成品包装技术；三是选择设备节约型创新，可通过分包、利用贸易公司等方式进行。在产品规格领域内，针对搜寻更"适当的产品"的选择范围至少或同样大，这些产品特征是能增强劳动力有效利用的可能性并且能满足特定用户的需求。因此，按照总的 J 及 B_L——被关注的增长等式所最终选定的技术，是一个由大量产品及工艺创新组成的混合体，同时包括对地区内同等重要的经过改

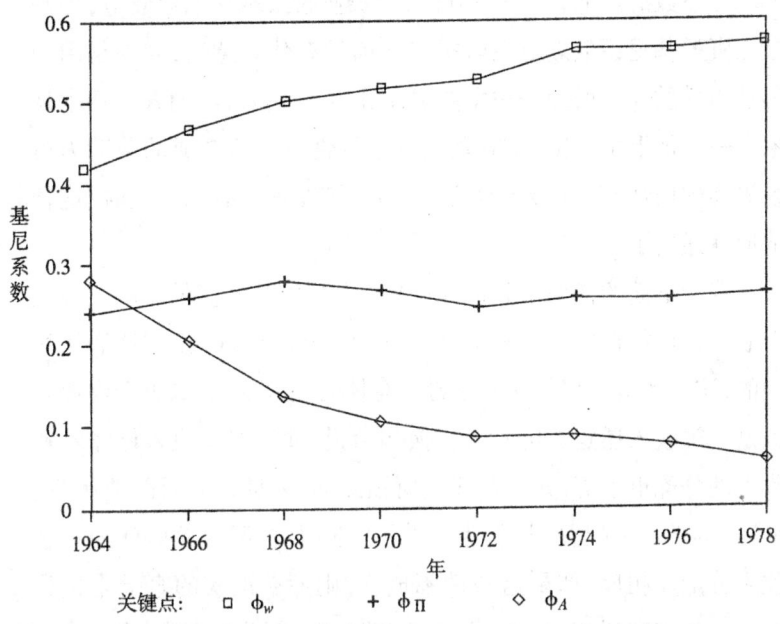

图9.4 工资收入(w)、财产收入(π)和农业收入(A)的份额:台湾地区

进的国外引进技术。应该注意到,相对份额比率 ϕ_w/ϕ_π 在农村非农业活动中要比在城市非农业活动中始终要高——并且在不断上升(参见费,拉尼斯,库,1978,1979)。这意味着在中国台湾地区关键的20世纪60年代,明确的非农业活动的农村导向——这是为人所共知的农村非农业就业要比城市增长更快的唯一的例子——使总体的收入分配避免了由产出组合必然沿着更加资本密集型方向变动所带来的不利影响。

对于要素基尼系数效应,对改善公平贡献最大的是由农业收入基尼系数的降低。① 另一方面,非农业收入基尼系数效应,特别是工资的基尼系数效应在转折点之前没有什么意义,或许是因为劳动力异质性的增加——发展中经济的一种新古典的人力资本现象——再加上由性别、家族及其他歧视性行为所造成的劳动力市场隔离的增加。② 在转折点之后,当经济变得更有竞争性时,这种情形就逆转了。

我们下面的任务是分析等式 9.11b 再配置效应的影响。假定农业收入份额在整个阶段持续下滑,即 $d\phi_A/dt < 0$,正如我们注意到的,这一效应是损害还是改善了总体的收入分配,取决于农业收入是一类收入还是二类收入。换句话说,如果农业收入比非农业收入的分配更平等,如库兹涅茨所预测的,并且人们因而被从"更平等"的部门再配置到"较不平等"的部门,再配置效应就损害了收入分配。相反,如果这条件不成立,则库兹涅茨的直觉是错误的。正如观察到的,在 20 世纪 60 年代的大部分时期中,中国台湾地区的农业收入为一类收入。与库兹涅茨的观点不同,这意味着再配置要求从较不平等(如果正在改善的话)的农业部门转向更平等一些的非农业部门。结果是,再配置效应在 1964—1968 年期间,为总体基尼系数下降贡献了 20 个百分点(见表 9.3)。这种出人意料的结果是因为台湾地区劳动力密集型程度不断上升的农村

---

① 这甚至对 20 世纪 50 年代情况也适合,尽管广泛的家庭调查数据的缺乏使得我们无法作仔细的分解分析。由农村复兴联合委员会(Joint Commission for Rural Reconstruction)提供的农村收入数据显示 G_A 在 20 世纪 50 年代显著地下降,其原因是中国台湾(1945—1951 年)著名的三次土地改革,以及此后的提高多种农作物种植活动及其导致的农产品构成从土地密集型的蔗糖到劳动密集型的蔬菜的变化。

② 参见费、拉尼斯和库(1979)第六章更全面的分析。

非农业活动十分显著。农村复兴联合委员会的调查显示,最贫穷的农村家庭(用那些拥有土地最少的人表示)即使在20世纪50年代,其收入的2/3几乎来自于非农业活动,这是因为他们更多地从事了这些最初是国内导向后来是出口导向的活动。非农业劳动力在20世纪60年代显著增长了80%,而50年代仅有35%,而且,由地域上分散的农村工业和服务业所创造的就业机会要快于城市的增长,并迅速成为农村家庭额外就业和收入的主要来源。截至1968年,农村非农业活动已经成为农村家庭收入的最主要来源和农业劳动力再配置的主要场所。在1980年,67%的农村家庭就业和60%的农村家庭收入来自于此类农村非农业活动。因此,台湾地区工业化过程这种非同寻常的分散化及劳动力密集型特征——首先集中于规模报酬不变的食品加工业及纺织业——通过功能性分配及再配置效应改善了总体的收入分配状况。

这个在农业及非农业活动之间实现平衡增长的例子的主要优点,不仅表现在其有助于形成部门间生产率迅速增长的良性循环上,而且还表现为在转折点之前能改善分配公平性。[1] 在数学上,要使一个"定理"失败,仅要一个例外就够了。在经济学里,台湾地区的例子清楚地表明,库兹涅茨和刘易斯[虽然得到了新马克思主义者及相关经济理论家,如克莱因(Cline,1975)的支持]是错误的。很明显,并不存在以最初的收入分配恶化作为增长的必然代价的"自然法则"(阿鲁瓦拉,1976b)。正如莎士比亚所说的,错误"在于我们自身,而不是我们的星座"。也就是说,适当的政策可

---

[1] 对农村非农业活动好处的更全面评价,参见拉尼斯和斯蒂沃特(1993)。

以消除,或至少能够弱化这两个关键社会目标之间的任何冲突。因此,中国台湾地区的经验不应该被看成是举世无双的,或对于"一般"欠发达国家和地区是基本上不可实现的(参见拉尼斯,1978)。而且,我们有证据表明,在其他正在进行转型式增长的发展中国家和地区采用类似模式是可能的,至少是在较有限的历史阶段内。

例如,在哥伦比亚,大多数证据显示,在二战后的进口替代时期内,贯穿20世纪50年代中期,收入分配状况最初变坏了。[1] 艾尔拉斯(Lleras)政府随后采取自由化政策,允许转向出口替代,结果在60年代,经济增长加速了,(高度不平等的)收入分配状况也改善了;在70年代,收入分配再次出现稍许的恶化并一直持续到80年代后期。图9.5(a)显示了哥伦比亚基尼系数的长期变化趋势。拉尼斯(1980)发现,在20世纪60年代及70年代,哥伦比亚的工资收入与其财产收入相比,一直得到了更加公平的分配,但总体的公平程度却维持不利的状况,即使要素基尼系数在不断地下降(G_w, G_π) = $(0.64, 0.74)_{1968}$, $(0.57, 0.63)_{1971}$, 以及$(0.43, 0.47)_{1974}$(拉尼斯,1980,表2),这个发现并不令人惊讶。原因是作为评价功能性分配效应贡献的一个关键要素,非农业劳动力份额(ϕ_w)在20世纪60年代一直持续升高,由0.53上升到0.59,然后到1972年又下降到0.52,并在20世纪70年代进一步下降。[2] 与中国台湾不同,哥伦比亚显然是使用了日益资本密集型的技术和

---

[1] 贝里和乌鲁蒂亚(Urrutia,1976)。
[2] 参见贝里和索利戈(Soligo,1980)和拉尼斯(1980,表4)。

产出组合,再加上对于工业部门高度有效的保护,就使得总体上的收入分配状况恶化。

同样,巴基斯坦在20世纪60年代出现了类似的人均收入稳定增长,这是总统艾耶斯(Ayus)采取自由化及由进口替代转向出口替代政策的结果。在1964至1971年期间,图9.5(b)描述的基尼系数从0.361下降到了0.322(到1991年,进一步下降到0.29),同时人均收入每年平均增长高于3%。[①] 要素基尼系数效应对增长与公平之间权衡的避免作出了主要贡献。工资基尼系数(G_w)从1964年的0.438下降到了1971年的0.380,同时,在总体基尼系数中占较大权重的自我雇佣收入基尼系数(大部分为财产)从1967年的0.325下降到了1971年的0.277。

随着更多的家庭数据可以获得,应该有可能进行更多的基尼分解分析,特别是对于收入分配得到改善同时加速增长的国家,例如智利和印度,这些国家已经设法由进口替代导向转向了出口替代导向。但是中心观点已经明确了——即已经有足够证据表明,政策变化不仅可以使增长与公平兼容,而且可以使它们相互加强;并且,可以建立严谨的因果关系,将我们想望的宏观经济增长理论以及我们想望的对微观要素市场的理解与收入分配状况联系起来。

在探求发展中国家收入分配决定因素的过程中,我们强调了通过生产过程本身产生的收入方式,但没有在意"以后"通过税收及转移支付政策等收入再分配能够实现什么。原因是,我们相信,

---

① 这里的讨论由阿尤布(Ayub,1977)提出。

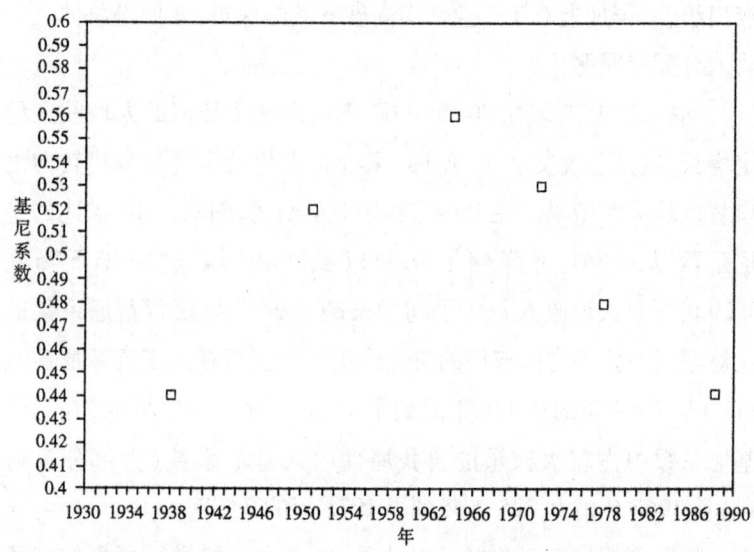

图 9.5(a)　哥伦比亚的总基尼系数

资料来源：世界银行(1993b)和伦敦(1990)。

至少是在混合经济型发展中国家，由于财政无能和政治障碍使得"二次"再分配机制令人高度质疑，所以"初次的"收入分配机制在很大程度上决定了最后的分配结果。印度过去的"邮局社会主义"(post office socialism)经验表明，当政府以穷人的名义直接干预时，穷人的境遇往往变得更糟。如通常所见，结果都被中产阶级劫持了，有时是故意的，有时则是不充分的行政、计划及实施能力带来的结果。虽然政府可以增加医疗、教育及其他公共品的支出，通过支出再配置将其重心由城市富人转移到农村穷人，由此对穷人提供无可否认的帮助，但在分析家中越来越一致的观点是，在混

第九章　增长、公平与人类发展　　431

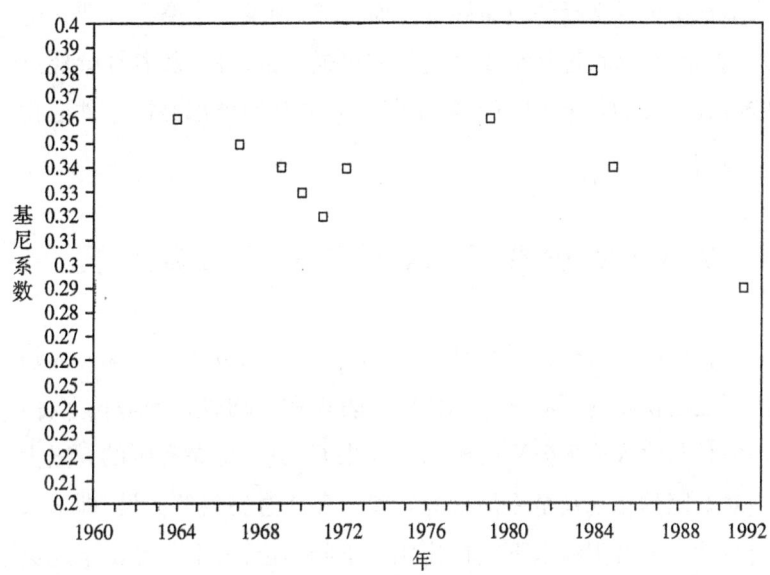

图 9.5(b)　巴基斯坦的总基尼系数

资料来源：世界银行(1993b)，伦敦(1990)和费尔德斯(1989b)。

合经济中，初次产出产生的方式以及家庭因其贡献而被支付报酬的方式才是必须予以解释的绝大部分。再分配尝试或针对"分配频谱"末端的减少贫困方案几乎到处存在，但通常效果很小，而意欲吸收大规模过剩失业人口的公共建设项目虽然暂时有所帮助，但很难设计、融资以及维持。

　　除了资产再分配及制度变迁，还有影响产出方式的发展战略选择也是提高穷人相对收入和减缓收入不平等的主要方式。虽然精心设计的资产再分配政策能够明显有助于实现理想的分配结果，然而收入分配水平和趋势上的大部分差异却取决于实现转型式增长中可供选择的政策路径。而且,选择某一个路径并非一劳永逸;相反,这种选择是要演化的并可逆转的,并且随着社会经过转型式增长的各个子阶段,要不断受到内部及外部经济条件变化的影响。

9.3 减少贫困、基本需要及人类发展

我们已经看到,在战后阶段取得了巨大的成功——这大大超出了战后初期的预测——这种成功表现在人均收入的增长上,但把增长与收入分配公平改善结合起来看,成功却是有限的。减少绝对贫困的结果甚至更加模糊。曾经存在过错误的假设,即增长会自动带来贫困线以下人口比例的下降。但是,部分是由于此类贫困线的随意性(武断性),部分是由于在处理贫困问题时我们分析上所存在的缺陷,在经验及分析上,我们都遇到了相当的困惑。

显然,有必要将贫困结果与我们在发展理论中所了解的其他内容严格地联系起来,即增长是如何产生的,增长与收入分配又是如何相互作用的。如果我们接受纯粹的关于贫困线的国家定义,那么就没有理由去假设在恢复性增长与减少贫困之间存在着任何关联——证明了这样一句古谚"穷人总是和我们在一起"。

的确,贫困线通常都是在最低卡路里和其他要求的基础上划定的,然后再通过倒过来使用恩格尔曲线计算结果将这些要求转换成贫困收入水平。虽然已经提出来了若干贫困指数,但最常见的还是人头计算比率(head-count ratio),它反映了处于贫困线以下的家庭数目。当然,由于生理、气候以及文化和经济上的原因,此

类计算结果在各国间是存在差异的。考虑到以上因素,世界银行及其他机构要建立一条国际贫困线,并且为估计全球贫困而估计各国货币的等价购买力,这种尝试明显是大胆的。虽然这样的比率及其随时间的变化很容易计算和理解,很明显它存在着许多缺陷,其中主要的是未把握人们贫困的"程度"——个体与贫困线的距离——并且对穷人中比较穷的家庭与比较富的家庭之间的转换也不敏感。

以上这些考虑已经引发了其他度量贫困的方法的发展。有些计算"贫困差距",以度量将每一个贫困家庭提升到贫困线所需的总收入;这种方法可以与"再分配潜力"结合起来,而"再分配潜力"则依赖于总非贫困收入量以及有效(即政治上与行政上可行)边际税率。其他方法则集中于收入差距比率——穷人与贫困线的平均差距。人头计算比率对于每个家庭的贫困差距程度不敏感,而收入差距比率对于涉及到家庭数目不敏感。森(1973、1979 和 1992)已经努力将两者结合起来,而福斯特(Foster)、格雷尔(Greer)及托尔伯克(Thorbecke, 1984)则准备了一种贫困度量方法,可以反映出贫困非离散或者连续的特性,同时对穷人间的收入分配也是敏感的。

对贫困指数的选择同样还要受概念意义的支配,其使用也可以期望引出若干不同的政策结论。例如,应用简单的人头计算比率似乎就暗示收入变化应该分配给那些刚刚处于贫困线以下的人,而福斯特—格雷尔—托尔伯克指数赋予贫困家庭以与其收入水平反向变化的权重,将支持将收入变化分配给穷人中的最穷的人。

作为说明,表9.4提供了一个此类估计,即在某个特定时点上对于绝对贫困程度(一个国家中实际收入低于国际贫困线的人口比例)及其数量量度(可以被列为"绝对贫困"的人的实际数量)。有关数据来自拉美、亚洲及非洲的35个发展中国家和地区。利用相对保守的估计,这些国家38%的人口生活在绝对贫困水平上。在一些人口众多的个别低收入国家中,此类比例还要更高一些,例如孟加拉国(64%),印度(46%),印度尼西亚(59%)。高人均收入并不必然排除显著的绝对贫困,但是,对于处在同类人均收入水平的国家和地区,如果收入不平等程度高,贫困就可能更加严重。例如,哥伦比亚(19%)和秘鲁(18%)的贫困人口百分比要较台湾地区(5%)或韩国(8%)高得多,虽然在1975年它们大致属于同一个人均收入水平集团。

仅仅以收入为基础来定义贫困的方法有一个严重的缺陷,即它没有考虑到对公共品,如医疗、教育、可饮用水的获得以及卫生的最低程度的支配权。在20世纪70年代末和80年代初,试图将这些有关生活质量的方面包括进去的努力,使得一种所谓"基本需要"的分析方法得以产生,以估价发展水平。① 这种方法规定,基本需要不仅包括一个家庭对私人消费,如足够食物、住房、衣服等的某些最低程度的要求,还包括由政府提供的基本服务的最低水平。这一减轻贫困的方法强调向目标群体转移支付一揽子"基本需要",可以通过将市场及其初次收入的形成,再加上某种全国或国际公共部门的"供给管理"或"移交系统"组合起来实现上述转

---

① 由国际劳动组织(1977)首次提出。

移支付。在一个生产和消费决策在很大程度上由市场调节的经济中,穷人不能够满足其对基本需要的要求,因而不仅反映了私人购买力的不平等分配,还反映了政府方面对于公共品不平等配置的决策。在此意义上,单靠收入再分配也许并不足以确保穷人得到其基本需要。

表9.4 发展中国家和地区绝对贫困的程度和度量

国家和地区	1975年人均 GNP^a(US$)	1975年人口(百万)	贫困人口比重	贫困人口数(百万)
A组(小于350美元)				
1. 孟加拉国	200	80.7	64	52
2. 埃塞俄比亚	213	27.3	68	19
3. 缅甸	237	30.9	65	20
4. 印度尼西亚	280	130.0	59	76
5. 乌干达	280	11.5	55	6
6. 扎伊尔	281	20.6	53	11
7. 苏丹	281	18.1	54	10
8. 坦桑尼亚	297	14.8	51	8
9. 巴基斯坦	299	73.0	43	32
10. 印度	300	599.4	46	277
B组(350—750美元)				
11. 肯尼亚	413	13.4	55	7
12. 尼日利亚	433	75.3	35	27
13. 菲律宾	469	42.5	33	14
14. 斯里兰卡	471	14.1	14	2
15. 塞内加尔	550	4.3	35	1

国家和地区	1975年人均 GNP[a] (US $)	1975年人口 (百万)	贫困人口比重	贫困人口数 (百万)
16. 埃及	561	37.2	20	7
17. 泰国	584	41.6	32	13
18. 加纳	628	9.8	25	2
19. 摩洛哥	643	17.3	26	4
20. 象牙海岸	695	5.9	25	1
C组(大于750美元)				
21. 韩国	797	34.1	8	3
22. 智利	798	10.6	11	1
23. 赞比亚	798	4.9	10	0
24. 哥伦比亚	851	24.8	19	5
25. 土耳其	914	39.7	14	6
26. 突尼斯	992	5.7	10	1
27. 马来西亚	1006	12.2	12	1
28. 台湾地区	1075	16.1	5	1
29. 危地马拉	1128	5.5	10	1
30. 巴西	1136	106.8	15	16
31. 秘鲁	1183	15.3	18	3
32. 伊朗	1257	33.9	13	5
33. 墨西哥	1429	59.6	14	8
34. 阿根廷	2094	24.9	5	1
35. 委内瑞拉	2286	12.2	9	1
总计	577	1695	38	644

a. 使用克拉维斯(Kravis)调整换算因素。

如果能够实现向穷人直接移交满足其基本需要的私人品及公共品,这种方法也许可以在极低的人均总收入水平上——在转型式增长过程的早期阶段减轻贫困。甚至还可以认为,如果不具备与选择基本需要物品相关的信息和知识,贫困家庭也许作不出最优的消费决策。例如,如果目标穷人不知晓营养原理,或者随着收入提高他们更喜爱营养性差的食品,那么利用收入途径解决营养缺乏问题的方法可能就是不充分的。这些命题很可能并不使人十分信服。相反,只要混合经济体系中的基本需要是公共品,直接以穷人为目标也许是减轻问题的一个最重要的要素。

基本需要的概念曾经一时在国际性或国家性援助机构内十分盛行,但却受到受援者及某些分析家的极大怀疑。其提议者看到了缩短人均收入提高周期的几回,以尽可能有效并且迅速地触及特定目标群体。其反对者则将其视为使低水平的国际援助合法化的工具,并且反对这种慈父般的假设,即当地的、国家的以及国际的援助机构能够决定各个欠发达国家的差异化的基本需要,并且如果他们有能力的话,则肯定会解决其中相关的移交和维持问题。在任何情况下,这种减轻贫困问题的方法要想得到认可的话,就需要在分析中与我们了解的与发展相关的其他内容联系起来。

图 9.6 从整体上考察经济背景下的基本需要(BN)。经济的总生产资源禀赋如层次 I 所示。假定的各个生产部门在层次Ⅲ上表示,包括基本需要(BN)和非基本需要(BN)部门。在任何给定年份里,生产资源作为投入配置到教育部门(R_e),医疗部门(R_h)食品/营养部门(R_f)以及其他部门(R_o)。这种部门表示法指出基本需要通路(见图9.6)与特定产出组合有关,表明在基本需要活

动与非基本需要活动之间必须作出投入的配置选择。非基本需要(BN)部门的产出(Q_o)分成"奢侈"消费品 C 和投资品 I。基本需要部门的产品为教育服务 Q_e,医疗服务 Q_h,食品 Q_f 等等。

社会的 n 个家庭——由图 9.6 中层次 VI 的 $F_1,\cdots,F_4$ 代

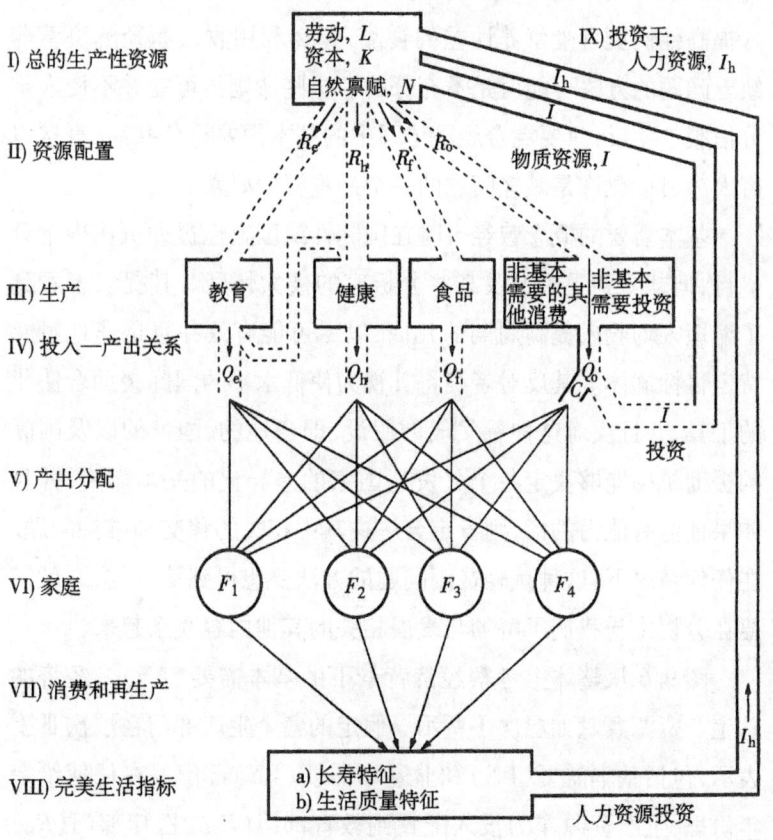

图 9.6　一般经济体系中的基本需要框架

表——代表社会组织基本单位。这些家庭的成分,包括其劳动力禀赋和非独立人口是既定的。除了层次Ⅲ的产生组合以外,BN通路还与调配给各个家庭的 Q_o, Q_e, Q_h, Q_f 等的决定因素有关,这种调配或者是通过家庭收入和市场,或者是通过政府供应。

家庭从消费 BN 品和非 BN 品中获得利益。这些利益一般在"效用"分析中讨论,并且可以视为是某种基本的"完美生活"指数,显示出人类发展水平。一种完美生活指数强调长寿特征——出生时的预期寿命或婴儿死亡率;另一种指数则看重诸如识字率和健康状况之类的生活质量特征。人们了解不多的各种公共及私人 BN 品消费模式与这些完美生活指数之间的函数关系,可以称为总生产函数。更正式的表示是,设 $q_i = q_{ie} q_{ih}, q_{if} q_{io}$,表示第 i 个家庭的 BN 品和非 BN 品消费模式,并设 $J = (J_1, J_2, \cdots, j_K)$ 为一个包含 K 个完美生活指数集合,总生产函数为由 $J = F(q_1, q_2, \cdots, q_n)$ 表示。在概念上,在此总生产函数中,当然存在着各种替代及互补的可能性,并且各种私人品及公共品的可能的组合都可达到"完美生活"的任何规定的水平,但假设仅有一种"完美生活"水平在成本最小的条件下能达到。

基本需要(BN)方法的一个隐含假设是,总生产函数是一种相对稳定的关系,这种关系在经验上可以近似得出。关于这些关系,有一些虽然存在铁的证据,但大多数还只是假设的,并且许多也只是存在着大致的近似。除了人口统计学家研究营养问题,教育专家研究扫盲问题之外,经济学家相对来讲对于总生产函数基本上未予关注。然而,如果对如何根据基本资源的配置以及各种 BN 产出组合的调配来确定完美生活指数这一问题没有一个更好的认识,我们就无法有效地探寻 BN 需求的满足。即使我们接受(通常的)假设,即当参与私人商品市场交易时,每个人都知道什么对他们最有利,但在多大程度上基本需要品是公共品并且与私人品相互作用,依然是严肃的问题。总之,一种合理的 BN 方法不应该被指责商品崇拜。

当然,对图 9.6 中层次Ⅷ的完美生活指数的改进并不仅仅表示任务就此完成,它们同时还构成在量(例如劳动力生产率)及质(例如识字率)的意义上对人力资本的投资,因而有助于增强经济在下一年的生产能力。较前面提及的总生产函数而言,这种反馈关系较为传统,也更易理解。

"新家庭经济学"的拥护者们指出,市场部门中的产出价值在很大程度上未能充分如实地反映家庭的所有收入,进而未能充分如实地反映经济的全部收入。虽然通常会去尽力估计非市场的食品生产,但由于忽略了部分非货币化部门,例如家庭成员抚养儿童的活动,国民收入还是可能被低估了 40%。"全部收入"在这里是一个特别相关的概念,因为家庭在 BN 生产中尤其是在提供教育和医疗服务中的重要性至关重要;很难列举一种重要的家庭生产活动,其产出并不决定性地进入总生产函数,进而影响家庭完美生活指数。

图 9.6 中的资源流动框架在下述意义上是制度中性的,即同一组函数(分配、生产、调配、消费、总生产,对物质及人力资源的投资)都必须发挥作用,而不管广义的制度安排(例如政府或市场)或特定的组织工具(如当地政府或 NGO_s)如何。在图 9.7 中考虑到了这种差异性。经济中的所有生产资源都变成了服务,这是通

过四种可能的经济组织形式实现的:私人市场 P,家庭 F,政府 G 或社团组织 U(如农民协会或社区协会)。当然,如在层次 IV 所显示的,每一种组织(或制度)形式都能生产 BN 品。例如在医疗部门,医疗服务的总产出(Q_h)是产出 P^h(代表私人医院及诊所),F^h(家庭医疗),U^h(社会灭蝇组织)以及 G^h(公共医疗及卫生活动)的总和。

其中,关键问题是,无论采取哪一种制度,贫穷及非贫穷家庭是如何取得对基本需要品和非基本需要品调配的支配权的。图 9.8 表示了一种类似于图 9.6 及图 9.7 的分析框架,可在此框架内考虑这一问题。家庭的全部收入(F_i)被认为是包括了工资(W_i),财产收入(π_i),家庭及扩展了的社区收入(d_i),再加上来自政府保障,这由货币转移支付(T_i)和物品及服务(g_i)构成。全部收入的分配可由工资、财产收入,转移支付、公共提供的物品及家庭收入的形式来描述。虽然文献非常重视初次收入(Y)——由 W、π 及 d 所构成——的分配,但公共物品供给也必须包括在 BN 分析之中。

因此,家庭得到了所有权或实际的调配结果,进而必须决定怎样在 BN 消费品 C_b,非基本需要消费品 C_n 以及储蓄 S 之间分配 W_i、π_i 及 T_i。然而,对于来自 g_i 和 d_i 的收入,调配和消费选择通常是相同的,并且是同时作出的。因此,每个家庭的全部收入有七种支出方式——($C_b, C_n, d_b, d_n, g_b, g_n$ 及 S)。

在我们对于基本需要及其与收入分配、增长的关系分析中,关键部分是收入的调配。就市场部门物品(C_b, C_n, S),政府部门物品(g_b, g_n)以及家庭部门物品(d_b, d_n)而言,有必要分别考虑决定七种调配形式中每一种形式的要素。我们首先考察收入是如何在

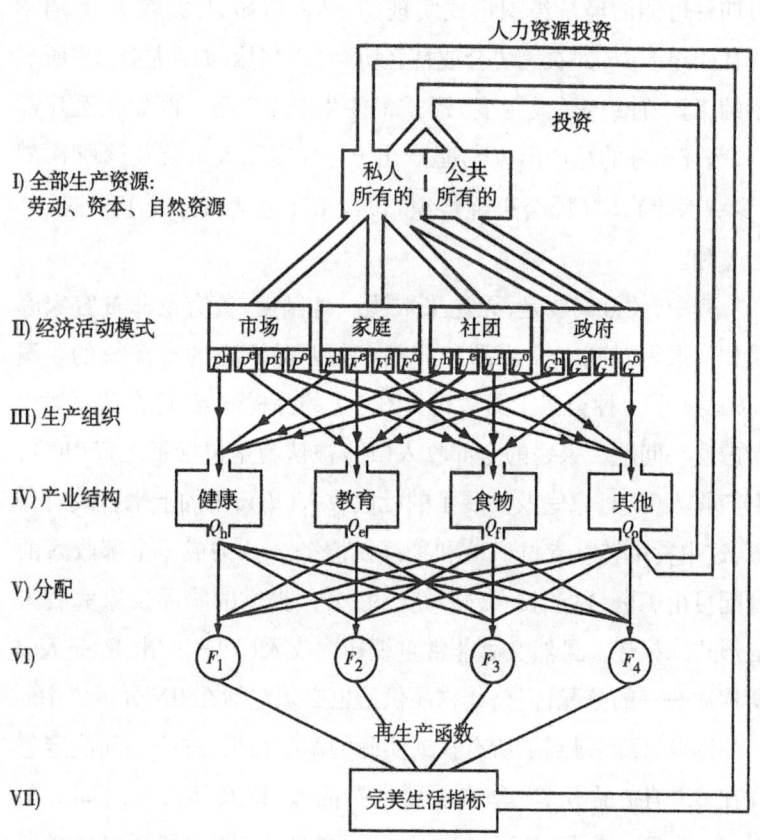

图 9.7　组织选择

家庭之间分配的,接着再考察对于基本需要品及非基本需要品,它又是怎样被支配掉了,要再次注意到这两个阶段只在涉及市场部门物品时才是相互独立的。在本书前面的内容里,我们分析了收入增长的原因,收入分配及其增长的关系。我们现在分析人均收

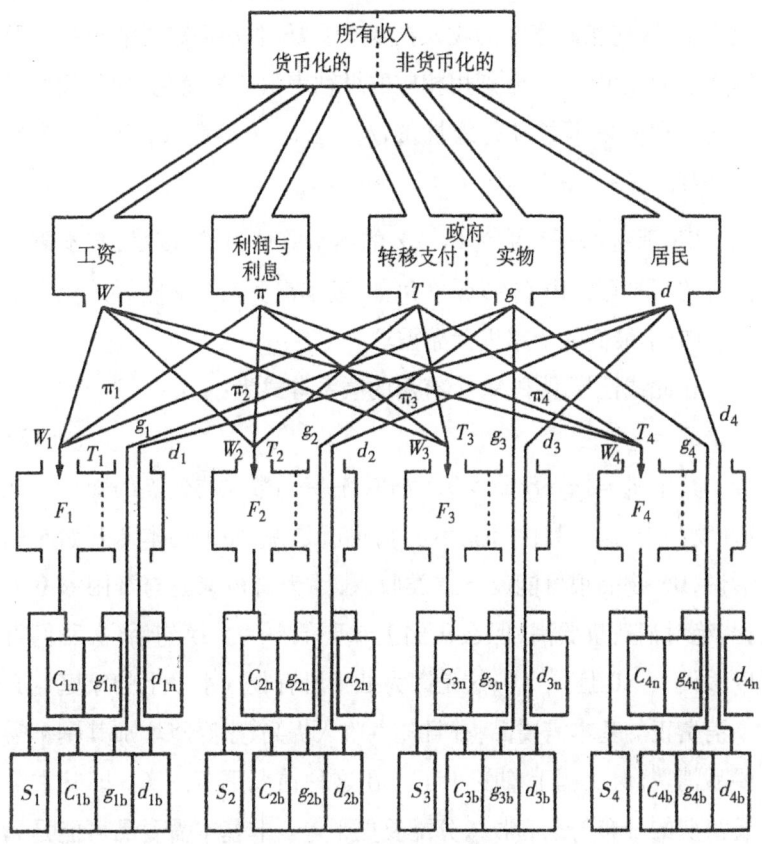

图 9.8 收入分配和基本需要

入 ($\bar{Y}$),基尼系数 G_y 以及通过市场得到的基本需要满意度之间的关系。

图 9.9 描述了总收入经由所有家庭 (F_i) 配置到 C_b, C_n 及 S 中

去,遵守恒等式 $Y = C_b + C_n + S$。由最穷到最富的家庭收入在横轴上表示,这些相同家庭的收入在基本需要、非基本需要消费品以及储蓄上的支出情况,分别用相应的纵轴表示。为简化说明,我们假设消费和储蓄函数都是线性的,b_1, b_2, b_3 为截距,a_1, a_2, a_3 为斜率,因此,$b_1 + b_2 + b_3 = 0, a_1 + a_2 + a_3 = 1$。

BN 消费的平均值为 $\bar{C}_b$。Y 的不平等性由 G_y 度量,基本需要消费的不平等性由 G_b 度量。例如,基本需要消费的临界最低水平 C_m 对应于最低的卡路里食品需求。

在此线性模型中,一个有用的联系等式为:

$$G_b = e_b G_y, \qquad (9.12)$$

其中 $e_b = |a_i| Y/C_b > 0$,为 BN 消费函数在均值点的弹性。在 BN 物品中,这一弹性可能小于 1,也就是说,如果用本章开始时的话说,BN 物品很可能属于二类收入,因为富裕家庭与贫困家庭相比,绝对消费量要高,但在比例上却要低一些。换句话说,我们可以假设 $b_1 > 0$ 且 $a_1 > 0$,这是因为处于所有收入水平上的家庭均必须消费正的基本需要品,并且随着收入提高,家庭将增加其基本需要品消费,但比例上却变小了。在这种情况下 $G_b < G_y$,即基本需要消费的分布与家庭收入分配要更平等。非基本需要品可能是属于一类收入,由图 9.9(b) 来说明,此时富裕家庭的消费比例要高于贫困家庭,并且 $G_n > G_y$,由图 9.9(c) 表示的三类情况都有存在可能,但几乎不会发生。

现在可以使用上面的联系等式来分析每个家庭收入的增加对基本需要满意度的影响,我们的主要目标是将基本需要、增长和分

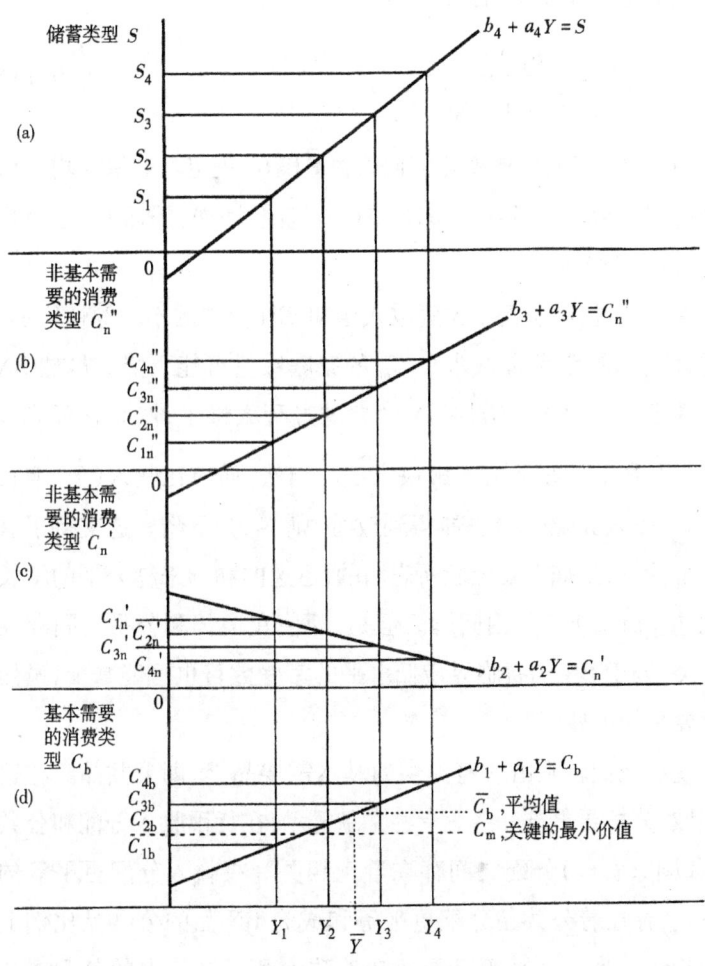

图 9.9 消费和储蓄函数

配联系起来。将 $\bar{C}_b = b_1 + a_1 \bar{Y}$ 替换成 e_b 的表达式（e_b 为相对于收入变化的基本需要支出弹性），有：

$$G_b = e_b G_y = \frac{a_1 \bar{Y}}{b_1 + a_1 \bar{Y}} G_y \tag{9.13}$$

因此，G_b 随时间的变化就同时由 $\bar{Y}$ 和 G_y 决定。如果人均收入上升而 G_y 不变，由于 $a_1 > 0, b_1 > 0, e_b$ 就会增加，因而 G_b 也会增加，在极限上接近 G_y。

换句话说，随着每个家庭收入增加，BN 消费的不平等性增加。同时，低于 BN 消费最低水平 C_m 的家庭数量可能下降。虽然 BN 方法提倡者认为通过增加 BN 消费的过程太慢了，然而它可能是最可行和最能持续下去的解决方法。当然，如果在收入（$\bar{Y}$）增长的同时，收入分配（G_y）也能得到改善，则 G_b 会下降。这支持了这样一个论点，正如东亚经验所表明的，迅速的和越来越公平的增长可能同步解决 BN 贫困问题。但是，即使在增长和公平之间存在着冲突，处于 BN 消费临界最低水平的家庭数目也可能减少，虽然速度要更慢一些。

现在我们转到由政府提供的基本需要品上，即公共品。在这一领域，分析要更难一些。有些文献显示，在货币收入分配和公共品（如国家安全）分配之间存在着正相关。在收入分配更平等的国家里，存在着公共品分配更平等和成为 BN 品的公共品比例上升的趋势。收入越平等可能意味着政治和经济权力的分配越公平，这使在 G_b 和 G_n 上越平等。当然，并不能保证一定会如此。可能的情况是，公共品的消费造成了附加成本，这些成本可以更好地由高收入消费者负担。教育上的例子就是入学的机会成本以及额外的衣服和交通成本。绝大多数公共品可能是以二类收入形式分配的,虽然在精英利益集团势力非常强大的情况下我们也不能排除一类收入的可能性。转移支付,例如福利支出,可以说是属于三类收入,但如果考虑到中产阶级的"揩油"能力,则经常会在经验上转为属于二类收入。无可否认,公共品及其分配的整体规模,在与 $\bar{Y}$ 和 G_y 相联系时很难确定,我们对于这些联系的稳定性也信心不足。因此,要将基本需要①数量、基本需要内容和公共品的分配改变到所希望的方向,并不是一件容易的事。

最后,我们探讨 $\bar{Y}$、G_y 以及由家庭和其他私人合作机构生产的基本需要品之间的关系。最近关于家庭收入分配的研究已经得出了期望的结果,即 d_n 和 d_s 要比 Y 分配得更平等。BN 满意度的一个相关方面就是由非政府组织(NGO),农村合作组织以及市民社会的其他各种组织所提供的物品。现在有时有这样的观点,即此类机构代表着使适当 BN 品到达目标群体的最有效和最可信赖的途径。某些 OECD 国家甚至宣布,他们准备将未来对外援助的绝大部分通过非政府组织(NGO)进行。

此类机构是否真的是性能卓越,能够克服官僚主义或慈父特性的问题,这还有待观察。但是,由钱纳里、丁伯根及其他人所倡导的计划学派方法当然可以采用,以考察此类途径在给定国家在指定时期内以最低成本实现 BN 满意的情况。实现 BN 目标需要生产资源,并且常见的动态冲突也是不容忽视的,这里的冲突是指

---

① 原文是"数量",但准确地说,应是"BN 数量"。——译者

在基本需要的目前满足和期望更多未来 BN 满足的投资之间的冲突。然而,当我们认识到今天的基本需要满意度对明天的劳动力生产率的反馈效应时,此类冲突可以降低——这与今天的基本需要满意度对今天的生活质量指数的直接影响是截然不同的。

虽然在理论上很简单,然而,以基本需要为中心的动态规划工作却是很难实施的,这在很大程度上是由于估计总生产函数的问题。我们已经指出过,在引致生活质量指数变化的基本需要投入中,存在着大量的互补和替代关系。例如,如果没有教育,则医药服务也许就不可能更有效地延长寿命。食品可能部分替代医疗服务。并且,使"文化水平"或"长寿"指数的数值提高可能要求基本需要消费效应在相当长的一般时间内存在。

当我们把生活质量指数作为(能够增强经济总生产能力的)人力资源投资构成,并作为分析焦点时,就会遇到一系列同样具有挑战性并更容易处理的问题。最主要的例子,就是文化水平和改善了的健康状况对于工人生产率的"反馈"影响。在这里我们有很多东西可作为依据,因为存在着大量的关于劳动力市场的微观经济学文献和人力资本文献。

很明显,我们拥有一系列的政策工具和组织选择,对改善 BN 绩效感兴趣的大多数"混合经济型"欠发达国家可以得到并利用它们。在最简单的例子中,基本需要或非基本需要商品的相对价格被认为是不受影响的,即使极端的再分配政策能够转移收入直至完全相等;完全的收入平等就等于是私人 BN 消费的完全平等。如果图 9.9(b) 中的临界最低 BN 消费水平低于平均消费水平,一种解决方法是转移收入,直到最穷的人的收入足以达到临界最低基本需要水平。当然,如果平均消费水平低于临界最低水平,此类的内部转移就解决不了基本需要问题,只会导致贫困的平均分享。在这种情况下,收入增长显然有必要。政府也可以在给定的收入水平上改变家庭的消费模式,以增加花费在基本需要品上的收入比例,这既可以通过控制基本需要品的相对价格做到,也可以通过旨在改变基本需要消费函数斜率的教育政策来实现。虽然每个人会消费更多的基本需要品,但低收入家庭将会比高收入家庭更多地增加此类消费,这使 G_b 下降,从而 BN 品能够得到更平等的调配并使 a_1 下降。于是,处于贫困线以下的家庭就更少了,即使总体及人均收入水平并未受到影响。

这种通过市场来提供充分的基本需要消费水平的收入转移政策有两个反对观点。其中一个认为,这种事后的收入平等化做法可能由于抑制性的和有害的储蓄效应而损害经济增长;当前的文献包括我们自己的研究成果均指出,这种更平等的收入分配对于经济增长的有害影响被大大夸张了。另一种批评性更强的观点是,在上述做法中,缺乏必要的行政和政治能力来实施财政转移支付并确保这些转移支付确实被目标群体所接受。这里的经验证据认为,政府很少能够通过转移支付而在大幅度降低收入不平等方面取得成功,特别是在初次收入不平等程度很大的情况下。

扩大由公共提供的基本需要品的规模,可能不仅包括医疗、饮用水、教育等,也包括食品,这是确保最低限度的基本需要可获得性的更直接的方法。然而,在鉴别需要、管理转移支付、避免被"揩油"以及维持此类方案等方面都存在着困难,并且正如我们在上面所指出的,对这些困难需要加以考虑。

在确保基本需要品到达目标群体方面，公共及市场活动的理想组合当然要选择最适合于这一工作的组织形式。显然，我们需要超越那些倾向于将所有此类活动交由私人市场完成的头脑简单的方案。很多东西都取决于对特定国家相应情况的评估，例如，各种组织形式在过去的相关运营情况和（或）偏爱一种组织形式而不喜欢另外一种组织形式的特别情形（例如，集权化或分权化的政府，非政府组织（NGO）或以家庭为基础的社会组织，以及市民社会的一般结构）。要使推理完整并能致力于政策问题，认识到并且补充相关的知识缺陷是一项重要的工作。

使问题进一步复杂化的是，一组给定的组织选择的效率可能/当然并非是唯一的标准。参与"掌握自身命运"及其相应的机会本身可能也是重要的，这不仅表现为它本身是一项"完善生活"指数，而且表现为它在确保经济的长期稳定方面是一个非常重要的工具，特别是在循环成本（recurring costs）必须由当地负担的情况下。毫无疑问，应更多地关注于家庭内基本需要生产的相对效率以及其他诸如农民合作组织这样的社区安排的基本需要生产的相对效率，以及当地政府筹集并有效利用额外资源的相对能力。这些基本需要生产或分配的方式很可能对于经济的总能力，包括在长期内要需要什么来促进非基本需要收入增长的要求较小。

任何针对改善基本生活质量并且将收入视为一种中间产品的分析方法，其有效性和生命力在很大程度上取决于可将它整合到当代发展理论和政策分析框架内的程度。如果该整合确实要在将来完成的话，就需要更好地理解总生产函数和各种可以利用的组织选择。

虽然各种文献远非"收敛"于这一议题,然而一种更充分的整合确实需要从过度归纳分析和以商品为中心的基本需要分析方法上脱离出来。我们正在进行的方向早期就由森(1984)指出,他将注意力集中于人类福利的含义和为一个人口群体定义一组基本"权利"的实际经济效应。什么是"正义"与什么是"效率"之间的联系是这样一种事实,即剥夺的本质包括收入、迁移、健康、教育以及最终是选择本身所受到的约束。森指出,适当的分析方法不是试图针对所有可能的社会状态去指定无所不包的社会福利函数,而也许是去鉴别这些约束里面束缚力最强的东西,然后首先处理它们。

这一做法确实逐步回归到了一个古老的定理——即经济活动的根本目的是扩大人们的选择,其中最重要的是健康长寿、适当的教育水平以及能够利用足够的资源以使个人的基本需要能够得到满足。收入增长及其分配以及来源于收入的公共品的提供,这些东西对于人类状况的进步都是必不可少的,但它们都是达到目的的手段,其本身并不是目的。

与此同时,以改善了的健康状况、文化水平等形式表现出的人类发展,又通过提高劳动力生产率,增强企业融资以及 R&D 的效率等,再结合投资及其他传统投入,对下一阶段的经济发展起到了积极的反馈作用。因而我们遇到韵是一个封闭式的循环,或一般均衡经济,它将人类发展与经济发展联系在了一起。这一循环是良性的(即表现出一种向上的螺旋)还是恶性的,这取决于其中的各种联系的强度——包括收入分配及贫困水平,这会影响家庭对于食品和其他基本需要的支出;还包括政府人均社会支出的数量及质量,这会影响教育上的入学率、医疗服务覆盖率等。图 9.10 显示了人类发展——经济发展循环中的各种主要因素或联系。

对人类处于发展中心这一基本事实的再次逐步发现,不仅对其本身是一个贡献,而且其本身作为一个目标,已经越来越多地在近期文献以及诸如联合国开发计划署等国际组织的正在演变的政策重心中反映出来。在 1990 年,联合国开发计划署发布了第一个《人类发展报告》,这和世界银行关注收入贫困的《世界银行发展报告》是同时出台的。这一巧合有助于表明分析重心以及政策重心的转变。《人类发展报告》将人类发展定义为包括文化水平、预期寿命和为获取个人基本需要而对足够资源的支配权等方面的结合。这一分析方法试图指出,包括收入增长、收入分配以及 BN 品的公共提供的各种组合能够使人类发展达到更高的水平,并且能够长期维持下去。对使用人类发展指数——将收入和生活质量目标联系起来的建议必然相当地武断——这一建议也许尚未得到应有的重视——但与将要分析的政策重心从仅仅是手段实质性地转到最终目的的建议相比,前者的苛刻性要小一些。这一新焦点的关键信息是,虽然国民收入增长对于提供资源和选择绝对必要,这些资源和选择在动态意义上促进了人类的发展,但这不是充分条件。相比而言,人类发展是一个更全面的概念,它同时关注于经济增长的产生及其分配,以及与通过 BN 品供给来实现基本生活质量指标的提高等方面。

在这方面,应当注意到一个有启发意义的事实,即还存在着取决于不同的出发点、自然禀赋等因素的其他实现人类条件改善的

第九章 增长、公平与人类发展

现实方案。① 例如,对于1960—1986年这一阶段,发展中国家的整体情况可以分解成下面几种:持续的人类发展、中断的人类发展以及失去人类发展的机会。更重要的是,应注意到,通过可供选择的初始条件和政策的动态组合可以实现成功的人类发展。

我们已经注意到,"人类状况"包括若干方面,例如预期寿命、婴儿和儿童死亡率、女性和男性的文化水平以及营养状况等。然而,有广泛的共识和统计资料表明,这些生活质量指数一般是一起变动的。便于说明,诸如5岁以下儿童死亡率这类的单一指数可以作为度量人类发展相对成功的指标。②

对于不同发展中国家人类发展趋势的一个试验性研究,可以用于说明各种各样可能的实现并维持成功的模式。增长对于成功的持续性是至关重要的,而且随着增长的进行,收入的不断改善无疑非常有助于这种持续性;使BN类物品到达人口处境特别困难的群体的能力,对于确保人类发展指数及其组成要素的分配公平性至关重要。③

这些基本的生活质量指数的实质性改善可以明显地实现得相

---

① 这里对各国情况的讨论基本上来源于1990年《人类发展报告》第二章,该章由一位咨询家撰写。

② 这是因为,人类状况其他方面的改善,如营养状况,尤其是孕妇、婴儿和儿童的营养状况和教育程度的改善通常反映在婴儿和儿童的死亡率上。预期寿命的估计也受到婴儿和儿童死亡率的影响。在这两个死亡率中,儿童死亡率较少受到每年奇异波动的影响。因此,对儿童死亡率长期趋势的分析可以作为不同发展中国家人类状况长期变化模式的指标。

③ 我们遇到的一个棘手问题是预期寿命、婴儿死亡率等数据常常相互交叉,否则就无效。而且,除了按照农村和城市明细分类之外,诸如人口平均的基本生活质量指数都不包括分配上的信息。

454 第四篇 在二元经济中对增长和发展的应用

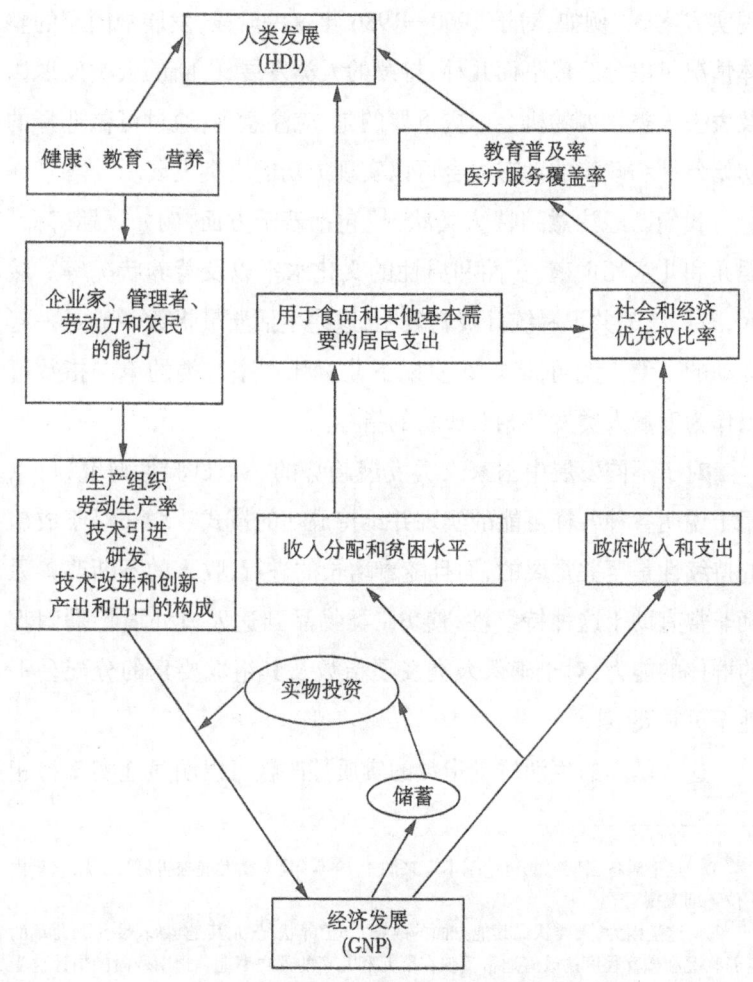

图 9.10 人类发展:经济发展循环

对快一些。的确,在过去的几十年里,富国与穷国之间的平均差距水平已经大幅缩小了。表 9.5 概括了一些国家的某些人类条件基本指数的发展趋势,例如婴儿死亡率、出生时的预期寿命、妇女识字率等。还存在的重要问题是:包括政府政策在内的哪些条件是造成这些巨大变化的主要原因,并且更重要的是,为保证这些改善情况得以持续,需要满足哪些条件。

表 9.5　人类发展基本指数的发展趋势

国家和地区	婴儿死亡率(‰)(每1000人出生)			统计寿命(年)			成人识字率(%)			
							女性		男性	
	1960	1975	1987	1960	1975	1988	1970	1985	1970	1985
1. 台湾地区	32	14	7	62	68	78	68	85	89	96
2. 新加坡	36	16	9	64	70	73	55	79	92	93
3. 古巴	62	NA	15	63	72	74	87	96	86	96
4. 韩国	85	40	26	54	64	69	81	88	94	96
5. 斯里兰卡	70	52	34	62	66	70	69	83	85	91
6. 马来西亚	73	37	24	54	64	70	48	66	71	81
7. 博茨瓦纳	119	92	68	46	52	59	44	69	37	73
8. 牙买加	62	23	18	63	68	74	97	NA	96	NA
9. 肯尼亚	124	99	73	45	52	59	19	49	44	70
10. 哥斯达黎加	84	40	18	62	69	75	87	93	88	94
11. 智利	114	58	20	57	65	72	88	6	90	97
12. 津巴布韦	110	84	73	45	53	59	47	67	63	81
13. 中国大陆	209^a	49	50^b	35^a	64	64^b	NA	56	NA	82
14. 哥伦比亚	103	63	46	55	61	65	76	87	79	89
15. 巴西	116	89	64	55	61	65	NA	56	69	79
16. 尼日利亚	183	146	106	40	46	51	14	31	35	54
17. 巴基斯坦	162	136	110	43	50	57	11	19	30	40

a. 1959—1961 年的平均值。

资料来源：中国大陆的人均寿命、儿童死亡率来自尚未出版的巴热斯特（Judith Bannister）的研究，其他数据，除了台湾地区是来自台湾地区统计年鉴、识字率是来自1989年的UNICEF《世界儿童状况》（State of the World's Children）之外，均来自联合国开发计划署。

为此，我们无疑需要将注意力集中在观察到的人类发展运行模式、国家的初始条件、遵循的宏观经济政策以及在人类发展领域中政府的税收和支出政策模式等方面上。最重要的宏观经济决定因素无疑是人均收入的初始水平及其增长率，以及收入分配水平及趋势。这些宏观概念共同决定了家庭层次上的收入水平及其变化。人类发展导向型政策的另一个主要工具是通过税收与支出系统进行的公共品供给，该系统强调其在社会部门以及经济基础设施领域中的"优先权"。在每一个活动部门里，通常可以区分出不同类型支出的相对影响，例如初等教育与高等教育，预防性医疗与治病性医疗，周期性支出与资本支出等。在这一点上，各类文献确实有一些帮助，即指出了在人类发展意义上，相对优先权应该给予初等教育和预防性医疗，其本身既作为一个目标，又通过报酬率的计算，作为下一年生产更多资源的一种手段。[1] 而且应注意到，即使是优先权较高的支出也应以不会引起不同社会群体或地区间的不适当歧视的方式来提供，例如，普遍的食品补助体系、初等教育计划或免疫计划等。此类全局性的政策需要与此类物品的目标提供相比较，目的是要仅仅覆盖某一特定群体（例如种族或地区）中

---

[1] 在最近的一系列研究中，贝尔曼和施奈德（1992，1993）使用了世界银行1965—1988年数据检验了发展中国家人力资本和生活质量投资，结果支持了该命题。

真正有需要的成员,例如,针对非常贫困人口的食品券方案(food stamp program)或针对营养不良儿童的补助性喂养方案。

虽然我们已经强调过,以人类发展为中心的政府供给通常集中在所谓的"社会部门"——如医疗、教育、饮用水等——但并不必然是这样;例如,当人们的"最初"收入并不高或并未充分好地分配时,政府供给范围就可以扩展到食品。在最初人均收入过低的情况下,可能就需要全局性的供给;而当分配状况不佳时,将社会中较贫困群体作为目标群体也许是优先的策略,即使实施起来并不容易。

所有的证据表明,即使是穷国也可以在改善人类状况方面取得实质性进展,但同时也表明,在经济未实现持续增长时,很难维持良好的状况。当经济增长伴随较平等的收入分配时,除了确保所有的人都能得到初等教育以及医疗之外,仅需要适度提供公共品,就可改善人类状况。特别是在需要进行社会——经济调整的阶段中,监控公共部门在人类发展方面支出的数量与质量与监控目前仍然受到重视的宏观经济财政与货币指数同等重要。

为确保人类发展能够持续进行,要使初始条件和以后为产生初次收入而采取的行动、基本需要品的公共供给都是相关的。仅为说明起见,在表9.6中,根据初始条件以及以后为确保成功而采取的行动的组合,我们区分出了四个类别的国家和地区(还有例子)。① 类别Ⅰ国家和地区代表最困难的情况,其初始条件是收入低,人类发展状况差,收入分配差。然而,属于这一类别的某些低收入国家——津巴布韦及肯尼亚——已经设法极大地改善了其人类发展

---

① 表9.6及相关的讨论大部分基于联合国开发计划署的《人类发展报告1990》。

状况。在另一方面,类别Ⅱ国家和地区较差的人类发展状况很难找到正当理由,因为它们在最初的高收入水平时更容易采取适当的政策。此类国家需要改善其初次收入分配,但可以通过有力的并且结构合理的政府的基本需要调配来部分弥补不适当的初次收入分配。马来西亚就是一个以这种方式成功地提高了人类发展水平的中等收入国家。

表9.6 面向人类发展的战略

国家和地区类别	初始条件	通常作为例证的国家	优先政策	历史上成功例子(起先具备这些条件,并采用这些政策)
Ⅰ组	人类发展状况差、收入低、收入分配差	尼泊尔、塞拉利昂、苏丹	改进增长和分配,通过:重新配置和构造社会部门、确立目标	博茨瓦纳、肯尼亚[a]、津巴布韦[a]
Ⅱ组	人类发展状况差、中等收入、收入分配差	巴西、加蓬、尼日利亚	改进分配和继续增长,通过:重新配置和构造社会部门、确立目标	马来西亚
Ⅲ组	中等的人类发展状况、低收入、收入分配公平	埃及、印度、印度尼西亚	改进增长和保持分配状况,通过:重新配置和构造社会部门、确立目标	中国大陆、韩国、斯里兰卡、台湾地区
Ⅳ组	中等的人类发展状况、中等收入、收入分配公平	泰国、突尼斯	继续增长和保持分配状况,通过:重新配置和构造社会部门、确立目标	智利、哥伦比亚、哥斯达黎加、古巴、牙买加[a]、新加坡

a. 这些国家和地区收入分配历史记录在某些方面存有分歧。

类别Ⅲ国家和地区的前景要较类别Ⅰ国家和地区好得多,尽管它们同样也是从人均收入的低水平起步的。由于其相对公平的收入分配,这些国家已经处于人类发展较好的水平上。然而,它们需要持续的经济增长以及扩大适当的全局性 BN 供给,以加速发展。历史地看,中国台湾地区、中国大陆、斯里兰卡均成功地遵循了这一战略——相比而言,台湾地区相对更多地依赖于初次收入增长及其公平的分配。最后,类别 IV 国家和地区——例如哥斯达黎加和智利——如果它们继续将适当的公共部门基本需要战略与总体上良好的增长及公平导向的宏观政策结合起来,在几年的时间内,就应该能够达到并且超过发达国家的人类发展水平。

应该强调,虽然精心设计的公共部门 BN 调配可以部分补偿较差的初次收入分配,但它们并不能弥补长期经济充分增长的缺失。因此,对于任何类型的发展中国家来说,维持或恢复经济增长的政策必不可少,虽然这还不够。

第五篇

政策性结论

第十章 向现代经济增长转型的政策与政治经济学

10.1 引言

本书前几章讨论了在封闭式及开放式二元经济中转型式增长的理论。现在要扩大我们的分析框架,来讨论"开放的二元"经济中更现实的层次。其中,贸易、资本流动和技术与外国的相互作用,是分析当代欠发达经济实现现代化的关键要素。

对"开放"二元经济发展的分析是一个重要的理论发展,原因是典型的当代欠发达国家都是在以经济和政治意义上"开放"为特点的殖民主义传统基础上开始它们的战后经济转型。这种农业二元经济或殖民主义经济如图 10.1 所示。在经济意义上,殖民主义意味着长期的资本流入,其目的是当价格走势有利时扩大初级产品从殖民地向世界市场的出口。否则(即价格走势不利时),资本外流(即长期的资本输出)即会发生,以促进国内市场的扩大,或者初级产品在其他国家的市场的扩大。在政治意义上,殖民主义意味着"拥护帝国主义的"外国人的统治,这种统治在二战后反殖民主义时期颇受人们怨恨。① 从长远的历史观点看,前殖民地国家对政治和经济现代化的要求主要是仿效发达国家的经济和政治制度。

在经济现代化方面,要获得"二元"环境下的成功,现在和以前一样,需要现代化农业和非农业部门之间的动态相互作用。我们已经解释了,在封闭式经济环境下,农业部门的确只能通过如此的相互作用才能有效地实现现代化,农业生产率才能得益于由非农业部门的现代化投入的灌输,以及成功的农业家庭新的投资和消费机会出现所带来的新刺激。另一方面,非农业部门持续增长的关键在于获得能够生产越来越多样的新产品的创新能力,赋予该部门一个动态的结构灵活性[即,Akamatsu 的"雁行"(Flying Geese)或弗农的产品周期]。这种结构的灵活性令我们想起在19世纪日本的发展道路。

这两项基本经济任务同样也必须在开放经济环境下得以实现,也就是说,这两个部门不仅必须学会相互作用,而且要学会在世界上与国外部门相互作用。开放提供了额外的机会,但也提出了挑战。新形式的和新质量的产品、新的工艺以及额外的资本现在都有可能获得。不是所有的外来技术都是"合适的",而且要面对有可能出现"新殖民主义"贸易或资本输出的限制。然而,如果发展中国家能主宰自己并明智选择,开放的好处将大大地超过风险。舶来的技术可以小心地选择并用于不同的发展中国家的情况,限制性的外国资本输入情况可被抵制。成功地掌握开放经济

---

① 较早地发生在拉美国家。

第十章 向现代经济增长转型的政策与政治经济学

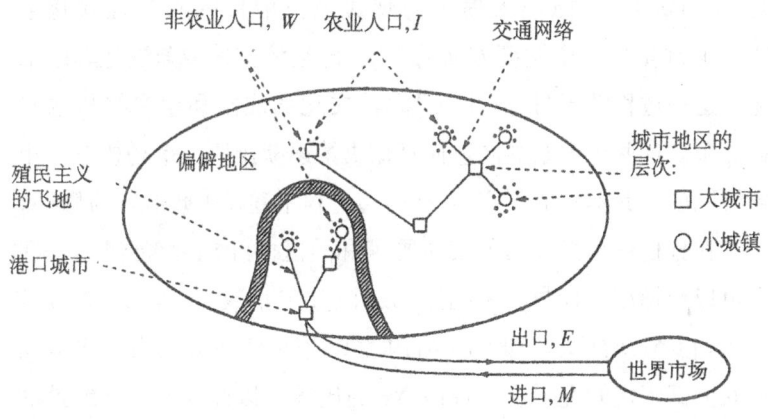

图 10.1 空间观中的农业二元论/殖民主义

的底线是国内生产者能逐渐获得这样一种能力,即将品种多样的不断变化的新产品持久地推销到世界市场的能力。

关于政治现代化,转型过程意味着重新安排政府与整个社会的关系。在战后反殖民主义的气候下,一些国家和地区发掘增长促进政策必然具有某些显著特点,以此确定一个特殊的政府-社会关系模式。而且,这些政策明显地致力于纠正市场失灵和排除外国影响,从而部分解释了民族主义的一种新内涵。所以许多当代欠发达国家和地区在高度政治化的经济框架中,从明显的自给自足出发点启动转型过程。社会越是异质化,政府越会感到有必要用综合性措施作为经济机体的补充,从而产生民族主义动力。

本章的中心思想是,从长期历史观考察,从高度政治化的经济体制开始转型的欠发达国家和地区,随着所谓的"进口替代综合征",将最终经历一个定义为政治干预逐渐减弱的自由化过程。因此，我们认为，库兹涅茨提出的现代经济增长的六个程式化事实，①必须增加一个制度方面的事实，即经济交易中渐进地非政治化。这一过程源于"民族主义"政治文化的成熟和生产结构的日益复杂。这两个因素共同迫使官僚决策逐渐让位于市场机制。市场机制由于其本身的不完善，在转型过程中逐渐由政府行为修补。

在分析一个当代的欠发达国家和地区的经济发展经历时，我们可以选择用统计数据来描述"发展速度"指数（例如，人口、GNP 或人均 GNP 增长率）和/或"结构性变化"（例如劳动力在农业与非农业部门之间配置、出口占 GNP 的比例），以此强调经济绩效的可量化特征。这些跟踪经济绩效的方法在专业上已经有广泛的讨论，②我们也将讨论这些问题，如果有什么不同，那就是我们在演化的背景中讨论。不过，本章的中心问题是向理论经济学家强调一个看似难以捉摸又朦胧的话题，即如果传统的农业社会要有效地实现现代化，就必须完成制度变迁。统计数据虽有帮助，但其作用有限，因为制度变迁涉及组织模式的变化（例如，与政府政策和市场的相对作用有关的特征）和包括观念和意识形态在内的所谓文化价值观。

我们对政治—经济制度变迁的分析表明，转型式增长必须被视为一个长期的演化过程，需要一个"思想框架"和一种"方法论"。这些将在本章勾画出。尽管我们有意借助于一个特别的案例，即中国台湾地区的经验来正式地解释成功的转型式增长，但是

---

① 引自于库兹涅茨（1966）。
② 对引人入胜的东亚成功的发展，世界银行《东亚奇迹：经济增长和政府政策》进行了描述。

我们的根本目的是为在演化背景中分析制度变迁提出一个普遍适用的方法论。

我们在10.2节中将简要描述我们提出的方法论的重要特点，以便在后面各节对转型式增长的研究。

10.2 演化导向的方法论设计

对现代理论经济学家来说，演化分析的方法论可以说是失传了的艺术。在战后早期，注意力主要集中于钱纳里的截面分析方法。稍后，微观的决定论模型占上风。[①] 演化分析或分析性经济史只是在最近才重新受到关注，如世界银行最近对多个国家和地区的比较研究，包括对"东亚奇迹"的研究。

本章提出的转型式增长的演化方法的核心是五个中心观点：(1)整体运行观；(2)结构演化的敏感性；(3)政策演化的一致性；(4)渐进地非政治化；(5)类型特异性。这些方法论要点都将借助于中国台湾地区情况加以说明，以此引导以后各章节的讨论。比较详细地说明这五个方面将有利于以后的讨论。

10.2.1 整体运行观

继法国重农主义学派之后，职业经济学家都用一种整体运行框架来整合多部门中的生产、消费、交换和收入分配，涵盖了整个

---

① 对发展经济学方法论更全面的分析参见拉尼斯(1984)。

经济(见第一章)。实际上,由于生产和家庭结构的二元性而处于农业和非农业部门之间的"经济表",只需增加一个"国外部分",稍加修改即可形成一个适合于分析开放二元经济的整体框架。在10.3节中细述的图10.2至图10.6提供了应用于本章特定问题的整体运行观的具体内容。

10.2.2 结构演化的敏感性

战后的转型式增长可以解释为一个结构演化过程,因为"形式"(形态)和"运行规则"(生态)都经历了一系列演化阶段。例如,中国台湾地区从战前1895—1950年年间的殖民地状态开始的转型式增长,经过了三个有明显界限的阶段:第一阶段,进口替代阶段(大约在1950—1962年);第二阶段,外向型阶段(大约1962—1980年);第三阶段,科技导向型阶段(从1980年开始)。

经历这三个阶段的转型过程可以描述成循环流程图(图10.2至图10.6)的流程次序,表现为从"农业殖民主义"传统开始,直到进入第三阶段之后的现代经济增长时代的结构演化过程。在开放二元经济中,农业和工业部门的现代化只有通过农业部门、非农业部门和国外部门之间的相互作用才能完成。我们的分析焦点是农业和非农业部门的现代化过程中从一个阶段向另一个阶段演化的逻辑必要性。

10.2.3 政策演化的一致性

转型式增长的演化方法的一个中心观点就是,政策变化是与基本经济条件在各阶段变化相适应或相一致的过程。在这方面，当代欠发达国家和地区与发达国家和地区(处于出发点的)不同之处，如我们已经指出的那样，在于较早地实施一整套直接推动增长的政策。我们认为有必要区分两类政策。一类是普遍的或全面的(在影响所有部门意义上)，另一类是非普遍的或特定部门的。典型的全面推动增长的政策有时称宏观经济政策，包括：

(1) 面向内部的财政政策；

(2) 与外贸有关的财政政策；

(3) 与利率有关的货币政策；

(4) 与汇率有关的货币政策；

(5) 国际资本流动的政策；

典型的部门特定性的增长促进政策有时称为结构性政策，包括：

(6) 公共部门企业的管理和经济与社会基础设施的建设；

(7) 特定农业或特定工业导向的政策；

(8) 针对人力、劳动力和教育的政策；

(9) 科技导向的发展政策；

(10) 发展政策和计划。

政策演化与经过各阶段的转型概念的一致性是本章关键的方法论创新。中国台湾地区的案例分析和表 10.1 所示的政策矩阵反映了这个创新。虽然十个政策范畴(Ⅰ-Ⅹ)列在一排，三个主要阶段沿着水平的时间轴标注。在任一时间点颁布的政策在演化图上以方框标出。如果把该方法应用于认识转型过程，政策矩阵概括的 100 多个主要的政策事件就成了类似的原始统计数据。

在比较经济理论中,政策的采纳和推行通常被认为是"外生事件"(它的发生不必解释),所以分析焦点完全落在预测所谓"内生"变量行为上,如我们模型中的增长和/或公平绩效。尽管对各项政策的精确影响的调查仍有重要作用,但是政策与基本演化力量的一致(或不一致)表明,调查这些影响并不是我们唯一的甚至主要的目的。的确,我们探索的是更好地认识政策的形成原因,使之类似于一种内生现象,并作为我们讨论转型过程的演化方法的一个部分。

10.2.4　非政治化

我们的观点是,特定政策及时出台和消失有其本身的逻辑必要性,并且只有在整个经济长期运行的结构演化背景下进行研究时,这种逻辑必要性才能被认为是理论体系的一部分。在这方面,从作为政策内容的非政治化或自由化长期趋势看,增长促进政策只能被视为政治经济制度变迁的一部分。换言之,政策演化矩阵的用处在它聚焦于本章的中心问题——非政治化这一具体问题。

增长促进政策的颁布与执行总会涉及一个政治过程。因此,任何政策措施的内容总是政治文化或者当前关于针对政府和市场的恰当作用的社会舆论的产物。当经济趋向经济上的成熟,使得技术、生产过程、贸易模式越来越复杂时,公共和私有部门的理想角色的变化反映了现代经济增长时代的一个重要含义。

制度变迁既涉及与经济效率有关的唯物主义,也涉及与思想权威有关的意识形态。现代化进程中的经济变得越来越复杂,以至于不可能由官僚直接计划和控制,因此,非政治化或自由化最终必定出现。由于早期在解决种种市场失灵时政府干预极其普遍,当民众相信非政治化已来到时,当局的角色势必逐渐改变。当我们就一个具体的成功案例,如中国台湾地区,利用整体运行观来检验政策演化时,我们可以得出一个清晰而具体的观点,即当局的角色有必要通过特定的"横向"行为从直接指导经济,转变为制度创新,即通过改善了的各种市场功能使得更为普通的"纵向"行为自行实施。

10.2.5 类型敏感性

为了说明我们的方法论,我们除了选择某一个地区之外,没有其他选择,优先考虑的案例是中国台湾地区这样的成功地区。显然,正如我们将在下文讲述的,政策变迁的适应性并没有必然性。而且,我们承认,在一定程度上每一个国家和地区的经历都是独一无二的。但是这并不意味着我们不能从这些分析中得出具有普遍性的教训。显然在某些国家和地区之间存在极强的类同,这使我们使用类型学方法来分析各个国家和地区的经验。因此,对台湾地区在大约40年演化的分析可以用于类似的其他地区,即使它不能包含相关所有细节,更不用说属于不同的欠发达国家类型的国家和地区。

表 10.1 中国台湾地区经济的政策矩阵

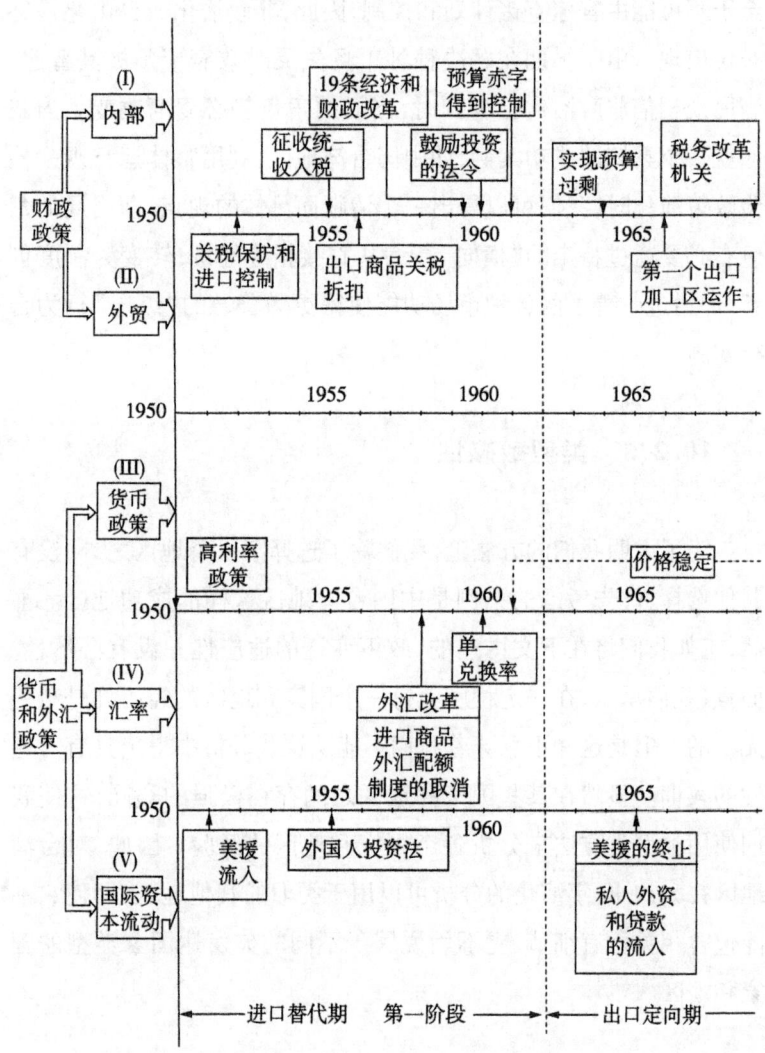

表 10.1 续

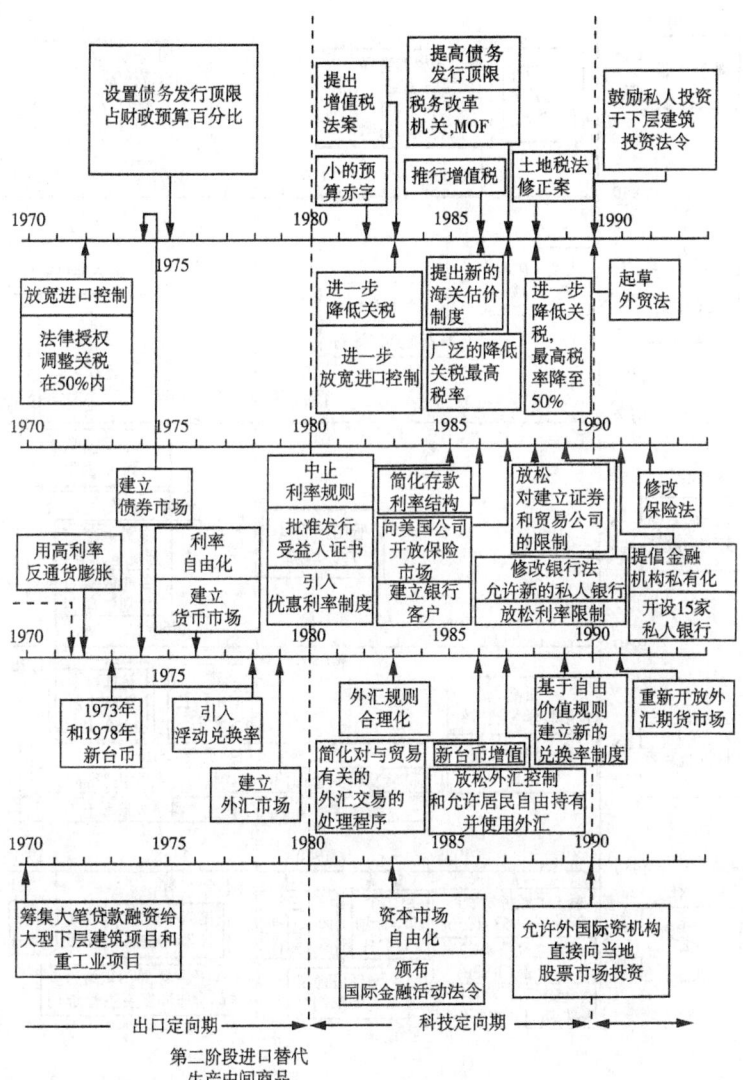

表10.1 续

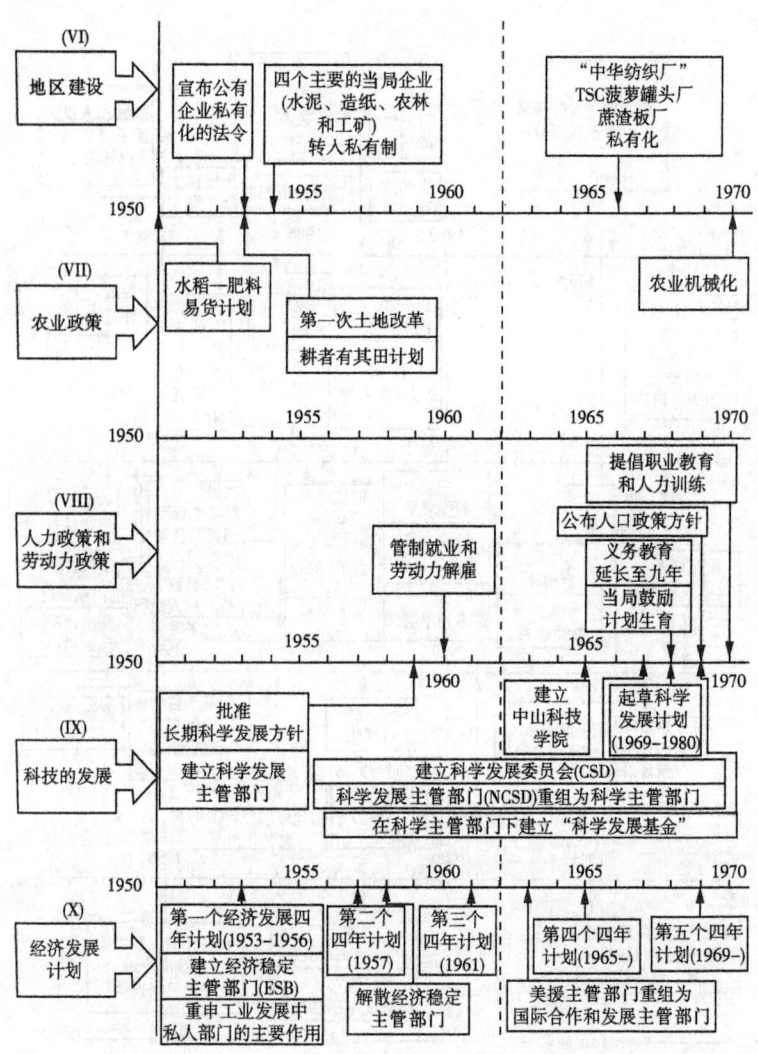

第十章 向现代经济增长转型的政策与政治经济学

表10.1 续

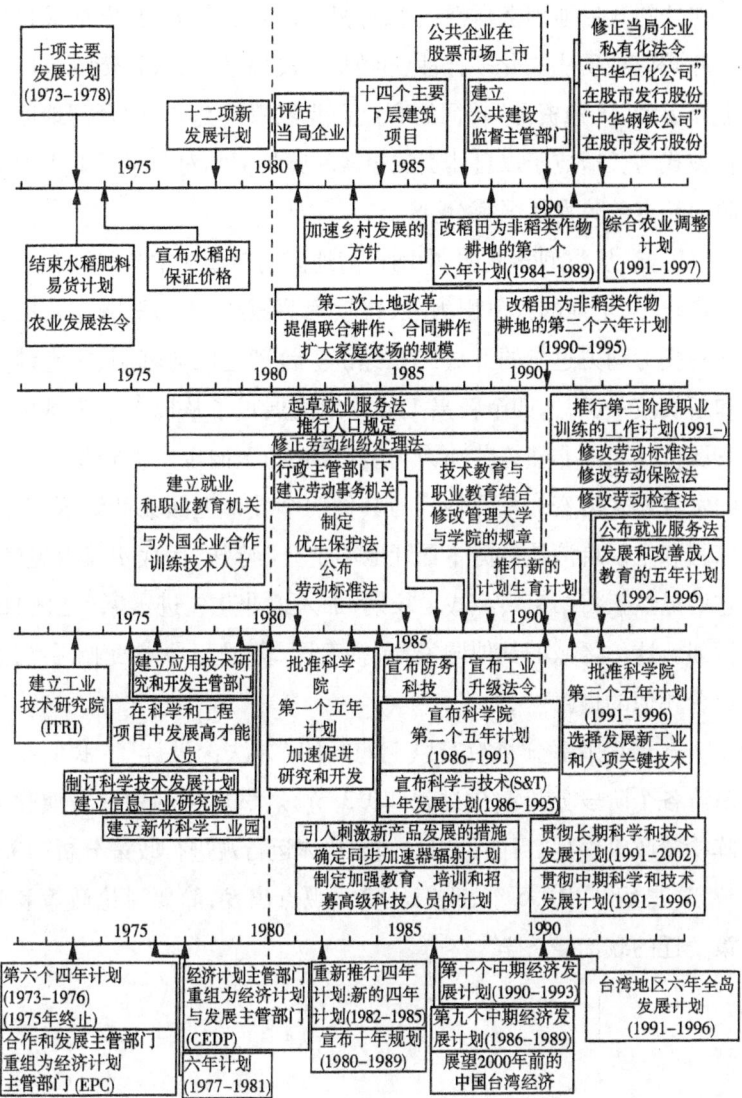

类型上的"独一无二性",不是简单的个别国家和地区,起因于初始的政治地理多样性(例如,相对富余的劳动力、土地或自然资源)和/或历史文化多样性(例如,殖民地经历、教育传统或广义上界定为"人力资源"特征的商业企业家精神)。中国台湾地区的转型式增长适应于以自然资源短缺和廉价但相对高素质的人力资源为特点的欠发达国家/地区。

因此,从类型学上讲,中国台湾地区的转型式增长经验代表了规模较小、土地的人口压力大、自然资源短缺、人力资源丰富的这样一类劳动力过剩的开放二元经济。台湾地区与韩国、香港地区和新加坡一起,这四个新兴工业化地区展现了从以土地为基础的发展模式向以非熟练劳动力为基础的,乃至向以人力资源为基础的发展模式转变的重要性。与其他两个城市型国家和地区相比,韩国和中国台湾地区毋庸置疑地不十分"特殊"因而更具普遍性,它们显然正将结束转型式增长期,加入工业化先进国家(地区)的行列。这一区域的其他国家,包括泰国、印尼和马来西亚,目前正走着相似的道路。

本章其余部分将沿袭以上勾画的"方法论设计"。我们将先沿着各个阶段分析演化过程(10.3节)。然后再利用政策演化矩阵检验政策序列,目的是用我们的整体运行观进行政策分析(10.4节)。最后,在10.5节,我们从演化观点出发,简要讨论政策和政策变迁的政治经济学。

10.3 经历各阶段的演化

10.3.1 初始条件:农业的二元论或殖民主义

我们首先分析从初始的殖民地或开放农业状态开始的经济结构性演化。从经济上说,受外国人对贸易和资本流动兴趣——与殖民主义的形式和运行密不可分——的冲击,"殖民主义"概念的形成是农业二元论在传统的封闭经济中渗透的结果。需要指出,农业二元论和殖民主义都有空间特征。然后我们才能在向现代增长转型时刻,用整体运行观解释殖民主义。

农业二元论的空间观点是在强调城市和农村二分法。如图10.1所示,城市部门由交通网络连接的层级式中心城市集组成。这种二元性可由人口分布模式来界定,即与空间上密集的城市人口并列的稀疏的乡村人口环绕着城市。从经济角度看,农业二元论描述的是以农业和非农业生产为基础的劳动力空间分工模式。不同地区的土地由商业活动"编织"在一起,正如商业资本主义中的资本品是由被商人阶层作为营运资本的存货所构成。农业二元论的整体运行观的形成是18世纪重农主义学派的主要贡献。

外国人对封闭的农业经济的突破,导致了殖民体系的形成,其空间特征变为飞地。通常,一块殖民地飞地覆盖着一大片土地,由一个引向一个港口城市(图10.1中的A)的交通网络连接着。这块土地分割成两个部分,代表着通常较大的、传统农业二元论盛行的落后偏僻地区与较小的、外向的现代化飞地的共存；后者由于是其"母国"的延伸，已经具有现代科技重要作用的特点。

显然，这种飞地的经济生命几乎完全集中于某些初级产品的采集和出口，即土特产品如经济农作物和矿产品向世界市场的输出。作为交换，现代工厂生产的消费品（如纺织品）进入飞地，诱使工人从偏僻地区进入飞地，同样，资本品扩大了相对规模。

尽管飞地是外向的，但是它还是保留了农业二元论中许多商业资本内容。除了农业活动和 Z 产品或农村非农业活动之间的内部贸易（见第八章）之外，这些商业资本主要用于通过诸如仓储、运输和金融，或加工与贸易有关的商品来满足出口贸易的需要。殖民地进口的工厂生产的纺织品往往威胁与其同类的原有 Z 产品的生存。国内现代化工厂——利用工业资本存量为内部市场进行生产——的出现留到转型式增长过程的下一阶段再说。

尽管上面所述的空间观点代表了"典型的"殖民地经济，日本（1895—1945 年）对中国台湾地区的殖民主义仍然有独一无二的特征。假定日本自身的需要和中国台湾自然资源的短缺为既定，台湾地区在殖民地时期向日本的出口主要是大米和食糖。就其相对小的土地规模和有西海岸富饶农业区的地理布局而言，通常的偏僻地区和殖民地飞地之间殖民地二分法被充分地削弱了。假设出口的经济作物同时也是粮食作物，日本殖民政府十分关注农村中物理投资和制度投资。这包括（1905 年的）土地改革和对灌溉、道路、电力以及水稻研究、拓荒、农民协会和初等教育的重视。中国台湾地区西海岸尤其可视为一个连接很好的飞地。因此，农村中农业和非农业或 Z 产品活动之间的联系十分紧密，农村家庭与

第十章 向现代经济增长转型的政策与政治经济学

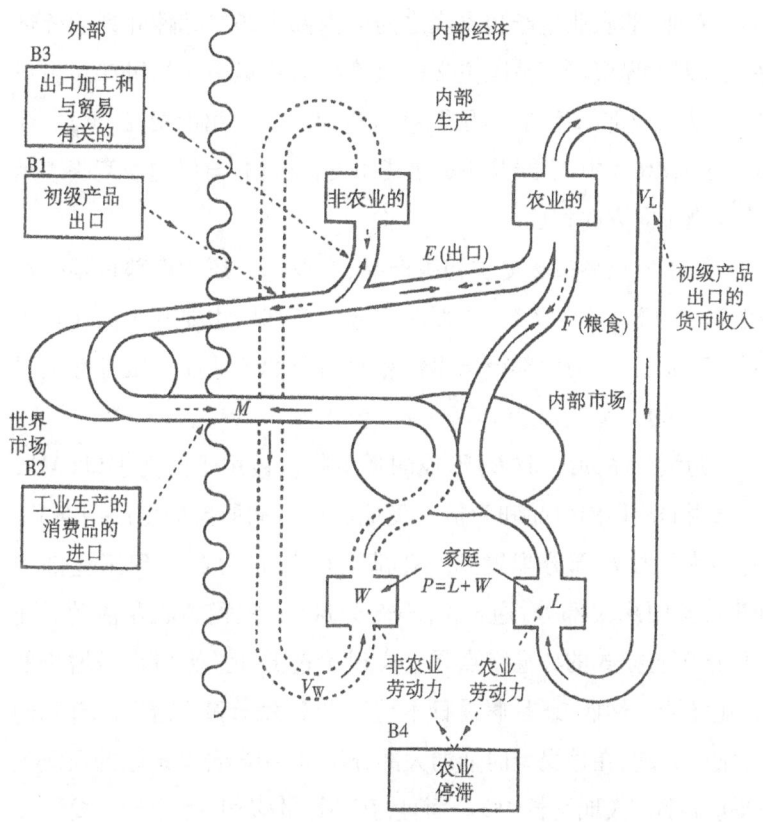

图 10.2 整体运行观中的殖民主义

城市活动的联系也十分紧密。简言之,中国台湾地区的殖民地传统使其农业部门很容易沿着部门间"接触"理论实现现代化,也就是说,正如第三章从理论上讨论过的,地理位置上的邻接以及与非农业部门的相互作用形成一个重要的平稳发展的先决条件。

图 10.2 表示了在殖民主义问题上整体运行观的一个模型轮

廓。农业、非农业生产和家庭之间的内部市场二元性并列于外部部分,即世界市场。殖民主义的经济生命线集中在初级产品出口 E,它从农业部门流向"母国",换取进口的非耐用消费品(M)。注意,在图 10.2 中,实线箭头表示货币支付流向,与以虚线箭头表示的实物流向方向相反。

除了向世界市场提供初级产品,农业部门还为内部市场生产粮食(图 10.2 中的 F)。内部非农业生产部门主要利用商业资本而非工业资本,为内部市场生产相对简单的工业品和服务性项目(Z-产品)。

初级产品的出口(E)形成的货币收入被用于两类进口(M),即家用非耐用消费品和为扩大飞地出口活动所需的生产用商品。内部劳动力 P 部分配置到农业部门(L),部分配置到工业部门(W),其中绝大部分,通常为 60% 至 80%,配置到农业活动。而且,该配置模式的典型特点是上文讨论过的随总人口迟缓增长的农业停滞。然而,还是假设日本殖民者对大米和蔗糖生产有不同寻常的兴趣,在殖民地时期的大部分年份,中国台湾地区的农业生产每年都惊人地增长 4%。而且,互补性的 Z-产品生产只要不发生和从日本进口的工业品直接竞争都被许可。尽管人口增长不快,土地却不足,因此中国台湾的特点是典型的劳动力过剩的开放二元经济。

因此,我们的整体运行透视图让我们看清了殖民主义体制,其中生产、消费、劳动力配置和进出口形成一个明确的形态模式,这个模式描述出三个部门动态的相互作用。注意图 10.2 中几个战略定位方框(标为 B1、B2、B3、B4)帮助我们强调某些突出的殖民主义特征。简要说,B1代表对初级产品面向世界市场,主要是"母国"市场出口(E)的依赖;B2代表工厂制造的消费品(和某些生产用品)向内部市场的进口(M);B3代表少量的非农业产品出口,以Z-商品为主,其中大部分是与内部市场有关的小商品和服务性产品,图中未表示;最后,B4强调殖民主义下长期的农业停滞状况。

殖民主义运行图描绘了一个三个部门——农业、非农业和内部部门之间相互作用的特别模式。我们正是通过这一相互作用模式的交替变化,用一种演化观点分析转型过程中的结构性变化。台湾和其他地区在殖民主义时期结束时首先是一种新型相互作用模式,即文献通常所说的进口替代(IS)增长过程。

应当注意到,某些有限的进口替代在殖民时期的后期可能已经出现。例如,"母国"很有可能出于运输成本和比较利益方面的考虑,在殖民地开设一些生产非耐用消费品的工厂,尤其是内部市场相对大时,就如殖民地印度和中国大陆的情况。例如,在中国大陆从1911至1933年的20年间,现代纺织厂在沿海城市开始出现,其产品取代了一些简单的国内Z-产品和原先从英国和日本进口的纺织品。至1949年中华人民共和国建立时,5.7亿中国人身上穿的主要是国内生产的产品。的确,在20世纪50年代某些纺织品的出口和当时仍然占主要地位的初级产品的出口,一起已经成为中国大陆外贸收入的主要部分。

在这个意义上,台湾地区摆脱殖民主义后的进口替代阶段可视为一个历史过程的继续,而不仅仅是新当局政策改革者的结果。带来更高收入的进口替代过程在某种程度上是成功的初级产品出口型经济的自然结果。出于理性的原因,即以进口资本品和利用廉价的中国大陆劳动力来节省运输费用显得更为合算,在中国大陆沿海城市出现了现代工厂。当代欠发达国家和地区通常采取的促进进口替代的一揽子政策是高估汇率和保护性关税,以排挤外部工业品进入内部市场(见后文分析)。因此,这些政策可视为对原先趋势的调节或补充,并使之加速变化。这些政策的相对重要性主要取决于国家的大小。

我们想先来讨论进口替代式增长作为一种一定程度上独立于政府政策的演化过程是如何开始的。政府政策显然也是一种额外的推动者,但是所起的推动作用比原先大多数分析家假定的要小一些。的确,我们可以找出进口替代式增长会自然出现的原因,即独立于政策干预。这正是我们向转型式增长演化或结构性演变的关键因素。

10.3.2 转型的初始阶段:进口替代(1950—1962 年)

进口替代式增长是几乎所有从殖民主义过来的当代欠发达国家和地区在后殖民时期的初始阶段。在用演化观点分析这一重要发展阶段时,需要讨论以下的问题:
(1)作为一个整体运行系统的"进口替代"的确切含意;
(2)它的显著特征;
(3)从经济角度看,它与殖民地传统的关联性;
(4)从政治角度看的关联性;
(5)进口替代阶段必然结束的原因。

进口替代是一种发展形式　首先应该注意,进口替代是一种特殊的发展形式,它可以用图 10.3 表示的整体运行观来界定。我们注意到图 10.3 是图 10.2 稍作改变直接得出的,反映了进口替代直接出自于殖民主义的事实。这增强了我们的演化观点,即演化就是保留传统的变迁,就是历史的连续性;自然界其实不存在"跳跃"。

在这种发展形式中,初级产品出口(E)的外汇总收入现在从用于进口非耐用消费品(M_C)(以及某些输入飞地的生产用商品)转向进口生产用工业品(M_p)(带有现代科技含量的)。后者形成了工业资本存量(K),能够在内部生产消费品(C),逐渐替代原先非耐用消费品(M_C)的进口。在平衡增长的背景下,工业资本存量的积累(来自于从农业和非农业形成国内储蓄,S_a 和 S_i,和可能得到的外国储蓄 S_f)可吸纳由农业部门释放出来的劳动力。这一概要非常明确地表明了,进口替代是一种只能用整体运行观才能描述的涉及生产、消费、劳动力配置、资本积累和国际贸易一体化的发展类型。

进口替代式增长的显著特征　进口替代式增长有许多显著的(并且独有的)特征,可以借助图 10.3 识别,在图上用战略定位方框(B1、B2 等)表示,以方便我们的讨论。

"进口替代"的概念有两层意思,即"外汇配置"意义上的含义(B1)和"内部市场"意义上的含义(B2)。关于 B1,初级产品出口换来的外汇收入(E)从主要用于进口工业消费品(M_C)转为进口生产用商品(M_p)。原先在殖民主义时期进口的产品改由现代工厂生产,帮助形成了一种消费习惯,并流行起来。

内部市场意义上的进口替代(B2)意味着内部生产的非耐用

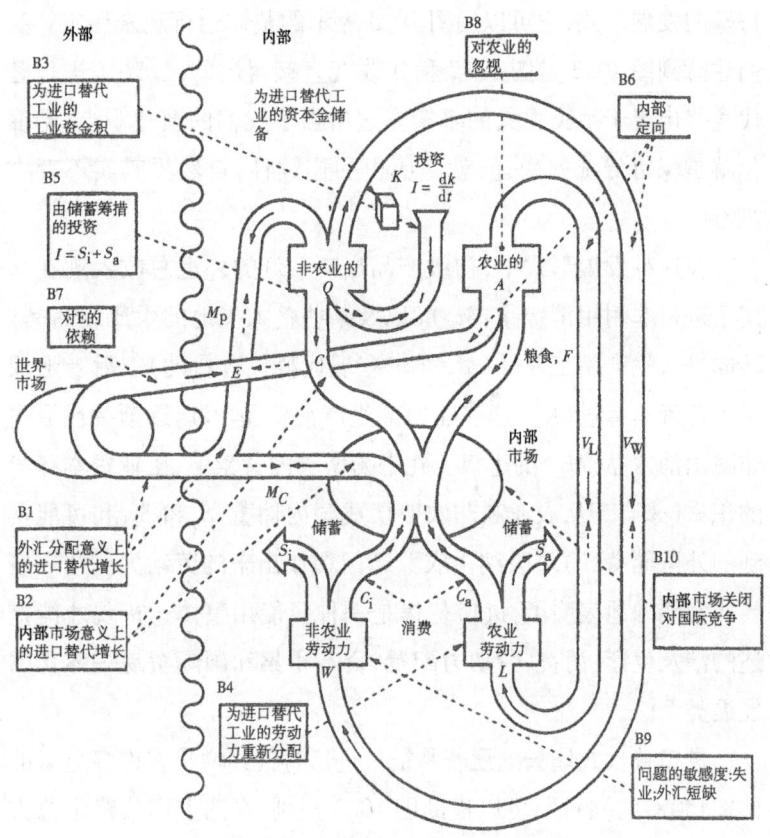

图 10.3　整体运行观中的进口替代

消费品(C)逐渐在内部市场替代原先进口的商品(M_C)。这种意义的"替代"具有一种自给自足的含义,因为外部产品(M_C)现在被逐渐排斥于内部市场,除非它们被认为对内部生产能力的现代化绝对有必要。这两种意义上的替代都反映了反殖民主义的政治文化。

进口替代式增长时期的到来明显地表明了商业资本主义的结束,因为工业资本存量正在不断地积累(B3)。与封闭的二元经济分析有关的一堂分析关键点这里仍然使用。一方面,如 B4 所示,农业劳动力(L)重新配置到新形成的进口替代工业,这能很容易用我们的增长等式(见 B3 和第七章)来分析。另一方面,农业和非农业储蓄(S_a 和 S_i)被引导为进口替代工业(B5)投资(I)筹资。部门间和部门内融资关系到转型式增长过程的较为重要政策问题。这些我们将在下面讨论。

显然,进口替代式增长是内向型的(B6),表现为总出口(E)占 GNP——两个内部生产部门增加值 V_L 和 V_W 之和——的比重停滞甚至下降。因此,这个意义上的内向型是进口替代式增长区别于其后的外向型阶段的一个显著特征。

经济观点中的殖民主义与进口替代式增长的相关性 进口替代式增长直接衍生于殖民主义事实如 B7、B8 和 B9 所示。B7 强调对初级产品出口的持续依赖;B8 表示持续地相对忽视农业部门的趋势;B9 突出了进口替代式增长的中心问题。

进口替代式增长的一个中心特点是初级产品出口(E)始终是经济发展的主要推动力。这意味着,在国际交往中,内部经济继续依赖的是其有比较优势的自然资源,而不是人力资源(包括受过训练的,但仍相对不熟练的劳动力)。进口替代式增长和殖民时期一样,同样不利于更全面地开发人力资源潜力。

假定大家熟知的对新兴工业阶级有利的一揽子政策导致了对农业的相对忽视(B8),那么,被进口替代工业(W)吸纳的劳动力慢于人口的增长,即达不到临界最小努力标准,结果是劳动力过剩状况持续下去,因此,进口替代式增长阶段的典型特点就是结构停滞。

我们在前面把劳动力吸纳的迟缓问题主要归因于对农业的忽视、进口替代工业部门利用的技术所带有的技术强度不够高和资本使用倾向型的。这些情况可以用以下的事实解释,即进口替代阶段是非竞争性的,实际上不需要人力资源和技术能力。所以,在进口替代整个阶段,随着高速的但低效率的工业增长,失业或不充分就业仍然是主要的社会问题。而且,如果继续只依赖初级产品的出口和密集的工业品进口,经济通常遇到严重的外汇(FE)短缺(B9)。正是进口替代式增长造成了经济对这些问题的敏感性,进而导致下一个阶段——外向型阶段的出现。

应该注意到,与典型情况相比,中国台湾的进口替代阶段相对温和和较短。这反映在农业绩效相对较好、实施某些相对温和的进口替代政策(例如,较早的利率改革,较早地将配额制改变为关税)以及非农业劳动力的吸纳率(每年3%)多多少少跟上了人口的增长,至少是没有增加更多的剩余劳动力等方面。

政治观点中的殖民主义与进口替代式增长的相关性　在这个广为接受的转型初级阶段,所采取的一揽子政策很大程度上是出现于反殖民主义时期的新政治文化的产物。一方面,外国产品和外国投资通常都被拒之于国内市场之外。另一方面,年轻的主权国家为建立国家的凝聚力,或库兹涅茨式民族主义,往往导致政治激进主义,以各种增长促进政策的姿态,强调政府角色的普遍性和政府的权威。此外,还有两个显著的政治特点(B10),一是通常依附于公共或准公共工业活动的新兴工业阶级难以掩饰其对竞争的恐惧,二是私人部门迫切地寻求和获得保护、优先的市场地位和权力。

进口替代阶段结束的原因　尽管几乎所有当代欠发达国家和地区的转型(包括台湾地区)都是从进口替代阶段启动的,但是中国台湾地区(以及韩国等某些其他东亚"奇迹"国家和地区)在该阶段相对温和的表现和过早地结束该阶段显得特别突出。虽然该阶段只有十多年(台湾地区:1950—1962年,韩国:1953—1965年),但在其他地方,如拉丁美洲,这一过程却是长期持久的,超过了几十年。

总趋势是,一旦非耐用消费品的国内市场枯竭,只随着较缓慢的人均收入和人口增长而扩大,集中于该类商品的早期进口替代就失去发展势头。处于该阶段某些社会,如拉丁美洲,仍坚持进口替代,但是处于越来越落后的产业链(耐用品、资本品、原材料加工)中。其他地区继续前进。中国台湾地区或韩国相对早地结束了进口替代,可被视为自然资源较稀缺、高质廉价劳动力较丰富的地区或小国的典型现象。如上所述,对初级产品出口的持续依赖是进口替代的一个突出特点。如果一个社会可出口的自然资源丰富,进口替代式增长阶段就可能长一些,但同时伴随着各利益集团围绕"寻租"展开的争斗。

然而,在中国台湾地区,进口替代不得不尽快结束。一旦初级产品出口不能无限地扩大,持续进口生产用商品的"燃料"就会耗尽,如生产能力下降、补贴出口的可能性消失、成本越来越高和无效率的生产。因此,当外汇短缺和工业增长放缓的问题日趋严重时,像台湾这样的地区或国家实际上受早期的不鼓励出口政策成功(见下文10.3.3)的压力,放弃了进口替代战略。

需要指出,国外资本(主要是公共资本)可能成为提供租金和延长进口替代政策的另一种方式。然而实际上,尽管外援对20世纪50年代的台湾地区以及对60年代台湾地区有重要作用,但是台湾地区宣布到1965年完全停止外援,又推动了进口替代阶段的结束。

对于"政策演化的一致性"概念,我们可以用一个明显的例子来解释。政策形成在很大程度上可视为一个内生事件,由初始条件和不断演化的经济运行方式所致。由于同样的原因,即外向型阶段的出现,中国台湾地区逐渐地放弃了进口替代的政策。

10.3.3 外向型初级出口替代阶段(1962—1970年)

在台湾地区,由于积极和消极的原因,很自然地出现了外向型初级出口替代。我们已经注意到,可出口的自然资源短缺意味着进口替代式增长不可能无限地得到融资。而且,台湾地区的劳动力过剩,由于其潜力只可能在外向型阶段完全被开发,这是经济体制转变的积极原因。外向型阶段直接由进口替代阶段发展而来,如图10.4所示。图10.4其实只是图10.3作细小结构改变得出的。

外向型初级出口替代阶段有两个显著特征(见图10.4):

E1:非农业部门的外向度增强;

E2:剩余劳动力以非农业出口的形式销售到世界市场。

应该注意到,与进口替代阶段延长相关的工业出口是不合适

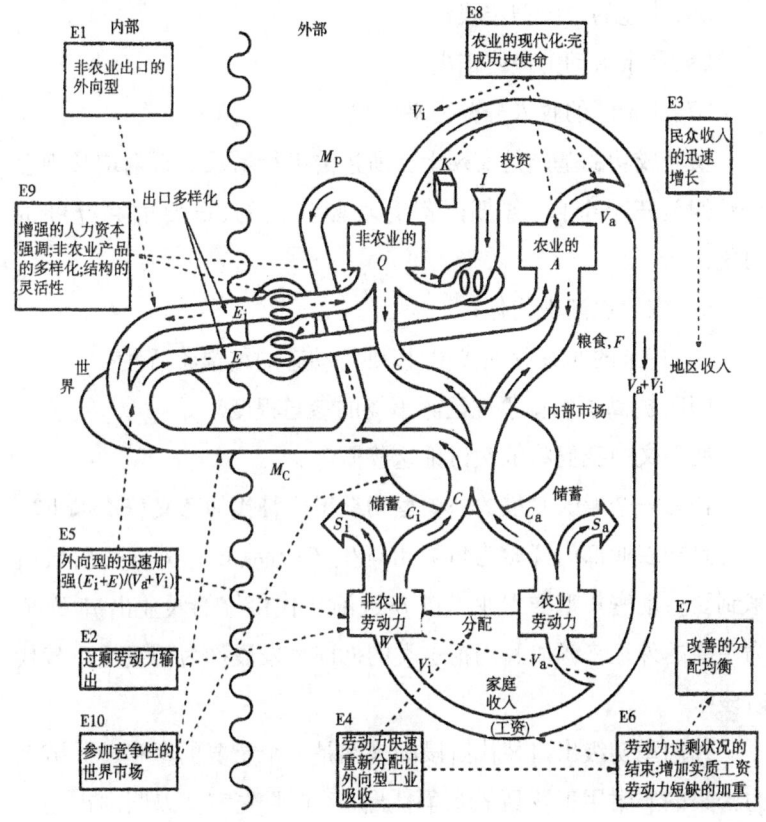

图 10.4 整体运行观中的外向型

的(在旧拉丁美洲模式中有时称出口促进)。这类出口是典型的资本密集型和出口补贴型。在台湾地区,真正的外向型阶段到来与其转型式增长的成功是密不可分的,这可以从下列绩效中看出:

E3:GNP 快速增长;

E4:劳动力从农业到非农业快速地再配置;

E5：快速的外向型步伐；

E6：剩余劳动力最终消失；

E7：改善了的收入分配公平状况。

发展成功的基础是实现上文所述的平衡增长。平衡增长现已经延伸至三个部门，各部门都有功能特定的、重要的和互补的角色：

E8：农业逐渐现代化；

E9：持续的非农业现代化，以维持动态的结构灵活性；

E10：提高了的竞争性国际市场的参与程度。

在下文中我们将依次讨论这些概念。

作为一个增长阶段的外向型初级出口替代的意义（E1 和 E2）

一旦非农业部门开始为世界市场生产产品（E_i），外向型阶段就来到。劳动密集型非农业出口 E_i 逐渐替代传统的农业出口 E，成为主要的外汇来源。我们把这类的外向型发展称为初级出口替代阶段。

外向型初级出口替代阶段的来到是一个重要的里程碑。劳动力密集的非耐用工业品的竞争性出口（它原先完全以国内市场为目标）意味着，欠发达国家和地区的生命周期中第一次找到了能完全利用剩余劳动力的方法。在中国台湾地区，这一新模式根据各种市场中的自由化以及诸如出口加工区、进口关税减免等转型方法（见后文）进行了调整。无技能但高素质的劳动力被认为是可输出的剩余劳动力，以换取资本和技术密集的生产性商品的进口。从而，越来越多的有无限潜力的人力资源逐渐代替自然资源成为比较优势的基础。

外向型初级出口替代阶段（E3,E4,E5,E6,E7）的成功　在外向型阶段，对失业和未充分就业的人力资源的全面开发可用各种绩效指标（即 E3 至 E7）来统计度量。因此，人均收入增长率（E3）和结构变化率（E4）是库兹涅茨提出的两个常见指标。快速的外向型（E5）步伐反映了内部经济与世界经济一体化程度的提高，可以用外贸比率（如出口额占 GNP 的比例）衡量。

一旦三部门的平衡增长过程足够的长和足够地快，它最终势必耗尽由人口和劳动力增长补充的剩余劳动力储备。中国台湾地区在该阶段，非农业部门的劳动力吸纳速度每年超过 5%，几乎是进口替代阶段的两倍，并且远远超过下降至每年 2% 的人口增长速度。显然，劳动力过剩状况的最终结束（E6）是劳动力过剩经济发展中一个很重要的里程碑，具有许多经济和社会意义。最重要的是，它首次使无技能的实际工资得以持续地上升，即劳动力在经济生命周期中首次成为市场上的稀缺要素。

快速的外向型初级出口替代式增长本身反映了人们对什么是经济系统的基本问题的认识逐渐发生了变化。对进口替代阶段中失业和外汇短缺的关注逐渐减弱。最终，当有迹象表明劳动力短缺已经到来时，农业部门开始机械化。一旦达到商业化，全面就业和更高的工资保证了收入分配的进一步改善（E7）。虽然中国台湾地区在进口替代阶段的绩效好于典型的欠发达国家和地区（拉丁美洲），所谓东亚"奇迹"的主要焦点集中在 20 世纪 60 年代的外向型初级出口替代阶段。

历史使命完成后的农业进一步现代化（E8）　我们在分析封闭的二元经济时指出，转型阶段的一项主要任务是传统农业部门的现代化。它是通过一系列农业和非农业的相互作用完成的。通过这一系列相互作用,农业部门以其农业剩余,主要是向非农业人口提供的食物换取现代工厂生产的投入(如新的种子和肥料)和激励性消费品。在开放的二元经济中,这种相互作用可采取两种方式。除了向国内市场出售他们的剩余(F)外,国内的农民还可以到世界市场销售(E)。从两个来源获得的货币收入(V_a)可用于在国内市场获得工厂生产的激励性消费品或现代投入(C_a)。

值得强调,这种"相互作用"方式对于农业部门现代化有若干特点:(1)通过产品多元化实现农民的商业化;(2)暂时优先;(3)在增长促进政策中放弃了典型的城市优先倾向。

1. 商业化 农业现代化的中心总是在于农民本身的现代化,即从不愿冒风险和"生存导向"的行为者转化为对部门间获利机会、市场价格、利润和财富积累敏感的现代经济行为者——资本家式农民。

在台湾地区的进口替代阶段,土地改革(包括减租、耕者有其田计划以及当局土地的配置)使农民相信他们可以成为自己命运的主人,从而为农业现代化奠定了基础。而且,如我们已经指出的,早期向农民提供的物理和制度性的基础设施以及当局不愿过度扭曲对农民不利的国内贸易条件,都起了很大的作用。但是,全面的商业化过程只有在外向型阶段的初期才可能成功,原因是,农民开始多元化种植并学会把新产品(先是水果和蔬菜,然后是蘑菇和芦笋)投入世界市场。

还应当注意,台湾地区在 20 世纪 60 年代第一次非农业出口"爆炸"出现于食品加工业。在这方面,农业部门持续的商业化使得其在萎缩成工业部门的纯粹附庸之前就完成了它的历史使命。台湾地区处于外向型初级出口替代阶段和产品多元化的过程时，就完成了进一步的商业化。尽管自然资源短缺，台湾地区的农民在一段时间内成功地把一拨一拨的新产品投入世界市场，其气势不亚于韩国城市企业家阶级向世界市场投放的工业产品。

2. 暂时优先　我们分析二元经济时得出，农业现代化是工业化成功的一个先决条件，即农业部门通过不断增加的储蓄（S_a），不断产生的食物过剩（F），释放的劳动力，和"开放"模式下不断提供的外汇资源（E），为非农业部门扩张提供"燃料"。但是，由于持续的劳动力再配置，恩格尔法则的作用以及在实现全面商业化时经济重心的变迁，将使农业部门沦为工业部门的纯粹附庸。因此，在此之前，即在转型过程中必须较早地在平衡增长背景中完成这些不同的"历史任务"。

在台湾地区，农业产品多元化发生于非农业产出和非农业部门多元化之前，并且刺激了后者。而且，尽管农业生产力的增长非常之大（20世纪60年代每年增长率超过4.2%），外向型阶段结束时，从附加价值（V_a, V_i）、劳动力构成（W, L）以及出口构成（E, E_i）看，农业部门确实正在变成非农业部门的附庸。

3. 在增长促进政策中放弃"城市优先倾向"　图10.1从一个特殊的视角所示的城乡两分法反映了传统的殖民社会已经具有明显的城市飞地优先的倾向。的确，如图上示，中心城市的经济等级层次与政治权威的等级层次（中央政府、省政府、地方政府)恰好一致,意味着空间上分散的农民一般处于政治权威结构的低层。当时的精英是外国人及其国内合作者共同控制着原料出口集中的飞地。一旦进口替代开始,这些一脉相承的精英就成为新兴的公共或私人部门的工业阶级,通常带有很强的城市导向。

结果形成了城市优先倾向,到处体现于基础设施配置、贸易条件扭曲等方面。[①] 农业的流动、多元化和商业化,以及 Z - 商品的生存和增长当然会放缓或受阻于这种明显倾向。政治操纵的贸易条件从根本上剥夺农村农业生产力的提高、产品的多元化、致力于食物生产和 Z - 商品生产之间平衡增长的手段和激励。因此,如果农村人口受到如此歧视,结果是显而易见的。大多数发展中国家和地区在早期进口替代和进口替代延长期间都有这样传统的模式。发达国家和地区的政府通常补贴农民,而欠发达国家和地区的政府却无一例外地剥削农民。在开放经济中,由于农民为世界市场生产,在进口替代阶段推行温和的城市优先倾向政策的最有效方法,就是用高估的汇率,来隐蔽地剥削生产出口的农民。在台湾地区,放弃不利于所有出口者(包括农民)的倾向是启动外向型阶段的一个关键政策。

而且,在台湾地区的进口替代阶段,城市优先倾向相对温和,此外,一旦经济进入外向型的次级出口替代模式,并且进一步重新评估它的内向型,城市优先倾向的残余就会被完全

[①] 参见利普顿(Lipton,1976)。

有效地铲除。结果是,外向型阶段早期出现了上述的农业产品的多元化。显然,虽然当局(殖民当局和早期的后殖民地当局)在经济和社会的基础设施上早就对台湾地区农村人口很有帮助,铲除城市优先倾向的残余在后来起了最重要的作用,使得农业部门彻底地履行自己的历史使命。

10.3.4 外向型次级出口替代阶段(1970—1980年)

一旦经济中无技能的剩余劳动力耗尽,如中国台湾地区在1968—1970年间的情况,就可预期到非农业部门逐渐离开它几乎完全集中于劳动力密集型生产结构。我们现在遇到的是:(1)对人力资源和创造性企业家反应机制开发给予充分的重视;(2)出口多元化和动态的结构灵活性;(3)获取强化了的外向型的全部收益。

对创造性人力潜力的鼓励 这种鼓励主要体现于两种形式:一是加强对中等教育和职业教育的重视,以满足产出日益多元化的技术要求,二是开放经济,以面对不断提高的新兴企业家阶层参与程度。

在1968年,随着劳动力短缺信号的出现,台湾地区把义务教育从六年延长到九年,同时着手在中等教育课程中大幅度加强了职业性教材;到了1972年,高达52%的中学生接受职业教育,强调对其数字能力和解决一般问题能力的培养,以适应变革中的工业环境。[①]

[①] 更广泛的讨论,尤其是人力资本的论述,参见拉尼斯(1995a)。

对于企业家的参与,应该记得,19世纪西方科学时代的到来,强调的不是限于文化精英,而是全民族参与经济的创造性活动,而不像16世纪启蒙时期杰出的科学发现仅限于文化精英。开始不断出现在商品目录和电视上的众多新产品,以及世界各地展览厅和贸易中心中可见的成千上万的品种就是大众广泛参与创新和尝试的结果。

产品日益多元化丰富了人们的生活,其程度远远超过新古典主义经济学家帕累托强调的"配置效率"带来的结果。凯恩斯在《通论》的最后一章表达了这样一个观点,即社会遭受的最大损失就是没有"想象力和多元化",因为它剥夺了公民在市场上的选择机会。

尤其是外向型次级出口替代阶段的后几步,迎来了一种以对不断变化的人力(相对于自然而言的)资源——从事以创造性、富有想象的方式开发经济的技术潜力的——潜力开发为基础的经济系统。产品的多元化和工艺改进只是以后到来的全面科学技术导向阶段的前奏,在台湾地区,1980年以后,当社会趋于经济成熟时,科学和技术进步就加速。

出口多元化和结构灵活性(E9)　　随着外向型次级出口替代阶段的到来,工业品的出口(E_i)现在不仅有绝对增长和与农业出口、GNP相比的相对增长,而且经历了动态的产品多元化过程——一个不间断的、健康的GNP新陈代谢,预示着新产品不断及时地出现和由动态技术变迁导致旧产品及时地退出。这就形成了一个与时俱进的灵活性不断增强的生产结构。的确,如果没有有时被称作"飞雁"模式的持续的结构灵活性,以模仿持续的比较优势的国际变化,就不可能进入以动态技术变化、快速增长和资本积累为特征的现代增长时代。如图10.4所示,非农业出口(E_i)的全面解体,以及随之而来的投资(I)解体,揭示了结构灵活性的必要性。这为下节更技术性的分析作好了准备。

持续的外向型开放的好处　与外向型次级出口替代阶段相关的产品多元化、工艺改进和结构灵活性在很大程度上与以下事实有关,即工业品(E_i)投向世界市场并受多方面刺激。在封闭经济中,沿任何方向的快速技术变迁都不可能以任何主流技术形式出现。原因有二,一是贸易促进了产品和工艺观念的输入,二是基本的恩格尔法则说明了较高的收入导致对消费模式多样性的偏好增强。

第一世界的市场和日益重要的第三世界市场为中国台湾地区(和其他东亚新兴国家和地区)提供了配置越来越多的技术劳动力和冒险的企业家阶层的机会。我们遇到了另一种"剩余释放",这一次是剩余创造力的向外释放,它要求新的国家和地区与产品市场的所有主体给予最强烈的反响。

竞争压力增强的导向(E10)　本章的一个中心问题是,各种市场要渐进地非政治化,即如果典型的欠发达国家和地区想要成功地完成转型式增长的各阶段,就必须进行制度变迁。在外向型次级出口替代阶段初期,外向推动的成功自然孕育了这样一种观念,即更多的出口导向是值得的。然而,鉴于进口替代时期政府干预和保护的传统不可能很快消除,我们通常首先遇到的是市场与政府的混合和重叠,不过,政府却越来越强调出口,即使出口原先可能已经由于出口加工区、为出口而进口的税收减免等措施获得鼓励。把产品推向世界市场,无疑地意味着,在质量和价格上不仅要与先进国家和地区竞争,而且要与其他成功的欠发达国家和地区竞争。尽管政治文化仍然表明,政府能够而且应该通过执行不同的利率、税率、汇率,以及如韩国案例中涉及到的对出口对象"道德上的"和更直接的劝导等方法促进出口,越来越显著的是,经济的未来逐渐地取决于无政府补贴地进入世界市场,使得内部生产者除了接受外部竞争规则之外,别无选择。目前在"东亚奇迹"的研究中,关于产业政策作用的争议归根到底是政府直接干预的程度及其该何时结束。既然现在一般都认为,大多数社会都会经历市场失灵和政府失灵,那么,现在正是特定的干预让位于一般性干预,一般性干预让位于制度(或组织)干预的步伐才是真正的问题。显然,在内部市场对着别无选择的消费者推销产品和在几乎没有什么优惠的国际市场参加竞争是有极大差别的。这种差别有助于我们在非政治化发生时,区分政府与社会的关系。在台湾地区,在地区内部市场继续受保护时,外部一开始就实现了自由化。后来,在(最后的)科技导向阶段,当地区内部市场进一步开放逐渐完成时,这种混合的安排开始解体。

10.3.5 科技导向的阶段(1980年开始)

与我们的演化观点一致,科技导向阶段又一次直接从它的前身,即外向型次级出口替代阶段演化而来,成为向经济成熟成功转型的最后阶段。的确,由于成功地度过了科技导向阶段,有理由预期中国台湾在20世纪末进入工业发达地区的行列。[1]

---

[1] 参见拉尼斯(1992b)按一个个部门对该问题分析所作的大量贡献。

如图 10.5 所示,科技导向阶段的整体运行框架可从外向型次级出口替代阶段的整体运行框架(图 10.4)得出,再次表明了演进的意义。现在,由于出现了劳动力短缺、农业机械化以及随之而来的土地集中和农场、农业部门(在图 10.5 中甚至不再显现)已经变成非农业活动的纯粹附庸,经济已经完全失去了"二元性"。虽然可能是误导,但是现在可以观察到旨在通过政府给农业保护和补贴达到粮食自给的政策,这反映了该部门的"特殊"政治力量。因此,就国民收入的比例或涉及劳动力份额而言,农业显然已经退至后台。

另一方面,在台湾地区,正在实现现代化的非农业部门已经变得越来越复杂化,如图 10.5 所示,它包含:

1 一个消费品的内部商品市场;
2 一个资本品的内部商品市场;
3 一个金融市场;
4 一个劳动力市场;
5 一个作为出口商品的世界市场;
6 一个作为长期资本流动和转移的市场;
7 一个外汇市场(虽然在图 10.5 上没有表明)。

科技导向阶段的到来实质上把我们注意的焦点转向了一系列组织导向和制度导向的问题,例如,虽然在科技基础设施的背景下,对政府行为提出的新制度要求开始发挥作用,但是,当长期的非政治化过程持续下去并成为潮流时,持续改善的市场体系势必取代一些政府功能。

我们对转型的最后阶段的整体运行观点建立在上文提到的市场体系解体的观点基础上,明显区别于高度宏观的凯恩斯框架。

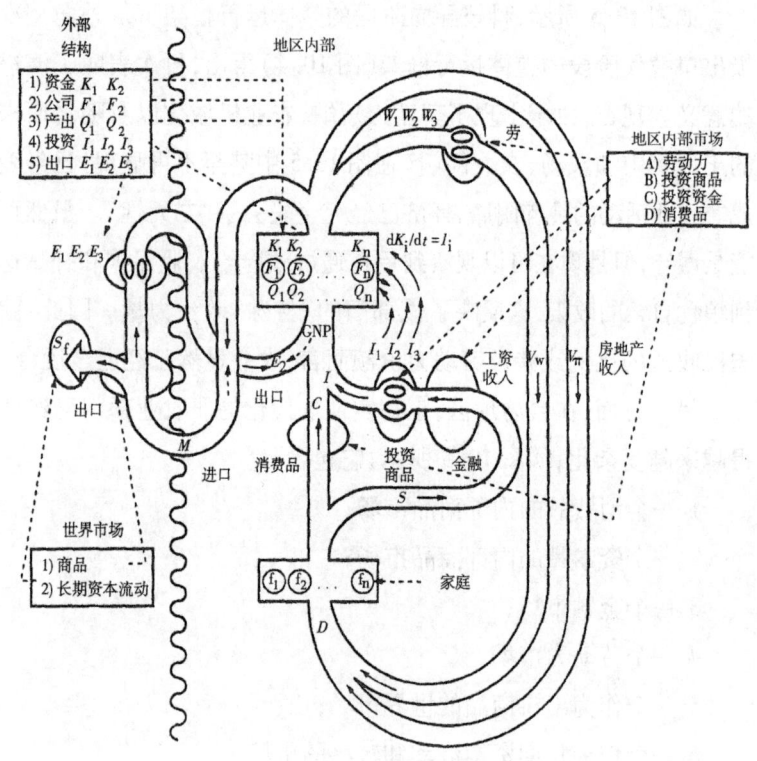

图 10.5 运行观中的科技导向阶段

凯恩斯强调通过一个市场体系实现四个部门的相互作用系:(1)内部生产部门;(2)内部家庭部分;(3)政府部门;和(4)外部部分。当劳动力和资本服务提供给生产部门时,GNP 就产生了,生产部门也利用进口商品(M)。总需求的四个部分是出口(E),家庭消费(C),政府开支(G)和投资(I)。国民收入,即劳动力收入(V_W)和房地产收入(V_π)之和,部分地作为税收(T)转向政府,而家庭可使用的收入（D）要么用于消费，要么作为储蓄（S）流入金融市场。[①]

在外部，进口与出口之间的差额（$S_f = M - E$）可称为"外部储蓄"。当 S_f 为正数时，会出现进口过剩，意味着外部储蓄（以长期的私有资本内流和/或外援的形式）正被用于为内部投资提供资本。相反，当 S_f 为负数时，出口过剩意味着内部储蓄被用于为在外部的投资提供资本。因此，S_f 的概念就是受市场控制的长期资本流动（包括称作外援的单边优惠性资本转移）。

在经济系统的内部部分，需要补充说明的是，货币扩张，即 dm/dt 的可能性，它流入金融市场并增加了由自愿储蓄 S 生成的购买力。在下面的论述中，我们不用凯恩斯的概念，称 S 为金融市场上可获得的可贷资金，随货币扩张而增加。我们希望揭示，一系列的重要政策问题确实关系到政府发动的货币扩张问题。与工业发达国家和地区相比，该问题是欠发达国家和地区促进增长的政策的独特之处。

这个修正的凯恩斯"宏观"框架虽然有用，却不足以解释非政治化过程中科技导向阶段的真实情况。特别指出，这需要一个整体而又是分解的合适框架。由此，图 10.5 的框架中所有的总量都被分解成如下的配置：

(1) 资本 K 分解为资本结构（$K_1, K_2, \cdots$）

(2) 投资 I 分解为投资结构（$I_1, I_2, \cdots$）

(3) 劳动力 W 分解为就业结构（$W_1, W_2, \cdots$）

[①] 读者要注意到图 10.4 中的 G 和 T 不是分开的，原因是这里将公共部门和私人部门合在一起了。

(4)产出能力分解为产出结构($Q_1, Q_2, \cdots$)

(5)出口 E 分解为多元化的出口结构($E_1, E_2, \cdots$)

凯恩斯及后凯恩斯学派中的宏观经济学可以保留"总量观点",原因是工业化发达国家的静态配置效率或多或少可视为理所当然。当代欠发达国家和地区的情况则不一样。的确,现代经济增长的概念意味着,根据库兹涅茨著名的六大特征,典型的欠发达国家和地区正逐渐建立市场的调节系统,用来取代政府的政治作用。而且,还需充分建立能适应现代混合经济结构灵活性的一套市场体系(包括商品、劳动力、金融和外汇市场)。因此,确定临界价格(即商品价格、利率、工资和汇率)的一系列市场实质上是分解的,但是,为了强调它们的关联性,它们也需要被嵌入一个整体性框架之中。①

10.4 转型过程的促进增长政策

本节讨论转型期实施增长促进政策的艺术,将 10.3 节的讨论(以运行的观点依次介绍的各个阶段)和 10.5 节(讨论实际的政策演化)联系起来。我们首先分析政策是外生的这个熟悉的观点,下一节再讨论政策被采纳和舍弃的原因。

表 10.1 所示的台湾地区政策矩阵包含十类宏观政策和结构

---

① 应当注意,这种整体性分解框架既不同于宏观经济学中的总量(凯恩斯)框架,也不同于微观经济学中的(一般均衡的)分解框架。同样也不同于我们经常说的"宏观理论的微观经济学基础",原因是这样一个事实,整体性分解框架是用于特殊目的,即在演化观点中考察欠发达国家工业部门的现代化问题。

政策。要了解它们在二元背景下的相互关系和复杂性,可以对图10.5的运行框架作少许调整,以生成图10.6。与图10.5相比,图10.6强调了与促进增长政策特别有关的几个方面。

首先,为了分析财政政策,图10.6表示出政府支出(G)、税收(T)以及政府预算赤字($F = G - T > 0$)。注意政府需要银行弥补赤字。为了分析货币政策,需用一个重要概念,即货币扩张 dm/dt,即货币(m)数量的膨胀。新发行的货币注入金融市场,增加了储蓄资金(S)。最后,金融市场本身有"二元性",表明正式的金融机构(如商业银行、信托公司、保险公司)和通过亲友或其他非正式关系实现借贷的非正式金融机构或场外交易市场的共存。下文将借助图10.6(略去了农业部门)作政策分析。

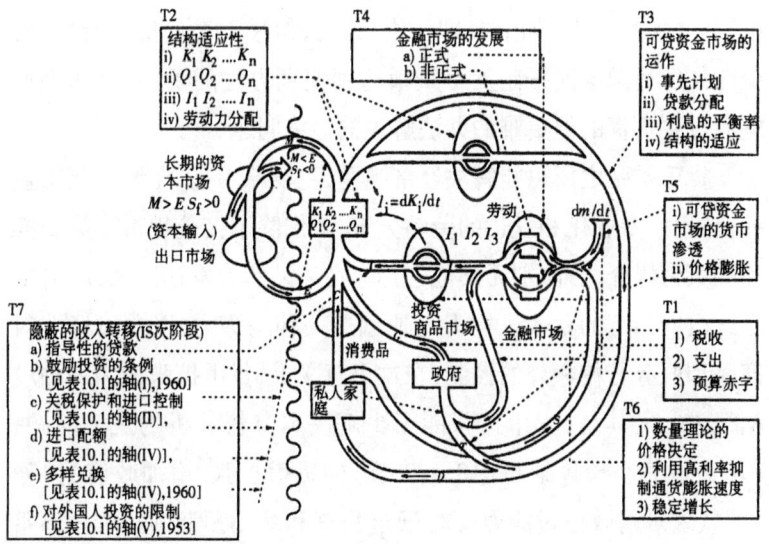

图10.6 欠发达国家和地区转型期的货币和财政政策

作为一个出发点,我们首先分析货币扩张这个关键政策。之所以强调货币,是因为货币除了是价值标准、交换媒介和计算单位之外,还代表一个尊重财产权的社会的最重要社会组织手段。当货币数量因政治力量操纵而变化时,即货币扩张政治化时,其影响几乎波及每一个人。

10.4.1 货币政策的普遍性

货币政策的中心是货币数量的扩张。当代任何一个发达国家或欠发达国家的主要责任是坚持只允许一种货币流通。而且,欠发达国家的政府通常垄断货币扩张的权力。当法定标准(如纸币)代替实物标准(如金银)时,货币扩张似乎不需代价。所以,很少有欠发达国家能抵制发行纸币这种便利方法的诱惑,以解决本应通过更负责的但更难的办法解决的经济问题。

货币扩张之所以能解决经济问题,主要原因是,在城市化工业社会,生产专业化和发达的劳动分工,人们除了接受货币作为交换和购买力媒介之外,别无其他选择。在典型的欠发达国家,政府本身或政府指定的私人机构人为地创造一种购买力,以在市场上对商品和服务行使额外的控制,在这个意义上,货币扩张成为一种政治行为。尤其是,货币扩张能至少解决本节将分析的三类问题:(1)通过缩小预算缺口(10.4.2 节)的货币扩张,增加政府的"稳定"或宏观财政偿付能力;(2)通过集资和缩小预期的投资—储蓄缺口的货币扩张,促进增长(10.4.3 节);(3)通过缩小贸易缺口的货币扩张,影响外贸,进而促进增长(10.4.4 节)。

然而,以这种方式缩小各种缺口时,政府可能破坏利率或汇率层面上的一切均衡。因此,由于已经分析过的原因,政府必然采取行动,特别是在进口替代阶段。但是持续过度地采用这种便利的方法"解决问题",是一种不负责任的行为,它迟早会引起人民采取以更快的速度花掉他们自己的钱的方式来反抗。这种对实际资源的竞争,势必引起通货膨胀,并挫败政府意图。

在研究台湾地区转型式增长期的货币经验时,应该注意到,在通货膨胀发生时,解决它的非典型方法,更重要的是避免通货膨胀的方式。

10.4.2 货币扩张和政府稳定性(T1)

二战后诞生的大多数国家和地区,合法的关键问题是,政府能否满足公众对后殖民主义政治活动的期望。例如,它必须有能力支配资源,投身于政策演化矩阵(见表10.1)中各部门特定的活动,如公共部门企业以及社会和经济管理费用的扩张(Ⅵ)、农业(Ⅶ),人力、教育和劳动力(Ⅷ),最后是科技发展(Ⅸ),(特别在初期的)通常蕴涵后殖民地民族主义的经济计划(Ⅹ)。

从技术上说,如图10.6中T1方框所示,宏观财政偿付能力是指支付逐渐建立的各种政府支出(G)和避免持续出现的预算缺口(F)所需的税收能力(T)。如果因没有能力或不愿意征税而没有形成这种能力,政府就会用货币扩张(dm/dt)的方法缩小预算缺口($F = G - T$)。

在台湾地区,共产党1949年对中国大陆的接管至少从这一方面来说是件好事。1949年以前的高通货膨胀经验对台湾地区当局是一种严重的警告,令其要有财政责任心。当局的反应(以欠发达国家和地区的标准不是典型的)见于表10.1的I行(内部财政政策)。尽管美国的援助在1950年起了作用,台湾地区从一开始就坚持小的预算赤字(1961年),甚至是预算过剩(1964年)。每当重现小额预算赤字,我们都能注意到,税务改革机关开会并制定新的税法。

当然,征税能力是一种艺术,只能逐渐地学会。对相对无经验的欠发达国家来说,它们一开始总会倾向于在港口征收专项关税,不需要较高的管理能力。在转型式增长的后期,如果能发生的话,国内间接和直接的税收(后者需要稽核个人档案)通常取代关税,成为政府主要税收来源。

在内部征税能力持续缺乏的情况下,外援能继续用来缩小预算缺口。20世纪50年代美国对台湾地区的援助正起了这样的作用。当然,这种外援是以实物形式投入市场的,货币收益以对等基金(counterpart funds)冻结,作为固定的货币平衡项目。因此,外援项目减少了通货,从而有助于宏观财政偿付能力的形成。后来,关于外援的引入的谈判与一系列战略政策改革联系起来。最后,早在1961年宣布的将于1965年终止外援,提供了快速地采取必要财政和其他互补措施的强大刺激,并给当局时间,以建立自己的财政能力。这种受时间约束的对外援助的利用在20世纪50年代就减小了预算赤字和遏制了通货膨胀,在60年代初它缓解了一系列关键性结构改革(即"十九条")带来的紧张,所起的作用远远高于那些长期而又无助于生产的外援。[①]

10.4.3 促进投资和增长的货币扩张

对于受凯恩斯传统教育过的人,投资受导致利率下降的扩张性货币政策刺激的观点是不言自明的真理。然而,把这一观点简单地灌输到欠发达国家和地区的政治舞台,却在理论上站不住脚,并可能导致危险的后果。

凯恩斯的真正追随者不可能承认货币扩张一定会在逻辑上导致通货膨胀,不管通货膨胀有多么严重和持久,原因是,这完全有悖于货币数量理论。而且,欠发达国家和地区通常普遍的储蓄短缺,通常不被认为是导致较高利率的主要因素。

然而,在不充分就业的欠发达国家和地区,这些观点却易受到挑战。我们确实认为,更为相关的理论必须以战后可贷资金理论为基础。这一概念将分四步讨论:

(1)指出相关的思想框架必须基于一个为整体但又是分解的框架(图10.6);

(2)揭示一个不过度受货币扩张干扰的可贷资金市场的理想运行;

(3)反映货币扩张对理想的可贷资金市场的习惯性渗透;

(4)解释通货膨胀的必然性。

下面依次简要讨论这些方面。

---

① 该问题的政治经济学含义见 10.5 节。

坚持一个整体而又是分解的框架(T2) 在工业现代化社会中,对于技术变迁的动态适应来说,结构灵活性是绝对重要的(见图 10.4 中的 E9)。我们从图 10.6 的 T2 方框可以看到,生产能力结构的灵活性($Q_1, Q_2, \cdots$)是由资本存量结构($K_1, K_2, \cdots$)决定的,而资本存量结构又由投资结构($I_1, I_2, \cdots$)的灵活性决定。应该注意,最后决定的是劳动力市场的角色。因此,一个技术动态变化的社会所必要的"健康的新陈代谢"是由金融和劳动力的市场灵活性保证的。

我们应该注意到,在欠发达国家和地区,通常具有相当影响的工会力量在中国台湾直至最近没有起多大的作用。只要存在剩余劳动力,最低工资法或公共部门工资决定因素当然就起不了作用。总之,在决定实际工资方面,相对较少的制度干预,避免了劳动力市场的僵化,从而促进了工业灵活性的提高。

可贷资金市场运行的原则(T3,T4) 根据可贷资金理论,金融市场运行是这样的:通过对企业家提交的投资计划进行比较和排序,进行甄别或信贷配给,再将经济系统的储蓄资金(S)引到各个投资项目($I_1, I_2, \cdots$)上。由企业家们根据经济上预期的变化的投资计划的安排,引至选择性的投资释放并借此进行比较和排序。结果是,经济趋向于利率均衡状态。

企业家按照信贷条件获得购买力后,就可以在投资品市场上花费,灵活地增加资本存量。其中,投资品市场上新增的购买力被注入经济循环流。然而,所提供的储蓄资金只来自于自愿储蓄,所以,货币总量没有增加。应该注意到,在发达的工业化国家和地区,金融市场的信贷配给予高度专业化的经济当事人(如银行、保险公司等)为中介,实现了各种有组织的市场(如股票、证券、货币市场)运行。然而,在欠发达国家和地区,在工业部门具有必要的结构灵活性之前,首先必须建立金融代理人和金融机构。

从演化角度看,金融市场渐进地非政治化,意味着必须发展那些为中型和大型贷款者服务的"正式"金融机构(以及它们的专门代理人)取代为小型贷款者服务的"非正式"市场(场外交易市场、黑市等类似的市场)。欠发达国家和地区金融中介市场常见的二元特征如 T4 方框所示。建立和发展正式金融市场不是一个简单问题,这需要形成一种持续强化的非人格化的文化,以助于保持距离型信任(arms' length trust)的产生,为涉及利息和债务偿还的延期合同巩固制度基础。同时,政府逐渐被迫减少其随意实施的利率控制和/或对投资指南。

可贷资金市场运行如图 10.7 所示,实际利率(r)用纵轴表示,储蓄(S)和投资(I)用横轴表示。当 $S_e = I_e$ 时,市场出清,均衡利率处于 r_e 点。尽管似乎没有必要给出如此基本的图表,事实是这么简单有效的可贷资金市场概念在凯恩斯革命中几乎完全被破坏。我们试图重新确立可贷资金理论,以图 10.8 作进一步阐明,这里要强调对可贷资金传统至关重要的两个观点:

(1)我们分析的是一个多元化投资和多种产品的世界而非一个宏观理论。

(2)可贷资金理论关注的是金融市场的货币渗透,即当市场利率低于均衡利率(重申一下,应是"自然利率")时,出现了"过度投资"。

因此,图 10.8 指出了三家公司(a,b 和 c)的投资需求;横向加

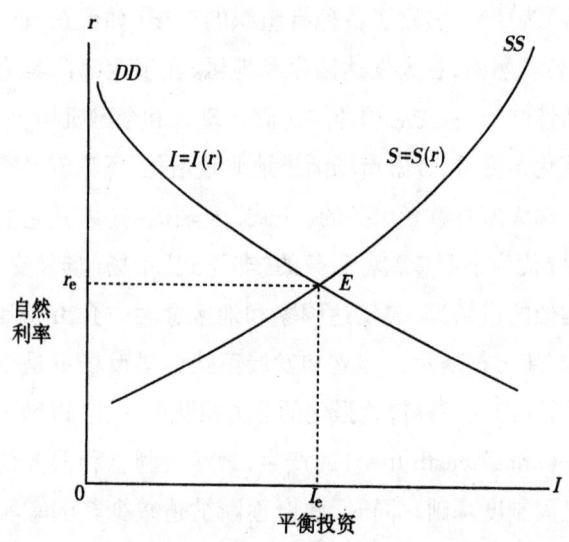

图 10.7 可贷资金市场的供给和需求

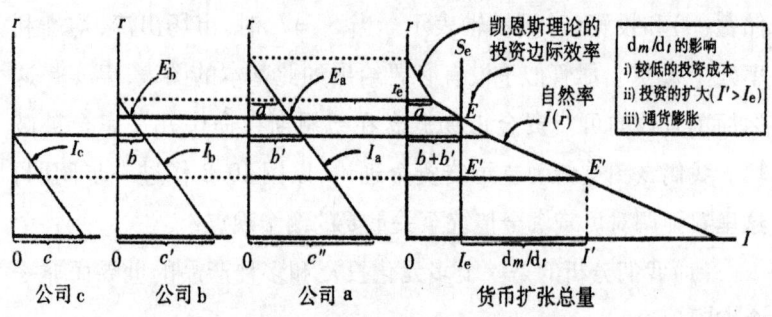

图 10.8 可贷资金市场的货币渗透

总($I(x)$)表示了整个经济的投资需求函数。(事实上,$I(x)$类似于凯恩斯理论的资本边际效率。)当总储蓄既定时,($S=I$),自然利率由 r_e 表示,信贷配置给 a 公司和 b 公司,如均衡点 E_a 和 E_b 所示。注意,虽然图 10.7 反映的可贷资金总量模型的兴趣点集中在总投资 I 的决定(与凯恩斯理论相似),但是,由于可贷资金市场上的信贷配置,我们对结构灵活性问题的兴趣把我们的焦点集中于投资结构 $I_a, I_b, I_c, \cdots$

货币扩张对可贷资金市场的渗透(T5) 在图 10.7 中,自然利率 r_e 标在 E 点,反映了自愿储蓄 S 通过竞争被作为投资资金 $(I_1, I_2, \cdots)$ 配置给各个贷款者。货币扩张 dm/dt 使自然利率低于市场利率,标在 E' 点,而总投资却由于货币扩张上升至 $S + dm/dt$ 的水平。用可贷资金理论的话说,这种超过自愿储蓄的投资是违背储户主权的"强制储蓄"。这就是储户为什么只要有力量和机会,就会"反击"的原因。

尽管战前的可贷资金理论把货币扩张的原因归咎于商业银行的货币供给弹性,但战后却是年轻的主权国家政府因暂无能力征税又迫切需要建立国家基础设施,而无法拒绝采用如此方便的强制储蓄机制。通过强制储蓄实现的货币扩张行为似乎能一石多鸟:避免征收额外的税收、增加投资、降低投资成本,表现了政府的慈善力量、润滑了政府与大企业之间的伙伴关系;消除了投资资金配置中官僚随意处置权的必要——如果没有货币扩张,市场利率降低(如在图 10.8 中 E' 点实现均衡时),官僚随意处置权就是必要的。

典型的欠发达国家政府通常没有什么理由不走这条路,原因是这种方法显然既无成本又便利。通过强制储蓄和货币扩张促进增长初看似乎是近乎完美的政策手段,特别是在联合的民族主义压力既定的情况下,因为在这种情况下,民族主义不愿意面对由谁最后负担费用这个窘迫问题。

战前的可贷资金理论为该问题给予了直接的回答,指出,这样的货币扩张一旦真正用到投资品市场,就意味着在当前已经流通的货币存量之外注入新的购买力。新印发的购买力驱使花钱的公众"反击",以努力恢复储户主权。结果,货币流通速度加快,直至储户预期到人为的较低利率不足以补偿由通货膨胀造成的购买力贬值。因此,在强制储蓄和价格上涨之间存在直接的逻辑关系。

由于教条的凯恩斯主义学派拒绝接受上述的某些机制(自然利率和市场利率可能的不一致,储蓄与利率的关系,修正后的货币数量论的应用),人们想知道当前向欠发达国家提出的货币保护主义的理论基础。在所谓的"华盛顿共识"中,"挤出效应"——在较高的需求和有限储蓄能力既定条件下,政府发债使利率上升,私人投资被挤出——还代表着对欠发达国家政府的一个警告,让它们不要过度地扩张货币。这种挤出效应在图10.6中表现为私人部门对可贷资金(I)的需求与公共部门的需求(F)发生竞争。

通货膨胀的必然性　当新生成的购买力注入经济循环流时,价格水平(p)由货币数量论($MV=pQ$)决定,即当货币扩张使市场利率低于自然利率时,通货膨胀就会发生,因为花钱的公众"被迫"储蓄,出现政府与社会的冲突。

因此,货币流通速度是否是利率弹性就成了理论和政策的决定性问题。从理论上看,当货币需求是利率弹性时,较高的利率使得持有流动资产的代价上升。因此,花钱的公众可能会蒙受非流动性的不便。较高的利率便成为通货膨胀的良药。

10.4.4 台湾地区的货币经验

从表 10.1 的第Ⅲ列,即台湾地区的政策矩阵,可以注意到,1975 年前,台湾地区的情况是一种基本的货币保守主义类型,而 1975 年后,台湾地区的情况是需要建立新的金融制度。建立新的金融制度发生在货币保守主义之后,是我们的演化观点必须解释的一个事实。

货币保守主义 如政策演化图所示,台湾地区政府借助了高利率政策两次成功地扭转了通货膨胀(一次在 1950 年,一次在 1975 年),尽管两次造成通货膨胀压力的根本原因并不相同。1949 年前后,当局尚未形成足够的征税能力(见图 10.6 中的 T1 方框)。为了遏制凶猛的通货膨胀,由当局控制的银行大幅度提高利率,因此吸引公众把流动的货币余额转为不流动的储蓄存款,结果降低了货币流通速度,通货膨胀得到了有效的控制。

70 年代中期,外部通货膨胀压力传入台湾地区,当时正流行可贷资金理论(图 10.6),如 T5 和 T6 描述的那类货币政策,所以,台湾地区再次诉诸高利率政策。早先,低利率和高利率政策交替已开始形成模式,即当局有时用低利率刺激投资,然后用高利率治愈出现的价格暴涨。但是逐渐明显的是,如果要避免宏观不稳定,通货膨胀的根本治愈是完全放弃低利率政策。的确,1961 年前后外向型增长阶段的启动在时间上正好与当代欠发达国家和地区少见的延续十年的价格稳定巧合。这种货币和财政保守主义是欠发达国家值得注意的有益经验。

1975 年后的制度建设 1975 年前,台湾地区的金融市场的显著特点是 T4 方框描述的"正式—非正式"二元结构。面向小规模非正式部门借贷的场外交易市场与当局所有或当局严格控制的商业银行并存。从演化观点看,随外向型推动(1960—1980 年的外向型阶段)而来的产品越来越多元化终于(1975 年以后)要求建立更有效的,即功能上多元化和专业化的一套金融制度。因此,当局着手必要的制度/组织创新以适应更加细分的储蓄渠道的要求。

债券市场(1974)和货币市场(1980)的建立也是进一步自由化的先决条件,原因是,它们是在制度上增加了储蓄者的选择,还有助于显示这些市场上的各种利率。当这两个市场建立时,进一步非政治化和放松利率管制就迅速地连续发生(1980—1985 年),因为控制权先转向了银行联合会,然后又转向更广阔的市场。这一旦发生,非正式的场外交易市场逐渐消失,二元金融结构也就不复存在。在 1985 年,当银行逐渐有能力区分各式各样的贷款者的信誉时,中国台湾地区引入了最好的利率体制。

上面的简要叙述,强调了我们的基本演化理论,即非政治化过程(这里表现为金融市场的自由化)就是在政府的制度性干预下,逐渐用(由金融机构和银行作出的)市场决策替代政府(通过中央银行作出的)随意处置行为的过程。最近开始的所谓政府"商业"银行渐进私有化,就是演化过程中下一个逻辑步骤。

10.4.5 货币扩张和外汇市场

在开放二元经济中,任何对转型式增长的政策导向的分析,都必须考虑外汇(FE)政策。我们再次集中讨论几个关键问题,以助于解释我们的演化观点。

概念框架 为讨论图 10.9 所示的外汇市场而建立一个分析框架的目的,是为了表明它是图 10.6 表示的内部系统的逻辑延伸。外汇市场必须被视为是有内在关联的系统中一个必要组成部分,该系统包括消费品市场、投资品市场、金融市场、劳动力市场和出口商品的世界市场,如图 10.9 下半部分所示。该图上半部分中的三个圈表示本节重点讨论的以下四个新方面,即:

(1)外部商品市场:在外部上以世界价格 p_f 用外币(简称美元①)进行进口(M)、出口(E)商品贸易;

(2)外汇市场:以汇率 e(即如果 40 新台币等于 1 美元,e = 40NT)将地区内部货币(如新台币,即 NT)兑换成美元;

(3)中央银行控制外汇市场的手段,除了汇率以外,它还包括外汇储备(Z)和国内货币扩张 dm/dt 的权力;

(4)地区内部价格水平 p,它由货币数量理论(见图 10.6 的 T6)决定,当两个价格都已知时,它决定购买力平价 p_f。

因此,外汇系统由涉及两种不同货币(美元和新台币)的 M, E, p_f, Z, e, dm/dt 和 p 的大小决定。注意其中四个要素(M, E, p, dm/dt,)是分析内部的图 10.9 下半部分的直接延伸。因此,外汇市场的运行可以从对贸易者和银行有利的角度来看。下面逐一讨论。

---

① 应当注意到,如果进口和出口都以内部通货计价,如果 p 表示国内价格水平,进口和出口实际数量是 M/p, E/p,按照国际价格(美元)计算,为 Mp_f/p, Ep_f/p。

进口商和出口商都必须参与所有三个市场,即地区内部商品市场、国际商品市场和外汇市场。进口商是向外汇市场上地区内部货币(如 $M = 100\text{NT}$)的供给方,按照既定的汇率($M/e = 100 \times 0.025 = \$2.5$)转换成美元,他们拿出地区内部货币在产品市场上购买 M/ep_f 单位进口商品。当他们在地区内部市场出售这些商品时,他们就能获得 $(M/ep_f)p$ 个单位的新台币。如果他们既不盈利又不亏本,$M = Mp/ep_f$,就意味着,均衡汇率 e_e 总是等于购买力平价(即 $e_e = p/p_f$)。因此,在图 10.9 中 T8 方框的左边,进口商的行为被概括为外部市场上美元的购买者和进口商品的购买者,及地区内部市场上进口商品的出售者。当均衡汇率($e_e = p/p_f$)直接算出时,出口商的行为则对称地概括在 T9 方框的左边。我们把 T8 和 T9 的情况分别称为典型的进口结余和出口结余。

从银行的角度看,同一个市场,贸易者兑换的货币可以简单地被认为是存入中央银行的外汇。在进口结余的情况下,从银行购买外汇导致以下的结果,概括在 T8 方框的右边,外汇储备规模表示为 Z,我们有:

(1) 外汇储备部分释放($Me = -dZ/dt$);

(2) 等量新台币从流通中回笼;

(3) 取消部分货币扩张 dm/dt。

因此,通过释放外汇储备,当局银行从流通中回笼部分新台币,并把它以不流动余额的形式置于银行的金库。因此,当 dm/dt 通过内部渠道(以弥补储蓄与投资缺口和/或政府预算缺口)注入额外的购买力时,膨胀效果的一部分就被从流通中回笼那部分货币抵消。如此,大规模外汇储备(Z)的存在就是遏制缺口的有力

第十章 向现代经济增长转型的政策与政治经济学

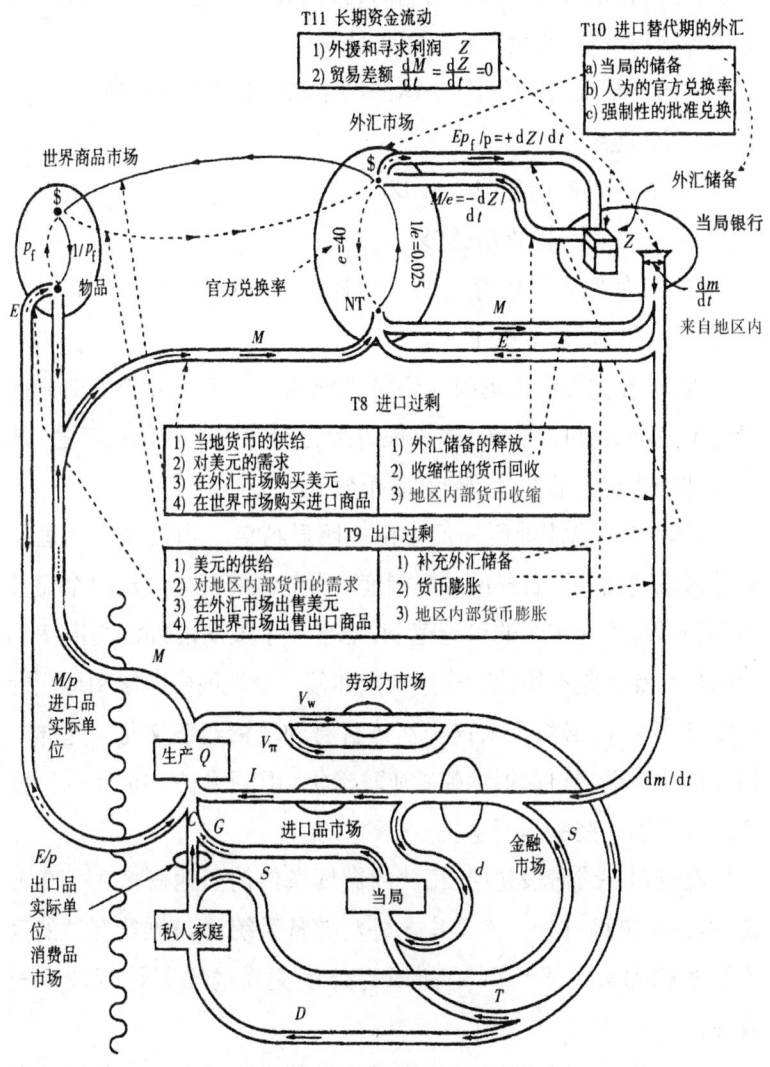

图 10.9 运行观中的外汇制度

手段，即能在抵御通货膨胀的同时，帮助弥补上述的三个缺口（政府预算缺口、储蓄与投资缺口和贸易缺口）。

在出口结余的情况下，对称的结果概括在 T9 方框型的右边。出口结余将会：

（1）补充外汇储备（$E/e = dZ/dt$）；

（2）投放额外的货币，结果是

（3）增加原先已经存在的为弥补内部预算缺口和/或储蓄与投资缺口的内部货币扩张。

因此，在把外汇市场视为经济系统的一个不可分割的部分的情况下，我们就可以分析，中央银行的行为对外汇市场的渗透，即对内部经济产生的实际效应和货币效应。

1980 年前台湾地区外汇体系的明显特色 当代欠发达国家和地区表现出各种各样的外汇制度。尽管系统地勾画出一个完整的分类系统不在本章的讨论范围，指出一个成功的外汇制度案例的明显特点还是有用的。这些特点和每一个发展中国家和地区的外汇制度一样，必然反映这个实体自身的政治经济文化。这样的描述应该有助于再次揭示朝着非政治化和国际化方向演化的制度变迁过程的一些基本概念。

在进口替代阶段初期，相关的制度条件简要地概括在 T10 方框，有三个方面：（1）一个集中的外汇储备系统；（2）维持高估的官方汇率和购买力平价；（3）对所有外汇交易的强制性行政审批程序。

集中的储备系统意味着，当局通过其银行具有法律权限垄断所有外汇储备。也就是说，出口商赚取的外汇必须以官方汇率卖给中央银行,这一汇率水平是非常人为的,表现在相对低估或高估了购买力平价和资本流动规则上。潜在的进口商想要合法获得外汇除了到中央银行外,别无选择。

由于个人或商业银行被禁止持有外汇,官方汇率不由市场上的竞争性力量决定。结果,即使是接近"清洁浮动"(clean floating)的汇率都是完全不可能的。的确,在台湾地区,汇率至少在1978年前一直被认为是,当局银行可以采用的政策手段,以通过帮助私人进口(或出口)商赚取不劳而获的利润来促进增长。

同样,所有外汇交易的行政审批意味着具有政治和经济意义的自给自足导向。从经济角度看,所有与贸易无关的以利润为导向的短期资本流动都被排除在外。从政治上看,国民和外国人之间的经济合约,除了特别审批的外,也被有效地排除在外。出国旅行得不到外汇等于拒发护照。

一个国家和地区的外汇储备 Z 是一种重要资产,是直接的国际流动并且是在紧急情况下国家和地区的第一道防线,从而维持相对稳定的汇率而不需诉诸于数量限制。在工业发达国家和地区,外汇储备受第二道防线的加强,这道防线(流动性较弱)是国民对外国人的债权(或表示一个国家和地区对世界其他地方的净债权人地位的净债权)。然而,在集中的外汇储备系统运行下,发展中国家和地区允许与外国人很少有货币交易。任何长期的资本流动必须由政府作为交易的一方。在中国台湾,前面描述的外汇系统的实质性非政治化从20世纪70年代才真正开始,但是作为演化过程的主要部分,它已经进行得越来越快了。

至此,我们还没有明确地提到图10.9中的长期资本流动。如

T11 所示,长期资本流动(LRCM)包括诸如外援的单边资本转移和逐利的私人资本流动——采取投资组合和股权形式。为了便于把所有的资本流动作为一个内在关联的市场系统的一个部分,我们将简单地(或许是夸大地)假设长期资本流动的本质是实现自主的持久稳定的资源转移,在概念上与我们在图 10.6 中的短期分析无关,后者集中于财政和货币政策诱导的外汇储备和货币供给。

运行观中的外汇市场 让我们再次在内在关联的市场中渐进地非政治化的背景下,强调我们的演化理论。在进口替代阶段,外汇市场的运行如图 10.10 所示。汇率 e 位于纵轴,国际贸易商品额位于横轴。把商品市场上的国外价格 p_f 作为汇率本位,即为了简单起见,我们定义 $p_f = 1$。因此,一美元价格的进口和出口意味着交易的商品的一个实际单位,反映在横轴上。

当内部(和外部)价值既定时,得出进口(M)和出口(E)的供求曲线。注意进口曲线(M)具有负斜率形状,如同需求曲线。这是由于当 e 值高时,持相同数量此地区货币的进口商只能买到较少的进口商品拿到地区内部市场上出售。同样的原因,出口曲线的斜率为正,如同供给曲线。

供求间的相互作用总是决定市场均衡汇率(如,$e_e = 25$)和均衡贸易量(如,$M_e = E_e = \$ 90$)。注意,均衡汇率近似于购买力平价($e_e = p/p_f$),这反映了这样一个事实,即在一组价格($p, p_f$)既定时,均衡数量就决定了。

均衡汇率区分了纵轴上的两个状态。汇率高于 e_e 时,由于此地区内部货币被低估,会出现相对的出口结余。反过来,汇率低于 e_e 时,由于此地区内部货币被高估,会出现相对的进口结余。在进

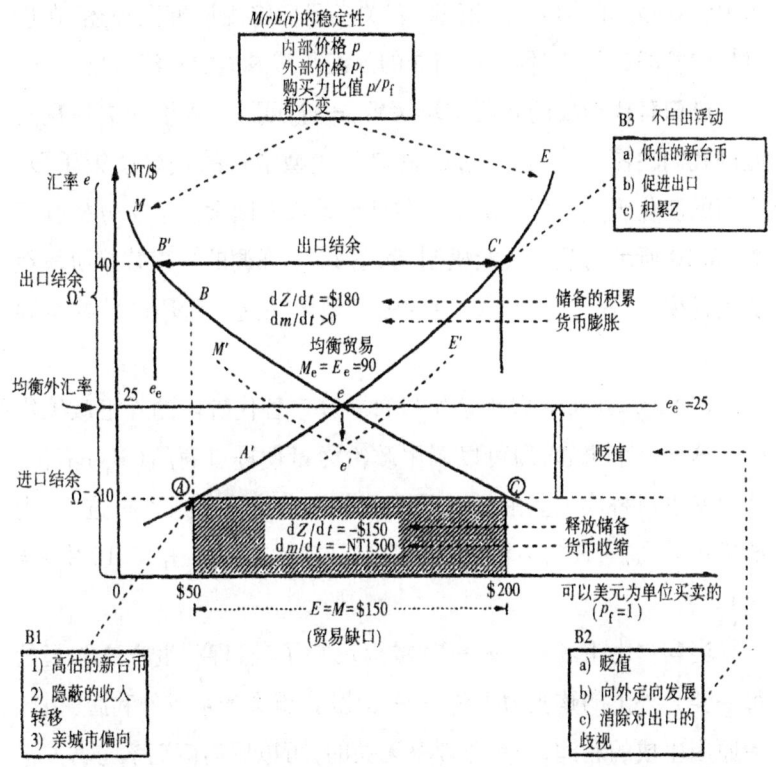

图 10.10 外汇市场运转透视

口结余情况下,当局银行释放外汇储备(如,$dZ/dt = -\$150$),由于当地货币回笼至 $dm/dt = -150$ 新台币,出现通货收缩,如图中长方形阴影所示。相反,在出口结余情况下,外汇储备会增加(如,$dZ/dt = \$150$),出现等量的货币扩张。当局银行用了它的货币扩张自主权几乎毫不费力地积累了为其控制的额外储备。

应该注意,如图10.9上部所示,所有与贸易有关的概念都与

图 10.10 表示的"最小的模型"有关。我们将用该模型描述,在进口替代阶段的早些时候,被当局的外汇政策渗透的外汇市场。

进口替代阶段的外汇市场运行:一个回顾 外汇和进口税是促进我们在图 10.3 讨论过的进口替代型增长的重要政策手段。我们的演化观点解释了决定这些外汇政策的因素。下文分析基于图 10.10 所示的政治决策机制,和图 10.3 强调的进口替代阶段经济运行模式,逐一讨论欠发达国家和地区在这一阶段的一些重要方面。

(1) 新工业企业家的意外利润 进口替代阶段的外汇政策集中于这样一个概念,即可以调用政治力量使进口商品(M_p)廉价,从而使进口替代工业中相对无经验的企业家降低成本。进而,内部货币被高估,使官方汇率处于进口结余状态(如,图 10.10 中 e = 10)。

当与自由市场率 e_e——基本上反映了进口商/生产商购买的每一美元外汇的购买力平价——相比时,就会产生意外利润(由政治原因生成的利润,与企业效率无关的)可以用均衡汇率与官方汇率的缺口($e_e - e$)来衡量。这是新兴企业家阶层的"温室"是该阶层惧怕国际竞争的原因之一。

(2) 带有城市优先倾向的隐蔽性收入转移 当新兴企业家阶级获得这种意外利润时,还很少有人想到是这样一个事实导致的,即隐蔽性收入转移。这种收入转移同时会构成对农村地区特别是农民的歧视。意外利润使工业企业家阶层的收入、利润和储蓄(S_i)上升,就必然会导致农民的收入和储蓄(S_a)可能减少,而且幅度相等(见图 10.3)。这种收入转移之所以是隐蔽性的,是因为农民和大部分公众一般不知道官方汇率还可以用于此种目的。然而对城市工业精英有好感的联合民族主义新政治文化往往打消了对收入转移效应的怀疑。

(3)对进口替代工业从部门间向部门内融资的转移 隐蔽性收入转移的一个直接结果一般都是规模大但不成熟的资本和技术密集的新型进口替代工业,越来越多地由城市企业家阶层的储蓄(S_i)提供资金,越来越少地依靠农业家庭的储蓄(S_a)。因此,部门间融资逐渐转变为部门内融资,即通过企业家阶层的利润再投资。在这种方式下,"桌面下的"资金转移排除了较早发展一个有效的部门间金融市场的必要性。或者,更现实地说,不发达的部门间金融市场可视为诉诸于隐蔽性转移战略的一个原因。

(4)外汇短缺 对外汇短缺是发展瓶颈的明确认识,当然是进口替代阶段的特点。外汇短缺问题有两个方面必须加以区分。首先,由于出口商受不利的贸易条件的歧视(即高估的e),传统的初级产品出口不会发展得快。因此,在其他条件不变下,出口的动力减弱,供给方的出口利润相对较少的状况有持久的趋势。更重要的是,越来越认识到内部货币高估而引起的外汇短缺意味着求大于供(对美元而言),所以外汇储备趋于低迷(如,图10.10中的$dZ/dt = -150$),除非有长期资本流入,如外援。

(5)同时控制价格和数量的努力 在进口替代阶段,外汇市场的高度政治化可从以下事实看出:货币局企图同时控制价格和外汇数量。降低e以利进口商,导致外汇短缺,结果自然要实施对进口的数量控制,这是外汇储备逐渐耗竭的结果。当(或如果)外汇储备耗尽或即将耗尽时,会确立一个均衡控制点,如图10.10中

的 A 点,在该点上可分配给进口商的外汇量(如 50 美元)受制于出口商赚取的外汇量。超额需求(在我们的例子中即 $200-50=150$ 美元)必须由数量控制来中断。

理论上存在通过拍卖过程向进口商分配现有外汇(如 50 美元)的可能性。如果这样,汇率将提高到 B 点(图 10.10),但是获利的是中央银行,因此违背了为进口企业创造意外利润的真正目的。在进口替代阶段,通常实际发生的是包括数量限制的综合措施,如解决外汇短缺的有多种汇率的进口许可。这些措施使得官僚的控制意识最大化,并带来可能的额外收入来源。

(6)内向型 进口替代阶段是一个内向型阶段,原因是在外汇短缺的条件下,国际贸易量(包括进口和出口)(50 美元),永恒地限制在自由贸易条件下应达到的数量(如 $M_e = E_e = \$90$)之下。因此,我们可以看到,如果没有充足的外汇储备,旨在促进进口的货币高估结果只会限制进口和出口。虽然贸易量有限,但是进口替代工业的资本和进口强度在扩张,结果自然是向内型增长(即 GNP 中贸易额比重降低)。当然,这种趋势与后殖民主义减少国际经济联系的政治倾向是一致的。

(7)与贬值、外汇短缺和价格膨胀的斗争 在进口替代阶段,进口(M)、出口(E)、汇率(e)、外汇储备(Z)和货币扩张(dm/dt)交织在一起,总是有一种斗争。如图 10.10 所示,这种斗争被描述为,在点 A 和点 A' 之间的摆动。当外汇储备耗尽时,e 的贬值(从 A 至 A')有可能鼓励出口。诉诸进口限制的趋势导致积累额外的外汇储备,它能在其后某一时间被用作反通货膨胀的缓冲。然后,进口限制可部分地放松,但是,这只会再次导致外汇的耗尽和下一轮周期。我们下面将返回过去分析这种由有利的和不利的外生国际冲击所引起的周期行为。

(8)进口替代阶段的结束 像台湾地区这样自然资源短缺和内部市场相对小的地区,上述过程幸好都是短暂的。如上文所说,由于没有必要的自然资源去维持不断的初级产品出口,一旦非耐用消费品的进口几乎都被替代时,进口替代阶段就不得不结束。减少贸易限制的关键措施是内部货币贬值,使官方汇率 e 接近均衡水平。这种贬值(如有必要再加上汇率统一)是放松其他数量控制措施(如进口许可)的先决条件。而这些数量控制措施又是那些决定出口扩张方向和进口选择的官僚任意决策被市场决策取代的必然结果。

从政策演化图(表 10.1)第四列,可以看出,台湾地区进入了外向型状态。读者会注意到,进口审批制度和多重汇率制度的中断(分别在 1958 年和 1960 年),表明当局决心摆脱此前经济的政治化。的确,这些与外汇有关的改革是台湾地区在 1958 年至 1961 年间有显著特点的财政与经济改革 19 条的主要部分。例如,1960 年确立了统一汇率 $e=40$,一直保持到 1972 年,同时经济在价格相当稳定的状态(见第三列)中运行。图 10.3(B2 方框)意味着,曾经高估的地区内部货币贬值至接近它的购买力平价(e_e)水平,使贸易缺口不再是影响地区内部货币扩张的因素。

进口替代阶段的相对短暂(10 年)及其相对温和性,证明了资源短缺,并且体现了一种认识,即贬值后,经济系统必须转向通过持久的非传统出口的驱动,更充分地利用它的劳动力。外部资本(主要是外援)的主要贡献是减轻颁布 19 条后调整所带来的暂时性痛苦,不是和某些地区一样,将国外资金用作自然资源替代物,以延长进口替代阶段。

外向型和科技导向阶段的外汇市场运行 在台湾地区转型式增长期,外向型阶段的到来,代表着一个重要的里程碑,主要原因是,它导致该系统可观的人力资源潜力更为全面的流动。外汇政策的持续演化适应了这一需要,反映了不断变化的社会舆论和结构特点这个副产品,如图10.6所示。连同图10.10,可作为本小节分析的指南。

外向型初级出口替代阶段(1962—1970年)的前十年,汇率固定于一个现实的水平($e = 40$),接近购买力平价(p/p_f)。在图10.10,均衡建立于"e"点,与价格稳定和外汇储备稳定一致。初期的外向型阶段与进口替代阶段的区分标记是从汇率高估进入均衡汇率状态。此后外汇政策的发展特点一直是向出口结余状态转变,这与进口替代阶段正好相反。

这一转变应被视为上文关于政府的政治作用观点的演化,并代表了经济政策的突破。对政府控制的基本信心,反映在汇率被视为一种应该促进增长的政策手段。然而,由于现在经济形势已经根本逆转,要求当局高估本地区货币以利进口商的社会舆论得以平息。相反,低估货币以利出口商的压力高涨,出口商现在已经成为最主要的利益集团。汇率的低估的确成了一个很重要的特点,一直保持到无技能劳动力过剩阶段结束(1970年前后,外向型初级出口替代阶段的结束)以后很久,直至20世纪80年代(1973—1986年)。在此阶段我们可能注意到了显著的外汇储备积累。

然而,很显然,外向型政策全面成功的基础是能够为世界市场生产和出口大范围的原先是劳动力密集的,然后变为资金和技术密集的工业品。从技术上说,形态的转变出于三个因素:

(1)购买力平价的变化影响了均衡汇率($e_e = p/p_f$)(因此,由于 p_f 增大,发生于20世纪70年代的相对大的世界范围通货膨胀降低了 e_e)。

(2)出口工业的技术灵活性收益使 E 曲线向右移动(即向 E'),形成均衡汇率的下降。对称地,一旦内部生产企业具有能力替代进口,M 曲线向下移动,再一次使均衡汇率下降。

(3)转向出口结余状态,条件是随着均衡汇率的下降(即从 e 到 e')官方汇率保持不变(如停在图10.10中的 e)。

我们的分析应该已经说明,尽管官方汇率保持不变,实际汇率仍有可能移向出口结余状态。因此,它可能反映的是内生的事件,而不是中央银行的武断意志。

如台湾地区政策演化矩阵第四列所示,新台币的第一次(勉强的)升值(从 $e = 40$ 到 $e = 38$)是在1973年,第二次在1976年(涨至 $e = 36$)。这两次升值支持了我们前面提到的观点,即现在能指望中央银行通过推迟升值和把升值控制在最小范围来支持出口商的既定利益。在政策矩阵中可看出这一压力是一直存在的。

科技导向阶段的外汇市场非政治化　外汇市场持续的非政治化是转型期当局/私人部门间关系全面变化的一个重要方面。一个关键性的概念是,台湾地区早在1978年就逐渐出现浮动汇率概念。然而,在浮动机制的宣布到实际浮动之间一般存在充实的时间和认识上的缺口。而且,由于在现实世界中,真正"清洁"浮动即使有,也是很少的,我们实际上讨论的是"不自由"浮动(dirty floating),它有可能会逐渐"较自由"(less dirty)。当谈到较清洁的浮动时,一个先决条件是当局愿意放弃用汇率作为促进增长的手段,而接受某种程度上当局银行的中立性。一旦经济达到这一点,管理相对清洁浮动的技术和组织上难题就较容易克服。

例如,台湾地区现在为这最后一步做准备,仍有一些步骤要完成。一是必须允许储备系统进一步收缩,使私人可以持有外汇储备的一部分。二是当局银行必须放弃宣布官方汇率的习惯,把权力下放给(越来越私人化的)商业银行。

在1978—1986年间,台湾地区处于相当不自由的浮动体制,但它有若干特点:

(1)官方汇率保持低估,与持续大规模的出口结余,使台湾地区的外汇储备显著积累起来,达到了世界第一或第二的地位。[1]

(2)在不自由浮动体制下,外汇储备的迅速积累出现于台湾地区进入科技导向阶段之后(1980年后)。在科技导向阶段,出口结余快速增加,是工业部门表现出结构灵活性的能力增强的结果。

(3)台湾地区的一般公众和台湾地区当局银行一样,尚没有完全能接纳汇率不应该被用作促进出口的政策手段的观念。如政策演化图的第四列所示,通向相对"清洁"浮动汇率

---

[1] 台湾地区储藏了如此大规模的外汇储备,除了应付紧急进口结余等通常原因之外,背后还有一个特殊的政治原因,即作为地区安全储备。

第十章 向现代经济增长转型的政策与政治经济学

的先决条件现在已经成熟;但是,旧家长式作风的习惯和私人方面的安全考虑,不是一夜之间就能消失的。台湾地区还需努力才能真正跨进成熟的经济圈子。从1988年以来,新台币进一步升值,幅度在40%以上。如此大幅度的升值表明了以前由中央银行的干预所耽误的程度。①

从长远看,台湾地区汇率升值的经验的真正意义在于,公众会看到,除非汇率能被允许更"清洁地"浮动,汇率才可能在国际压力下被迫更加突然地调整。当这一概念被更广泛接受时,非政治化的斗争将最终胜利。在此理想状态下(不一定所有发达国家和地区都能达到这一状态),可以预期到,当局银行除了调节季节性的波动和/或对短期的"热钱"流动做出反应外,还能奉行坚持基本自觉和不受政治压力而贬值或升值的政策。

长期资本流动 长期资本流动可能表现为资本输入(LRCI)或输出(LRCE)两种形式。在缺乏储蓄的典型欠发达国家和地区中,在转型初期通常会遇到资本输入;资本输出可能出现在稍后的阶段。在台湾地区,国际资本流动(如政策演化图的第四列)涉及以下三种类型的资本输入(基本上按次序发生):

(1)单边的外援转移(1950—1965年);

(2)为基础设施和大规模工业项目融资的当局公债(1950—1965年);

(3)私人的、逐利的外部投资(1965年以后)。

---

① 应当注意的是,大多数中国台湾经济学家甚至反对这些使汇率高估的理由:对热门货币流入墨西哥的担心、帮助小出口商的需要等等。因此,正如凯恩斯所说,这是我们在前进过程中经常遇到的相互冲突的观点和利益。

(在进口替代期)早期,像在其他地区一样,私人投资被怀疑为新殖民主义的威胁;鉴于内部市场相对小,潜在的外部投资者也不多。因此,早期的长期资本进口完全是当局间的事,形式有优惠资本流动、外援或非优惠政府外债(从双边或多边贷方为基础设施或大规模直接生产的公共部门活动而借来的)。

大量的私人资本流入在1965年之后才出现,即在外部经济援助结束之后,才显得重要。但是它仍然受当局的严格控制,只允许在特殊工业范围内,并且要受技术、内部适合性、利润转移等方面的控制。起初,有一些投资者,如华侨和美国投资者受到优惠,其他人,如日本人被排挤。逐渐地,先是在1955年,然后在1965年,而最显著的是在80年代,放松了对外国投资者的控制,资本市场充分自由化。

所有形式的长期资本输入的共有特点,当然是外部资源的转移,它导致了等量的进口结余,即实际资源的转移。从图10.9的T8方框的右边可以看出,不涉及长期资本输入的进口结余总是导致外汇储备的释放($-dZ/dt$)和国内货币收缩($-dm/dt$),还可能由于和外贸无关的原因而取消某些内部货币扩张。

显然,净进口结余不可能无限期继续,原因是外汇储备迟早要耗尽。另一方面,长期资本输入时期的到来,会带来若干有利结果。如实际资源的净向内转移(即填补贸易缺口 $M-E>0$)、逆转外汇储备的释放、导致货币供给的收缩或抵消一部分由于其他(内部的)原因而发生的货币扩张。

如果外汇储备不减少,我们就有:

$dm/dt = F+(I-S)$ 起源于内部的货币收缩

第十章 向现代经济增长转型的政策与政治经济学

$\mathrm{d}m'/\mathrm{d}t = -(M-E)$ 起源于外部的货币收缩

$n = \mathrm{d}m/\mathrm{d}t - \mathrm{d}m'/\mathrm{d}t$ n 是净货币扩张

$n = F + (I-S) - (M-E)$

在外援这个特殊情况下,外汇储备的耗尽可通过单边转移防止。一旦储蓄—投资缺口为零($I=S$),上面的公式即简化为 $n = F-(M-E)$,这就说明,净货币扩张可被用来填补两项缺口(当局预算缺口和进口—出口缺口)。如果当局的预算赤字被弥补,就向欠发达国家和地区提供实物资源。我们有理由说,在台湾地区,20世纪50年代外援的目的是帮助当局对付通货膨胀,同时给当局时间发展其他税收能力,而在60年代初,外援的目的是减轻该地区在"19条"引导下从进口替代阶段进入外向型阶段所作的调整带来的问题。美国1961年宣布对台经济援助将于1965年结束,无疑对当局(在1964年前)实现平衡预算并保证改革计划其他内容的实现产生了深刻的影响。

当欠发达国家和地区从进口替代阶段进入外向型阶段时,一般都愿允许投资组合和(特别是)股权性质的外国私人投资,原因是他们认识到了这种资本流入、"捆绑而来的"技术、管理和信息资源方面的好处。同时,外国投资者也发现欠发达国家和地区是有吸引力的地方,愿意投入资本和参加它的越来越非政治化的生产与出口活动。这显然是台湾地区在20世纪60年代中期和80年代中期发生的事。然而,当前面分析的出口结余出现,并成为持久的特征时,不仅出现了外汇储备爆炸性增加,而且还开始出现了长期资本输出。台湾地区现在以谨慎的援助提供者和主要的投资者身份出现(特别是在东南亚国家和中国大陆),这是我们分析过的成功地演化的部分自然结果。

根据图 10.10,我们对长期资本流动的分析作一个小结。1960 年前,即进口替代阶段期间,均衡点可由点 A 和点 C 表示,说明贸易缺口(150 美元)被外援填补,补充外汇储备($dZ/dt = -150$)并使货币收缩($dm/dt = -150$),抵御了通货膨胀。1965 年外援计划结束后,长期资本流动的形式改为外国投资者的逐利性投资。1980 年后出口结余持续出现之后,均衡点可由 B' 点和 C' 点表示。出口结余($B'C'$)导致两类调整。一是允许外汇储备极大地积累。二是(特别是 20 世纪 80 年代后期)台湾地区成为资本输出者(特别对中国大陆和相邻的东南亚国家)。所有这些都进一步表明台湾地区正准备好跨进工业发达地区的行列。

10.4.6 演化背景下的适应性政策

本章的基本前提是,各种关键市场中的政策变化一直是对潜在经济变化——被视为成功发展原型的东亚环境——的不断地适应。这些潜在的经济变化本身必须从演化的背景考虑。演化过程的终点是现代经济增长时代的到来。现代经济增长时代除了著名的库兹涅茨标准外,还包括允许社会有创造力的人力资源全面地参与的制度/组织变迁。

这些变迁有消极和积极的内涵。消极的内涵集中于经济舞台上政府的角色逐渐非政治化的需要。积极的内涵在于政府作为制度/组织变迁推动者的作用,这些变迁增加了伴随着市场越来越复杂和有竞争性而来的自由选择和产品多元化。

正如库兹涅茨曾经所说，现代经济增长具有文化和结构上的经济起因（包括民族主义），这些起因腐蚀了封建割据、分配平均主义（支持竞争原则）、强调世俗追求的世俗主义。我们在本章通过一系列运行透视图，从图 10.2—10.6 到图 10.9—10.10，分析了这一历史过程。表 10.1 的政策演化矩阵用一个转型中的经济实体表明适应性政策的必要演化。

最后，我们总结一下，希望对在此背景下的经济有借鉴价值。

(1) 首先，必须承认对农业和非农业的处理是不对称的。农业的历史使命是在长期的平衡增长背景下，支持非农业部门的扩张。而且，在进口替代初期，农业可能成为主要的创汇者，表明了与以前的殖民时期有演化连续性。然而，需要用与政治有关的观点强调，通过早期对农村基础设施的关注，对打破部门间的内部殖民化的地区分割有重要作用。还应注意，习惯上的明显城市优先倾向政策是可以通过比较公开的、相对温和的实施，而不是从农业到非农业隐蔽性收入转移来避免。向农业提供比以前优惠的贸易条件，使大量分散的中国台湾农民积极响应，以使地区内生产率提高和出口多元化。经常被忽视的是，台湾地区的出口导向起先是从农业部门开始的。

(2) 进口替代阶段初期（1950—1962 年）还代表着从原来的殖民地地位的自然演化。当局采取的增长促进政策，建立在 Z 产品之上，集中于相对"简易"消费品的家庭生产，包含外汇和储蓄的行政导向，以及对早期从日本人手中接管的公共部门企业的依赖。汇率高估和对非农业高度有效的保护带来隐蔽性收入转移，意味着短期的农业相对牺牲和长期的消费者相对牺牲。但是，就在这一必然的进口替代阶段,通过不断强调成人教育,重要的人力资源积累已经开始。

(3)特别在自然资源贫乏而劳动力过剩的社会,外向型阶段由进口替代阶段自然演化而来。不断增长的劳动密集型非农业部门的出口导向,意味着剩余劳动力的释放,结果,甚至在劳动力过剩状况被消除之前,GNP 快速地增长,收入分配总体上得以改善(与倒 U 型假说相反)。在商业化点之后,我们看到了,增强了的产品多元化和结构灵活性。

适应性政策意味着继续建立所需要的人力资源基础设施。在外向型初级出口替代阶段,这意味着,把义务教育延长至九年,同时充分扩大中学教育中职业教育的成分。在外向型次级出口替代阶段,这意味着,当局在科技领域切实的制度建设以及对工程和科学专业中高等教育激励的增强。

(4)应该注意,在两个外向型阶段,内部市场仍然受控于温和的投资配置行政导向和隐蔽性收入转移政策。然而,在国际市场方面,它与内部市场的分离,引起一系列的互补性适应政策措施,包括较早的汇率贬值(及其后的维持在相当现实的水平)、若干个出口加工区的建立和对产品出口部分的进口税减免。后者可被视为这样一种转型方式,即在维持对内部市场政治性干预措施的同时推动出口。这些政策的结合显示了渐进式变迁的演化原理。

而且,到 20 世纪 70 年代,台湾地区经济进入了技术和资本密集度更高的外向型次级出口替代阶段,当局对地区内投资活动的指导和隐蔽性收入转移变得更微妙,只能用可贷资金理论框架来解释。由于投资和产出结构越来越复杂,当局对内部市场的干预变得较笼统,即进一步从公司或产品范畴,转向较宽的部门或"战略工业"范畴。隐蔽性收入转移活动继续以当局银行行为的形式增加货币供给(dm/dt),和/或压低利率。然而,在演化背景下,更重要的是,我们可以看到,社会舆论逐渐开始尊重当局银行的独立性。随着税收改革,从来不允许的预算赤字成为货币扩张的重要原因,"在稳定中发展"的观念越来越成为20世纪70年代和80年代的政策支柱。

(5)一旦(先是农业上,然后是工业上)成功的出口驱动使台湾地区的企业家相信他们可能在外部市场上参与竞争,适应性政策变迁的下一步就集中在进一步开放内部市场。政府现在可以越来越集中于创造必要的科技基础设施,进一步扩大各种相互联系的市场,包括金融市场和外资市场的可行竞争性。例如,在20世纪70年代建立了债券市场和一个更宽泛的货币市场,它们都是利率适度地全面自由化的先决条件,商业银行不需再等待当局银行的命令,可以以货币市场的利率为运行指导,确定自己的竞争性利率。而且,对地区内工业的全面保护逐渐减弱。

(6)最后,在科技导向阶段,主要的适应性政策事件包括,通过进一步非政治化和转向比较"清洁"的浮动汇率体制,实现了与世界其他地区明显的整合。随着台湾地区走向经济成熟,关税保护大幅度降低,包括海关申报程序的简化。外部机构被允许加入证券市场,对内部和外部投资者的资本户口限制逐渐放宽。集中化的外汇储备系统和强制性向当局银行上交外汇的政策在1987年作了大的修改;地区内民众被允许持有和使用外汇。

当局支持转型的行为逐渐非政治化,无疑带来政治舞台上明显的民主革新。更大的透明度、公开而非隐蔽性当局行动所要求的交流和信息同享，无疑意味着当局与社会之间关系的公开化。

10.5 政策的政治经济学：演进观点

政策和政策变化有其新的或旧的"政治经济学"意义。由于讨论的问题和讨论者的科学兴趣不同，对其意义的解释也就极不相同。例如，有些经济学家和政治学家注意的是，经济政策的改革有无民主政治改革相伴，如果有的话，它们之间的关系和先后次序如何。另外有些学者探讨国家和地区作为一个有理性的决策者，利用经济方法和/或迎合政治市场上的折衷观点，和/或作为一个追求自身经济或生存目的的掠食者，所选择的各种观点会有什么可能的后果，这些后果会有什么现实意义。我们自己的兴趣则限于，理解为什么有些发展中社会，如台湾地区，走的是一条通向现代经济增长的相对平坦的道路，这正是本章讨论的内容，而其他一些社会，如菲律宾，却不容易照样行事。我们努力分析了成功案例中发生了什么；它为什么发生，即为什么采取的政策一般会适应而不是阻碍经过各个阶段的平稳转型，仍然是值得注意的问题。

我们当然并不是说我们能回答这个问题，只是尝试回答政策和政策变化的一些内生性。我们在本章所做的，除了考察在各个发展阶段采取的一系列政策之外，还强调了这些政策的演化性特点，即它们通常都避免了与过去的大的中断，即便是整个系统在从一个阶段转入另一个阶段。但是这一认识仍然需要进一步的解释，因为初始条件有重要的不同，例如台湾地区和菲律宾的反差。

显然初始条件会明显影响发展中世界的不同地方在不同时间的政策选择。

我们认为,初始条件有三个方面值得讨论。[①] 一是前面提到的库兹涅茨式"民族主义"环境在多大程度上一开始就有机地存在,如果不存在,需要在多大程度上由当局人为地创造出来。台湾地区和菲律宾的反差能帮助说明这一点。相对而言,前者有同种族的人口,毗邻的土地充满日本殖民政权留下的物质和制度上的基础设施;后者的情况极不相同,操许多不同语言、有不同宗教和民族起源的人口遍布于几千个岛屿组成的群岛上,物质和制度上的基础设施状况相对较差。在此情况下,显然指望创造一种原先不存在的民族主义,以把各不相同的成分组织在一起,形成一个现实的经济实体,以此选择一套经济政策。因此,干预和隐蔽性收入转移在初期的进口替代阶段十分突出;但是,一旦形成这种促进增长的习惯,就极有可能坚持下去,使转入出口导向更加困难。在其他条件相等的情况下,对责任的过分期待,会导致进口替代阶段的僵化和持久,还有可能在以后引起政策的进退摇摆。相反,在台湾地区类型的情况下,进口替代阶段必然较短,较温和,较灵活,因此,转型到出口定向阶段相当顺利。持久推行激进发展政策的诱惑大大减弱。

第二个初始条件是自然资源而非人力资源是否充足,这对决定发展中国家和地区有能力操作的政策空间有重要意义。众所周知,以台湾地区为代表的东亚劳动力过剩类型的发展中经济与菲

[①] 更全面的解释和经验分析,参见拉尼斯和马哈茂德(Mahmood,1992)。

律宾或拉丁美洲原型不同,相对而言,它们初始文化水平较高,而自然资源贫瘠。前者非常自然地构成了以后人力资本形成的坚实基础,它随转型期各个阶段变化着的经济要求不断灵活调整。然而,后者构成一个重要的政治经济联结,它至今尚未获得应有的注意。我们认为,缺乏有利的自然资源却可鼓励其早早采取适应性政策变迁,使经济走上平稳的转型道路,走向成熟的经济发展。

早期的进口替代阶段如前文所述,特点是高度的当局直接干预和隐蔽性收入重新分配,使包括新兴的工业阶级、有组织的劳动者和某些分发"好处"的官僚在内的一些受优惠群体得利。以此方式分配的租金来自传统的以自然资源为基础的出口。这些租金越大,越难放弃,因此,既得利益集团对政策改革的抵制越大。如果要进入出口导向阶段,则必须进行政策改革。代表其本身和/或私人利益集团的当局,会趋于长期坚持利用它们能控制的各种手段,即汇率、利率、货币扩张率和保护,用本章分析的方式去转移收入和微观调控信贷配置。

对这一现象的解释就是自然资源的相对丰富能减轻决策者的压力。只要初级产品的出口能继续大量流出,他们就能继续"按例办公"而避免痛苦的政策改革。的确,这种过程可被视为"荷兰病"的政治经济学延伸,它不仅使汇率保持得过强,而且对政府决策过程有害。结果,经济难以实现从以土地为基础的出口到以劳动力为基础,然后到以技能和技术为基础的产出和出口组合的演化转移。甚至在进入外向型阶段以后,或在其他情况相同的条件下,自然资源丰富的经济更有可能不时回到进口替代型的政策,而不是灵活地调整政策以适应必然出现的暂时外生冲击。这一现象有可能产生过去拉丁美洲有过的时停时进的行为模式,即政府干预与自由化交替出现;结果,本章描述的自然资源贫乏的东亚案例的非政治化的演化过程严重受阻。

我们需要简要提到的第三个方面是吸引长期外资的能力。[①]该能力显然与(当然是在发展初期)自然资源禀赋的实力有关,并对现存的政治显然有相似的政治经济学影响。长期的外资与自然资源一样,的确能被视为"桌面下的"利润来源,对它的追求同样能耽搁甚至中断需要的政策改革。

当然,应该明白,额外的本土自然资源或额外的外资流入不必被视为有其固有的或可能的危害;它们都显然有助于利用所提供的额外润滑作用和收买利益集团的办法,降低政策调整的短期痛苦。只有在政治经济学的意义上,它们才有可能使决策者相信它们能把痛苦的改革推迟到另一天。结果,政策变成了演化变迁的障碍,而不是像东亚那样,去适应演化变迁。推迟转入集中于人力资源的发展模式,可能产生严重的长期后果,不仅影响充分就业和成功进入现代经济增长时代的到来,而且影响增进平等和消除贫困。

---

① 见拉尼斯(1995b)对该问题的详细分析。

参考书目

Adelman, I. and Robinson, S. 1989: Income Distribution and Development. In H. Chenery and T. N. Srinivasan (eds), *Handbook of Development Economics*, vol. 2, Amsterdam: North Holland.

Adulavidhya, K., Kurida, Y., Lau, L., Lerttamrab, P. and Yotopoulos, P. 1979: A Microeconomic Analysis of the Agriculture of Thailand. *Food Research Institute Studies*, 17.

Ahluwalia, M. S. 1976a: Income Distribution and Development: Some Stylized Facts, *Amerzcan Economic Review*, 66.

——1976b: Inequality, Poverty, and Development, *Journal of Development Economics*, 3(4).

Ahluwalia, M. S., Carter, G. and Chenery, H. B. 1979: Growth and Poverty in Developing Countries. *World Bank Staff Working Paper* No. 309. Washington, DC: The World Bank.

Ahluwalia, M. S., Nicholas, S., Carter, G. and Chenery, H. B. 1979: Growth and Poverty in Developing Countries, *Journal of Development Economics*, 6.

Ahuja, K. 1978: *Idle Labour in Village India*. Delhi: Manohar.

Anderson, D. and Leiserson, M. 1980: Rural Nonfarm Employment in Developing Countries, *Eonomic Development and Cultural Change*, 28.

Arrow, K. J. 1962: The Economic Implications of Learning by Doing, *Review of Economic Studies*, 29.

——1988: International Economic Association presidential address, New Delhi, India.

Atkinson, A. B. 1970: On the Measurement of Inequality, *Journal of Economic Theory*, 2.

Ayub, M. A. 1977: Income Inequality in a Growth-Theoretic Context: The Case of Pakistan. Unpublished PhD thesis, Yale University.

Bacha, E. 1978: Beyond the Kuznets Curve: Growth and Inequality, *Economia*, 2(2).

Bagachwa, M. S. D. and Stewart, F. 1991: Rural Industries and Rural Linkages in SubSaharan Africa. In F. Stewart, S. Lall, and S. Wangwe (eds), *Alternative Development Strategies in SubSaharan Afica*. London: Macmillan Press.

Baldwin, R. E. 1956: Patterns of Development in Newly Settled Regions, *Manchester School*, 24(2).

Barnum, H. and Squire, L. 1978: An Econometric Application of the Theory of the Farm Household, *Oxford Bulletin of Economics and Statistics*, 43.

Bautista, R. M. 1971: Dynamics of an Agrarian Model with Z-Goods. *Discussion Paper* No. 714, Institute of Economic Development and Research, Universlty of the Philippines.

Behrman, J. and Schneider, R. 1992: Empirical Evidence on the Determinants of and the Impact of Human Capital Investments and Related Policies for Developing Countries, *Indian Economic Review*, 27.

——1993: An International Perspective on Pakistan's Human Capital Investments, *Pakistan Development Review*, 32(1).

Berry, A. and Urrutia, M. 1976: *Income Distribution in Colombia*. New Haven: Yale University Press.

Berry, A. and Soligo, R. 1980: *Economic Policy and Income Distribution in Colombia*. Boulder, CO: Westview Press.

Booth A. and Sundrum, R. M. 1985: *Labour Absorption in Agriculture*. Oxford: Oxford University Press.

Boserup, E. 1965: *The Conditions of Agricultural Growth*. Chicago: Aldine. Cairncross, A. 1960: International Trade and Economic Development, *Kyklos*, 13(4).

Chenery, H. B. 1960: Patterns of Industrial Growth, *American Economic Review*, 50(4).

Chenery, H. B. and Taylor, L. 1968: Development Patterns among Countries Over Time, *Review of Economics and Statistics*, 50(4).

Chenery, H. B., Ahluwalia, M. S., Bell, C., Duloy, J. and Jolly, R. 1974: *Redistribution with Growth*. London: Oxford University Press.

Clark, J. B. 1899: *The Distribution of Wealth*. London: Macmillan.

Cline, W. R. 1975: Distribution and Development, *Journal of Development Economics*, 1.

Cornia, G. A., Jolly, R. and Stewart, F. 1987: *Adjustment with a Human Face*. Oxford: Oxford University Press.

De Costa, E. 1930: The Cotton Textile Industry. In M. Ghandi (ed.) *The Indian Cotton Textile Industry*. Calcutta: G. N. Mitra Publishing.

Denison, E. 1985: *Trends in American Economic Growth*. Washington, DC: Brookings Institute.

Fei, J. C. H. and Chiang, A. 1966: Maximum Speed Development Through Austerity. In I. Adelman and E. Thorbecke (eds), *The Theory and Design of Economic Development*. Baltimore, MD: Johns Hopkins University Press.

Fei, J. C. H. and Fields, G. 1978: On Inequality Comparisons, *Econometrica*, 46.

Fei, J. C. H. and Ranis, G. 1965: Innovation Intensity and Factor Bias in the Theory of Growth, *International Economic Review*, 6(2).

——1966: Agrarianism, Dualism and Economic Development. In I. Adelman and E. Thorbecke (eds) *The Theory and Design of Economic Development*, Baltimore, MD: Johns Hopkins University Press.

Fei, J. C. H., Ranis, G. and Kuo, S. 1978: Growth and the Family Distribution of Income by Factor Components, *Quarterly Journal of Economics*, 93.

——1979: *Growth with Equity: The Taiwan Case*. Oxford: Oxford University Press.

Fields, G. S. 1980: *Poverty, Inequality, and Development*. Cambridge: Cambridge University Press.

——1988: Income Distribution and Economic Growth. In G. Ranis and T. P. Schultz (eds), *The State of Development Economics: Progress and Perspectives*. Oxford: Blackwell.

——1989a: A Compendium of Data on Inequality and Poverty for the Developing World, Cornell University *mimeo*.

——1989b: Poverty, Inequality, and Economic Growth, Cornell University *mimeo*.

Fields, G. S. and Jakubsen, G. 1990: The Inequality-Development Relationship in Developing Countries, Cornell University, *mimeo*.

Fisk, E. K. 1962: Planning in a Primitive Economy, *Economic Record*, 38.

Foster, J., Greer, J. and Thorbecke, E. 1984: A Class of Decomposable Poverty Measures, *Econometrica*, 52(3).

Georgescu-Roegen, N. 1960: Economic Theory and Agrarian Economics, *Oxford Economic Papers*, 12.

Griliches, Z. and Jorgenson, D. 1967: The Explanation of Productivity Changes, *Review of Economic Studies*, 34.

Grilli, E. and Yang, M. C. 1988: Primary Commodity Prices, Manufactured Food Prices and the Terms of Trade of Developing Countries: What the Long Run Shows, *World Bank Economic Review*, 2(1).

Grossman, G. and Helpman, E. 1989a: Product Development and International Trade, *Journal of Political Economy*, 97.

——1989b: Comparative Advantage and Long-Run Growth, *NBER Working Paper* No. 2809.

——1989c: Endogenous Product Cycles, *NBER Working Paper* No. 2913.

———1989d:Growth and Welfare in a Small Open Economy, *NBER Working Paper* No. 2970.

———1989e:Quality Ladders and Product Cycles, *NBER Working Paper* No. 3201.

———1991:*Innovation and Growth in the Global Economy*. Cambridge, MA:MIT Press.

Haberler,G. 1959:*International Trade and Economic Development*. New York:Macmillan.

Haggblade,S. ,Liedholm,C. and Mead,D. 1986:The Eftect of Policy and Policy Reforms on Non-Agricultural Enterprises and Employment in Developing Countries:A Review of Past Experiences. Michigan State University,*Working Paper* No. 27.

Hansen,B. 1969:Employment and Wages in Rural Egypt,*American Economic Review*,59.

———1975:Colonial Economic Development With Unlimited Supply of Land: The Ricardian Case. Department of Economics,Monash University,Melbourne,Australia,*Seminar Paper* No. 40.

Hanson,J. 1971:Employment and Rural Wages in Egypt:A Reinterpretation, *American Economic Review*,61.

Harrod,R. F. 1960:*Towards a Dynamic Economics*. London:Macmillan.

Hayami,Y. and Kikuchi,M. 1982:*Asian Village Economy at the Crossroads*. Baltimore,MD:Johns Hopkins University Press.

Helleiner,G. 1966:Peasant Agriculture,*Stanford Food Research Insti-

tute Studies, 6(2).

Hendrick, J. and Grossman, E. 1980: *Productivity in the US: Trends and Cycles*. Baltimore, MD: Johns Hopkins University Press.

Hicks, J. R. 1964: *The Theory of Wages*. London: Macmillan.

Ho, S. P. S. 1979: Decentralized Industrialization and Rural Development: Evidence from Taiwan, *Economic, Development and Cultural Change*, 28.

Huang, C. 1971: Tenancy Patterns, Productivity, and Rentals in Malaysia, *Economic Development and Cultural Change*, 23(4).

Hymer, S. and Resnick, S. 1969: A Model of an Agrarian Economy with Non-Agricultural Activities, *American Economic Review*, 59(4).

International Labour Office 1977: *The Basic Needs Approach to Development*. Geneva: ILO.

Ishikawa, S. 1975: Peasant Families and the Agrarian Community in the Process of Economic Development. In L. Reynolds (ed.), *Agriculture in Development Theory*. New Haven, CT: Yale University Press.

——1981: *Essays on Technology, Employment, and Institutions in Economic Development*. Tokyo: Kino Kuniya.

Jain, S. 1975: *Size Distribution of Income: A Compilation of Data*. Baltimore, MD: Johns Hopkins University Press.

Jorgenson, D. W. 1961: The Development of a Dual Economy, *Economic Journal*, 71.

Jorgenson, D. W. 1966: Testing Alternative Theories of the Development of a Dual Economy. In I. Adelman and E. Thorbecke (eds), *The Theory and Design of Economic Development*, Baltimore, MD: Johns Hopkins University Press.

Kaldor, N. 1956: Alternative Theories of Distribution, *Review of Economic Studies*, 23(2).

——1963: Capital Accumulation and Economic Growth. In F. Lutz (ed.), *The Theory of Capital*. London: Macmillan.

Kalecki, M. 1971: *Selected Essays on the Dynamics of the Capitalist Economy*. Cambridge: Cambridge University Press.

Krishna, R. 1973: Unemployment in India, *Indian Journal of Agricultural Economics*, 28(1).

Krugman, P. 1979: Increasing Returns, Monopolistic Competition, and International Trade, *Journal of International Economics*, 9.

——1980: Scale Economies, Product Differentiation, and the Pattern of Trade, *American Economic Review*, 70.

——1992: Towards a Counter-Counter-Revolution in Development Theory, *mimeo*.

Kuczynski, M. and Meek, R. 1972: *Quesnay's Tableau Economique*. London: Macmillan.

Kuznets, S. 1955: Economic Growth and Income Inequality, *American Economic Review*, 45(1).

——1966: *Modern Economic Growth, Rate and Structure*. New Haven, CT: Yale University Press.

——1980: Employment Absorption in South Korea, *Philippine Review* of Economics and Business, 25(1-2).

Lal, D. 1985: The Poverty of Development Economics. Cambridge, MA: Harvard University Press.

Lau, L., Lin, W. and Yotopoulos, P. 1978: The Linear Logarithmic Expenditure System: An Application to Consumption-Leisure Choice, Econometrica, 46.

Leibenstein, H. 1966: Allocative Efficiency versus X-Efficiency, American Economic Review, 56.

Lewis, A. 1954: Development with Unlimited Supplies of Labor, The Manchester School, 22.

Lindert, P. and Williamson, J. 1983: English workers' living standards during the industrial revolution: a new look, Economic History Review, 36.

Lipton, M. 1976: Why Poor People Stay Poor: Urban Bias in Development. Cambridge, MA: Harvard University Press.

Liu, P. 1992: Science, Technology and Human Capital Formation. In G. Ranis (ed.), Taiwan: From Developing to Mature Economy. Boulder, CO: Westview Press.

Londono, J. 1990: Human Capital and Long-Run Swings in Income Distribution: Columbia 1938—1988, Harvard University, mimeo.

Lucas, R. E. 1988: On the Mechanics of Economic Development, Journal of Monetary Economics, 22.

—— 1993: Making a Miracle, Econometrica, 61(2).

Marx, K. 1890: Capital: A Critical Analysis of Capitalist Production. 3rd edn(ed. F. Engels),New York: Humboldt Publishing.

—— 1975: *Collected Works*. Moskva: Progress.

Mehra, S. 1966: Surplus Labour in Indian Agriculture, *Indian Economic Review*, 1.

Minami, R. 1968: The Turning Point in the Japanese Economy, *Quarterly Journal of Economics*, 82.

Mukerji, K. 1959: Trends in Real Wages in Cotton Textile Industry, *Artha Vijnana*, 1(1).

Nicholls, W. 1961: Industrialization, Factor Markets and Agricultural Development, *Journal of Political Economy*, 69.

Nicholls, W. and Tang, A. M. 1958: *Economic Development in the Southern Piedmont, 1860—1950: Its Importance for Agriculture*. Nashville: Vanderbilt University Press.

Otsuka, K., Ranis, G. and Saxonhouse, G. 1988: *Comparative Technology Choice in Development*. London: Macmillan.

Paauw, D. S. and Fei, J. C. H. 1965: Development Strategies and Planning Issues in South-East Asian Type Economies, *The Philippine Economic Journal*, 4(2).

Pack, H. 1992: Technology Gaps Between Developed and Developing Countries: Are There Dividends for Latecomers? *Mimeo*.

Pack, H. and Westphal, L. 1986: Industrial Strategy and Technical Change: Theory versus Reality, *Journal of Economic Development*, 22.

Papanek, G. F. 1978: Economic Growth, Income Distribution, and the Political Process in Less Developed Countries. In Z. Griliches *et al.*

(eds), *Income Distribution and Economic Inequality*. New York: Halsted Press.

──1990: Growth, Poverty, and Real Wages in Labor Abundant Countries, paper presented at North-East Development Economics Conference; Economic Growth Center, Yale Unlversity.

Papanek, G. F. and Kyn, O. 1987: Flattening the Kuznets Curve: The Consequences for Income Distribution of Development Strategy, Government Intervention, Income and the Rate of Growth. *Pakistan Development Review*, 26.

Paukert, F. 1973: Income Distribution at Different Levels of Development: A Survey of Evidence. *International Labour Review*, 108(2 – 3).

Pearse, A. S. 1930: *The Cotton Industry of India*. Manchester: Taylor, Garnett, Evans & Co.

Pigou, A. C. 1912: *Wealth and Welfare*. London: MacMillan & Co.

──1920: *The Economics of Welfare*. London: MacMillan &. Co.

──1955: *Income Revisited*. London: MacMillan & Co.

Ranis, G. 1973: Industrial Sector Labor Absorption, *Economic Development and Cultural Change*, April.

──1978: Equity with Growth in Taiwan: How Special is the Special Case? *World Development*, 6(3).

──1980: Distribución del ingreso y crecimiento en Colombia, *Desarolloy Sociedad*, 3.

──1984: Typology in Development Theory: Retrospective and Prospects. In M. Syrquin, L. Taylor, and L. E. Westphal (eds), *Economic Structure and Performance: Essays in Honor of Hollis B. Chenery*. Orlando, FL: Academic Press.

——1992: International Migration and Foreign Assistance. Geneva: International Labor Organization.

——(ed.) 1992b: *Taiwan: From Developing, to Mature Economy*. Boulder, CO: Westview Press.

——1995a: Another Look at the East Asian Miracle, *World Bank Economic Review*, 9.

——1995b: The Comparative Development Experience of Mexico, the Philippines and Taiwan from a Political Economy Perspective, prepared for the Ford Foundatlon.

Ranis, G. and Fei, J. C. H. 1975: Growth and Employment in the Open Dualistic Economy: The Case of Korea and Taiwan, *Journal of Development Studies*, 12.

Ranis, G. and Fei, J. C. H. 1982: Lewis and the Classicists. In M. Gersovitz, C. Diaz-Alejandro, G. Ranis and M. Rosenzweig (eds), *The Theory and Experiences of Economic Development: Essays in Honor of Sir W. Arthur Lewis*. London: Allen and Unwin.

Ranis, G. and Mahmood, S. A. 1992: *The Political Economy of Development Policy Change*. Cambridge, MA: Blackwell.

Ranis, G. and Stewart, F. 1993: Rural Nonagricultural Activities in Development: Theory and Application, *Journal of Development Economics*, 40.

Resnick, S. 1970: The Decline. of Rural Industry Under Export Expansion: A Comparison Among Burma, the Philippines and Thailand, 1870 – 1938, *Journal of Economic History*, 30.

Ricardo, D. 1963: *Principles of Political Economy and Taxation*. Homewood, IL: Irwin.

Romer, P. 1986: Increasing Returns and Long-Run Growth. *Journal of Political Economy*, 94.

——1989: Capital Accumulation in the Theory of Long-Run Growth. In R. Barro (ed.), *Modern Business Cycle Theory*. Cambridge, MA: Harvard University Press.

——1992: Two Strategies of Economic Development: Using Ideas versus Producing Ideas, *mimeo*.

Rosenzweig, M. 1988: Labor Markets in Low Income Countries. In H. Chenery and T. N. Srinivasan (eds), *Handbook of Development Economics*, vol. 1. Amsterdam: North Holland.

Ruttan, V. 1991: Subsistence Agriculture and Economic Growth. Agricultural Development Council, Seminar on Subsistence and Peasant Economies, EastWest Center, Hawaii.

Saith, A. 1983: Development and Distribution: A Critique of the Cross-Country U-Hypothesis, *Journal of Development Economics*, 13.

Sanghui, P. 1969: *Surplus Manpower in Agriculture and Economic Development*. New York: Asia Publishing House.

Schumpeter, J. A. 1942: *Capitalism, Socialism, and Democracy*. New York: Harper & Brothers.

Scott, J. C. 1976: *The Moral Economy of the Peasant*. New Haven, CT: Yale University Press.

Scott, M. 1989: *A New View of Economic Growth*. Oxford: Clarendon Press.

——1992: Policy Implications of "A New View of Economic Growth," *Economic Journal*, 102.

Sen, A. 1973: *On Economic Inequality*. Oxford: Clarendon Press.

——1979: The Welfare Basis of Real Income Comparisons, *Journal of Economic Literature*, 17(1).

——1984: *Resources, Values and Development*. Cambridge, MA: Harvard University Press.

——1992: *Inequality Reexamined*. New York: Russel Sage Foundation.

Shand, R. T. (ed.) 1986: *Off-Farm Employment in the Development of Rural Asia*. Canberra: NCDS, Australian National University.

Smith, A. 1776. *An Inquiry into the Nature and Causes of the Wealth of nations*. London: Printed for W. Strahan and T. Cadell.

Solow, R. 1988: Growth Theory and After, *American Economic Review*, 78(3).

Spraos, J. 1980: The Statistical Debate on the Net Barter Terms of Trade Between Primary Commodities and Manufactures, *Economic Journal*, 90.

Srinivasan, T. N. 1977: Development, Poverty and Basic Human Needs: Some Issues. *Food Research Institute Studies*, 16(2).

Strauss, J. 1983: Determinants of Food Consumption in Rural Sierre Leone: Application of the Quadratic Expenditure System to the Consumption Leisure Component of the Household-Farm Model, *Journal of Development Economics*, 10.

Taylor, L. E. 1991: *Income Distribution, Inflation, and Growth: Lectures on Structuralist Macroeconomic Theory*. Cambridge, MA: MIT Press.

Taylor, L. E., Bacha, E., Cardoso, D. and Lysy, F. J. 1980: *Models of Growth and Distribution for Brazil*. London: Oxford University Press.

Turnham, D. and Jaeger, I. 1971: The Employment Problem in Less Developed Countries: A Review of the Evidence. Paris: OECD Development Centre.

United Nations Development Programme. 1990 – 1993: *Human Development Reports*. New York: Oxford University Press.

Williamson, J. 1985: *Did British Capitalism Breed Inequality?* London: Allen & Unwin.

——1989: Inequality, Poverty, and the Industrial Revolution; Migration and Wage Gaps: An Escape from Poverty and Accumulation and Inequality:

Making the Connection. Third Simon Kuznets Memorial Lectures; Economic Growth Center, Yale University.

The World Bank. 1993a: *The East Asian Miracle: Economic Growth and Public Policy*. New York: Oxford University Press.

——1993b: *World Development Report*. Washington DC: Oxford University Press.

图书在版编目(CIP)数据

增长和发展:演进的观点/(美)费景汉,(美)拉尼斯著；洪银兴等译. —北京:商务印书馆,2014(2022.7重印)
(经济学名著译丛)
ISBN 978-7-100-10100-4

Ⅰ.①增… Ⅱ.①费…②拉…③洪… Ⅲ.①经济增长—研究 Ⅳ.①F061.2

中国版本图书馆 CIP 数据核字(2013)第 143272 号

权利保留,侵权必究。

经济学名著译丛
增长和发展
——演进的观点
〔美〕费景汉 古斯塔夫·拉尼斯 著
洪银兴 郑江淮 等译

商 务 印 书 馆 出 版
(北京王府井大街36号 邮政编码100710)
商 务 印 书 馆 发 行
北京虎彩文化传播有限公司印刷
ISBN 978-7-100-10100-4

2014年4月第1版　　　开本 850×1168 1/32
2022年7月北京第2次印刷　印张 18¼
定价:96.00元